# 非遺學視域下的陳爐耀州窯研究

禚振西

非物质文化遗产丛书

# 非遗学视域下的
# 陈炉耀州窑研究

张池 著

中国轻工业出版社

## 图书在版编目（CIP）数据

非遗学视域下的陈炉耀州窑研究/张池著. —北京：中国轻工业出版社，2023.10

ISBN 978-7-5184-4496-0

Ⅰ.①非… Ⅱ.①张… Ⅲ.①瓷窑遗址-研究-铜川 Ⅳ.① K878.54

中国国家版本馆 CIP 数据核字（2023）第 143223 号

审图号：陕 S（2023）026 号

责任编辑：毛旭林

文字编辑：梁若水　　　　　责任终审：劳国强　　整体设计：锋尚设计
策划编辑：毛旭林　梁若水　　责任校对：朱燕春　　责任监印：张　可

出版发行：中国轻工业出版社（北京东长安街6号，邮编：100740）
印　　刷：北京君升印刷有限公司
经　　销：各地新华书店
版　　次：2023年10月第1版第1次印刷
开　　本：710×1000　1/16　印张：19.5
字　　数：300千字
书　　号：ISBN 978-7-5184-4496-0　定价：69.80元

邮购电话：010-65241695
发行电话：010-85119835　传真：85113293
网　　址：http://www.chlip.com.cn
Email：club@chlip.com.cn

如发现图书残缺请与我社邮购联系调换

221304W3X101ZBW

# 序言一

## 陈炉耀州窑非遗保护与传承的意义

中华民族的文明，在上下五千年的发展进程中，创造了博大精深的灿烂文化。其中，精美瓷器的发明和发展，更是享誉全球。而在中国无比辉煌的陶瓷发展史上，耀州窑与耀瓷占有非常重要的历史地位。

耀州窑于唐代创烧于今铜川市黄堡镇，是大唐京都长安的京畿窑场，发展迅速，在唐宋鼎盛一时，但之后逐渐趋于沉寂。到明晚期，黄堡窑场最终停烧。面对残垣断壁，历史似乎告诉我们：耀州窑烧制技艺已经失传了。

来自考古现场的遗物首先动摇了这一论断。自20世纪50年代学术界在黄堡发现耀州窑遗址以来，考古学界随后在立地坡、上店、陈炉、玉华宫等地发现耀州窑的烧造窑场，出土了大量的陶瓷器、生产工具、保存状况不一的生产作坊以及其他相关生产、生活设施。而从发生学角度分析，各大窑址间有相当密切的联系：来自黄堡中心窑场的匠人将先进的耀州窑烧制技术传到各地，生根发芽，发展壮大。在耀州辖区创建了以黄堡为中心的诸多窑场，而在国内形成了全国八大窑系之一的耀州窑系。在耀州境内，经过漫长的演变，到明清时期，耀州窑的陈炉窑场，取代了黄堡窑场，最终成为了西北地区最大的窑场。数十年来，耀州窑陈炉窑场生产销售和出土的陶瓷器数量大、种类繁多，同时展示了自金代到现代的时代变迁，具有很强的连续性。因此，从历史文物遗址时代发展序列和历史演变过程的角度来说，陈炉是很值得去研究的。

地方志文献资料也多次记载了耀州窑陈炉窑场的创建过程、陈炉窑场和黄堡窑场的传承关系，以及陈炉窑场的重要性。

明万历《同官县志·卷八》载："黄堡镇一名黄堡寨，前宋代御地也，在县南四十里，按地理志黄堡在金尤为重镇，旧有陶场，居人建紫极宫祀其土神，宋熙宁中封其神为德应侯，以陶冶者灵应故也，祀以晋永和时人柏林配享，盖传居人陶术者，今其地不陶，陶于陈炉镇，其镇复庙祀德应侯如黄堡云。"

明崇祯《同官县志》记载："去县三十里，即陈炉镇也。其山自麓至巅，皆为陶场。土人燃火炼器，弥野皆明。每夜远眺，荧荧然一鳌山灯也。"并指出这里因"炉火杂陈""陶炉陈列"而得名"陈炉"。又得名"炉山""炉镇"

或"同邑炉山"。

民国版《同官县志·工商志》记载:"黄堡镇……惜自金、元兵乱之后,镇地陶坊均毁于火,遂尔失传。……自黄堡瓷失传后,继起者为立地、上店、陈炉各镇。而立地、上店今已不陶,所存者为陈炉耳。"该书还载:"陈炉镇,在县东南三十里,住民八百余户,星布于半山间,为邑巨镇。镇民具业陶,而以农为副业。陶场南北三里,东西绵延五里,炉火杂陈,彻夜明朗,故有'炉山不夜'之称。"明确记载了清代到民国时期,耀州窑的其他窑场均已停烧,唯一延续烧造的只有陈炉窑场。它不仅是耀州窑晚期的中心窑场,也是耀州窑从原料加工、成型制造和装饰施釉、窑炉结构和装烧工艺,以及生产组织和销售传播等方面传承有序的唯一窑场。

在耀州窑的发展传承中,非物质文化遗产是耀州瓷烧制技艺之活态传承的集中体现。曾经的黄堡窑场盛极一时,但是以"物"的形式流传下来各式器皿、工具、场所,并不能全面和直观地揭示当时这项宝贵的先进制瓷技艺的存在形态。漫长的历史变迁使技艺传承地发生巨大变化,千年之后,耀州窑仅于陈炉窑场薪火相传,是唯一的活态传承地。在这里,我们仍然可以找到杰出的耀瓷技艺传承人,可以全方位地考察泥料和釉料的开发和加工制备、器物制作的工具和拉坯制作技艺,以及造型完整、结构明晰,且装窑和烧窑明白可见的烧成工艺。所有这些都用事实证明,陈炉的匠人们原原本本地继承了千年以来的技艺,而且技术精湛、产品优秀。因此只要我们保护好陈炉的传承人,保护好陈炉现有的活态传承技艺,那么耀州瓷烧制技艺就绝不会濒危,对子孙后代也会有一个交待。

千年风云变幻,作为西北最大也是耀州窑唯一尚存和延续有序的窑场,陈炉窑场的重要性是显而易见的。这种价值具有复合性的特点,是文化多样性的集中体现。

首先是历史价值。陈炉耀州窑体现了证史与补史两种价值。证史方面,以考古、文献、技艺三重证据,不但证明黄堡窑"不传"的说法是错误的,而且经过一系列的变迁,始终顽强地传承着。通过陈炉镇当地的文献、碑刻,尤其是陶人基于历史共同记忆的口述,我们可以证明耀州窑仍然保持着完整的传承脉络,并没有人亡艺绝。

补史方面,为耀州窑研究做了重要补充。唐代乃至宋金时期的耀州瓷究竟是怎么制作出来的,过去学者仅能根据考古资料给出一个推理和推测的答案。面对一件件出土文物,观者与考古学家只能缅怀曾经的辉煌时刻,却不能通过活的技艺予以重现。直到陈炉窑场被外界"发现"后,接续古代陶瓷史成为可能。20世纪70年代复烧耀州青瓷是补充历史开创性的一步,而近些年来对传统技艺的挖掘,更是使历朝历代的耀州瓷技艺得以恢复,补齐了文献与史料的短板。

陈炉耀州窑展示出极高的艺术价值。这既有物的艺术,也有技的艺术。物的艺术是陈炉生产的耀州瓷始终保持着非常高的艺术水准,制作出大量的民用器具,深刻地展示了地处山区的民众所具有的朴素、简洁且豪迈、洒脱的性格。

技的艺术,则是匠人手中的技艺具有高度的观赏性。陈炉耀州窑虽不似景德镇窑般号称"七十二作",但分工颇为明晰,工序较为复杂。为了使身、心与器物合为一体,他们创造了丰富的成型和装饰手法,而且每一个家族都有相应的"绝技",反映到器物上形成了特色鲜明的器型与纹样。

陈炉耀州窑是古代科技的精华,科学价值很高。陈炉人常常自豪地对外人称赞窑口是"古代高科技"。事实上确实如此,一件杰出的瓷器需要经过采料、运输、沉淀、制坯、烧制、包装等诸多工序。每一个过程必须预先进行非常精确的评估:"原料在哪采,怎么采?每一种器物的泥坯原料是怎么构成的?烧制时燃料怎么配,气氛、火候怎么掌握?用什么材料包装,装好怎么运?"等一系列问题,都要严格计算。

古代的科技现在仍然能发挥巨大作用。一方面是传统技艺能够为现代技术提供重要指导。即使机械化生产逐渐成为主要生产方式,仍然需要传统知识的支撑。另一方面,陈炉人将技艺带出了家乡,在黄堡和耀县王家砭建立了新型耀州窑陶瓷生产基地。在这里,传统的手工技艺与现代化机械生产共存,满足各个层次的消费者。

陈炉耀州窑浓缩了社会和谐价值。当地家族组成"东三社""西八社",分社、分地,有条不紊地进行生产。以"三行不乱""四户分立"闻名于世,起到避免行业冲突的重要作用。各行各业安守本业,非常重视互帮互助,力求分工有序。曾经以血缘作为主要的传承方式,能够凝聚宗族,加强亲属间的团结。新中国成立初期,曾以家族合作互助的形式建立了新型的合作社进行生产。到1957年,合作社升级,建立了陶瓷厂,使业缘传承成为举足轻重的传承方式。陶瓷厂是以传统社和家庭入股为基础建立的,而且陶瓷厂的工人几乎都来自陈炉。陈炉人还愿意提携后辈,将手中技艺原原本本地传给年轻人,因而,在陈炉陶瓷厂内,血缘关系相当浓厚。血缘与业缘传承具有互补作用,富有积极进取精神,使技艺与社会保持同步发展。

陈炉耀州窑从金元至民国的历史上,当地曾多次面临着内忧外患。当外部势力入侵时,匠人们为了保卫家园奋起反抗,至今仍保留着不少抵抗遗迹、文物以及抗争的故事。而"四户分立""三行不乱",分地分社进行生产的行会制内部发生严重冲突时,通婚所形成的血缘关系和共同的窑神崇拜和调剂则起到了压制和弥合作用。并且分工合作是效果显著的"黏合剂",毕竟耀州窑陈炉窑场已经成了一个整体,缺少哪一个行当都会导致整个窑场的不健全甚至衰落和崩溃。

陈炉耀州窑还有突出的文化价值。黄土高原与关中平原交界的特殊自然地理环境,使陈炉窑成为黄土文化与关中文化的结合体,人们因此创造了独具特色的文化类型。这种独特性体现在建筑、民俗、技艺、语言等多个方面,并吸收了技艺文化,堪称观察实体多元文化存在的理想体。为了支持陶瓷产业的发展,当地发展出别具一格的非物质文化。餐饮、住宿、道路、社火、祀窑神、秦腔、语言等都围绕陶瓷生产而生,兼具多元文化特色,形成稳定的文化生态体系。尤其是窑神崇拜与祭祀,堪称观察行业神祇文化的"活化石",影响力早已超越时代与地域。

陈炉的物质文化遗产底蕴同样深厚。首先是建筑遗产丰富。一进窑场,层层叠叠的耐火砖筑窑洞与罐罐垒墙、瓷片铺路就提醒着访客:这是一处在恶劣的山区环境中,耀州窑先民创造的历史丰碑。其次是漫山遍野的古老瓷片,记载了陈炉耀州窑的历史。陈炉窑深厚的民窑属性使匠人们较少受到外力的束缚,可以充分地释放自我。特别是文字和纹样的完美结合,使民俗文化信息丰富,反映出不同历史时期的社会风貌。

我们研究耀州窑,曾经依靠的主要是考古手段,同时结合文献做出客观的判断。而从非物质文化遗产角度研究它的活态传承,研究者还很少,相关成果也不突出。所幸张池同志认识到陈炉耀州窑在耀州窑活态传承和非遗保护中的重要意义,花费近一年时间,坚持"深耕"陈炉,与匠人们同吃同住同劳动。功夫不负有心人,他终于将耀州瓷烧制技艺的传承记录下来,形成一本具有开创性的"大部头"专著。作为年轻的学者,这种克服困难、立志学术的精神是值得大家学习的。如今我们终于可以弥补考古与文献成果的不足,进一步推动耀州窑研究的系统化、科学化。更为重要的是,传统耀州窑技艺面临着"人亡艺绝"的巨大风险,这本书的出现可以说是非常及时,起到了抢救性挖掘技艺文化的重要作用。从这个角度上讲,张池的专著,善莫大焉。

耀州窑技艺的发展绝不止于当前。随着国家对传统文化复兴的高度重视、"文旅融合"的深入,未来陈炉、黄堡等耀州窑传承地必将迎来新的发展局面。我也希望有更多的专家学者参与进来,让耀州窑研究能够持续、有效地延续下去;也希望相关成果能够为其他陶瓷类传统手工艺的活态传承提供借鉴,使它们能够传得更好,造福人民大众。

2023年3月

# 序言二

## 永不熄灭的窑火

中国和西方在容器制造上走的是两条完全不同的路。中国人惯常使用陶瓷，而西方惯常使用琉璃。尽管到后来互有融合，但总体上两者是完全不同的。

其实，早在春秋战国时期，中国人就已经注意到了琉璃，并用它做出了漂亮的蜻蜓眼。这些具有很好装饰效果的工艺品，即使在今天也依然放射着耀眼的光芒。但说巧不巧，当时的人们并没有将琉璃制作工艺应用到日常生活器具上。原因是人们还没有找到能将这黏糊糊的琉璃液体做成容器的方法。此时中国的陶器制作技艺已经有了近7000年的历史，有了丰富的器型，也有了成功的烧制经验，所以，中国人最终还是舍弃琉璃并走上了陶瓷制作之路。当然，人们走上这条路径还有一个重要原因，这便是人们对瓷器质感的偏爱。中国人自古就喜欢玉，故很早便有了"君子无故，玉不去身"的说法。后来，国人之所以舍弃琉璃而选择了瓷器，其中的一个重要原因，便是因为它太像玉了。

爱徒张池在我指导下读博一年后，表达了想研究耀州窑的想法。我虽对瓷器没什么实质性研究，但深知瓷器在中国文化中的分量，更知道作为中国瓷文化重要源头的耀州窑在中国瓷文化中的分量，便欣然同意了他的选题。高兴之余，我一直在想，张池的研究到底能给我们带来哪些不一样的感受呢？

张池是2015年跟随我学习非物质文化遗产学的，既然学的是非物质文化遗产，我们就应该从这个学科的视角去看待耀州窑、耀州瓷。

以往，人们研究耀州窑都是从典籍学、文物学的视角出发的。他们从文献或是文物入手，去分析耀州窑的兴衰、耀州窑的特色，以及耀州窑在中国陶瓷发展史上的独特贡献。但他们所依凭的仅仅是历史上的文献，或是挖掘出来的文物。如果从非遗学视角出发，我们的研究对象当然不再是历史上刊印的文献或是刚刚出土的文物，而是摆在当下、尚活在我们生活中的耀州瓷制作工艺。非遗学视角的一个重要特点，就是通过这些保存至今的传统工艺，去分析耀州窑的历史变迁、耀州瓷的各种造型以及各种纹样的生成原理，并将历史留给我们的各种各样的信息与当下活态传承下来的古老技艺再次融合，帮我们找到更多的规律性的东西，让这已经断流了数百年的文化之河重新流淌起来。当然一项古老技艺的恢复会涉及方方面面，譬如工场选址与布置技艺的恢复、装饰工具与匣钵制作技艺的恢复，以及揉泥、拉坯与修坯技艺的恢复、化妆土与釉药炮制技艺的恢复、盘窑技艺的恢复等，都需要系统地实现，任何一个细节的恢复，都会影响到耀州窑的品质。

此外，张池在论文中还注意到了耀州窑烧制技艺传承环境的重要性。在他看来，耀州窑的烧制技艺主要是通过血缘与业缘这两种方式进行传承的。一方面他们利用沾亲带故的血缘传承，既能保证肥水不流外人田，又能保证其中的硬核技术不致外流；而以能者为师的业缘传承，也能确保招募工匠都具有一定的专业水准，又能确保足量的用工人数。在本书中，张池还特别强调了行业组织、地方权力与民间崇拜的作用。在他看来，瓷户、窑户、行户、贩户等行业组织和作为地方权力组织的"东三社"与"西八社"，在耀州瓷生产过程中发挥着重要作用。此外，他还反复强调了窑神崇拜对于耀州瓷生产的重要作用。神是人创造的。当人们无法解决某类棘手问题时，就会创造出一位神，让他来帮助我们解决这些问题。历史上的造神一方面降低了解决问题的成本，另一方面，也提高了自己的社会地位。面对这么多好处，窑工们怎么不会有所崇拜呢？这些研究，较之以往的自然环境、人文环境决定论，显然是向前走出了大大的一步。

总之，从非遗学视角出发，打通历史与现实的壁垒，让我们从耀州窑这一"活体"中发现更多的规律性的东西，这也许正是张池博士在耀州窑研究史上做出的一个重要贡献吧。

苑　利
2023年6月27日于北一街8号

# 目录

引言 ..................................................................................................1

## 第一节 研究对象与目的 ..........................................................2
一、研究对象 ..........................................................................2
二、研究目的 ..........................................................................3

## 第二节 研究历史与现状 ..........................................................4
一、国内学术研究回顾 ..........................................................4
二、海外学术研究回顾 ........................................................12

## 第三节 研究结构、方法与主要理论 ....................................13
一、研究结构 ........................................................................13
二、研究方法 ........................................................................15
三、所涉及的主要研究理论 ................................................16

# 第一章 在地共生：陈炉耀州瓷释义与存续环境 ............19

## 第一节 什么是陈炉耀州瓷 ....................................................21
一、陈炉耀州瓷与耀州窑系的释义 ....................................21
二、文化生态：陈炉耀州瓷烧制技艺的存续基石 ............23

## 第二节 一方水土养良瓷 ........................................................24
一、自然资源对陈炉窑业的影响 ........................................24
二、地理环境对陈炉窑业的影响 ........................................30

## 第三节 人文环境赋内核 ........................................................33
一、政治环境对陈炉窑业的影响 ........................................33
二、经济环境对陈炉窑业的影响 ........................................35
三、文化环境对陈炉窑业的影响 ........................................36

小结 ........................................................................................................ 41

# 第二章　雅俗合流：陈炉瓷的发展历程与产品特征 ...... 43

## 第一节　金代：师承黄堡燃星火 ........................................ 44
一、陈炉窑业的兴起及原因 ............................................ 44
二、金代陈炉窑的产品特征 ............................................ 45

## 第二节　元代：改进技术求生存 ........................................ 46
一、元代陈炉窑业的兴盛及原因 .................................... 46
二、元代陈炉窑的产品特征 ............................................ 48

## 第三节　明代：官民结合谋转型 ........................................ 50
一、陈炉窑业的转型及原因 ............................................ 50
二、明代陈炉窑的产品特征 ............................................ 54

## 第四节　清代中前期：由雅趋俗多元化 ............................ 56
一、清代中前期陈炉窑业的多样化发展及原因 ............ 56
二、清代中前期陈炉窑的产品特征 ................................ 57

## 第五节　晚清及民国：雅俗合流铸民窑 ............................ 59
一、陈炉窑业的嬗变及其原因 ........................................ 59
二、晚清及民国时期陈炉窑的产品特征 ........................ 62

## 第六节　改革开放前：改革工制复青瓷 ............................ 65
一、新中国成立后至改革开放前陈炉窑的变革 ............ 65
二、改革开放前陈炉窑的产品特征 ................................ 77

小结 ........................................................................................................ 80

# 第三章　匠心手作：传统陈炉瓷的传承内容 ...................... 83

## 第一节　精挑细选出好料 .................................................... 85
一、泥料的选择 ................................................................ 85
二、釉料的选择 ................................................................ 86

### 第二节 工欲善其事，必先利其器 ................................................88
一、工场的布置 ................................................88
二、装饰工具的选择 ................................................89
三、匣钵的选择 ................................................90
四、其他工具的选择 ................................................90

### 第三节 动手有功：制作工艺流程 ................................................91
一、耙泥与陈腐 ................................................91
二、揉泥、拉坯与修坯 ................................................92
三、化妆土与釉药的使用 ................................................94
四、窑炉的构成 ................................................95
五、装窑烧制 ................................................97

### 第四节 传统耀州窑工艺的现代演变 ................................................98
一、传统技艺、原料与工具的变迁 ................................................98
二、包装方式的变迁 ................................................105

### 小结 ................................................107

## 第四章 衣钵相传：血缘与业缘传承 ................................................109

### 第一节 沾亲带故的血缘传承 ................................................111
一、基于地域的血缘传承 ................................................111
二、血缘传承的复兴及原因 ................................................112

### 第二节 业缘传承——以能者为师 ................................................119
一、基于传统行业关系的业缘传承 ................................................119
二、陶瓷厂时期的业缘传承 ................................................120

### 小结 ................................................122

## 第五章 各显其能：行业组织、地方权力结构与民间信仰 ................................................125

### 第一节 分工有序的行业组织 ................................................128

  一、瓷户的组织结构及特点......128
  二、窑户的组织结构及特点......130
  三、行户的组织结构及特点......130
  四、贩户的组织结构及特点......133
  五、辅助行业的组织结构及特点......134

 第二节 地方权力格局:"东三社"与"西八社"......137
  一、"东三社"与"西八社"的产生......137
  二、东、西社的内部结构......139
  三、东、西社与地方话语权之争......140

 第三节 以窑神为尊:陈炉窑业的民间信仰......142
  一、陈炉的神灵信仰系统......142
  二、窑神庙的布局与窑神祭的记忆......145

小结......154

# 第六章 危机相易:陈炉瓷技艺的传承现状与危机......157

 第一节 改革开放后陶瓷厂的困局与私人瓷坊的兴起......158
  一、20世纪80年代陈炉陶瓷厂的辉煌......158
  二、20世纪90年代后陈炉陶瓷厂的衰落......162
  三、20世纪90年代后期私人瓷坊的兴起......173

 第二节 陈炉窑制瓷技艺的传承与保护现状......175
  一、陈炉窑制瓷技艺的传承现状......175
  二、陈炉窑制瓷技艺的保护现状......176

 第三节 陈炉窑制瓷技艺的危机......180
  一、后继人才的匮乏......180
  二、仿古:制作技艺的异化......185
  三、竞争与合作......193
  四、文化创意的缺失......203

 第四节 "谁的非遗?"——本土视域下的
      陈炉窑制瓷技艺的传承......205
  一、本土视域下陈炉耀州瓷技艺传承人的评选......205

二、本土视域下的非物质文化遗产传承人培训班……208
　　三、地方权力博弈背景下窑神祭与技艺展示的现代重塑……211

小结……218

# 第七章　心艺物显：陈炉窑陶瓷业振兴的反思……221

第一节　"心·艺·物"——关于陈炉窑制瓷
　　　　技艺传承及保护的反思……222
　　一、"心·艺·物"传承整体观是振兴传统陶艺的逻辑起点……222
　　二、"心·艺·物"传承整体观的内涵……223

第二节　对若干问题的探讨……225
　　一、树传承之心：传统技艺传承梯队建设与行业精神体系恢复……225
　　二、树传承之心：助燃文化自觉之火……231
　　三、扬传承之艺：禁止仿古瓷造假与实现梯度开发……235
　　四、用传承之物：陈炉耀州瓷博物馆与工业遗产的建设……244

小结……248

# 结语……250

# 参考文献……254

# 后记……261

# 附录……264

# 引 言

# 第一节 研究对象与目的

## 一、研究对象

中国陶瓷文化源远流长,众多窑场如满天星斗般散布在各地。其中耀州窑既是中国古代著名瓷窑,也是中国陶瓷文明的重要节点与见证,影响力震古烁今。耀州窑的窑场以现陕西省铜川市为中心,分布广泛,主要有黄堡、立地坡、上店以及陈炉四处大窑场。黄堡窑场是耀州窑前期的中心窑场,古耀州青瓷主要产于此,生产年代跨越唐、五代、宋、元与明五个时期。耀州青瓷曾为五代与宋代的宫廷御用瓷器,代表了当时中国青瓷烧制技艺的最高水平。历史上黄堡窑产品品种丰富,除青瓷外还曾烧制黑釉、白釉、茶叶末釉、黄釉、酱釉、花釉、素胎黑彩以及诸多釉上、釉下彩绘瓷等。因此,它也是北方烧制陶瓷品种最为丰富的综合性窑场之一,使耀州窑名列中国古代六大窑系。

然而随着朝代更迭,黄堡窑场逐渐衰落,至明中期停烧。之后也有过玉华、塔坡、河东坡、立地坡、上店和陈炉六个窑场,但由于历史、地理、自然与人口等因素的影响,众窑场仅剩陈炉窑场的炉火延续八百余年,使其成为耀州窑后期最重要的代表和中心窑场。

陈炉窑场创烧于金代,以烧制民间瓷器为一大特色。它既保存与发展了耀州窑陶瓷烧制技艺,也成就了中国西北地区规模最大、耀州窑后期唯一中心窑场的地位。窑场位于铜川市王益区东南十五公里处,群山环抱之中从山顶延伸至山脚。据明代《耀州志》卷一"舆地黄堡镇"条记载:"今其地不陶,陶于陈炉镇,其镇复庙祀德应侯如黄堡云。"[①]这说明黄堡窑场与陈炉窑场具备传与承的关系。考古成果也证实了这一历程。该窑场周边盛产坩土与釉料,且自然与地理条件优越,较少受到时局影响,使得传统的烧制技艺自成体系,传衍至今。考古实物与民间收藏品显示:陈炉窑场产品种类极为丰富,以青瓷、白地黑花瓷、黑釉瓷、孔雀蓝釉瓷与"兰花花瓷"等为代表,充分展示了陈炉瓷写意、粗犷、简洁与夸张的艺术风格。而20世纪70年代陈炉陶瓷厂的工人团队复烧了古耀州青瓷,更是窑场对中国陶瓷行业的一大贡献。

除了丰富的器物,陈炉还形成了独特的生产体系——包含黑窑行、瓮窑行和碗窑行为核心的"三行不乱",瓷户、窑户、行户和贩户分工协作的"四户分立"以及号称"东三社"与"西八社"的地域、宗族分社系统。这套生产体系为窑场的发展做出了巨大贡献,后因合作化运动而废止。随后陈炉陶瓷厂诞生,地方陶业步入集体制生产,生产方式与生产品种也发生很大的变

---

① 冯先铭:《冯先铭陶瓷研究与鉴定》,紫禁城出版社,2009,第47页。

化。改革开放以来,个体瓷坊的兴起与陈炉人外出传艺,导致耀州瓷进入了一个新的快速发展时期。如今,耀州窑釉、型与烧成制度三大核心技术在当代传承有序,并传布至曾经的窑场,呈现出新的发展局面。陈炉独特的上釉、刻划花、马蹄窑烧等手工制作方法,加之粗犷古拙的民器与精美绝伦的青瓷所产生的美感,充分展示了较高的历史参考价值与艺术审美价值。基于这些原因,"耀州窑陶瓷烧制技艺"2006年被列入首批国家级非物质文化遗产名录。

"活态传承"是非物质文化遗产保护体系中最重要的议题之一,也是非物质文化遗产保护研究的独特视野。研究非物质文化遗产"活态传承"的规律,对建立科学有效的保护体系具有重要意义。本书正是通过对耀州窑陶瓷烧制技艺唯一活态传承地——陈炉镇,以及周边区域的陶瓷文化进行系统、全面和深入的田野考察,深度描写技艺传承及其背后的文化生态,试图分析陈炉窑业传承至今的原因,从而为陶瓷类传统手工艺的活态传承以及现代语境下以振兴为目的的实践路径选择问题提供新的借鉴。

## 二、研究目的

本书是在非物质文化遗产保护的视野下,采用人类学研究方法,对该技艺传承问题进行的个案研究。它的写作题眼即陶瓷类传统手工艺的"传承"。以陈炉耀州瓷为主要研究对象,秉持传承史主线,剖析技艺传承何来、传承何在、传承何往等诸多问题及答案。通过对传承历史、传承环境、传承内容、传承形式、传承现状与保护策略的研究,寻求陶瓷类手工艺传承与发展的内在规律。

本书的关注视野:首先,强调陶瓷类手工艺在当代的"活态"传承;其次,关注传承人,强调"以人为本";再次,关注非物质文化遗产保护工作以及技艺与传承人之间的关系,反思非物质文化遗产保护与振兴的现状;最后,对技艺的解读不是孤立的,而是整体性的研究,涉及联系紧密的祭祀仪式、民间文学、经济形态与社会结构等内容。

本书的写作诉求,首先要找到陶瓷类手工艺本身传承与发展的特殊性,其次是发现技艺传承与发展的普遍规律。通过对陈炉耀州窑"这一个"的深入研究,为同类文化遗产的有序传承、科学保护与艺术创新提供经验与借鉴。同时,笔者坚信:匠人们在深刻认识自然、合理利用自然资源基础上所形成的手工艺传统,在树立审美意识、维系乡愁乡情、维护文化传承与助力乡村振兴等方面潜藏着不可低估的现代价值,其所蕴含的文化基因对增强文化自觉、坚定文化自信具有重要的现实意义。

## 第二节 研究历史与现状

明代以后,耀州窑因民窑化转型而被士大夫们忽视。直至20世纪30年代,黄堡地区①因修建公路发掘出大量耀州青瓷残片,才吸引了考古学者们的注意,掀起持续数十年的研究热潮。而在2006年,"耀州窑陶瓷烧制技艺"还入选了第一批国家级非物质文化遗产名录。对于耀州窑的研究历程,笔者认为经历了六个阶段,每个阶段的研究角度与研究方法均有所不同,体现出明显的器物—审美—技艺研究方向的大转变,而学界关注点则集中于七个方面。笔者通过对近现代以来耀州窑研究成果作初步梳理与述评,以期对后来者起抛砖引玉之效。

## 一、国内学术研究回顾

### (一)国内学术研究历时性回顾

#### 1. 20世纪30年代之前

20世纪30年代以前,我们很难见到学术意义上的耀州窑研究成果。现存古代典籍文献可分为两类:一是文人墨客们的叙述,如宋代《清异录》《元丰九域志》《老学庵笔记》《清波杂志》等,注重描写器物的品质。尤其是叶寘的《坦斋笔衡》批评耀州瓷"仿汝而色质皆不及汝",混淆了耀州瓷与汝瓷。二是地方志书的记载,《宋史》《耀州志》等均提及中心窑场变迁与窑神祭。综观典籍文献,黄堡窑场与耀州青瓷所获笔墨颇多,无疑与宏大的制造规模与较高的产品档次有关。

作为耀州瓷烧制技艺活态传承的唯一窑口,民窑陈炉于明代中期之后见之于史料。其中,嘉靖版本的《耀州志》影响深远,记叙了宋神宗敕建《德应侯碑》封窑神之事以及耀州瓷业领导地位从黄堡转移到陈炉的演变过程,成为后世引据的重要来源。《陕西通志》则将陈炉纳入耀州窑的窑口②。立于雍正四年(1726年)的《窑神庙碑记》进一步解释道:"同邑东南乡土少石多,大都以陶为生。其先则始于黄堡,自彼窑场废而陈炉镇西方始习其业。"③

虽然黄堡窑场湮灭于历史长河之中,但是陈炉窑因"炉山不夜"的名号缓慢地进入世人视野。除此之外,这些典籍文献遂成为后世研究陶瓷史与烧制技艺的宝贵参考资料。

---

① 黄堡位于铜川市区南部,为耀州窑早、中期核心窑场。
② 黄卫平:《古镇陈炉》,三秦出版社,2016,第15页。
③ 冯先铭:《冯先铭陶瓷研究与鉴定》,紫禁城出版社,2009,第48页。

### 2. 20世纪30至40年代

耀州窑学术研究的星星之火起燃于偶然的施工发掘。民国二十年（1931年）秋，筑路工人们在黄浦镇①发掘出大量瓷器遗物，耀州窑才得以引发学界关注。叶麟趾实地勘察后，于《古今中外陶瓷汇编》中记载："耀州窑，在今陕西省耀县黄浦镇……此窑在宋始著名。"②并简述了黄堡窑的发展史、胎质、釉质与装饰等内容。值得注意的是，他还将出土物与陈炉窑产品相比较，对后者做了极为简短的介绍，认为陈炉瓷虽以仿制定窑为主，但胎质粗厚，釉色为黄褐色或黑色，无疑是黄堡技艺的孑遗。

尽管混乱时局对研究造成极大阻碍，《古今中外陶瓷汇编》终究启燃了现代意义上的耀州窑学术研究之火，也标志着现代学术体系熏陶下学者们的研究之始。

### 3. 20世纪50年代至60年代中期

新中国成立后政局逐渐稳定，政府鼓励学术研究，于是考古学界重启停滞的耀州窑发掘工作。1954年，陈万里、冯先铭等学者赴黄堡考察，成果颇丰。他们发掘出《德应侯碑》实物，确定了黄堡窑原址。次年，陈万里撰文《我对于耀瓷的初步认识》，梳理了古籍诸多记载，比较其与汝瓷的异同，并依据《德应侯碑》碑文阐释了各类釉色瓷的特点与烧制年代等论题。结尾部分，他推测宋代耀州瓷的分布较广，同时表达了赴陈炉窑实地调查的愿望。1957年，两人又合作出版了第一本耀州瓷专著——《耀瓷图录》，图文并茂地介绍了考古工作者们在黄堡、邠县③等地发掘耀州瓷的过程，同时试图分析《德应侯碑》文本，探究遗物的生产年代、烧造技艺与品质划分。

此时最重要的考古成果当属中国最早的窑神碑——《德应侯碑》的发现。碑文刻录了德应侯的封神经过、耀州窑创烧历史、生产流程和制作场景等重要信息，为耀州青瓷烧制技艺的复兴提供了极高的参考价值。更证实了中国的窑神崇拜起源于黄堡，且形成了规模宏大的"耀州窑系"。

一系列的发掘推动了大规模考古及文化科研工作的开展。1958年，陕西省考古研究所在黄堡、立地坡和上店等地发掘出唐、宋、金、元各代标本达8.5万余片。基于此次调查，考古所编撰《陕西铜川耀州窑》，介绍发掘经过，并说明黄堡、立地坡、上店三窑场的位置、范围、地层堆积、各类遗迹保存状况以及出土物等五个方面内容，系统梳理了耀州窑的兴衰历史。

现代意义上的耀州窑学术研究无疑是从考古学起步的。专家们发掘覆盖面广且深入，使得解放初的考古成果丰硕，著述内容全面、图文并茂，为后续研

---

① 即今铜川市黄堡镇。
② 北京艺术博物馆：《中国耀州窑》，中国华侨出版社，2014，第4页。
③ 即今陕西省彬县。

究打下了坚实的基础。

### 4. 20世纪70年代末至80年代末

改革开放后,停滞已十余年的耀州窑学术研究再度启动,该窑于此时才被陶瓷学科认定为单独窑系。总体而言,其时耀州窑书籍并不多,研究成果多以书籍之章节或论文形式发表。学界从耀州瓷的制作技艺与成分、艺术审美以及与其他窑口瓷器比较等角度深入挖掘,学术成果比以往更为丰富,以《耀州青瓷的研究》《耀州窑与钧窑系诸窑》《论耀州窑的历史地位》等为代表性著作。

耀州瓷制作技艺与成分方面:1973年至1977年,以著名陶瓷学者李国桢为核心的耀州青瓷试制组在陈炉陶瓷厂复仿宋代耀州青瓷成功。之后他与助手关培英基于复仿经历,从实验科学角度著文探讨耀州青瓷的化学成分、各主要产地原料的岩相鉴定、工艺试验以及胎釉鉴定等,并在结论表达了他们对原料的选择与使用、坯料与烧结的关系和反射率等内容的看法[1]。

考古与比较研究方面:集中于考古发掘、与其他窑系的比较、历史考据和制作技术等方面的研究报告。学者们还以论坛的形式交流思想,这有助于相关论文大量问世。杨东晨曾撰写了一系列相关文章,而以《论耀州窑的历史地位》一文影响颇大。他认为耀州窑自成一体,包含黄堡窑、陈炉窑、上店窑等窑口,烧制史、产品工艺价值与五大名窑的地位相同,影响同样深远。

艺术审美方面:《中国陶瓷史》对耀州瓷器的年代、器形及纹样等艺术审美要素做了系统性的解析,将耀州窑系定义为"与越窑面貌、风格有别的北方青瓷窑系",且在国内外分布广泛、影响深远[2]。值得注意的是,该书对耀州窑的发展历史、贡瓷年代和停烧年代等既有定论做了勘误,并对宋耀州瓷给予了高度评价:"说耀瓷印花纹饰在宋代印花瓷器中最为出类拔萃,是不为过分的。"[3]

梳理这一时期的成果,学界已经开辟出实验科学与文化探析两个研究新方向,进一步确定了瓷器的科学内涵与历史价值。

### 5. 20世纪80年代末至2004年

80年代末期后,考古学科继续基础性研究,注重阐述耀州窑的特点、沿革和历史地位;而其他学科也积极参与,齐头并进。这使得耀州窑研究百花齐放,推陈出新,走向了国际。

---

[1] 李国桢、关培英:《耀州青瓷的研究》,《硅酸盐学报》1979年第4期。
[2] 中国硅酸盐学会:《中国陶瓷史·耀州窑与钧窑系诸窑》,文物出版社,1982,第251页。
[3] 同上书,第254页。

考古研究方面：国家多次倡导的陕西、北京、甘肃、山西和河南等地窑址的发掘工作，使得出土耀州窑系瓷器颇多，这为制作技术传播的考证提供了坚实的学术支撑。得益于考古新成果，陕西省考古研究所陆续出版了《唐代黄堡窑址》《五代黄堡窑址》《宋代耀州窑址》《上店·立地坡窑址》等巨著，涉及耀州窑演变历史、陶瓷门类、制作工艺、装饰手法与窑址状况等内容，可谓面面俱到。然而书籍大量篇幅被用于对器物的综合描述，仍可被划归考古学研究。

陶瓷研究专家冯先铭曾多次到铜川进行田野考察，成果颇丰。其著作《中国陶瓷》对耀州窑做了详细叙述，认为是"宋代同类装饰之冠"[1]。这一说法之后成为学界共识。受限于当时的考古成果，他定义耀州窑为"创烧于唐，盛于宋而终于元"[2]。事实上，黄堡窑明代时仍烧制瓷器，因此这个推断后来被修正。

这一时期，耀州窑研究呈现出百花齐放、推陈出新之势。瓷器鉴赏与鉴定、国际交流、科技考古等新研究方向也发展起来，成果纷纷面世。国内学者们还通过在国际刊物上发表研究论文、举办国际性论坛等方式，进一步推动了耀州窑研究的国际化。同时，失传已久的柴窑与耀州窑内在关联的论争也愈发火热，直到2002年由陈建平撰写的《柴窑不在耀州窑》一文问世才偃旗息鼓[3]。

虽然这时耀州窑整体研究欣欣向荣，但是关于陈炉窑的专题研究并不突出，仅有铜川本地出版的内部刊物《陈炉春秋》。

### 6. 2004年至今

自2004年，陕西本土学者渐次加入。非物质文化遗产保护视域下的技艺传承与发展相关议题也逐渐崛起，成为考古学之后的研究新热点。

由于耀州窑研究此时已进入发展阶段，加之手工艺研究风潮的影响，学者们势必将关注点转移到耀州瓷烧制技艺唯一活态传承的窑口——陈炉窑，以取得新突破。因此，陈炉窑研究异军突起，成果丰硕。

早在1998年，蒙憬主编的《陈炉春秋》（内部资料）即以本土视角描写了陈炉陶瓷业变迁史、复仿宋代青瓷的经过、装饰艺术等内容。尽管该刊多为对文化事项的直观描述，却彰显了当地人的文化自觉，难能可贵。

耀州窑博物馆于2004年出版的《立地坡·上店耀州窑址》将研究焦点放在了陈炉镇所辖立地坡和上店两窑口，认定其是耀州窑十分重要的窑口，与黄堡窑同等重要，具有深入发掘的价值。由于作者多为考古学者和博物馆学者，因

---

[1] 冯先铭：《中国陶瓷》，上海古籍出版社，2001，第382页。
[2] 同上书，第334页。
[3] 虽然2012年李彦君出版的《柴窑与耀州窑》还讨论这一议题，但2002年时两者的关系已基本确定。

此本书偏向于考古成果与考古学研究方法的展示。具体而言，他们侧重于关注遗址位置与范围、地层堆积、出土遗物、烧制年代与规模、在耀州窑体系中的地位以及生产工艺与装饰纹样。编者们扎实的考古学科背景决定了本书突出的科学性、系统性和权威性。这种优势在技艺所涉及的工具与成果的描述上最为明显：譬如瓷器的釉色与器形、作坊与制作工具、烧制窑具等都做到了事无巨细地搜集、分类和介绍。值得一提的是：编者首次将黄堡、立地坡、上店和陈炉等古同官[①]域内的窑口定义为"均系耀州窑的一部分，也应称作耀州窑"[②]，归为一处[③]。同时指明耀州治内诸窑的称谓前应冠以具体地名，如"立地坡耀州窑""上店耀州窑""陈炉耀州窑"等[④]。该书如今已成为研究陈炉境内耀州瓷的经典著作之一。

2006年，陈炉人袁西成、王俊杰以文集形式出版了《陈炉窑》，涉及民间信仰、社会组织、艺术鉴赏、陈炉名人和诗歌散文等丰富内容。其中段启荣的《陈炉"八大号"与"九瓷行"》一文将他对"行户"的所见所闻写入文中，勾勒了梁氏宗族"八大号""九瓷行"的兴衰史，对研究陈炉窑业组织有着较高的史料价值。而该书后半部分为陈炉出土或私藏陶瓷品的图鉴，为研究者梳理陶瓷史提供了丰富的素材。遗憾的是，每幅照片仅记载器物名称和保存地，缺乏更详细的信息。

同年，铜川市政府赵政才所著《陈炉耀瓷文化与旅游》问世。此书与《陈炉春秋》类似，也是全面介绍陈炉窑业文化的读本。不过相比后者，赵政才对陈炉瓷的艺术风格与行业组织有所拓展，加强了对陶瓷技艺和文化的介绍，并站在地方文化角度畅想旅游发展，提出发展文化旅游的个人见解。

2007年，由薛东星和禚振西主编的《陈炉耀州瓷精萃》将陈炉周边品相较好、器形较完整的二百多件耀州瓷器做了汇编。在"概述"部分，作者对陈炉的自然地理、行会组织和器物特色做了说明，之后按照考古学科规范详解了器物的名称、年代、规格、样式和颜色。

一些学者尝试脱离考古学视域，将目光聚焦于技艺、文化生态和技艺的承载者——传承人，力求将三者提升至与器物同等重要的地位，并立志为传承人立传。最突出者为刘莹所著"中国民间艺术传承人口述史丛书"《世代陶人——陶瓷大师孟树锋口述史》，她基于在陈炉的实地调查及对孟树锋的口述访谈，还原了他从平民子弟成长为耀州窑国家级非物质文化遗产传承人、中国工艺美术大师的不平凡经历。同时以访谈形式阐述了陈炉窑业史、制瓷技艺、鉴定要领、艺术要诀和青瓷技艺的恢复过程。它的出现，反映了非物质文化遗产保护

---

① 即原同官县。
② 耀州窑博物馆、陕西省考古研究所、铜川市考古研究所：《立地坡·上店耀州窑址》，三秦出版社，2004，第313页。
③ 同上书，第3页。
④ 同上书，第313页。

浪潮影响下的学者们尝试追寻"器—道—人"之间的有机关联,无疑是巨大的进步。遗憾的是,此后着重描写传承人技艺与生活的书籍难觅其踪了。此外,一些学位论文也将耀州瓷与"非遗"保护相结合,强调瓷器的文化价值,探讨技艺传承和传承人保护现状与保护对策。

本土著作数量呈上升趋势。2015年,陈炉人雒忱出版了长篇虚构历史小说《百年炉火》,将陈炉雒家的兴衰荣辱置于地方乃至整个国家的历史背景下,半写实地描述了当地独特的文化生态、错综复杂的陶瓷业组织与宗族关系。尽管其内容不能应用于学术研究,却为我们打开了一扇认识陈炉文化和窑业组织的窗户。2016年,"外来人"、《铜川日报》总编辑黄卫平结合定居当地数十年的所见、所闻、所想,著书《古镇陈炉》。他着重梳理了陈炉的窑业渊源、东西分社等谜团,又是一本本土视角的著作。从学术研究角度评价,它多为文化事项的罗列且未形成严谨的学术体系,然而作者观察细致入微,对文化的挖掘颇深。尤其作为"半个本地人",道出了众多"野史秘辛",为研究者留下了丰富的素材。

通过对国内耀州窑研究成果的历时性回顾,我们可以发现其体现了从单学科"深挖"到多学科"开花"的发展历程。起步阶段,考古学者们坚持实地考察,以考古成果汇报的形式向世人介绍了耀州瓷。各个学科渐次介入其中,全方位、多角度加以研究,科学分析与文化研究齐头并进,分工愈加精细化,成果丰硕。如今,学者们关注陈炉地方文化、重视陈炉的匠人,使得耀州瓷传统手工技艺的保护与传承成为探讨新趋势。

## (二)国内耀州窑研究重点关注的几个问题

根据现有的耀州窑研究成果,从类别性研究角度分析,国内学者们重点关注以下七个方面。

### 1. 考古学与博物馆学研究

考古学与博物馆学研究能成为耀州窑研究的主流,陕西省考古研究所功不可没。该所代表作为耀州窑"四大集成":《唐代黄堡窑址》《五代黄堡窑址》《宋代耀州窑址》以及《上店·立地坡耀州窑址》。此外,还有《耀州窑陶瓷》《宋代耀州青瓷研究》《陈炉耀州瓷精萃》和《中国耀州窑》等。这些著作大体涵盖了铜川境内主要窑口的考古成果,内容翔实、具体,体现出极高的专业性。至于其他单位与个人所著之论文、考古报告和报刊新闻更是数不胜数,在此不做赘述。两个学科田野点经历了黄堡—立地坡和上店—陈炉窑的演变过程,将有助于解决技术发展史、产品特征以及制作技艺等三个领域的研究难题。

我国台湾学者的成果以论文居多,譬如《宋代耀州青瓷研究》《中国陶瓷浅说（1）——谈耀州窑》《耀州窑：丰丽华美的北方青瓷》和《唐代耀州窑三彩研究》。

### 2. 艺术审美研究

耀州窑的早期艺术审美研究成果均为考古书籍中的文字介绍，图片较少。及至改革开放，学者们才力求图文并茂地介绍瓷器的艺术审美特征。《陈炉窑》《宋代耀州青瓷研究》和《中国耀州窑》等出版物介绍了大批瓷器，论文类则有《耀瓷装饰艺术》《耀州窑的艺术特色》《简述耀州窑的绘画装饰艺术》和《耀州窑装饰纹样的构图特征》《制器尚象——耀州窑青瓷造物及语境的新表达》等。另有硕/博士论文若干。

研究艺术审美的学科主要为艺术发生学和艺术图像学，其中造型与装饰艺术成了研究重点。学者们从审美取向、造型特征、刻花技艺、绘画技艺以及艺术风格变迁等角度切入，取得了丰硕的学术成果。截至2022年，这一类主题研究仍方兴未艾，成果数量增长明显。

### 3. 从传播视角进行的比较研究

由于历史上耀州窑影响较大，一些学者试图研究其传播路径，并与其他窑系进行比较研究。隶属耀州窑系的窑口分布广泛，西至宁夏灵武，南至越南，北至内蒙古，东至朝鲜[1]，"其影响力不仅遍布国内，而且已达到国外"[2]。因此，《柴窑与耀州窑》《耀州窑与钧窑系诸窑》《宋代汝、耀州窑青瓷的研究》《广西宋代青绿釉瓷及其与耀州窑的关系》等文章试图将柴窑、钧窑、汝窑、唐白瓷等陶瓷品种与耀州窑相比较，阐述耀州瓷烧制技艺的传播范围、传播内容与历史影响，为确立耀州窑系的历史地位、科学价值贡献巨大。虽然近年来出现了《晚清、民国时期耀州窑的改良与发展》《略论耀州窑瓷器的外销》等文章，但令人遗憾的是，目前陈炉窑的比较研究成果却乏善可陈，亟待深入探讨。

### 4. 历史变迁视角下的考据研究

得益于数目可观的文物，耀州窑历史变迁考据研究颇为繁荣，与考古学、博物馆学结合紧密。前文提及的"四大集成"就掺杂了大量的历史文献。书籍类如《耀州窑史话》《宋代耀州青瓷研究》，论文类如《窑神碑"柏林"问题考释》《论耀州窑的历史地位》《耀州窑唐五代陶瓷概论》等，均从唐代、五代与宋代等代表性时期入手，针对耀州青瓷、黑釉瓷、白瓷等特定瓷种，通过细致、全面的归纳与总结，厘清各类瓷器发展过程与器物特征之关联。

---

[1] 北京艺术博物馆：《中国耀州窑》，中国华侨出版社，2014，总论第6页。
[2] 采访人：笔者，采访对象：禚振西，采访时间：2016年10月26日上午，采访地点：陕西省铜川市耀州窑博物馆一楼禚振西办公室。

### 5．非遗保护视角下的技艺研究

单独描写耀州瓷制作技术的出版物较少，论文则稍多些。成果涉及烧制技术、装饰工艺、窑炉建造技术以及制坯上釉工艺等方面。值得注意的是《世代陶人——陶瓷大师孟树锋口述史》和《非物质文化遗产视角下耀州窑制瓷工艺的保护与传承研究》，这两本书毫无疑问是在非遗保护工作影响下诞生的。前书对于传承人的口述调查细致入微，实为佳作，将"人"放置于"器"和"物"同等高度。

牟晓林的《耀州窑》是近年来相关研究的佳作。它将视野置于耀州窑的整体发展上，较为细致地梳理了窑场的历史沿革。然而作者注重探讨耀州瓷的装饰艺术与工艺流程，对手艺人和活态传承关注不足。

刘莹认为："如何才能留住手艺？对于任何一门传统手艺而言，对技艺的保护首先应该是对人的保护。"[①]这种观点在非遗保护运动初兴时难能可贵，代表了重视传承人的耀州窑研究新方向。上述著作逐渐聚焦陈炉窑传承至今的耀州瓷技艺的活态传承，对"技"的历史与现状研究颇下功夫。随着国家对非物质文化遗产保护工作的推进，关于耀州窑活态传承的文章数量也在增加，然而刊载于权威期刊者极少。

### 6．基于鉴定与鉴赏的科普介绍

早在1994年，陈华莎发表了《耀州窑青瓷辨识》，次年刘志国刊文《耀州窑的鉴定与鉴赏》。两篇文章开启了科普介绍耀州窑的先河。耀州瓷研究专家禚振西和杜文结合自身丰富的考古经验，分别于2000年、2004年出版了《耀州窑瓷鉴定与鉴赏》和《耀州窑瓷鉴赏与鉴定》[②]，系统介绍了各类耀州瓷的鉴赏与鉴定要领。2008年，禚振西发表了《北方青瓷的代表青釉耀瓷的考古发现与鉴定》，专门向大众普及青瓷鉴定知识。总之，此类书籍、文章以图文方式宣传了耀州瓷的科普知识，提升了读者辨别耀州瓷的能力。

### 7．科技考古分析研究

耀州窑的科技考古起步较晚，却大有可为。为了测定文物年代、产地、成分以及与其他类型瓷器对比，科学家们使用手段多种多样，既有光谱扫描，也有化学方法，还有物理测定，更有计算机模拟操作。这使得科技考古在耀州瓷研究领域被发扬光大，也为化学、材料学、考古学等学科提供了宝贵案例。其中，凌雪的《耀州窑青瓷的能量色散X射线荧光光谱分析》《耀州窑青瓷白色中间层和化妆土的EDXRF光谱分析》和《耀州窑青瓷白色中间层和化妆土的微观结构》三篇文章发表于权威核心期刊，着重分析唐代至金代耀州瓷的胎

---

① 刘莹：《世代陶人——陶瓷大师孟树锋口述史》，中央编译出版社，2010，第225页。
② 《耀州窑瓷鉴赏与鉴定》于日本出版，日文版名为《耀州窯瓷：鑑賞と鑑定》。

料、釉料、化妆土、中间层的化学成分与微观结构，为耀州窑的科技考古研究做出了一定贡献。

## 二、海外学术研究回顾

海外学者们于20世纪初就对耀州窑给予高度关注，著述颇丰。其中当属日本起步最早。40年代，小山富士夫相继发表《宋代的青磁》（论文）、《陶磁全集10唐宋的青瓷》和《陶磁大系36青瓷》，通过阐述和比较耀州窑，开创了日本国相关研究的先河。公/私立机构如大阪市立东洋陶磁美术馆，个人如爱宕松男、矢部良明和森本朝子等从耀州瓷的推介、历史研究、窑神碑刻、考古成果、制作技艺和窑系比较等方面做了深入的探讨。他们的不懈努力奠定了日本学界在海外耀州窑研究领域的深厚实力。中国政府也曾多次安排赴日展出耀州窑瓷器，在当地引起了强烈反响。

而新加坡、韩国等地的学者们亦有所建树，出版了《中国青瓷与其他东南亚相关窑》（*Chinese Celadons and Other Related Wares In Southeast Asia*）和《高丽遗址出土宋代瓷器研究》两本著作。西方世界对耀州窑的研究方兴未艾，英国、美国、荷兰和法国等国均参与其中。虽然海外的学术成果数量不及国内，但是既开阔了国人的视野，也提供了新的研究思路，是对国内耀州瓷研究的重要补充。

综上所述，现代耀州窑研究已经历了六个历史阶段。简言之，即发轫于考古学科，艺术审美与文化探析等视域随之稳步发展，最后"非遗"保护研究方向异军突起，形成百花齐放的局面。总体而言，其成果体现出三个特点：一是学者研究全面深入，涵盖了各时期、各类型的窑口，国内研究实力与成果均强于海外。二是得益于考古技术、考古成果及史料典籍等方面优势，考古学与博物馆学构成的学科群都是研究的绝对主力。然而作为耀州瓷烧制技艺的唯一活态流传地，陈炉窑所获笔墨却是最少的。三是一些研究者将兴趣点从纯考古学科转入艺术审美、文化生态、技艺传承等非物质文化遗产层面探讨。他们已不满足于将瓷器视为冷冰冰的器物，而是力图发掘物质背后更为鲜活、更加生动的社会场景、人物经历，以揭示耀州瓷技艺传承千余年的复杂历史。

丰硕的学术成果无疑体现了前人孜孜不倦的探索，构成了耀州窑研究的重要基础。这段历程恰恰也证明了学界正从"遗留物"的研究理念向思考现代化进程中"人"与"技"的互动关系过渡，值得肯定。然而，深厚学术积累的背后仍有继续挖掘的空间。笔者认为：应基于现有学科基础与最新研究趋势，强化非物质文化遗产研究方向，探讨跨学科研究，进而促进大众对耀州瓷文化遗产的认识。而这，正是本书所以成型及其学术意义所在。

# 第三节　研究结构、方法与主要理论

## 一、研究结构

本书围绕耀州窑陈炉窑场耀州瓷传统制作技艺的"传承"展开，由窑场的存续环境、发展历程与产品特征、技艺的传承内容、传统和现代语境下技艺的传承方式及其逻辑、特殊的行业组织、地方权力结构与民间信仰、技艺的传承现状与危机以及反思行业振兴、寻求解决之道七个部分组成。笔者自2016年底进入陈炉窑场，基于"田野——实证——路径"的思路，以探究耀州瓷技艺实践理性表达为目的，经过近一年不间断的田野调查以及后续补充调查，最终形成本书，其内容共七大部分。

第一部分：分析陈炉窑业的存续环境。

基于文化生态学理论，从两个角度探讨陈炉耀州瓷烧制技艺存续环境：一是通过自然环境角度来分析陈炉窑产生和发展的必然性与唯一性。包括用共时性分析方法分析燃料、水源和陶土三要素，并考虑陈炉所在的位置、植被、山川、矿产等自然地理要素；用历时性分析方法分析自然资源与地理环境的变迁对陈炉窑业的影响，解释耀州窑中心窑口黄堡的衰落历程，黄堡、立地坡、上店、陈炉（或上店、立地坡、黄堡、陈炉）四地窑口的流转以及陈炉与黄堡的特殊关系，涉及明代地震、水源转移、气候变化和原料更替等。

二是探究人文环境对陈炉耀州陶瓷烧制技艺的影响，从政治、经济环境出发，涉及宋代政治中心的转移、金元动乱等对陈炉窑业的影响。同时探讨文化环境与传承人性格的塑造、技艺的传承之间的关系。

第二部分：描述陈炉窑历代的陶瓷产品与艺术特征。

①挖掘金代陈炉窑的萌发，重点解读金代的青瓷与素烧瓷。②深究元代陈炉民窑的兴起，重点解读元代的青瓷、黄釉瓷和姜黄釉瓷。③考证明代官办琉璃厂的设立与陈炉民窑业的转型，重点解读带釉琉璃瓦与现有琉璃厂窑址遗存以及白地黑花瓷、青黄釉瓷和姜黄釉瓷。④探析清中期陈炉窑的壮大，重点解读香黄釉瓷、白地赭彩瓷。⑤深究晚清、民国陈炉窑的发展，重点解读兰花花瓷（即青花瓷）及其背后的故事[①]。除此之外，梳理改革开放前陈炉窑的剧烈变革，重点解读耀州青瓷的复兴过程与这一时期的产品特征。

第三部分：阐述陈炉陶瓷工艺的传承内容。

以田野调查为主，结合文献资料，对生产场所与掌握完整工艺程序的人进行调查，全面系统地梳理陈炉耀州瓷传统制作技艺，了解以前和现代的生产工序的差别、工艺背后的地方性知识，验证现有文献记载的工艺流程是否正确和

---

① 1956年陶瓷业合作社的成立标志着陈炉陶瓷风格的大转变。

完整。这一调查涉及制作原料、工作场所、制作工具的选择、制作工艺流程等传承内容。

第四部分：探寻传统和现代语境下陶瓷技艺的传承方式及其逻辑。

传统社会里，血缘传承是陈炉耀州瓷烧制技艺的主流传承方式，而广泛存在的家庭式陶瓷作坊承担着血缘传承的重任。可以通过访谈和实地考察还原当时的传承场景。合作社和陶瓷厂成立后，陶瓷烧制技艺由于工厂的出现被公开化，成为计划经济的一部分，陈炉人和外地人都可以在工厂就职的同时学习到完整的技艺。因此，工厂内出现的业缘传承成为具有主导地位的传承方式。而随着陶瓷厂的衰落与私人瓷坊的兴起，血缘传承与业缘传承同样作为陈炉耀州瓷烧制技艺的主要传承方式，为陶瓷技艺的多样化发展做出了贡献。除此之外，兼论尧头窑与陈炉窑亲密无间的业缘传承关系。

第五部分：考察陈炉传统窑业特殊的行业组织、地方权力结构与民间信仰。

归纳总结合作化之前当地存在的瓷户、窑户、行户、贩户与辅助行业组织结构及特点。瓷户、窑户、行户和贩户号称"四户分立"，各司其职且联系紧密。瓷户为制作瓷坯的人家。窑户即租赁窑给外人烧制的人家。其中，窑场里窑户又细分为制作酒樽器具的"黑窑"、大缸大盆的"瓮窑"及餐具的"碗窑"，另有较散但制作精美工艺瓷的"小窑"。行户是批发产品的中间商，而从行户处购买陶瓷销往全国的群体则被称为"贩户"，是外地人能够参与其中的一个行业。同时分析因生产分工形成的地方权力格局，溯源东、西二社的内部结构与地方话语权之争。除此之外，还原窑神庙的布局，挖掘隐藏在当地人记忆中的窑神祭，通过记忆描述传统窑神祭的展演。

第六部分：调查挖掘陈炉窑场制瓷技艺的传承现状与危机。

改革开放后，陈炉陶瓷业又一次站在发展的高峰，以陶瓷厂为主体创造了辉煌成就。然而由于内、外部多种原因，陶瓷厂逐渐衰落。私人瓷坊纷纷兴起，灵活的生产方式使技艺呈现多样化发展的特征。进入21世纪，由于国家大力实施非物质文化遗产保护工程，传统手工艺保护和传承状况明显好转。陈炉窑场正走出寒冬，人们也以更加开放的姿态传承着耀州瓷制作技艺。然而这一技艺的申报过程和传承状况如何？政府、学界、商界或者媒体对其保护的关注度高不高，做了哪些保护、指导或宣传工作？当地人对技艺传承的看法怎么样？现代陶人的精神世界呈现出什么样的特征？这些问题都需要深入挖掘和解答。一枚硬币有正反两面，对于耀州瓷技艺的传承既要看到成绩，更要发现危机，保持警醒。一系列问题足以为耀州窑陶瓷烧制技艺的活态传承敲响警钟。

第七部分：针对危机反思陈炉陶瓷业的振兴之道。

基于传承现状的反思，设想通过加强耀州瓷传统技艺传承梯队建设与行业精神体系恢复、激发当地人的文化自觉之火、禁止仿古瓷造假与实现梯度开发以及推动陈炉耀州瓷博物馆与工业遗产的建设与保护，构建"心·艺·物"传承整体观，促进耀州瓷烧制技艺的活态传承。

在此对本书的写作思路做直观的展示：

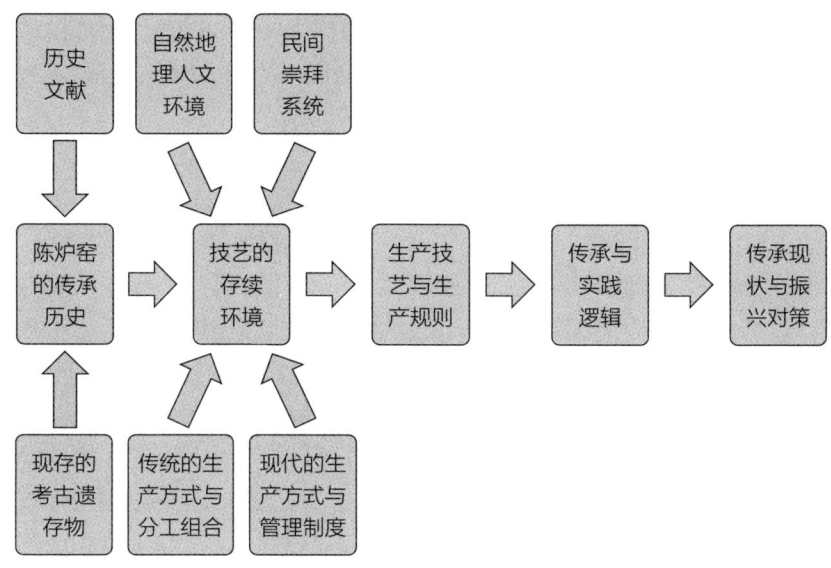

## 二、研究方法

### （一）田野调查研究

英国社会人类学家布罗尼斯拉夫·马林诺夫斯基（Bronislaw Kaspar Malinowski）曾在《西太平洋上的航海者》中提出"田野民族志写作三原则"："首先，学者必须怀有真正的科学目标，并且知道现代人类文化学的价值和标准。第二，他应当将自己置于良好的工作条件之中。也就是说，最主要的就是不要和其他白人居住在一起，而直接居住在土著人中间。最后，他还得使用若干特殊方法以搜集、操作、确定他的证据。"[①]笔者以民族学、人类学学科背景为基础进行田野调查，按照马林诺夫斯基提出的"三原则"，坚持同吃、同住、同劳动，将自己完全融入当地人的生活世界中，拜传承人为师，挖掘、整理和阐释陈炉耀州窑陶瓷烧制技艺的文化生态与传承保护。在田野调查研究中，具体使用的调查技术和研究方法有"参与观察、深度访谈、调查问卷、口述史记录、谱系调查"，以这些方法来实现预期的调查目标。

---

① 布罗尼斯拉夫·马林诺夫斯基：《西太平洋上的航海者》，张云江译，中国社会科学出版社，2009，第5页。

## （二）主客位研究与深度描写

在文本撰写过程中，灵活运用主客位分析法与美国人类学家克利福德·吉尔兹提倡的"深度描写"，尽可能地从局内人的角度思考田野调查结果所显示的陈炉陶瓷文化的深刻内涵；同时在必要时做到以局外人的角度解释隐藏在最深处的实践逻辑与象征隐喻，从而跳出主客位的内外局限，做到经验接近与经验远离，形成最佳的深度描写文本。

## （三）文献与考古分析

北京大学教授赵世瑜曾强调小历史与大历史的结合，"所谓'小历史'，就是那些'局部的'历史：比如个人性的、地方性的历史，也是那些'常态的'历史：日常的、生活经历的历史，喜怒哀乐的历史，社会惯制的历史。所谓'大历史'，就是那些全局性的历史，比如改朝换代的历史、治乱兴衰的历史，重大事件、重要人物、典章制度的历史等等。"① 陈炉承习唐宋窑业，自金末元初，炉火传承至今。一千四百多年历史中，整个耀州窑与中国历代政权的兴衰、大众审美的演变相联系。宋室南迁、关中地震、公社化运动和改革开放等大历史事件都剧烈影响着制作技艺的变迁。因此，笔者不仅需要眼光向下，做好扎实的田野工作，也将视野放置于漫长的历史进程中，带着"耀州和陈炉究竟发生了什么"的疑问，从文献中探寻蛛丝马迹，追索全局性的大历史，挖掘地方性的小历史，以求得到一定程度上的解答。除此之外，也多从考古的遗存物进行分析，立足艺术学审美理论，融色彩、造型、材料、纹样、技艺、工具、分布、工制与匠意等文化基因为一体加以考察，而这些要素的形成与变迁也是受到小历史和大历史影响的。

## 三、所涉及的主要研究理论

本书虽然以非物质文化遗产学理论为研究主线，但在具体章节里会用到相关学科的理论，以支撑某个文化事项的研究。这些理论并不对论文的整体理论架构产生影响，防止了理论的滥用，起锦上添花之效。在此对所涉及的理论作必要的简述。

非物质文化遗产学：苑利认为，非物质文化遗产学是指专门以研究人类在历史上创造，并以活态形式传承至今的，具有重要历史价值、文化价值、艺术

---

① 赵世瑜：《小历史与大历史：区域社会史的理念、方法与实践》，生活·读书·新知三联书店，2006，第10页。

价值、科学价值和社会价值之传统文化事项为己任的一门学问[①]。非物质文化遗产学主要强调对非物质文化遗产属性的探索，告诉人们什么是非物质文化遗产；强调对非物质文化遗产价值的深度挖掘，告诉人们为何保护非物质文化遗产；强调对非物质文化遗产传承规律与保护规律的探寻，告诉人们怎么保护非物质文化遗产。非物质文化遗产学的理论为本书的核心框架，即寻找陈炉耀州窑存在的文化背景、挖掘陈炉耀州窑的价值和保护的必要性以及保护陈炉耀州窑的路径。

历史地理学：研究历史时期地理变化及其规律的科学。地理环境包括自然和人文两个方面。"自然地理环境是指人类社会周围的自然界，包括作为生产资料和劳动对象的各种自然要素，如气候、植被、水文、地貌、土壤、生物……人文地理环境指人类为求生存和发展在地球表面上各种活动的分布和组合，如疆域、政区、军事、人口、民族、经济、城市、交通、文化……"[②] 运用历史地理学的理论从自然地理环境和人文环境两方面研究陈炉窑的存续环境。

文化基因理论：来源于生物学，被传统手工艺研究者所借用。基因是传统工艺最核心的遗传因子，被归类为色彩、纹样、造型、技艺、工具、材料、工制、匠意等八类文化基因。虽然在不同的手工艺种类中，各类文化基因所发挥的作用有所不同，但是技艺始终是起决定性作用的基因种类。而一项手工艺遗产的活态传承，其实就是九类文化基因相互作用的结果。任何一类文化基因缺失，均可被认为遗产传承信息丢失。运用文化基因理论不仅可以更好地帮助我们深入分析手工艺的构成，也可以判定项目活态传承状态。

---

① 苑利、顾军：《非物质文化遗产学》，高等教育出版社，2009，第1页。
② 邹逸麟：《中国历史地理概述》，上海教育出版社，2005，第5页。

第一章

# 在地共生：
# 陈炉耀州瓷释义
# 与存续环境

为了弥合文化相对论与文化绝对论之间的裂隙，实现普遍主义与特殊主义的统一，吉尔兹提出了"地方性知识"概念[①]。作为"地方性知识"当中的"地方性"应是与"全国性""国际性""普遍性"相对应的概念，它不仅指特定的地域而且还涉及"知识的境域性"，即在知识生成和辩护中所形成的特定的情境。可见地方性知识是指在一定的情境（如历史的、地域的、民族的、种族的等）中生成并在该情境中得到确认和辩护的知识体系[②]。彭兆荣认为："地方性知识应该包括三个方面的要素：人群共同体、空间、知识体系。"[③]地方性知识是人群在文化生态环境中的特殊产物，所蕴含的众多文化基因不可直接照搬、复制。然而人群共同在利用文化生态环境、改造自然时所构成的知识体系与实践经验却可以为其他文化类型所分享，为构建人类文化命运共同体、实现"美美与共，天下大同"贡献地方智慧。

非物质文化遗产就是典型的地方性知识。任何非物质文化遗产事项都不可脱离外部环境实现活态传承，必须受到所处的文化生态环境的制约。地域性是其本质属性之一[④]，塑造了非物质文化遗产的专属传承内容与表现形态。技艺的传承，本质即是在一定社会空间中文化实践的活态发展过程。作为传统陶瓷类手工艺的代表，耀州瓷烧制技艺得以传承数百年，首先高度依赖于独特的文化生态状况构建出的特殊传承文化空间。

文化生态环境为耀州瓷技艺的传承打下了坚实的基础。陈炉窑场能够取代黄堡窑场并发展为耀州窑后期的中心窑场，得益于独特的自然环境与地理环境。其中自然环境为资源型遗产项目的陶瓷技艺提供了燃料、陶土与水源等必要物资，而地理环境以地形与气候两要素影响了窑场的位置、规模、防御系统以及生产销售的方式、路径与安排等。与此同时，关中文化、黄土文化与民俗文化培养了陈炉人乐观爽朗、积极进取的精神，为陶瓷业的发展注入了驱动力。创烧八百余年后，匠人们早已适应了文化生态的塑造，形成了基于环境认知的地方性知识。这种认知是人们对所处环境的看法与反应，通过判断环境内在属性，反过来加深了对其合理利用。

---

① 克利福德·吉尔兹：《地方性知识——阐释人类学论文集》，王海龙等译，中央编译出版社，2004，第273页。
② 王鉴：《地方性知识与多元文化教育之价值》，《当代教育与文化》2009年第1期。
③ 彭兆荣、吴兴帜：《作为认知图式的"地方"》，《北方民族大学学报（哲学社会科学版）》，2009年第2期。
④ 王文章：《非物质文化遗产概论》，文化艺术出版社，2006，第68页。

# 第一节　什么是陈炉耀州瓷

## 一、陈炉耀州瓷与耀州窑系的释义

陕西省铜川市位于陕西省中部，东靠渭南市，北接延安市，西部、南部与咸阳市接壤，是关中平原与陕北高原的交接地带，也是文化历史悠久的地区（图1-1）。北魏太平真君七年（446年），朝廷首次设置铜官县，北周建德四年（575年）更名同官，民国三十五年（1946年）更名为铜川[①]。铜川市地理位置优越，交通便捷，矿产资源丰富，为西北重要的能源与建材基地。新中国成立后国家实施"一五计划"，铜川的水泥与煤炭产业受到政府重视，故而于1958年成为陕西省继西安市之后的第二个省辖市。铜川市现辖耀州区、王益区、印台区、宜君县和铜川新区（省级经济开发区），面积约为3882平方千米，截至2022年末全市常住人口约70.5万人，是陕西省面积最小、人口最少的市。

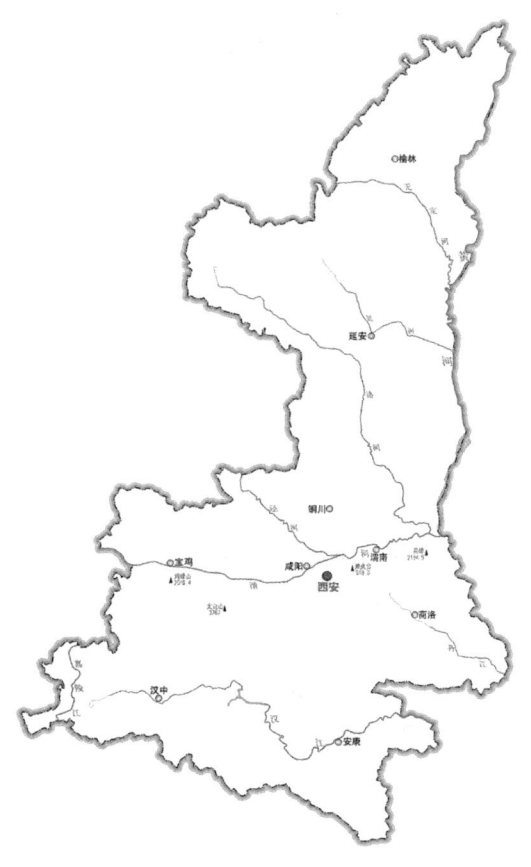

图1-1　铜川市地理区位图

从铜川市王益区沿宜上公路往东南方向前行，地势逐渐抬升，沟壑纵横，穿越义兴、穆家庄、双碑与崔家岭等村庄后，于海拔约1400米的山顶处有一个依山而建的大窑场，即耀州窑陈炉窑场。

陈炉窑场与耀州窑有什么关联呢？这是笔者在写作之前必须交代的一个背景。

《中国耀州窑》对耀州窑做了定义："耀州窑位于今西安市北70公里的铜川市，窑场以黄堡为代表，包括陈炉、立地坡、上店、玉华和塔坡等处。铜川旧称'同官'，五代后唐同光元年（923年）以降，直到民国一直属耀州，故

---

① 铜川市地方志编纂委员会：《铜川市志》，陕西师范大学出版社，1997，第1页。

名耀州窑,其产品名为耀州瓷或称耀瓷。是我国古代的著名瓷窑。在唐、五代、宋、金时期,曾是中国北方地区规模最大、影响力非常广泛的窑场之一。(它)也是继唐代越窑青瓷之后,我国青瓷发展史上最具代表性和最有影响力的一处窑场。被誉为我国古代北方青瓷的代表,还被学术界认为是我国宋金时期六大窑系(抑或八大窑系)之一的耀州窑系的代表。"[1] 简言之,耀州各窑主要分布于今陕西省铜川市区域,分别以黄堡、陈炉作为前期和后期的中心窑场,而耀州瓷即古耀州境内诸窑所产瓷器的总称。黄堡窑场最早创烧于唐代,于北宋至元代达至顶峰后逐渐衰落,所形成的传统烧制技艺最后仅在陈炉镇保存至今。

  陈炉窑属于耀州窑重要组成部分的说法早已被陶瓷学界公认。陶瓷研究大师叶喆民在《中国陶瓷史》一书中明确指出:"(耀州)窑址以陕西铜川市的黄堡镇、陈炉镇、立地坡、玉华宫等为宋金时期重要产地。[2]"关于耀州窑场的演变顺序有"黄立上陈"与"上立黄陈"之说。前者指的是:耀州瓷烧制技艺先从黄堡传到立地坡,再由立地坡传到上店,最后在陈炉落地生根。后者则是按照上店—立地坡—黄堡—陈炉的顺序传播。无论哪种说法,陈炉窑场总是最后才形成。耀州瓷研究专家禚振西(彩插1-1)认为:根据陕西省考古研究院、铜川市考古所与耀州窑博物馆三方的考古发掘显示,耀州瓷烧制技艺于北宋晚期由黄堡传至立地坡,金代时传到上店,金末元初才传至陈炉。无论是窑炉结构、制作原料、制作技艺还是装饰纹样与瓷器釉色,四个窑场均具有一脉相承的连贯性。譬如黄堡窑场的知名瓷种耀州青瓷经过时代变迁,仍完整地传至陈炉窑场。即使已经演变成姜黄釉瓷,但在制作技艺、装饰花纹等方面与前人高度相似。值得一提的是:由于上店、立地坡两窑场距陈炉窑场较近,加之如今属于陈炉镇的行政管辖范围内,因此在陈炉人的眼中这些窑场也是陈炉窑场的一部分。

  耀州瓷制作技艺在鼎盛时还传布至其他地区。其影响力甚至可达越南、朝鲜等邻国,形成规模庞大的耀州窑系。《中国陶瓷辞典》将耀州窑系定义为:"两宋(包括金)时期,烧造耀州窑风格的瓷窑。"[3] 曾经隶属于耀州窑系、受到耀州窑影响的窑场分布广泛,包括陕西青渠窑,宁夏灵武窑,河南临汝窑、宜阳窑、巩义窑、新安窑、禹县钧台窑、内乡窑,山西榆次窑与介休窑,广东广州西村窑,广西永福窑等诸多窑口。叶喆民认为:"虽然南北地质、原料乃至窑形结构互有差异,但这些窑所出器物在花纹、造型或釉色方面多有某些近似的时代特征,尤其以河南一带窑址出土的青瓷与耀州窑青瓷多有共同之处。例如宜阳窑所制缠枝菊纹碗与耀州、临汝制品颇为相似,而刻百褶纹青瓷尤居

---

[1] 北京艺术博物馆:《中国耀州窑》,中国华侨出版社,2014,前言第2页。
[2] 叶喆民:《中国陶瓷史》,生活·读书·新知三联书店,2011,第297页。
[3] 许绍银、许可:《中国陶瓷辞典》,中国文史出版社,2013,第523页。

多数。新安窑出土的印花青瓷在纹饰上也雷同于耀州、临汝、宜阳等窑。①"耀州瓷研究专家禚振西早年参加学术会议时,一位叫森本朝子的日本陶瓷学者找到她并交流了自己观点。森本告知禚老:考古学者曾对越南陈朝与李朝时期的窑址进行发掘,发现了与耀州青瓷风格雷同的刻花青瓷与印花青瓷,因此她猜测古代耀州瓷烧制技艺可能经由海上丝绸之路传至越南。除此之外,朝鲜半岛的高丽青瓷也可能受到了耀州窑的影响。

总之,宋、金时期的耀州窑影响深远,构建出一个在规模与质量两方面能与越窑、龙泉窑等窑系相媲美的耀州窑系。只是随着时代变迁,曾经的耀州窑逐渐衰落,活态传承了烧制技艺的窑口仅剩陈炉窑场。而这,就是耀州窑与陈炉窑场之间承前启后、难舍难分的"母子"关系。

## 二、文化生态:陈炉耀州瓷烧制技艺的存续基石

耀州瓷能够在陈炉活态传承,离不开独特的文化生态。

陈炉窑场的地理范围与现陈炉镇的行政范围大致重合。该窑场经金末元初创烧,在明朝时已取代黄堡窑场成为耀州窑的中心窑场。明代万历年间的《同官县志》记载了当时的盛况:"东则陈炉镇集(去县三十里)……(炉山不夜)去县三十里即陈炉镇也。其山自麓至巅,皆为陶场。土人燃火炼器,弥野皆明。每夜远眺,荧荧然一鳌山灯也。"

"陈炉"之名一是来源于"炉火杂陈、陶炉陈列"的说法;二是"另因其周山四处皆为陶坊,废弃的瓷片随处堆积如山,又得名'炉山''炉镇''同邑炉山'。"②从地方志可知,"陈炉"的名称在明代即已存在。经过数百年的发展,当地逐渐发展成中国西北地区最大的窑场。

美国人类学家朱利安·史徒华③认为:"技术在每一个环境中可以有不同的利用方式,因而也导致不同的社会性后果。环境不只对技术有许可性与抑制性影响,地方性的环境特色甚至可能决定了某些有巨大影响的社会性适应。"换言之,一项技术的传承很大程度上取决于周边环境的影响。环境的改变会对技术的性质与存续产生作用,而技术也会反作用于环境,从而实现文化、技术与环境三者的互动。史徒华还将文化生态学的研究划分为三个基本步骤:"第一项是分析生产技术与环境之间的相互关系……第二项步骤是分析以一项特殊技术开发一特定地区所涉及的行为模式……第三项步骤是确定环境开发所需的行为模式影响文化的其他层面至于何种程度。"④这三个步骤也是笔者研究文化

---

① 叶喆民:《中国陶瓷史》,生活·读书·新知三联书店,2011,第303页。
② 禚振西:《陈炉耀州瓷精萃》,文物出版社,2007,第11页。
③ 又译为:朱利安·H·斯图尔德。
④ 朱利安·史徒华:《文化变迁的理论》,张荣启译,台湾远流出版事业股份有限公司,1989,第46-50页。

生态与陈炉耀州瓷技艺传承之关系的路径。

任何一种技艺的产生、传承都与当地的文化生态环境有着密切的联系。传统农业社会中，生产技术与行为模式更容易受制于环境。燃料、水源与陶土以及地形、气候在内的自然环境因素对技艺的传承与发展、技艺相关的社会组织结构起着至关重要的作用。陈炉窑场的地貌复杂，黄土塬梁丘陵区、黄土残原沟壑区与川原区将其包裹，呈现出西北高、东南低的倾斜地势。该地四季分明，冬季与春季寒冷干燥，雨雪较少；夏季与秋季则炎热湿润，降水偏多，总体上属暖温带大陆性季风气候。这种独特的自然环境无疑对陶瓷业的发展具有深刻的影响。

技艺也与人文环境的变迁紧密相连，陶瓷文化的演进必须置于"大历史"的背景中观察。在一千四百余年的岁月里，耀州窑陶瓷行业生存状态与中国政权的兴衰、大众审美的演变相联系。宋室南迁、关中地震、秦王开府、公社化运动和改革开放等历史事件，都深刻影响着当地技艺的变迁。此外，地方文化特质也参与形塑陶瓷文化，影响了技艺的活态传承。故而陈炉窑业存续环境的研究对象，必须考虑人文环境。

综上所述，理解陈炉窑业的存续应着眼于自然环境和人文环境的作用，以此较好地理解行业的发展。这也是本书首先论及存续环境的原因。

## 第二节　一方水土养良瓷

### 一、自然资源对陈炉窑业的影响

中华传统文化提倡"天人合一"，即人的行为要顺乎自然规律，以达至人与自然的和谐。马克思主义唯物辩证法也认为任何事物都不能孤立地存在，必须与其他事物产生联系。技艺以及技艺的载体——人，均与自然和人文环境组成的外部环境相统一，并受自然规律与历史发展规律的制约。由于耀州瓷烧制技艺是资源型遗产项目，特定条件下自然资源的影响比人文环境更大，是发展的基石。因此首先必须讨论其与技艺的关系。试想窑场如果没有燃料、陶土和水源，制作技艺必定成为"无源之水，无本之木"，不可能活态传承，干燥黄土也就不会变成丰富多彩的陶瓷制品。

#### （一）燃料对陈炉窑业的影响

黄土高原上，黄堡、陈炉、立地坡、上店、玉华和塔坡等窑场星罗棋布，它们的产生和发展无一例外得益于区域内储量丰富的燃料资源。

铜川市是我国知名的矿产资源大市。现有矿产资源总量47.2亿吨，保有资源量36亿吨。其中煤炭储量34.7亿多吨，保有储量为26.9亿吨①。当地煤炭储区分布广泛，储量丰富，露出层离地表较近，易于开采。唐代时出现采煤活动，宋代达至兴盛，但总体上以原始手工开采、效率低下、规模小为特征。铜川陶瓷业在五代与宋代交替之际实现了以煤烧取代柴烧，燃料的更替使耀州青瓷的烧造成功率大为提高。古代黄堡窑场的工人们多采取原始的依山掘洞或平地下挖取煤，以马拉骡驮的方式运输。元代时新村沟才出现结构较为复杂的方形立井，很快推广至陈炉。易于操作的开采方式使得陈炉地区优质煤的产量得以提高，明显促进了行业发展，从而进一步奠定了陈炉窑的历史地位。

黄堡"中心窑场"身份的丧失与原料衰竭有重要关系。据资料记载："以产品质量见长的黄堡窑，因数百年大规模烧造，浅层原料耗尽，深层原料又因成本高而失去其优势，而其东边的立地坡、陈炉和上店诸窑，正处在上升发展中。特别是山多地少的上店，能以柴为燃料，烧出的青瓷比同期的黄堡产品还要湿润，从而出现了'上立黄陈'之说。"②此处的"原料"指的就是陶土资源与以燃煤为主的燃料。

陈炉陶瓷业能够接续黄堡的地位得益于煤炭采掘的便捷性。除了上店采取柴烧，陈炉、立地坡、玉华等地均采煤烧瓷。陈炉的地势高低落差明显，草木并不丰茂，故而仅依靠柴薪难以保证燃料的可持续供应。木柴的燃烧值低，温度不稳定，烧成周期比较长；同时木材中矿物元素会影响燃烧气氛，而改用煤烧能大幅改善这些不足。元代陈炉窑场产品数量能够远超前代，开采方式与窑炉结构的改进以及燃煤的广泛使用无疑做出了巨大贡献。当地煤层埋藏浅，发热量大，崖窑、雷家坡前井、雷家坡后井等煤矿多产优质燃煤。至明朝万历年间，陈炉采煤业已非常发达，并带动其他类型矿产的采掘。据史料记载："陈炉、立地两镇山产煤炭、硫黄、白矾、皂矾、矾红并陶诸磁器以贸易。"

采煤同样是陈炉人的谋生手段之一。清代雍正朝时，当地已有专门开煤窑以供应陶瓷业的商人。刻于道光二十八年（1848年）的雷家坡《窠规碑》有言："同邑煤窝，由来久矣。此地皆山，不可耕种。"这说明此时农业式微，反而采煤业获得长足的发展。及至清代晚期，采煤业更为繁荣兴盛，从业者众多。而官府为了加强对其的控制，维护行业秩序，特于咸丰元年（1851年）树立了《同官县令整饬炭窠风纪告示碑》以作约束③。自此，铜川境内的采煤业正式归于中央政府的管辖。

---

① 数据来源于铜川市人民政府网。
② 北京艺术博物馆：《中国耀州窑》，中国华侨出版社，2014，总论第3页。
③ 碑文透露了当时行业发展的乱象，指出："照得同邑山多土瘠，无恒产者，皆指煤窠谋生。因窠多人众，屡奉上宪饬令严查。"官府希望勒碑定规，并加强管控，使采煤业能够公平、健康发展。

晚清、民国时期，陈炉的采煤业兴盛，产量与质量均优。依托丰富的燃煤资源，一些商户的经济实力得以膨胀。譬如东三社的"大行户"、大富商雒安信在东社山下的沟里开辟了四个煤矿，其中土尖子煤矿产量极高。据传闻该矿每日获利可达一斗金子，堪称真正的"日进斗金"。他还在东河川、马家河等地开辟了煤矿，家族煤矿产业遍布周边区域。除了雒家，靳家、穆家等大家族也都有自营煤场，出产的燃煤既可外销，又供应陶瓷业。

陈炉人不仅能够制瓷，寻矿"天赋"更是远近闻名。当地煤炭资源除了易于开掘，性能优越也是重要优势。笔者在调查时，被称为"陈炉活字典"的段启荣（图1-2）对此赞不绝口：

图1-2 陈炉"文化活化石"段启荣老人和王家瓷坊老板王战军

"哪一座山哪一块有比较好的坩子土，哪个山下边储藏有比较丰富的煤藏量，陈炉人搭眼一看就行了。你在雷家坡打煤矿，我在这边打地井，约好明年3月碰头。就凭感觉打，你朝我打，我朝你打，就能在下面碰到一起！那了不得了，陈炉人的眼力真绝对好！比如马家窠挖煤窑的地方，你咋看都是土山，但人家就能挖出煤，含热量还能测定准。还有陈炉人一般下山煤不采，水大。找上山煤，一般打二层，不打头层煤。他们知道头层下去后煤软，热卡不够，打二层没水湿，煤质好发热量大。"①

陈炉陶工们在长期的生产实践活动中，对不同地区的煤炭质量做了划分。他们知道霸王窑、东河川、雷家坡区域的煤含热量特别大，因此择优于雷家坡附近发展煤炭业以专供应陶瓷业。经科学测定：这里燃煤的燃烧值能达到7500大卡，普通的也在6000大卡以上②。为了多采煤，雷家坡煤炭工人还建立了属

---

① 采访人：笔者，采访对象：段启荣，采访时间：2017年4月29日下午，采访地点：段启荣家。
② 采访人：笔者，采访对象：王战军，采访时间：2017年7月1日晚上，采访地点：王家瓷坊。

于煤炭业的窑神庙,以保佑行业兴旺、工人平安。

新中国成立后,政府成立了陈炉陶瓷厂,它的发展与燃料不可分割。段启荣对笔者介绍了煤矿的相关历史:

"陈炉陶瓷厂曾有两个自营煤矿:一个六三零煤矿,一个老渠口煤矿,老渠口煤矿开始打的头层,很不错的,然而后来还是把头层扔下了。因为煤软了些,发热量不大,只是二层硬些。我们看软硬区别就是发热量大卡的多与少。六三零那个煤层就好得多。当时我管了五年安全,还得了煤炭部一个奖状……后来连市区涵洞口煤矿都是陶瓷厂的了。"①

20世纪80年代,孟树锋担任陶瓷厂厂长时也主持打出一口优质煤井。段启荣回忆道:

"那是1988年6月3日!竖井是一个主井,一个副井。主井一打下去,那煤得有一丈多厚啊!这么厚的煤层在这个地方是很少见的,当时大家那是欢呼雀跃啊……尽管那个地方老祖先已经采过煤了,但是还没有采完,给我们留了一点,让我们红火了十几年!"②

繁荣期的陶瓷厂对煤的需求量极大,烧一窑瓷器需要多达30吨的煤,甚至有些大型窑炉要烧40余吨煤。由此可见,陶瓷业对燃煤的需求量是多么的惊人。

即使在如今气窑普及的情况下,煤窑仍有其自身优势。以耀州青瓷的配比为例,匠人袁双庆(图1-3)认为:"同样加黄土,白釉的比例到25%,煤烧成色就够了。但是用气窑烧的话要达到40%。"③由此可见,燃煤资源对陶瓷业的

图1-3 笔者采访陈炉民间艺人、双庆瓷坊老板袁双庆

---

① 采访人:笔者,采访对象:段启荣,采访时间:2017年4月29日下午,采访地点:段启荣家。
② 刘莹:《世代陶人——陶瓷大师孟树锋口述史》,中央编译出版社,2010,第112页。
③ 采访人:笔者,采访对象:袁双庆,采访时间:2017年7月25日晚上,采访地点:双庆瓷坊袁双庆家。

发展影响不可谓不深远。

## （二）陶土对陈炉窑业的影响

铜川市的耐火黏土和陶瓷黏土资源非常丰富，分居陕西省储量的第一位和第二位。地质沉积类别复杂与岩性变化大这两个因素，既造就了复杂的地层系统，也为陶瓷业发展提供了优质、多样的原材料。科学探测证实：陈炉地区的地层为石炭系上统太原组（$C_{3t}$），岩性主要由灰黑、黑色泥岩、石英砂岩、灰岩、煤层和铝质泥岩组成，属海陆交互相沉积，系区内和渭北地区的主要含煤地层。煤岩（彩插1-2）底部为灰色铝质泥岩，中部为黑色灰岩，中上部为石英砂岩[1]。这种复杂交错的地质结构带来了含铝量高的优质陶瓷土质，却为特定历史时期的原料纠纷埋下了伏笔。

铜川境内的窑场均建立于原料丰富的区域。古时耀州青瓷的赫赫盛名，就兴于黄堡窑场周边蕴藏的优质陶土。禚振西曾对笔者介绍道：

"黄堡自己有原料，土黄沟那些沟都有老土矿。高速公路那的黄土矿、小河沟还有河东沟也都是原料的主产地。中国古代的窑场基本建立在原料所在地，不然成本大了，那个时代不像现在有机器运输。因此附近弄点釉料还行，原料就不能太远。"[2]

陈炉窑场处于海陆交互相地层区，陶土黏土矿藏资源丰富。主要矿点的分布情况为：上店坩土矿，为原生高岭土矿床再次沉积黏土矿，成分为高岭土。另有10%左右的高铝矿物，其中三氧化二铝37.54%，二氧化硅54.89%，预估储量为258.3万吨；育寨坩土矿，为富硅高岭土石类黏土，含白云母、钙及其他矿物；东山坩土矿，为高岭石类黏土，杂质少，烧后色白，可制作精细陶瓷。其余矿点还有高岭石与绢云母黏土为主的沙梁坩、富硅高岭石与多水高岭石为主的粉沙黏土岩罗泉坩、含富硅高岭石黏土的那坡坩以及立地坡、狼沟坩等。在陈炉镇军台岭处有紫砂陶土[3]。这些矿藏，以上店坩土矿为佳。此外黑釉的组成原料黄绵土分布点较多，以窑场旁的永兴村鬼门关质量最优。陶土资源的种类繁多、储藏量大，为陈炉陶瓷品种实现多样化打下了坚实的基础。

## （三）水源对陈炉窑业的影响

水源的影响不可忽视。黄堡能够成为"十里窑场"，即得益于漆水直达关

---

[1] 铜川市地方志编纂委员会：《铜川市志》，陕西师范大学出版社，1997，第55页。
[2] 采访人：笔者，采访对象：禚振西，采访时间：2017年8月11日上午，采访地点：禚振西办公室。
[3] 铜川市地方志编纂委员会：《铜川市志》，陕西师范大学出版社，1997，第284页。另《中国传统工艺全集·陶瓷（续）》记载为3243.2万吨，其中高铝坩土藏量为66.7万吨。

中的便利。匠人依托充足的水源制作瓷器，再借助商人行船运至各地。陈炉陶瓷业的发展同样离不开大量的水。当地水源有三处。

一是窑场山谷里的矾水河。实际上该河仅是数米宽的小水沟，且流量极易受季节影响。枯水期基本处于干涸状态。该河如其名，矿物质较多，不宜饮用。所流区域石头皆呈黄色，故而当地人多取来制瓷。20世纪30年代，中国工农红军第二方面军到达陈炉时，为了不占用居民宝贵的饮用水，也从矾水河汲水饮用。

二是窑场周边的泉水群，有名字的泉眼有沙沟泉、方泉、南泉、坡泉、井坡泉、骨沟泉和东井泉等。其中名气较大、与陶瓷业相关的泉井为沙沟泉与方泉。沙沟泉位于南堡之下，旧时常年水流不止，直泄而下，民众的生产生活用水即来源于此。沙沟泉下方的方泉，制瓷时也会用到。合作化运动前，大多数瓷户会在自家附近挖掘泥池和耙池，用牲畜从沙沟泉与方泉取水耙泥（彩插1-3）。新中国成立后先后建立了合作社与陶瓷厂，工人们在沙沟泉上方挖掘了数个大面积的泥池，采集泉水用于洗泥。由于这里泥池众多，水清如镜，遂形成了"泥池水镜陶容生"的说法。

三是季节降水。对于陈炉人而言，降雨丰沛的秋季才最适宜耙泥。这是因为二三月份是枯水期，人畜饮水困难，各水源点经常排列着长长的取水队伍。入夏后降水逐渐增多，在秋季达到顶峰，甚至时有水涝灾害。9月降水丰沛，正是瓷户耙泥的黄金期，仅沙沟泉的每小时出水量就达60立方米。现在工人们仍会按照传统习惯，于9月下旬至国庆期间，将院子里接的雨水与泉水倒入耙池，加紧制备下一年的瓷泥。

水源稳定性确保了陈炉瓷业发展的延续性，反观不远处立地坡和上店窑场的衰落皆因水源变迁而起。前者的水源主要来自三眼井，其他水源较为分散[1]。可惜该井一至枯水期就会干涸，人畜饮水都困难。制瓷业发展备受压制，以至于清代中后期窑场就停烧了。后者的水源枯竭纯属意外。据探查：其停烧原因极有可能是由于地震造成了地下水源改道，引发水源短缺[2]。由此可见，水源的稳定获取也是极为重要的。

---

① 采访人：笔者，采访对象：禚振西，采访时间：2016年10月26日上午，采访地点：禚振西办公室。

② 禚振西说："本来这个上店还是可以的，但是地震后，把水源跑了。我们去调查后，好像当地书记知道，我去调查，他这个观点还是当时……叫村长书记跟我说的'踢通了'。他们把地叫踢，踢通了，就是地动了。我一想，这个水源就又跑到陈炉那边去了。地下水牵扯到打井，牵扯泉。明代有两次大地震，一次是成化年间，一次是嘉靖年间。成化年间那次地震就很大，包括立地坡就烧，陈炉最早也给秦王府烧，但是没有记载。因为明代写碑的人是明代晚期的人。他不知道陈炉烧过，等知道时是在立地坡烧的。为什么从陈炉迁到立地坡也跟地震有关。"采访人：笔者，采访对象：禚振西，采访时间：2016年10月26日上午，采访地点：禚振西办公室。

## 二、地理环境对陈炉窑业的影响

地理环境因素对陈炉窑业的发展具有强制约性。陈炉古称"炉山","山"字很好地概括出窑场的空间格局。外人初到陈炉时,都会被落差巨大的地形所折服。窑场上山不易,下山路滑;夏季炎热,冬季苦寒。地形与气候两要素各有其用,一方面保护了陈炉窑场,且助于分工的形成;另一方面影响了生产时间的安排,是技艺顺应了天时。

### (一)地形对陈炉窑业的影响

铜川地区在区域应力场作用下,形成了东西向和南北向两大地质构造带,带间断层、褶皱密布。陈炉窑场即处于南北向构造带组中的陈炉—桃园构造带边界上,渭河地堑在此切割了鄂尔多斯台向斜与秦岭地轴的联系,形成了陈炉的地台与断陷复合地形构造,使其成为黄土高原与关中平原的重要连接点。

整体来看,陈炉镇为铜川市最东南部的乡镇,东接红土镇,南交渭南市富平县底店乡,西邻黄堡镇,北靠印台区与王益区。站在陈炉石马山顶,既可以俯瞰山下富平县的关中平原,也可以遥望黄土高原的沟壑。从地形分析,陈炉的西部与北部黄土覆盖,沟壑纵横。人们往来不便,需在山梁上行进。"百度地图"上测定的陈炉镇与王益区的直线距离仅约8千米,然而实际上汽车走宜上线的路程约17.8千米,需花费40分钟,即使选择跨越沟壑的崎岖近路也要30分钟[①]。因此村庄多分布在山顶及山腰部分,这正是陈炉、上店与立地坡窑场都坐落于山梁的原因(彩插1-4至彩插1-6)。至于窑场东部与南部地区,它们的地形条件则优越不少,一马平川,直通西安。

因为陈炉地处黄土高原之上,所以去平原地区较为省力。历史上当地与外界沟通的交通路线有三条:一是从上店村东出下山(彩插1-7),经半坡到达富平县底店乡;二是从立地坡沿石马山南下(彩插1-8),经孟家塬到达黄堡和耀县(今耀州区);三是北向经穆家庄、双碑村到达王益区。对当地人而言:东路才是沟通外界距离最短、运输最便捷的路线。下山即可到达富饶的关中平原,路况也不错,较之其他线路更具诱惑力。在传统社会里,陈炉窑场的贩户们主要通过东路运输陶瓷,以换取关中平原的必需品。南路地势起伏不大,也为下山势,故而人们有时依靠此路线运输产品。20世纪40年代,铜川通火车后,贩户改为从立地坡下石马山至黄堡的火车站装运瓷器。至于北路沟壑密布,行人较少,直至新中国成立后政府修通了公路才带来一些人气。

---

① 2018年,铜川市开通了铜川市至陈炉新旅游专线,行驶时间大为缩短。

立足本土加以观察，窑场的地形本身具有特殊功能。首先是具有保护功能。其东、西、南、北方各有一座山峰，如巨手一般将窑场保护于掌中。山峰之上有四座古堡：东堡（永受堡）、南堡、北堡和西堡（崔家堡）。东堡建于明代中期，西堡为明崇祯九年（1636年）镇上咀头人崔竹堂率民众建造，其余两堡的修建时间不详。据清代嘉庆年间《重修西社窑神庙碑记》记载："四堡罗列，冈峦耸峙，若为朝拱。"①四堡地势险要，互为犄角。堡内平时有村民居住，战争年代则变成镇民的庇护所。高塔厚墙保存了窑场的传承炉火。陕西省考古队曾在四堡内均发现了防御用的陶瓷雷，与抗战电影《地道战》里的土地雷相仿。战时村民往里面装满火药，遇敌时投掷瓷雷以杀伤敌人②。

其次窑场的地形便于原料的运输与渣土的倾倒。匠人将原料从料场运来后，直接顺着下山路拉到各个瓷坊，十分省时省力。燃烧后的土渣与残品则被倾倒于窑场下方的山沟里，大雨自会将其带至低洼处。对于农业生产而言，近60度的山体坡度不适宜大面积的作物种植。仅有的农田如南方梯田一般层层叠叠，农民们在狭窄区域里劳作，产出却无法满足日益增长的需求，呈现出"内卷化"的效果。不利的地形迫使居民必须与外界沟通，以手工产出换回生产、生活资料。甚至陶工们在闲暇时亲自下山，以陶易食。故而在过去，外出线路常年络绎不绝。

## （二）气候对陈炉窑业的影响

气候的重要作用不可忽视。铜川地区的气候条件并不优越：雨季少、旱季多，降雨时段集中、不均衡。历史上当地多次遭受极端气候灾害，对生产造成了严重影响。例如明朝成化二十三年（1487年）时，大旱致使耀州颗粒无收，人相食。次年暴雨时节漆水暴涨，又引发大面积洪灾。嘉靖三十四年（1555年），华县地震连带域内洪水，死伤无数。暴雨或者干旱还会触发次生灾害，引起山体垮塌、落石以及蝗灾③。

古人面对自然灾害时常常束手无策。陈炉窑场也难逃极端气候之苦，历史上多次出现人口大规模减少。在当代，人们数次挖出大面积白骨遗存，极有可能与极端气候有关。挖掘现场见证人宋振杰向笔者证实道：

"陈炉过去……哎呀呀，这地方早个几十年景，年年死人！咱陈炉中学过去是清凉寺，大概六几年的时候挖出个万人坑，就那人骨埋的大坑……就是过

---

① 雒忱：《百年炉火》，太白文艺出版社，2015，第198页。
② 采访人：笔者，采访对象：禚振西，采访时间：2016年10月26日上午，采访地点：禚振西办公室。
③ 范志伟、李松阳、陈晓燕：《地震文化常识读本》，河北美术出版社，2016，第22页。

去早年景的时候饿死的人,都没办法埋……那叫万人坑!现在他们的墙里边还有尸体,你取了第二层墙皮能看到还包到里边。尸体上面没啥东西,没肉没衣服。"①

而民国十八年(1929年)陕西全境大旱,陈炉更是深受其害,饥民以草根树皮为生。人口损失严重,陶瓷生产也陷入停滞。随后数年内持续发生自然灾害,加之战乱频繁,煤矿和陶瓷业产量降到相当低的程度。直至解放初期,极端天气仍严重影响着当地人的生产生活。

陈炉处于渭北—延安高原丘陵沟壑半湿润气候区,在各个季节所经历的天气状况差异明显。春、夏、秋三季时间短,冬季却十分寒冷、漫长。4月中旬才逐渐升温,夏季较为炎热;9月下旬后降温明显,昼夜温差大。光照方面,秋、冬两季光能条件较差,月辐射量为6.5~9.3千卡每平方厘米,而春夏两季较强,月辐射量为10~16千卡每平方厘米。全年以12月最弱,6月最强②。温度方面,大于或等于30℃的天气出现于4月中旬,结束于10月上旬,7月下旬日数最多。风力方面,当地常年风速较小,风速季节差异明显,春季最大,秋季最小。因此,陶工们在生产实践中会根据温度、日照、风力与雨雪等气候条件的差异,酌情安排生产程序。

顺应天时方可保证生产。陶工在熟悉自然气候的基础上,有条不紊地安排着一年的生产活动。以耙泥为例:从古至今,为了保证所需水量,瓷坊会选择雨水丰沛的9月底耙泥。在陶瓷厂时期,天气转暖后的阳历3月8日,工人们就开始耙泥,直至12月中旬停耙。他们有时会根据天气情况,灵活选择11月中旬就停耙③。

制瓷亦如是。虽然3月已经开春,但是突如其来的冻雨和下雪天气仍严重影响生产。待4月中旬,气温回升至约15℃时,陶工们才大量制瓷,直至10月初方可停止。陶工袁双庆表示:"因为陶瓷是泥和水一块做的,像我这一年只能干四个月。过完年4月份天就暖了,而在4月份向前、10月份向后这段时间我这比较冷,就很少做瓷。"④陈炉的年轻陶瓷学徒张嘉耿也坦言:10月后天气实在太冷,在没有暖气的拉坯车间里拉坯时手直打哆嗦,只能回家待业。到了炎热的夏季,日照充分。陶工们会加快制作进度,提高单位时间内的产量,以便于充分利用夏日的阳光与气流晾坯。晾干后的半成品上釉后将被集中放置于斜坡窑内,以备冬天入窑烧制。

农历八月十五以后,气候渐趋转凉,陶瓷生产量逐渐减少。人们闲了下

---

① 采访人:笔者,采访对象:宋振杰,采访时间:2016年10月29日上午,采访地点:宋振杰家。
② 铜川市地方志编纂委员会:《铜川市志》,陕西师范大学出版社,1997,第64页。
③ 刘莹:《世代陶人——陶瓷大师孟树锋口述史》,中央编译出版社,2010,第115页。
④ 采访人:笔者,采访对象:袁双庆,采访时间:2017年8月6日,采访地点:双庆瓷坊袁双庆家。

来，就可以祭祀窑神，进行各种娱乐活动。有人组织了自乐①班，凑到一起吹拉弹唱。当地还会有一些夏日难以保存的特色食品出现。耙完泥后的秋、冬季正是烧制瓷器的好时机，家家户户将斜坯窑里积攒了大半年的半成品装进窑炉烧制。陈炉地处高寒山区，冬季相比平原地区长了约一个月，农闲时间因此变得更多。在晴朗的冬日里，陶工们会去坩土和釉料的产地挖掘、运输原材料，然后堆放于自家院落内。原材料运来后将经过近一年的风化，使其酥软和释放出有害物质，以便于来年的耙泥。漫漫冬季，有些匠人短期务农，种植冬小麦，或者去富平、耀县等地打短工谋生。

# 第三节　人文环境赋内核

陈炉窑场诞生于特殊的自然环境。燃料、陶土和水源保证了技艺的延续，地形和气候则很大程度上形塑了生产规则。在技艺的传承过程中，政治、经济与文化等人文要素同样难以忽视，发挥了巨大作用。

## 一、政治环境对陈炉窑业的影响

政治是耀州窑业不可回避的刚性因素。它或促进，或阻滞技艺的传承，在特定历史时期甚至能决定窑场的兴衰。行业的三次重要大跃进、大转折均与政治因素紧密相连，分别出现于唐代至金代、明初至中晚期与近现代。以前期集大成者黄堡窑场为例，其兴亡背后折射的是中原王朝的政治变迁史。其在唐代因靠近京畿长安而兴起，有着为统治阶层独供贡瓷的便利。朝廷一定程度上将其视为"官窑"，定额采购。五代时大量烧制带"官"字款和龙纹划、剔花的青瓷器，官府背景已十分深厚。

北宋时期该窑步入鼎盛，瓷器"巧如范金，精比琢玉"的优良品质备受皇室青睐（彩插1-9）。宋神宗甚至册封黄堡镇土山神为"德应侯"，恩许"传人陶术"的土神"柏林"配享，使其成为"我国历史上唯一的一尊'贤侯上章，天子下诏，黄书布渥，明神受封'的窑神。"②在皇帝的大力推动下，张隆等人在黄堡树立了《宋耀州太守阎公奏封德应侯之碑》（图1-4）。碑文详细记载了皇帝下诏建窑神庙的缘由，以及榆次、介休、汤阴、修武等窑场的匠人前来"观其位貌，绘其神仪"的经过。匠人们返回家乡后，在诸多窑场建立了祭祀"柏林（灵）"的窑神庙。至今在河南神垕等地仍可以看到祭祀"柏林"的庙宇。

---

① 一种民间音乐组织形式。
② 北京艺术博物馆：《中国耀州窑》，中国华侨出版社，2014，第8页。

金代的耀州黄堡窑瓷器仍保有"贡瓷"的地位。人们在耀州区药王山发现了当时的《耀州吕公先生之记》碑，上刻大定十三年（1173年）耀州使效牛安国向朝廷贡瓷器之事。由此可见，统治阶级的喜好维护了黄堡窑场繁荣的持续性。回观陈炉，它的发展同样较深地受到政治环境的影响。明代初期，因朱元璋第二子朱樉在西安开秦王府，陈炉和立地坡两座窑场获得了"准贡窑"的地位。官府征用了大片土地与大量工匠，扩大生产规模，为秦王府及多处重要建筑烧制加刻"官"字和龙纹的琉璃瓦。此后一百余年间，两窑场始终与官府保持着稳定的供销关系。

图1-4　现存于西安碑林的《宋耀州太守阎公奏封德应侯之碑》

官府收购的优势是显而易见的。它既保证了窑场的客户资源，也让产品严格遵循官制标准。匠人们精益求精，不惜工本地去实现生产技艺的进步。常言道："祸兮福所倚，福兮祸所伏。"一旦政府供应中断，对此过度依赖的窑场势必会遭受打击。尤其是立地坡窑场受官府需求丧失与水源不足的拖累，清代初期就断烧了。

陈炉窑场在近现代的发展与政治环境关联颇深。尤其是新中国成立后，政府通过行政力量使众家族作坊迅速聚合，转变为合作社、陶瓷厂，产销均由计划经济制度统一安排、统一销售。20世纪70年代政府还大力支持传统耀州青瓷的复烧，并多次强调精益求精，推动雕花、刻花、造型等各方面技艺的提升。新世纪自上而下的非物质文化遗产保护工作的开展，助推耀州瓷烧制技艺顺利入选第一批国家级非物质文化遗产名录。有关部门认定了一批优秀匠人为区、市、省和国家级非物质文化遗产传承人。同时给予传承人较高的社会地位，以激励他们提高传承技艺的文化自觉，形成传承与创新并进的良好氛围。

除了上述正面作用，政治也会产生反作用力，阻滞技艺传承，如过去较常见政治权力斗争的极端形式——战争。铜川作为关中平原和黄土高原的交界地带，自古为兵家必争之地。黄堡窑的衰落，即与农耕文明与游牧文明激烈碰撞的宋金、金元之战有着密切关系。

《同官县志》有载："同官黄堡镇瓷器……惜自金元兵乱之后，镇地陶场，均毁于火，遂尔失传。"黄堡窑自元代后逐渐衰落。元末明初之际，铜川地区又遭遇严重战乱，可谓"十室九空"。至今不少陈炉人仍保留着来自祖先的记忆：来自山西洪洞大槐树的移民至此时，却发现原住民早已逃尽，偌大的窑场荒无一人。至于民国初年的东三社与西八社反目成仇，更与军阀割据背景有着千丝万缕的联系。

"文化大革命"期间，陈炉原有的生产组织与生产方式被完全破坏，传统的物质与精神文化元素亦多被定性为"封建毒瘤"。窑神祭与民间祭祀被禁止，窑场内林立的寺庙难逃被拆毁的厄运。陶瓷厂的工人们被混乱的政治风暴裹挟，组建派系"文攻武斗"。生产完全处于停滞状态，一些老艺人更是被批斗导致或死或伤。这对耀州瓷文化的活态传承而言无疑是沉重的打击。

## 二、经济环境对陈炉窑业的影响

历史唯物主义理论认为："经济基础决定上层建筑。"[①]上层建筑是包括政治、法律、宗教、艺术、哲学等各种观念的观念体系[②]。而经济基础对作为上层建筑重要组成部分的传统手工艺的发展影响深远，尤以经济转型期所带来的冲击更为猛烈。

综观耀州瓷发展史，经济环境变迁的影响不可不察。唐代时，关中地区拥有发达的消费经济与便捷的物资流通，这为黄堡窑场的诞生奠定了坚实的经济基础。虽然北宋时期经济中心东移，但是城市布局突破了"坊市制"的限制。开放式城市发展的开启，使得市民的物质需求异常兴旺，因此铸就了耀州青瓷制造业的辉煌。当时漆河上的行船络绎不绝，将"十里窑场"的陶瓷产品源源不断地供应给全国的消费者。南宋时期，中原地区因长期战乱导致经济严重衰退，反观"衣冠南渡"背景下的长江流域，则获得绝好的发展机会。彼时经济中心南移，以龙泉、景德镇为代表的陶瓷基地迅速成长。青瓷、影青瓷等南方优质瓷种处于海内外市场的优势地位，这对耀州青瓷的销路造成了极大的冲击。匠人们为了维持生存必然要转变思路，将销售对象从统治阶级转向平民阶层。从此铜川的众窑场转型民用瓷生产，注重追求数量的提高与销路的开拓。元代以后，南方陶瓷业继续发展。景德镇崛起为新兴的制瓷中心，中央政府甚至设立了管理部门监烧贡瓷。当地的陶瓷技艺水平整体较高，尤以青花瓷畅销海内外。为应对同行们的竞争，铜川的窑场坚持"眼光向下"，凭借数量优势在市场的夹缝中求生存。即使明代时陈炉窑场有"准官窑"身份加持，民用瓷生产仍是主流，始终以差异化的生产模式避开其他窑场的竞争。然而恰恰是

---

① 中共中央编译局：《马克思恩格斯列宁哲学论述摘编（党员干部读本）》，中央编译出版社，2015，第264页。
② 张念宏：《政治理论学习词典》，冶金工业出版社，1987，第38页。

"民窑"属性,很大程度上降低了官府的关注度,减轻了赋税负担。

激烈的经济竞争迫使陈炉窑专精民用器,所产黑釉瓷、白釉瓷、姜黄釉瓷、"铁锈花瓷"等瓷种填补了西北地区民用瓷市场的空白,并最终奠定了西北最大窑场的霸主地位。

鸦片战争以后,国内经济结构经历剧烈调整,私人资本主义经济和工场手工业呈现螺旋式发展。大时代背景下的陈炉陶瓷业不断经历着自我重塑,以"八大号""九瓷行"为代表的新型"行户"组织崛起为典型。这些实质为"包买主"的商业机构以资本参与的方式介入生产与经营,一定程度上分担了手工业者的风险。邮局、银行、鸦片行等依附性服务行业随之纷纷建立,使得陈炉从传统的手工业窑场进化为成熟的近代化社区。20世纪40年代,沉寂数百年的黄堡窑场因工业经济发展而复苏,出现了官、民资本结合的陶瓷公司。所引进的近代化机器生产方式,对陈炉陶瓷业起到了反哺作用。

## 三、文化环境对陈炉窑业的影响

### (一)复合型地域文化特质对陈炉耀州瓷传统制作技艺的影响

文化是技艺的载体,任何技艺都是地域文化的折射。铜川古属"三秦"中的雍州,既是关中文化与黄土高原文化的交汇处,也是农耕文明与游牧文明的结合区。因此,铜川的地域文化脱离了单一性局限,而具备了复合型地域文化的特征。文化的碰撞选择以陶瓷作为优质载体集中呈现,诉说着独特的艺术语言。

关中文化是中国农耕文明的代表,更培养了陈炉人重教育、知礼仪的群体性格。因历史上实行的"重农抑商"政策,"农本商末"遂成为中国传统社会的主流观念。积极参加科举获取"功名",是出人头地、改变自身社会地位的最有效途径。故而中国人有重视读书的传统,成为中原农耕文明的一种体现。陈炉人也不例外,他们将一部分收入兴教建塾,希望培养后辈懂文化、知礼仪的品格。得益于良好的重教民风,当地文武人才不断涌现。譬如明代永乐年间的梁耜,是首位窑工出身的举人,为后人树立了积极进取的榜样。即使他的子孙多从事陶瓷业,仍高度重视文教,产生了梁右贤这样的地方精英。又如明代正七品官员温举,在资阳任职时积劳成疾去世。百姓闻之哀恸不绝,宰相杨廷和更是亲书墓志铭以示表彰。温门五子立志承袭父业,均担任了朝廷重要官职。

最让陈炉人津津乐道者,当属清代官员崔乃镛。他同样出身陶家,自小勤奋刻苦。四十岁时高中进士,被授翰林庶吉士,历任多地要职。后因在湖北革除前任弊政、打击贪官污吏而失势还乡。乾隆皇帝曾连下三道圣旨命官复原职,但都被他以年老体衰为由婉拒。崔乃镛的一生仕途多舛,晚年将精力集中于对家乡风土人情的描写。《炉山风土志》《炉山歌》《同官志》等著作传至今日，为研究陈炉陶瓷文化提供了珍贵史料。他在云南任职时，还专门为陈炉窑神庙铸造了五套紫铜香炉祭器，以供陶工们敬拜。如今仅存的一套祭器被陈放于陈炉陶瓷厂展厅，成为展示地域文化的珍贵展品。

黄土高原文化的影响力同样不可小觑。黄土高原以陕北黄土高原为中心，包括与其接壤的晋西北、内蒙古河套南部和甘肃、宁夏的一部分山区。区域内的经济模式、文化传统、生活习俗、饮食习惯甚至地方语言均大致相同，却与其他地方有较明显的差异[①]。

地理位置决定了陈炉不可避免地受到高原文化的影响，以艺术领域的体现尤为明显。山区的地理与气候环境恶劣，生存条件艰苦，乡民们反而养成了浪漫、随性、乐观与开朗的高原人性格。所创造出的地域艺术颇具高原特色，展现出强大的地域文化生命力与丰富的艺术感染力。他们以奔放高亢的"信天游"、婉转抒情的花儿、激情洋溢的腰鼓、质朴粗犷的剪纸以及活灵活现的泥塑等艺术形式，将自己的喜怒哀乐毫不掩饰地表达出来。

笔者在调查时，经常看到镇上的男男女女、老老少少扭着奔放的陕北秧歌舞，家家户户的窗子上贴着抽象夸张的传统剪纸。尤其是一位陶工给我留下了深刻的印象。每天傍晚，他都会坐在自家的窑背上，唱着陕北风味儿浓郁的"革命歌曲"。歌者嗓子清亮，歌声高亢，洋溢着浓郁的乡土气息与朴实情感。可以说，黄土高原文化已经融入陈炉人的血液之中。至于陶瓷上的表现更为集中、浓烈，独具地域文化韵味。不少产品器型随意、夸张，笔锋粗犷、飘逸、健朗。譬如代表性的忍冬纹，来自西域，至元代已基本消失，而陈炉陶工们仍广为选用，图案一气呵成、大气简练，写意感强烈却又不刻意追求形似。苜蓿纹亦是如此。虽然兰花瓷起源于仿制景德镇的青花苜蓿花瓷[②]，但因黄土高原是中国主要苜蓿产地之一，陈炉人对其尤为钟爱，定为核心纹样。匠人笔下的苜蓿纹图样率真、洒脱，同样能体现出高原人的性格。

## （二）民俗文化对陈炉耀州瓷传统制作技艺传承的影响

窑场人的生活世界无处不体现着深厚的民俗文化。与技艺紧密关联的民间文学、民间信仰与仪式等各类民俗流传甚广，展现了深厚的民众参与度与普遍的认可度。

所谓民间文学，是指产生并流传于民间社会的、足以反映民间社会情感与审美情趣的文学类作品，包括神话、传说、故事、歌谣、诗词以及谚语等[③]。

---

① 张峰：《黄土文化的意识形态》，《西北美术》2016年第3期。
② 刘莹：《世代陶人——陶瓷大师孟树锋口述史》，中央编译出版社，2010，第77页。
③ 苑利、顾军：《非物质文化遗产学》，高等教育出版社，2009，第101页。

活态传承于山野的民间文学以民间传说与民间谚语为主。作品直抒胸臆，表达了陶人热爱劳动的真情实感和对美好生活的深情向往。由于陶瓷业是人们最主要的生计方式，因此生产状况也会映射到民间文学领域。

关于陶瓷技艺的民间传说，是陈炉地区流传范围最广、知名度最高的民间文学种类。我们可以从中管窥陶人们的生活方式、生产方式、价值取向以及技术经验等诸多内容，以近乎口述史的方式寻找陈炉人的历史记忆，在虚幻中体验"历史的真实"。

民间传说主要为两类题材：一是描述行业的起源与发展；二是体现陶工们的生存状态。

第一类题材中描述行业起源的传说以《雷公烧出第一碗》《晋文公火烧飞云岭》《老君传授烧窑术》《冰裂纹瓷器窑匠创》等较为知名，表达了群众对技艺溯源的朴素看法。值得一提的是：此类虽有群众借托各路神仙或者名人以树立行业正统性的目的，但更多的是将眼光置于广大劳动人民身上。其一方面是因为神灵和名人实为杰出匠人的化身与集中体现；另一方面展示行业里优秀匠人卓越的创造力与勇于牺牲自我的探索精神，为劳动人民摇旗呐喊。

体现行业发展的传说数量也颇多，富有生动活泼的气息。对于古代的陶工们而言，一些生产工艺和生产现象是难以掌控和预测的，于是就以传说方式加以描述。传说实际上是他们对当时科学技术的另类解读，充分体现了人们对器型、技艺、纹样、烧制工艺等方面制作原理的思考与求索。代表性传说有《铁匠拴着窑神爷》《老君传授烧窑术》《冰裂纹瓷器窑匠创》《投火传说》等。当地传说一般包含两个特征：一是倾向选择与道教文化密切相关的太上老君、雷公、舜帝、土地神等神仙人物。这既体现了道教文化的影响和陈炉人对道教仙人的敬仰，也隐喻了现实生活的黑暗，希冀有神灵出现保证生产；更折射出陶工不屈于现实、勇于反抗的精神。以《铁匠拴着窑神爷》为例，窑神本是高高在上的神灵，从黄堡跑到陈炉游玩时却被年轻人捉住，以铁链拴在窑神庙里。软硬兼施之下，只得乖乖地保佑生产。

第二类题材中体现陶工生存状态的传说，着力于讴歌陈炉人的探索与奉献。这些传说既展示了陶工们勇于改革生产技艺和为行业发展而牺牲的崇高觉悟，也深刻地反映了他们曾经的生活状态，饱含对处于社会底层的劳动人民的深切同情。

又如《陈炉有个细胳膊》①《贺老总赔老碗》等传说故事，刻画了工人们为养家糊口而辛苦工作，却仍受到统治阶级的层层压榨的悲惨境遇。

---

① 《陈炉有个细胳膊》是一个流传甚广的地方故事。陈瓷匠辛苦制了一窑瓷，结果瓷器表面全是小裂缝，如果卖不出去则全家都会陷入饥馑之中。机缘巧合之下他的瓷器被客户慧眼识珠，才全部销售出去。

所谓民间谚语是指:"民间一种通过直接陈述的方式,通俗表达经验与智慧的语句。"[1]关于陶瓷技艺的民间谚语曾在窑场广为流传,其中一首可谓老少皆知:

"西社有个窑神庙,庙有五进和五间。
陶工敬奉尧与舜,山神、土地牛马王。
前有戏楼相对应,实属风水聚宝地。
每逢正月二十天,八月十五中秋节。
敲锣打鼓放鞭炮,祭祖窑神真热闹。
要想陶工生活好,农业生产做主导。
收秋不收秋,先看五月二十六。
二十六里滴一点,陈炉山上买大碗。
冬月盆盆夏罐罐,一年四季买碗碗。"[2]

这段谚语是什么意思呢?首先是对窑神庙的陈设和窑神祭的情景描写。其次展现了铜川人的经济生活:如果在农历五月中下旬时遇到雨水,肯定能保证秋天有个好收成。农民们卖了粮食有了余钱,就可以到陈炉山上去购买陶瓷产品,提高生活品质了。

陈炉的谚语生动活泼、朗朗上口。既像叫卖吆喝,也像生产口诀。大多数谚语是为了表达人们对窑神爷的崇敬和对制作技艺的肯定,并客观反映了历史上瓷业顺应天时、产业兴旺的繁荣景象。

除了传说故事与谚语,当地还流传着许多诗词、歌谣。较知名者有《咏陈炉(十首)》《崔乃镛炉山山居歌(二首)》《炉山不夜》等。尤其是歌谣《炉山八景》,可谓达到了老弱妇孺皆能背诵的程度:

"炉山不夜第一景,泥池水镜陶容生。
石罅玉柱丰年兆,层洞错杂宛花城。
四堡撑天遥相望,周陶宗古迤长兴。
古刹密集琼云护,烟霞彩屏话丹青。"

如今为了弘扬陶瓷文化,这首歌谣已被印在窑场的多处宣传牌上广为宣传,成为助力旅游发展的有力文化资源。

陈炉的民间崇拜与仪式也十分丰富多彩,尤其以行业神祭祀——窑神祭闻名十里八乡。关于窑神的来历,故事情节基本与《铁匠拴着窑神爷》一致,讲述了黄堡的土山神到此被人拴住成为窑神的故事。但是实际上陈炉的窑神庙里供有舜帝、雷公、老子三位主神以及山神、土地、牛王与马王四位副神,这可

---

[1] 谢一菡:《禹州钧瓷传统制作技艺传承研究》,博士学位论文,中国艺术研究院艺术学系,2014,第39页。
[2] 采访人:笔者,采访对象:郭孝明,采访时间:2017年4月27日晚上,采访地点:郭孝明家。而笔者后来在尧头窑考察时发现当地也有相同歌谣,仅在地名上有改动。这见证了两地密切的文化交流。

能与耀州瓷技艺从黄堡传至陈炉后的历史演变有关。陈炉人吸收了黄堡窑神传说的内容,并结合自身需求形成了新的窑神体系,并且确立了每年两次的窑神祭祀。

在传统社会里,每逢岁时节庆会举行各种大型活动。尤其过年时群众纷纷走上街头,享受节日的快乐(图1-5)。那一幕幕热闹非凡的场景,至今仍深深地镌刻在上了年纪的陈炉人的脑海里。作为地方知名的老艺人,孙友才因记忆衰退,导致与外界沟通困难。然而当他回忆童年所经历的年俗时,眼里却闪烁着光芒,顿时语言流畅,滔滔不绝:

"(过年)耍社火,热闹太(大)着嘞!跑青瓷船,上芯子①、抬芯子、迎芯子,娃装扮着,人就抬着他们。芯子就是上边有娃娃装扮的。县里,市上都抬过。那时候人憨,抬到北关,人都多得很。谁都可以去祭,女的也能去参加,都去。我们这边耍社火的女的多着嘞!"②

图1-5 耀州窑博物馆里复原的祭窑神场景

随着时代的发展、科技的进步,现在匠人已完全掌握了制作技艺,技艺的神秘感渐行渐远。尽管如此,漫长的陶瓷生产活动中由集体所创造、多姿多彩的民间文化,仍是陈炉文化活态传承的象征。它不仅向后世传递着制作经验,也展示了陶工们积极乐观的生活态度与坚韧不拔的实干精神。

---

① "芯子"原指装在器物中的捻子,如装在蜡烛中心的木棍或棉线。陕西人利用这一原理,变木质芯子为铁质芯子,即金属支架,并把它固定在桌案上,然后在上面装上各种艺术形象,或把这些艺术形象通过巧妙的办法,固定在芯子的金属支架上,就称作芯子艺术。芯子上的艺术形象多选用男童(现代也有用女童的)扮演,也可称为儿童艺术。见骆长禄著:《凤鸣长安——离朱、视肉、华夏及其他》,陕西师范大学出版总社有限公司2013年版,第118页。

② 采访人:笔者,采访对象:孙友才(时年91岁),采访时间:2017年4月5日,采访地点:孙友才家。

# 小结

以上首先通过对"陈炉耀州瓷"与"耀州窑系"概念的释义,阐述陈炉窑与耀州窑系的特殊关系。主流观点认为:耀州窑系起源于黄堡窑场,曾经在唐宋时期辉煌一时,耀州瓷成为深受官民喜爱的高级产品。然而时代的变迁使得其他窑场逐渐衰落,湮灭于历史长河之中。硕果仅存的陈炉沿袭了耀州窑的血脉,对这一宝贵遗产的活态有序传承起着决定性的作用。可以说,如果没有陈炉窑,耀州瓷烧制技艺早就失传了。

今天我们已逐渐摆脱"环境决定论"的影响,意识到技艺传承是包括环境在内的多元因素相互影响的结果。然而陈炉能够接过"接力棒",并发展为西北地区最大的窑场,仍与其独一无二的文化生态背景有着难以割舍的联系,体现了匠人对文化生态的认知。一方面,技艺的发展受制于自然与文化环境;另一方面,技艺反过来改造了自然,形塑了地域文化。这一表现亦十分符合如今的"环境人类学"理论:人类与环境互为主体、互相建构,保持着开放的态度。人、技艺与环境的关系,正是陈炉耀州瓷烧制技艺的立足之本与社会逻辑源点。通过本章的论述与分析,可以得出以下三点结论。

其一,无论在传统农业社会还是公有制时期,丰富且优质的各项矿产资源是陈炉陶瓷业长久生命力得以保证的关键。首先是燃煤。它起到了四大影响:一是支撑起当地生产与生活惊人的巨大消耗量;二是一定程度上改变了陶瓷产品的特性,为产品多样化、地域化做出了突出贡献;三是在当地形成了高度繁荣的采煤业,以满足各行各业的需要;四是助力了"东三社"富商们的财富集聚,加大了等级与贫富的差距。陶艺作为"火的艺术",燃料供应无疑是窑场崛起与消亡的重要诱因。其次是陶土。陈炉的陶土资源具有得天独厚的优势:储藏量大且种类丰富。当地能够突破"前辈"黄堡窑品种较为单一的局限,发展出五花八门的各式陶瓷器,即依赖于此。再次是水源。耙池的修建、耙泥时间安排、水源的分配等生产技术与生产工制的确定,有赖于稳定的水源供应。陈炉的雨季雨量充沛,亦有水井数口,生产优势较大。在特殊年代,水资源甚至成为军民和谐的象征。这是其他窑场难以具备的。

其二,陈炉窑场的发展壮大,得益于独特的地理区位。黄堡窑场曾依托地势平坦、河运发达的地利优势,成长为著名的官窑。但在战乱年代,这一因素反使其受到牵连,直接导致了衰落。立地坡、上店等窑场也一定程度上受到战争摧残。而陈炉定址山顶,既吸收了四散逃亡的匠人,又很好地保护了自己。值得一提的是:居高临下的地势差为陶瓷的运输提供了势能,方便"贩户"快速地行销各地。气候因素同样参与了工制的形成。富有规律的气候变化不仅使生产安排得以明晰,还对陈炉人的生活世界和丰富多彩的"陶人文化"的塑造起到了积极作用。

其三,自古以来传统手工艺的发展极易受到人文环境的影响。如果政治环境能一直保持稳定，黄堡窑场有很大的延续辉煌可能性，陈炉地区就不会发展成如今的模样。政治因素对陈炉窑场产生了两大深远影响：一是继承了耀州窑的"衣钵"，成为唯一"直系传承"。二是完成了从传统方式向现代化的转型。陈炉窑的发展还跟中国经济大环境的变迁丝丝相扣。经济重心的南移与消费群体的变动赋予其"民窑"属性。即使明代有过短暂的"官搭民烧"经历，鉴于远离经济发达地区，为"群众造好瓷"仍然是匠人们的生产宗旨。数百年来，技艺与民俗的纠缠愈发深入，最终形成了独特的陶瓷艺术与民俗文化。总而言之，匠人们对环境的认知与实践，构成了环境认知型地方性知识的主体。

第二章

# 雅俗合流：
# 陈炉瓷的发展历程
# 与产品特征

前文回顾了耀州窑陈炉窑场稳定发展所倚靠的文化生态环境。然而我们也应认识到：陶瓷文化绝不是一成不变的，在其传承的过程中必然会出现活态流变。流变既有内部的自我生发，也有外来文化的影响。接下来将回顾陈炉窑的发展历程与产品特征，以此展示陶瓷类传统手工艺传承与流变中的内、外双重动力源。

除此之外，历史价值是非物质文化遗产的五大属性之一，而遗产的优秀度与其所具有的历史认知价值有关[①]。任何一种非遗事项都是历史的产物，时代的变迁深刻地影响了它的发展脉络。历史认知价值就是耀州窑陶瓷烧制技艺最大的价值。传统只是表现形式的一个方面，更重要的是能够追溯人类古代的陶瓷艺术风格与社会组织形式。因此考察遗产在不同历史发展时期的生成机制、发展状况、表现形态、演变历程等内容，有助于我们更好地认识背后的文化价值。遗产同样承载着匠人真实的记忆，是连接过去、现在与未来的纽带，知晓它的历史渊源，才能够更好地为未来的发展提供借鉴。

在这一章中，色彩、纹样、造型与材料等文化基因，充分展示了器物文化的变迁。我们可以看到陈炉瓷器较为明显的变迁轨迹：诞生之初试图承袭黄堡瓷的精致典雅，明代脱雅入俗，最终于清代彻底转为民用瓷，实现了"雅俗合流"。同时从艺术特征的角度探寻不同时期匠人们对器物的理解与评价，这也属于耀州窑地方性知识的评价体系。

# 第一节　金代：师承黄堡燃星火

## 一、陈炉窑业的兴起及原因

北宋晚期，朝政腐败，内外交困。其外部面临着少数民族政权的军事威胁，国内统治阶级却穷奢极欲，追求享受。这一时期，耀州青瓷因统治阶级的喜好而得以长足发展，达到了令后人难以企及的艺术高度。尤其是黄堡窑场，出产的器具之精、数量之多，堪称举世无双（彩插2-1）。

然而靖康之变瞬间摧垮了北宋王朝。陕西成了宋、金两大政权的拉锯争夺之地，耀州及周边地区也难逃战火，生灵涂炭。据《宋史》记载："癸亥，张浚遣都统制刘锡统五路兵及金将娄宿战于富平县，浚驻邠州督战，官军败绩……己卯，金泾原帅赵彬犯耀州，守臣赵澄击走之……金人围耀州，郭浩遣兵救之，金兵解去……"[②]惨烈的拉锯战争使当地经济受到极大破坏，民众流离失所。

金代朝廷法令严苛，统治阶级残暴不仁且追求享乐。此时耀州瓷再度成为

---

[①] 苑利、顾军：《非物质文化遗产学》，高等教育出版社，2009，第38页。
[②] 脱脱：《宋史（上）》，中国文史出版社，2003，第104页。

上层社会的喜好之物。朝廷多次要求黄堡诸窑场上贡瓷器以满足贵族和官员们奢侈无度的需求，这极大地加重了陶工们的负担。

蒙元时期，蒙古军队与金朝军队在陕西狭路相逢，构成拉锯之势。而百余年间的惨烈战争，造成黄堡窑场两次进入衰落期。匠人大量流失四散，生产场所毁坏严重。《同官县志（民国版）》亦记载："惜自金元兵乱之后，镇地陶场均毁于火，遂尔失传。"黄堡衰落之日，却是其他窑场继起之时。禚振西认为：通过考古发掘证明，立地坡、上店、陈炉各镇学习耀州窑制瓷工艺"继起"的时间，不是黄堡失传后，而是在黄堡传播之时……（即）陈炉始于金末元初[①]。据出土物显示：金代末期陈炉窑场即已创烧，但是烧造区域与烧造规模较小，目前仅于永兴村与北堡子后崖[②]有发现。从造型、釉色与装饰等特征分析，陈炉的陶瓷产品是与黄堡有着密切联系的。《陈炉耀州瓷精萃》一书指出："（陈炉）产品以耀州窑风格的刻花和印花青瓷为主，还有少量黑瓷。器物造型和装饰手法，与同时期耀州窑黄堡窑场相类，具有明显相似的工艺特点……其全面承袭了黄堡耀州窑的制瓷工艺，在造型、釉色、装饰手法和纹样上，都和黄堡窑场基本一致。"

由于此时的陈炉窑只是初创的黄堡卫星窑场，加之宋室南迁与南方窑场崛起等外在因素，瓷器的销售对象不再是高官巨贾，而是眼光向下，服务于广大民众。所产器物及其风格特征，与北宋耀瓷所追求的精巧风范有很大不同，不再致力于"巧如范金，精比琢玉"的精品青瓷，而着眼于淳朴、美观、实用的大众青瓷[③]。尽管金代陈炉窑只是一个微不足道的"小小"窑场，未来却将接过黄堡窑场的接力棒，扛起耀州瓷传承的大旗。

## 二、金代陈炉窑的产品特征

据在上店村半坡发掘的金代窑炉遗址推测，陈炉及周边窑场使用了烧柴的馒头窑。这说明当时煤窑还未普及，专业的采煤行业还未建立。相比已广泛采用煤燃料且窑炉结构科学化的黄堡窑场，陈炉地区的窑炉仍略显简陋。而且产品的胎釉和成型工艺不够精细，器物的种类和造型比较单调[④]，具有明显的工艺不成熟的特征。虽然萌芽中的陈炉窑遗存物稀少，但是仍初显了自身风格。

从造型特征上看，金代陈炉窑多产日常生活用瓷，分菱花形与弧腹圆形两种器型；另有捏塑烧制品。此时的器型普遍娇小，实用性被放在首位。这可能由三种原因综合后所致：一是烧制技术不成熟，加之窑炉较小，无法装烧较大

---

① 耀州窑博物馆：《陈炉耀州瓷精萃》，文物出版社，2007，第14页。
② 即现陈炉中学所在地。
③ 同上书，第18页。
④ 同上书，第14页。

的瓷器；二是匣钵烧造，限制了内装瓷器的尺寸；三是官窑转民窑时必须考虑民众的接受程度，而小器型无疑是最适合的。较为典型的器具有于陈炉永兴、后凹出土的青釉印花雁纹盘与青釉印花莲纹盘，敞口弧腹，盘高、口径与底径都较低。此外，盏、碗、盘、三足炉、枕等日常生活用品，简单、便携、实用。

金代陈炉耀州瓷的釉色单调，分青釉和黑釉两类。由于技术上与黄堡窑场差距较大，产品的釉色普遍粗糙。以2002年立地坡东山出土的青釉盏以及2003年上店罗陵坡出土的青釉印花莲纹盘为例，釉色均绿中泛黄或者姜黄（彩插2-2），显而易见窑工们没有很好地掌握青瓷的还原气氛。同样于东山出土的黑釉碗，甚至器内满施不均匀黑釉，外施釉末竟未及底。

因为陈炉窑场的耀州窑陶瓷烧制技术传自黄堡窑场，所以金代产品的装饰特征与黄堡基本一致。整体以釉色装饰为主，兼用印花装饰，刻花装饰少见。中国传统美学讲究"图必有意，意必吉祥"。陈炉瓷的印花装饰图案稚拙却纹样丰富："从为数不多的刻花瓷片标本看，其犀利圆活的风格与黄堡窑一致，但刻纹明显变浅，纹饰缺乏凹凸感。印花中的牡丹、莲花、菊花纹，往往出现多枝花头，布局较黄堡窑要随意。而凤鸟、鹿、蝶纹多采取穿花形式，增强了动感。"[①]花、鸟等代表性纹饰是汉族传统吉祥图案，既表达了民众对美好事物的向往，也展现了宋金时期人们含蓄、内敛的审美取向。然而由于女真人入主中原，耀州瓷原本的发展进程被打断，游牧民族的吉祥事物与审美取向也影响了耀州瓷的艺术风格。譬如当地带有"海东青逐雁图"的瓷片标本通过鸿雁在花丛中被海东青追逐的场景，展示了游牧民族尚武、彪悍的民族性格，这是之前黄堡耀州瓷所没有的。总之，这一时期陈炉耀州瓷的刻纹变浅，纹饰凹凸感不强烈，随意性强，装饰效果比黄堡耀州瓷稍差。

金代陈炉窑场基业初创，生产规模小、分布地域不广，存世的产品遗物数量有限。尽管如此，它承续了黄堡窑场瓷器的造型、釉色与装饰特征，并尝试衍生出自己的风格。这一时期的陈炉瓷仿佛春日里破土的胚芽，预示着终将成长为大树。

# 第二节 元代：改进技术求生存

## 一、元代陈炉窑业的兴盛及原因

公元1211年，蒙古族杰出首领铁木真在统一蒙古各部、建立蒙古汗国后，发动了对金作战。大将木华黎兵锋直指陕西，生灵涂炭。连年战争进一

---

① 耀州窑博物馆：《陈炉耀州瓷精萃》，文物出版社，2007，第18页。

步地削弱了黄堡窑场的生产能力，大量工匠外逃，至此进入长达数百年的衰退期。

也许是得益于技术精湛的黄堡匠人大量流入，元代陈炉的陶瓷业反而有所发展，出现了新亮点。具体表现在以下四点。

一是创造性地使用煤作为燃料。同时改进窑室，增加通风道和炉栅，从而提高了烧制的温度与稳定性。

二是烧制地域迅速扩大。形成了以现陈炉镇为中心，永兴、后崖、北头等周边村落为外围的大窑场群。这些遗址均有厚约1～2米的元代文化层遗存，遗物涵盖瓷器残片与煤渣。虽然目前考古人员只进行了试掘，但是不排除存在更大范围遗存的可能性。民众也经常在这些地方捡到元代的瓷器，带回家作为收藏品。"本地通"宋振杰生长在宋家崖区域，数十年来在此收集了不少瓷片。笔者为了解元代瓷器艺术而来到他家，只见他拿出珍藏的残片，小心翼翼地摊平在地板上，然后介绍道：

"这个地方在元代时候陶瓷业就比较兴盛起来了！宋家崖就是我以前的家乡，离陈炉也不远。过去那一直出土些元代的东西，漂亮得很！像白釉黑彩，上面的一些绘画是民间画法，人家随意画的。有些画得也很好。"①

三是出土器物的种类与数量远超金代。釉色的种类更显丰富，主打釉色有青绿、青灰和姜黄，另有黑釉、酱釉、白釉和茶叶末釉等（图2-1、图2-2、彩插2-3）。器物外部纹饰呈多样化，涵盖牡丹、菊、梅和莲荷等吉祥图案。出土物的器物种类包括釜、碗、纹盏、纹盘、纹洗、深腹钵、花口盘、折耳盆、三足炉、双耳罐、双耳瓶、玉壶春瓶、节颈鼓腹双系罐等以及人形口哨等。

图2-1 元代白釉铁锈花小钵碗

---

① 采访人：笔者；采访对象：宋振杰，采访时间：2016年10月28日下午，采访地点：宋振杰家卧室。

图2-2　元代陈炉青釉碗

四是造型的时代特征比较明显。例如碗与盘上部采用了直口敛收或者敛口，下部则是宽圈足、外底心凸起，这就是当时陶瓷器的普遍性时代特征。

入元以后，陈炉窑场逐渐进入兴盛期，反观同时代的黄堡窑场则日趋衰落。后者最大的威胁毫无疑问是来自其他窑口的竞争。尤其是龙泉窑集南北青瓷之大成，烧出了优美的梅子青和粉青釉瓷器，形成了庞大的龙泉窑系，几乎独占了国内外的高档青瓷市场。由于青釉耀瓷在高档商品竞争中遇到了难以逾越的困难，耀州众窑口因销路不畅而被迫转型，放弃高级青瓷的烧制而改烧民间日用瓷。为弥补损失，降低成本，窑工采用了体积增大的窑炉；放弃M漏斗形匣钵单件装烧法，实行筒形匣钵内多件叠烧，以最大化地利用窑内空间。同时为在有限体积内增多瓷器的容纳量，还减去了器物之间的支垫。并且在碗盘内底刮出无釉涩圈，将上一件器物的涩圈内底，直接压在下一件器物的足底上[①]。这些改进技术虽能降低成本，适应民用市场求得生存，但无形中也降低了产品的档次和精细程度。从此耀州瓷在高端市场上的辉煌一去不复返了。

## 二、元代陈炉窑的产品特征

元代耀州窑的生产场所仍然可观，主要有黄堡、陈炉、上店、立地坡与玉华宫等窑场。由于龙泉、景德镇、德化等窑场的崛起，耀州窑窑业技术对外传播的趋势减缓，销路严重不畅。工匠们为摆脱危机而在窑炉体积、装烧方法、材料工艺等方面做出改变，导致烧成气氛掌握难度的提高。最终烧造了大量"青黄釉"和"香黄釉"瓷。总体而言，元代耀州瓷技艺处于整体衰落期，陈炉、上店和立地坡等窑场正在夹缝中求生存。

---

① 北京艺术博物馆：《中国耀州窑》，中国华侨出版社，2014，第234页。

元代陈炉耀州瓷造型符合大众消费取向，生产器物的造型丰富。为了保证日常生活中的实用性，匠人使用深色泥做胎。制成品普遍厚重，底足也加宽，如此提高了器物的抗摔能力，也起到更好的保温作用。一些器物还采用了折腹、斜弧腹、敞口内收等造型，更显美感且便于使用者把持。以2002年于陈炉镇北头耀州窑遗址采集的黑釉碗为例，其口径15.2厘米，足径6.6厘米，高6.9厘米，碗唇较厚，圈足宽大，高度约占据碗体的十分之一；又如2002年立地坡马鞍桥出土的黑釉双耳罐，内外施满釉，足底刮釉，便于携带。

元代陈炉匠人颇有创新意识，烧出了"青黄釉"和"香黄釉"等新品种。此时瓷器的釉色丰富多彩，青瓷釉色系分青绿、青灰和姜黄三种，黑釉釉色系则包括了黑釉、酱釉和茶叶末釉。其中，青绿、青灰、姜黄和黑釉是由青瓷技艺演化而来。尽管青瓷产品再难达到宋代的高度，姜黄釉和香黄釉瓷器的出现却是时代变迁下的必然趋势，也预示了未来会有更多釉色出现（图2-3）。施釉技术方面也有所改进，碗、盏等器物内底部多被刮出无釉圈底。外底部则可能因手拿蘸釉技术的缘故，不上釉或刮去釉。瓶、壶与罐类的外底亦不施釉，内部常施半釉或全釉。

陈炉瓷在装饰上多采用印花技法以缩短生产时间，提高生产效率。遗憾的是，刻花技法因琐碎费时反而失去青睐，逐渐湮灭于历史洪流之中。印花装饰图案有瑞草、雁纹、菊纹、蝴蝶、鱼纹、莲荷纹、牡丹纹等多个纹样。到了元代后期，匠人们借鉴了黄堡耀州青瓷，对传统青瓷进行了改革，新创出一种简笔刻花青瓷。其制作工艺是先在较深色胎体上加施化妆土，然后用深刀刻出简笔纹样，再施以浅淡的透明青釉，高温烧成。这种新简笔刻花青瓷，能在浅淡的青黄釉的衬托下，清晰地透出洗练而明快的深绿色花纹。与传统的刻花耀瓷相比，它的风格清新而明快，淡雅而美观[①]。

图2-3　元代姜黄釉盘

---

① 北京艺术博物馆：《中国耀州窑》，中国华侨出版社，2014，第15页。

## 第三节 明代：官民结合谋转型

### 一、陈炉窑业的转型及原因

元末明初的陕西再度成为两军恶战的战场，人口损失极为严重。洪武七年（1374年），获胜的明王朝在河州卫设立西安行都司。次年，改名为陕西行都司[①]。为充实陕西人口，统治者实行人口强制迁移政策，从外省移入居民。现今为数不少的陈炉居民均自称祖先是由山西洪洞大槐树迁移而来。他们所提出证据有二：一是陈炉人嗜酸好醋，酸汤饸饹尤其出名。这与铜川其他地方的饮食习惯不同，为山西祖先所遗留；二是村民能够完整讲述祖先到达陈炉时，所遇见的原住民逃难一空的凄惨情景。山西移民的迁入为陶瓷业带来了新的活力，他们将外来技艺与耀州瓷技艺相结合，推动了行业的大发展。

明代既是陈炉窑场彻底取代其他窑场、成为耀州窑后期中心窑场的时代，也是窑业大转型、大创新和大发展的时代。尽管黄堡窑场在明初仍有生产，但已经与鼎盛时不可同日而语，走上了衰亡的道路。伴随黄堡的衰落与新瓷种的发展，延续数百年的传统耀州青瓷也走到了生命的尽头。其最终变成印花单线纹黄褐釉瓷，之后逐渐消失。值得庆幸的是：虽然工匠们不再专门制作高雅的青瓷，但是由相同技法衍生的黑釉、白釉、茶叶末釉等瓷种却兴盛起来。由于山西移民的流入，形成了具有浓厚磁州窑风格的白地（底）黑花瓷。该瓷种系选用本土坩土、敷施白色化妆土并加黑彩烧制而成。白地黑花瓷虽源自磁州窑，却独具地域特色：因融入传统耀州瓷的犀利洒脱之刻花风格，所绘之黑彩，笔触更为自信和疾速；绘出的花纹在形似与意似之间，更彰显主人内心的写意；而所绘黑彩的风格，则更为奔放、随意和洒脱[②]。

当时的产品里，耀州青瓷体系诸瓷种与白地黑花瓷是最常见的两大种类。据宋振杰回忆：1984年，人们在修建陈炉中学操场时曾于山后崖壁上发掘出一个明初洞窟，里面存放有大量叠放齐整的瓷器。其中有些还是素烧未完成品，有些则已上釉烧成。多数瓷器具有明显的白地黑花磁州窑特征，少数为姜黄釉、白釉或黑釉（图2-4）。

陈炉窑场能够在明代占据西北瓷业的主导地位，其原因是多方面的：首先，当时中国的经济中心南移，南方的陶瓷业发展迅速。景德镇、德化窑、宜兴窑、石湾窑等南方窑口崛起，所产瓷器品种十分丰富，对上层社会吸引力巨大。在高端陶瓷市场被南方瓷窑占据、西北陶瓷行业普遍萧条的背景下，陈炉窑场专注于生产民众喜爱的产品就成了必然之举。其次，黄堡窑的衰落给了陈

---

[①] 曹树基：《中国移民史（第五卷）》，福建人民出版社，1997，第299页。
[②] 北京艺术博物馆：《中国耀州窑》，中国华侨出版社，2014，第246页。

图2-4 明代白釉盘

炉窑发展机会,使其获得了陕西、宁夏等地宗室藩王的关注。于是依靠承接大量的烧造订单,积累了可观的资本,提升了生产工艺。再次,经过长期的发展,陈炉窑场在生产范围与生产规模两方面发展迅速。为适应发展,生产分工组织的完善愈发重要。因此,明代陈炉窑场形成了"社""行"与"户"这三种组织结构的萌芽。"社"是划分地域的单位,"行"是划分生产器物分类的单位,而"户"是生产与销售的生产体系,以后这些单位在清代继续演变,定型为"三行不乱""四户分立"的民窑生产系统。

政治因素的作用在这一时期凸显。明太祖朱元璋建立明朝后分封诸王。他认为"天下山川,惟秦中号为险固",故将次子朱樉立为藩王,开府西安,营造秦王府。秦王府的规模宏大,建造时间竟长达八年。所需的琉璃瓦、瓦当等建筑构件数量可观,非寻常窑场所能承担。此时的陈炉窑场声名渐起,因产品丰富、规模庞大而引起了官府的注意。因此陈炉与立地坡窑场的匠人们被组织起来,专为秦王府、秦藩王墓群、西安府以及宗教建筑物等烧造琉璃建材一直延续到明末。

明廷在一些陶瓷生产区设立御器厂。它的任务是烧造官窑器供宫廷使用,包括朝廷对内、对外赐赏和交换的需要,以官搭民烧的办法对民窑进行盘剥[1]。所谓"官搭民烧"指的是统治阶级如需烧制瓷器,民窑工匠们就必须为其烧制专用瓷器。陈炉与立地坡窑场除烧制民用器,还成为官府重要的制瓷基地,承担了为秦王府烧造陶瓷琉璃瓦的重任。

所谓琉璃瓦是指陶胎上施以一种以铅为助熔剂,以含铁、铜、锰、钴的物质为着色剂,配以石英制成的低温釉陶器[2]。如今立地坡尚存秦王府琉璃厂遗址,而历史典籍、碑刻亦有所记载。《重修立地坡琉璃厂敕赐崇仁寺下院宝山

---

[1] 中国硅酸盐学会:《中国陶瓷史》,文物出版社,1982,第361页。
[2] 冯先铭:《中国陶瓷》,上海古籍出版社,2001,第538页。

禅林碑记》有言:

"邑东南隅名立地坡者,乃圣祖开天之后,分封诸藩,特赐秦国,以为专造琉璃厂地也。当是时宝山禅林实建其中。其地川原迥旷,出产坩泥,足以造陶器之用。正统、景泰、天顺、成化间,皆尝经理督造;迄嘉靖甲申乙未之岁,秦宫室及承运等殿复动工重建,而琉璃之费无穷……事下,陕西抚按三司、府卫州县,乃定夫役工价于各属,一准工部所题,而琉璃厂又今日之所急也。予虽记寺而实昭厂之由,使后之窥伺是厂者,知天朝之赐而不敢侵谋,将永传勿替也。"①

该碑记透露了琉璃厂的四个信息:一是立地坡琉璃厂的烧制时间至少从洪武年间分封诸藩时期延续至嘉靖初年,时间跨度约为一百五十余年;二是当时立地坡的地理环境优越,出产优质坩土;三是琉璃厂的土地归属官府,是名副其实的官窑;四是窑场烧制琉璃品的耗费惊人,质量要求极高。为此秦王府与官府高度重视,会特选民窑工匠烧造。

立地坡琉璃厂占地广阔。现存遗址虽已很难还原当时的宏大场景,但其烧造琉璃的历史确凿无疑(图2-5)。反观相隔不远的陈炉窑场"低调"不少。历史上并无明确记载窑场参与此事,也无可证之实物。直至2005年,考古人员在陈炉镇北头同样发掘出明秦王府琉璃厂遗址,整理出保存完整、规模庞大的窑炉与作坊,这才证实陈炉也曾为秦王府烧造琉璃构件(图2-6)。据目击者回忆,遗址还曾出土叠放整齐的陶瓷残片,证明此地也兼烧陶瓷器。

图2-5 明代立地坡窑神庙遗址

---

① 耀州窑博物馆、陕西省考古研究所、铜川市考古研究所:《立地坡·上店耀州窑址》,三秦出版社,2004,第463页。

陈炉琉璃厂出土器物的种类丰富，主要包括：板瓦、筒瓦、异形瓦、瓦当与滴水。其中板瓦分素烧琉璃板瓦与孔雀蓝釉琉璃板瓦；筒瓦分孔雀蓝釉琉璃筒瓦、孔雀蓝釉琉璃小筒瓦、素烧琉璃筒瓦、素烧琉璃小筒瓦；异形瓦有孔雀蓝釉琉璃异形瓦；瓦当分龙纹瓦当、番莲纹瓦当与素面瓦当；滴水分龙纹滴水、凤纹滴水和素面滴水。

图2-6 明代陈炉琉璃厂遗址发掘现场

值得注意的是瓦当与滴水特有龙纹与凤纹（彩插2-4），表明器物具有皇室专供的特殊身份。而胎质、釉色、造型和纹饰等装饰艺术风格，也与立地坡窑址、西安秦王府旧址和清真大寺发掘的琉璃器物完全一致。此外，陈炉北头还出土了黑釉与素三彩琉璃瓦。建筑工人于2002年进行陈炉中学的基础设施建设时，曾从地下挖出一千余块摞放整齐的琉璃板瓦。琉璃瓦虽没上釉，但是已经过素烧并产生瓷化现象，只待再上低温釉烧制完成。

这些考古成果结合西安秦王府旧址、秦藩王墓群和现存的西安地区宗教建筑证实：陈炉窑场不仅为明秦王府府邸烧制过琉璃建材，还为秦王府的家庙和陵墓地烧制过琉璃建材（图2-7）。同时表明耀州窑在明代，曾是西北地区最大的藩王府——秦王府的贡窑[1]。而在陈炉任家湾，发现了刻有"弘治十五年西安府造"款的大型黑釉井圈。这表明作为政府机构的西安府，也曾来陈炉定制专用的大型瓷制用品[2]。

陈炉琉璃厂的窑炉结构沿袭了元代形制。不同之处在于通风道大幅增高，产品种类也比立地坡窑更为齐全。考古专家们认为：比较两处烧造琉璃建材的窑址，陈炉明代的琉璃窑遗址的规模和范围比立地坡要大。从出土物的时代特征看，有早晚不同的区别，表明陈炉窑场烧造琉璃的时间比立地坡还要长[3]。

---

[1] 北京艺术博物馆：《中国耀州窑》，中国华侨出版社，2014，第247页。
[2] 耀州窑博物馆：《陈炉耀州瓷精萃》，文物出版社，2007，第17页。
[3] 北京艺术博物馆：《中国耀州窑》，中国华侨出版社，2014，第377页。

图2-7 明代陈炉琉璃瓦残片

## 二、明代陈炉窑的产品特征

古陶瓷研究学者冯先铭曾言:"明代在中国陶瓷发展史上是由宋代的百花争艳,经由元代的过渡,变成了几乎由景德镇一花独放的局面……虽然还有一些产地在制造各类不同的陶瓷器,然而在质和量上都无法和景德镇的制品抗衡。"[1]

这个时期对于整个耀州窑而言仍是整体衰退期。黄堡与玉华宫两窑场入明后逐渐断烧,上店窑场因燃料枯竭、地震引发水源改道等原因在明中期停废,而辉煌一时的立地坡窑场于明代晚期渐入衰败。只有陈炉窑场官民兼销,走向了辉煌。

有明一朝,耀州青瓷的艺术成就远不及前代。釉色由姜黄色变为黄褐色,纹饰由传统的犀利洒脱的刻花,变为板滞生硬的凸线纹,呈现出衰落的态势[2]。即使有官方的采购加持,注重"俗文化"的民用器仍是当时陶瓷器生产的主流。陈炉窑的碗、盘、盏、罐与瓶等民用器产量较大,产品造型也有所变化。明代早期,不论敞口还是直口碗,腹都很圆,足较宽且低矮,器胫与足相接处,大都有一圈平削痕或凹槽。略后,足变高窄。到中期,有一种足墙内斜的特征。中晚期圆腹碗加深,出现了侈口斜弧腹碗。造型特点是器足由早中期的根部平削逐渐向台形足转变。至明末,器足渐变低[3]。

山西移民的大量流入,所带来的推动力是巨大的。陈炉匠人较快地摆脱了传统青瓷审美风格的影响,转而拥抱晋南磁州窑系风格。白地黑花瓷器受到民众广泛欢迎,并很快成为明代陈炉窑的标志性产品。瓷器以陈炉本地坩土为骨,外敷白色化妆土后用笔绘制而成。所绘图案立足写意,笔锋犀利洒脱,一

---

[1] 冯先铭:《中国陶瓷》,上海古籍出版社,2001,第467页。
[2] 耀州窑博物馆:《陈炉耀州瓷精萃》,文物出版社,2007,第15页。
[3] 同上书,第16页。

气呵成，深刻体现了陈炉人不拘小节的奔放个性。常见瓷器还有明代中期产生的白釉黑箍瓷。器物的内部与上部施白釉，外底部施黑釉，如同被加了一圈黑箍。其他黑釉与白釉产品的种类也颇为丰富，代表了陈炉窑正在步入辉煌（图2-8）。

图2-8 明代黑釉双耳罐

　　伴随着耀州青瓷的逐渐衰亡，陈炉窑坯体的刻印装饰随之减少。青釉白彩和白地黑花装饰出现并迅速成为主要装饰技法，拉开了彩绘装饰大发展的帷幕。明代彩绘装饰以大写意的表现形式为特色，色彩明快且个性鲜明。纹样呈现出似与不似的装饰形象，给人以无限遐想的空间。

　　青釉白彩曾是唐代耀州窑大量使用过的装饰技法，五代、宋、金、元时期也有所采用（现存器物极少）。进入明代，陈炉窑匠人再度大规模应用该技法。它以绘画方式将白色化妆土泥浆绘于深色泥胎上，浓淡不均的笔触在灰绿青釉下，显露出深浅不同的白色纹饰。纹饰的轮廓若隐若现，结构起伏微妙变化，充满韵律、富有激情的粗细线条跃然于器物之上。整体统一中有变化，变化中又有温润和谐，具有浅浮雕的装饰效果。代表性装饰纹样以变形朵花纹为主，多施于碗、杯等器物的外壁。

　　白地黑花装饰是明代陈炉窑常见的装饰技法。匠人以黑料在白色化妆土泥坯上信手涂画，寥寥数笔，一挥而就。多则一分钟，少则几秒钟，不同的花、叶、枝、草并行排列。连续之中，或旋转卷曲，或卷曲舒展；似花似云，似叶似草，富有变化。白底与黑花清晰明朗，对比强烈，犹如传统水墨画的黑白变化。流畅的线条辅以粗细的笔触，形成洒脱奔放的装饰效果，展现出装饰纹样强烈的动感和张力。这种视觉冲击力既像陕北脱口而出的秦腔，又似黄土高原高亢悠扬的信天游，随意而不草率，自如而有韵味。笔触下的画法与刻花刀法具有异曲同工之妙，给人以粗犷豪放、质朴自信的美感享受，极富生活气息和地域特色。青釉白彩和白地黑花装饰的使用，为清代多种彩绘技法的诞生与发展奠定了坚实的基础。

　　陈炉匠人还偏好蘸釉，他们用手抓住小件瓷器的底部，将产品置于装满釉水的容器中上釉。底部露胎的明代瓷器存世较多，我们可以观察到它们的内胎色普遍灰白。正因为陶工愈发重视精工细作，使得内胎的胎质较为精细。除此之外，大件器皿与秦王府专供瓷的胎色均有所不同。前者的肩部二层台以上至口沿仅施化妆土（无釉），底足露土白色的胎，胎质疏松厚重；而后者的内心为无釉露胎，质地较粗（缸胎），手摸时有明显的毛刺感。

## 第四节　清代中前期：由雅趋俗多元化

### 一、清代中前期陈炉窑业的多样化发展及原因

明代晚期，陈炉窑场已奠定西北地区最大窑场的霸主地位，产品畅销西北五省以及河南、山西等北方省份。然而欣欣向荣之际，地震、饥荒与战乱突如其来，对当地经济造成了重大破坏。成化与嘉靖年间，陕西地区相继发生了两次大地震。尤其是第二次地震，所产生的原生、次生灾害破坏力惊人。笔者在翻阅《铜川市志》时，对目睹的文字记叙感到胆战心惊："（嘉靖）三十四年（1555年）……华县发生大地震，漆水、沮水猛涨，井水溢，耀州城池陷塌，死亡3000余人。[①]"地震对上店窑场的破坏极为严重。地下水源因此改道，进而导致制瓷水源的短缺，最终窑场迅速衰落。

而在1638年6月，陈炉地区遭受特大蝗灾，蝗虫所到之处寸草不生。次年经历半年大旱后又于8月天降冰雹，百姓无以为食，死者众多。由于天灾的影响加上统治者的昏庸无道，陕西爆发了明末农民大起义，起义洪流席卷了陈炉。据史料记载：到了清顺治六年（1649年），李自成余部刘洪才还攻克同官县城。义军杀知县何德美，并在陈炉立地坡处死对抗义军的杨先升等人。陈炉人还相传吴三桂到过立地坡一带，与农民起义军残部发生了激烈战争。

明末清初的改朝换代造成了人口的较大损失。清朝建立后，随着政局逐渐稳定，统治者采取休养生息政策以期恢复生产[②]。陈炉窑场获得恢复与发展，呈现出不一样的发展格局：首先是清代陈炉窑场在"行""社""户"的基础上，发展出"东、西社""三行""四户"的社会与生产组织。其次是陶瓷品种的多样化，体现了"大俗即大雅"的风貌。虽然耀州青瓷于清代中前期失传，但是其他品种更为丰富。除黑釉、白釉、酱釉等已有瓷种外，新增了香黄釉瓷和白地赭花瓷（图2-9、图2-10）。香黄釉瓷系改进明代褐黄色青釉配方和烧成工艺后衍生出的新品种。其色泽温润，康、雍、乾三代时常用来制作香炉、

---

[①] 铜川市地方志编纂委员会：《铜川市志》，陕西师范大学出版社，1997，第8页。
[②] 史载："同官户口，自明嘉靖以后，逃之者十七；至崇祯末，凋残几尽；经清康乾诸朝之生息，稍足增长。"见耀州窑博物馆：《陈炉耀州瓷精萃》，文物出版社，2007，第17页。

图2-9 清代陈炉黑釉产品

图2-10 清代陈炉香黄地青花赭彩坛

香筒、烛插、花瓶之类的供器。陈炉匠人还将香黄釉与黑花、赭花相结合，运用到坛、樽、瓶、盒等瓷器上，广受消费者的好评。它在清代俨然成为陈炉窑场的标志性产品，被时人赞誉为"耀州黄"。

## 二、清代中前期陈炉窑的产品特征

清代中前期的耀州瓷产品以香黄釉瓷与铁锈花瓷为代表。除香黄釉瓷，铁锈花瓷也广受欢迎。该瓷种又名白地赭花瓷。与金元时期山西窑场烧制的黑釉褐彩铁锈花品种不同，它是由明代白地黑花瓷发展而来的釉下彩品种。匠人选取陈炉本地的"钉头石"（一种褐红色铁矿石）为色料，粉碎后绘制在施有化妆土的胎体上，再罩透明白釉高温烧制。瓷器成品呈白地赭花状，在白色透明釉下闪烁析铁晶体的金属光泽，具有比白地黑花瓷更为柔和与天然情趣的艺术效果。铁锈花瓷作为釉下彩绘瓷，在清代至民国陈炉耀州窑大量烧制。

清代陈炉耀州窑的陶艺大师对香黄釉瓷也做了较大改进，将单一的釉色发展出香黄釉、香黄釉划花、香黄地黑花、香黄地赭花、内白外黄地赭花、香黄地赭花白彩等诸多新品种。至清晚期时，更分化出香黄地青花黑彩和香黄地青花赭彩瓷，从而使瓷种的艺术潜力被发掘到极致。

这一时期的产品造型以圆形居多。除三足器外，器具的底足都被刮出釉质，露出其中内胎。产品的胎质粗细有别，色泽灰白或者土黄。釉色以黑色、白釉、香黄色为主。黑釉瓷的釉色光亮，抚摸有光滑感（彩插2-5）；白釉胎体洁白，润泽如白玉；而香黄釉瓷釉色青黄，较姜黄釉更为温润、含蓄与深沉，让人产生温暖舒适的感觉。

值得一提的是，清代的瓷器装饰特征较前代更上一层楼。首先，匠人们喜好在瓷器上绘制具象图案。图案取材于各种动植物，通过艺术化装饰表达他们追求幸福生活的向往。这些图案除了传统社会里常见的牡丹、莲花、梅花与菊花，还增加了网、飞蝶、灵芝、鱼、雀、金钱以及蔓草，极大地丰富了瓷器的文化内涵。其次，带文字纹样的瓷器明显增多。此类瓷器涵盖了黑釉碗、黑釉瓶、黑釉扁壶、香黄釉炉、香黄釉壶以及香黄釉樽等器具，内容偏好"寿""发""富贵"等吉祥文字，或是"天街小雨润如酥，草色遥看近却无""西京铜川 炉山造 光绪三年 春月造"样式的诗词与落款。值得注意的是，不同种类的瓷器所写的诗词内容不一样。大件器物会根据用途决定写何种诗词。譬如樽、瓶上多为"李白斗酒诗百篇，长安市上酒家眠。天子呼来不上船，自称臣是酒中仙""处世若大梦，胡为劳其生？所以终日醉，颓然卧前楹"之类的酒词，抑或是"寒雨连江夜入吴，平明送客楚山孤，洛阳亲友如相问，一片冰心在玉壶"等表达爱憎与思念之情的诗句。再次，产品的器型与纹饰呈现二元分化的特征。清代陈炉瓷器的器型讲究规整、和谐、简约、朴实，取方则方，取圆则圆，毫不逾矩。器物上的花纹图案则讲究写意、奔放、抒情、繁复，制作者将自己的艺术感悟肆意挥洒在胎体上，文字、花鸟、猛兽、金钱、人物，乃至故事传说皆可绘制（图2-11、图2-12）。

图2-11 清代黑釉狮形座灯

图2-12 清代白地赭花牡丹钱纹双系罐

## 第五节 晚清及民国：雅俗合流铸民窑

### 一、陈炉窑业的嬗变及其原因

晚清、民国，陈炉窑既引进了青花瓷艺以求改良和变革，又是雅俗文化彻底合流、形塑其民窑本色的时期。鸦片战争后，中国由封建社会进入半封建半殖民地社会，社会政治、经济、文化等各方面都被迫开启近代化进程。此时铜川地区仅存的陈炉窑场规模缩小，生产陷入困境。为适应急速变化的社会形势和市场需求，匠人通过改良制瓷工艺、引进新技术来求得生存和发展。这一时期影响力最大的生产转型当属景德镇青花瓷工艺技术的大力引进。陈炉人将青花工艺和原有的香黄釉系列进行结合，创制出让世人瞩目的新品种"兰花花瓷"。

兰花花瓷是陈炉窑场各式青花瓷的统称，以白底蓝花青瓷最为常见。它的引进是历史的必然，对陈炉瓷所产生的影响堪称巨大。明清时期，景德镇发展成举世闻名的瓷都。它的技艺与产品处于世界领先地位，其他地区的工匠深受吸引，纷纷到此学习技艺。而此时陈炉窑场中曾经能够表现丰富情感的精湛刻花技艺逐渐失传，人们只能在白地黑花瓷上描绘简单的图案。至于黑釉瓷、姜黄釉瓷等瓷种或陶器更略显单调、粗糙。因此陈炉人满心希望能通过一种新的瓷种展示他们的艺术天赋。青花瓷技艺的引进恰逢其时，匠人们结合已有的制作技艺、自己性格特点与当地的风土人情，从而使艺术天赋得到极大释放，产生出独特的兰花花瓷。

陈炉人于光绪年间从景德镇引进了青花瓷，但生产工艺与源生地差异较大。景德镇的青花瓷系先以氧化钴绘制青花，施敷透明釉后再经高温烧成的釉下彩瓷。而耀州陈炉青花瓷则多先施白色化妆土，再施透明釉，最后在釉表上用掺有釉子的氧化钴绘出纹饰。待器表干燥后，经高温焙烧为釉中彩。此种青花，入窑前可以清晰地看到所绘纹饰，更便于随时添彩与分类装窑。所烧制的白地青花瓷白中泛微黄，蓝色亦颇为淡雅。两者相衬，色差不似景德镇青花瓷一般分明。

青花与香黄釉工艺相结合的产品，有香黄地青花赭彩和香黄地白釉开光青花赭彩。这两者瓷器统称为多色釉青花，均为陈炉窑在晚清、民国时期的独创。瓷器透出赭彩的沉稳和青花的悦目，再加上白釉的鲜明，具有一种多色多彩中的素雅和华美，让观者产生喜爱之感。

此一时期的纹样，不仅仿制景德镇青花的苜蓿花、西番莲、渔樵耕读等纹样，更多地承袭了陈炉窑明清以来的传统纹饰。此外新增加了一些此前未见的山水和人物画、纪年款、诗歌、俚语与谜语对联等内容，充分反映出制瓷匠师的心愿、情感和处世哲理。特别具有历史价值的是匠人们还在瓷器上书写了一些与时局密切相关的文字，如"清朝灭亡""民国成立""三民主义""新生活""提倡国货""坚持抗战""还我河山"，这既显示了陈炉人爱国爱家的拳拳之心，也为后人研究时代变迁与民窑文化的关系留下了弥足珍贵的实物资料。

青花瓷引进的偶然性在于：引进者本不是专为制瓷而来。清代晚期，中国政局动荡，旱涝灾害不绝，民不聊生。光绪二十六年（1900年）时，因八国联军入侵，慈禧太后西逃陕西，加重了群众的负担。此时的铜川全境陷入严重饥荒之中，饿殍遍地。为了安抚民心，清政府允许民间人士参与救济。机缘巧合之下，江西人潘民表前来赈灾，间接为陈炉窑场引来了青花瓷技艺。

潘民表，生年不详，卒于1902年，字振声，江苏阳湖人，清代同治十二年（1873年）中举人。他热心公益事业，倡导自力更生。曾募集资金赈济直隶、河南、陕西与山西等地灾民，又兴建工厂、义塾等设施发展生产，规训民风。潘民表于光绪二十七年（1901年）至铜川赈灾，之后曾尝试恢复当地的经济生产，发展陶瓷业即为重要举措。据文献记载："二十七年，邑大饥，江西潘民表携款来邑赈济，相度地势，集股开办，改进清瓷（即细瓷）窑，泥土取诸县南二十里之磴（音卫）子山（石灰二叠纪砂页岩）。二十八年，派邑人赵志清赴江西景德镇考察，雇工匠十余名返，初试于西安西岳庙内，有成效，三十一年，遂移县制作。出品虽稍逊于景瓷，但每窑均有出色之品数种。因配食具数桌，进呈太后，大得优奖。经五六寒暑，成绩显著。嗣潘疾卒，各股东有回籍者、移居者、家落无资力者，款绌不继，遂停。今旧址犹存。"

这段文字详细叙述了潘民表（时任周至县土厘局委员）来铜川的缘由与生平事迹，以及改进陶瓷技艺的经过。他在赈灾时了解到耀州瓷的历史与生产状况，于是集资在河东坡窑场建厂生产陶瓷。所制成的青花瓷质量突出，受到慈禧太后的高度评价。值得注意的是：文献指明泥土原料取自同官县城南的磴子山。磴子山在何处？后人已难寻其址，禚振西也曾遍寻而不可得。一次与耀州窑博物馆馆长薛东星的闲聊，她才获知在何处：

"原来我都不知道在哪……我们现在的馆长有一次跟我开玩笑，说他祖上也是从河南逃荒来的。先人刚来的时候没钱，但因曾做过石匠，于是就住在碴子山那里打大石头。我就问来了有多少人，碴子山和碴子河在哪里？他回答道碾厂那边就是碴子河。碴子河是啥？它是流到漆河的一条小河沟。而在耀州窑黄堡十里窑场里头还有个泥池。泥池是啥？宋代耀州窑在那！所以清代潘民表刚好跑到这来弄土，我最后才得知实际上的位置。"①

碴子山就在黄堡耀州窑场所在的碴子河旁。潘民表一方面从碴子山采集原料运至河东坡窑场以改进细瓷，另一方面又派铜川人赵志清去景德镇学习陶瓷技术，并带回陶工十余人。之后赵志清于西安西岳庙试制青花瓷，大获成功，遂于光绪三十一年（1905年）转回铜川河东坡窑场烧制，取名"有成窑"。

尽管潘民表惨淡经营，却因为产量较低，加之地方官员中饱私囊，致使其负债累累，以自杀结束了不平凡的一生②。他去世后，河东坡窑停办。幸运的是，因助手赵志清是陈炉镇人，青花瓷制作技艺被带至陈炉。凭借与生俱来的"天赋"，陈炉人很快都学会了烧制青花瓷，形成了清末民初的"兰花花瓷"风潮（图2-13）。总而言之，陈炉青花瓷的产生，最大的功臣是满怀一腔热血的潘民表及其团队。同时恰恰由于陈炉窑炉火亘古不灭，才使得潘民表的遗愿得以实现。而这，也正是青花瓷能够在陈炉落地生根的历史必然性。

图2-13 陈炉"兰花花瓷"

---

① 采访人：笔者，采访对象：禚振西，采访时间：2016年10月26日上午，采访地点：耀州窑博物馆禚振西办公室。
② 《清史稿》记载："赀竭将中辍……且亏税，计无所出，竟仰药死，时论惜之。"见赵尔巽等：《清史稿》，内蒙古人民出版社，1998，第1049页。

## 二、晚清及民国时期陈炉窑的产品特征

晚清、民国时期,陈炉瓷"雅俗合流",在旧与新、雅与俗之间实现了一种平衡。表面看起来"俗文化"特色浓郁,但是细品之下俗中带着高雅。无论是色彩搭配,还是笔锋线条,抑或是造型纹饰,都体现了匠人手艺之高超。

当地标志性产品无疑首推兰花花青花瓷。史料对瓷器的制作方法做了简要记述:"白器则坯上加白土曰硷,敷硷后则坯白,又取奥陶纪石灰岩中一种青灰色页岩,和水碾为细汁,加硷上,曰白药;复用石蓝涂以花纹,烧成则为白底蓝花。又用白药一、黑药七、黏土三为混合药药之,其色香黄,多冰纹。"

因陈炉泥料白度和亮度先天不足,需上化妆土遮掩其瑕疵。香黄地青花瓷内施透明白釉化妆土,外敷香黄釉,因此生出黄中泛白、光滑闪亮的效果。白底青花瓷烧成后胎色透着灰白,足底多刮釉露胎。

相比景德镇青花瓷,陈炉青花瓷自有其特点。第一是采用先上透明釉,再画青花的技法。这一方法是匠人们经过长期的观察与实践后所掌握的制作经验。他们深知如果青花骨料里勾兑透明釉的比例出现差错,骨料在入窑烧制时会散开。因此在一些煤窑烧制出的有些碗、碟的内部会出现模糊的青花,这就是叠在上方的器体上的青花颜料飞散映衬至下方器体的结果。第二是绘制青花纹样灵活可控。景德镇的青花绘制后,曾要蒙一层透明釉,图案实际效果要等出窑后方才显示。效果之好坏,需要仰仗于工人的熟练程度。而陈炉瓷因采取釉中彩技艺,烧制之前匠人们就可目测烧制后的纹样轮廓,并可依据纹样设置装窑方式。

作为近代以来耀州瓷的代表性品种,兰花花瓷固然是由景德镇传入,却经历了重大改良。除上述制作特点,瓷器的艺术风格亦与其他地方的青花瓷截然不同。

兰花花瓷造型丰富,以实用性为基点,讲究操作的便捷和对空间的控制。晚清、民国时期的陈炉人似乎很钟情于圆形,碗、碟、盘、圆盒等圆形青花瓷器皿十分常见。最具地方特征的是青花塔式圆盒,常见于陈炉地区,域外几乎很难见到。这种圆盒又称"雷峰塔",高约30厘米,由数个圆形瓷盒叠加而成,顶部呈塔尖状并多配以瑞兽装饰。每一个盒子都能盛装不同的物品,扣上之后严丝合缝,功能性极强。另一常见特色瓷器是"高把子碗",即大名鼎鼎的"陈炉大老碗"。其硕大无朋,碗口直径远超普通的碗,可达15厘米以上。而底足约5厘米,因此必须双手才可托稳。盛夏时节,蹲在大树阴凉处、手捧装满饭食的老碗的陈炉人可是一景。他们一边灵活操纵着筷子,大口吃面,一边聊着家长里短和生产经验。另有青花瓷罐,体态浑圆,瓷壁坚实。

除了圆形器皿,陈炉匠人还喜欢以动物与人物为题材制作像生瓷,视觉冲

击感极强。常见物象有观音、土地神与童子,民间特色跃然其上。

瓷器色彩方面,除"白底蓝花"青瓷,还有香黄地青花赭彩、香黄地青花、青花赭彩、青花红绿彩等多个釉色的青花品种。白底蓝花瓷为陈炉地区的典型青花瓷种,是潘民表最早试制成功的产品。然而它的青花颜色保持淡雅,实为迫不得已之下的艺术转向。民国中期之前,苏麻离青(氧化钴)的购价昂贵,匠人在配制色料时只能添加其他成分。这就导致烧成后的青花色泽偏暗,与白色的釉色对比强烈。20世纪30年代后,上海产钴料流入,色料价格下降,青花色泽才转为明亮。香黄地青花赭彩也是青花瓷陈炉化的代表作。它以白釉为底,将耀州香黄釉瓷与青花绘制技艺完美结合。制成品白釉明亮、香黄釉色温润、青花笔锋明快,三者的结合造成强烈的视觉冲击。香黄地青花、青花赭彩两瓷种同样釉色温润泛黄,与青花色料相得益彰。民国晚期至合作化之前的短暂时期,陈炉人更将兰花花瓷与磁州瓷相结合,制成了数量稀少的青花红绿彩瓷。它的白底清亮,青花色料与红、绿颜料的搭配,呈现出欢快、热烈、奔放的情感表达,让人们的爽朗个性跃然于瓷体之上(图2-14、图2-15)。

图2-14 香黄釉黑花瓷器

也许是基因相似吧!陈炉人也像景德镇匠人一样,喜欢在青花瓷表面绘制装饰性图案。由于磁州窑瓷创作经验的影响,青花瓷装饰纹样质朴、酣畅。纹样取材广泛,动物、植物、人物、文字和山水等均可。动物类喜好狮、狐、鹤、鲤鱼等,植物多为梅、兰、竹、菊、松与牡丹。这些动植物常互相搭配,力求将吉祥寓意展现得淋漓尽致。譬如松树与白鹤、莲花与鲤鱼的搭配,就带有"松鹤延年""年年有余"的特殊含义。渔夫、樵夫、农人、读书人、仕女等人物形象,则试图展示超然的艺术意境或者内涵深刻的故事。一些瓷器上的"清朝灭亡""还我河山""坚持抗战"等文字装饰,反映了鲜明的时代特征,更将陈炉人的爱恨情仇充分地体现了出来(图2-16至图2-18,彩插2-6、彩插2-7)。

图2-15 白釉青花罐

图2-16 黄地青花罐

图2-17 民国时期的陈炉"小货"瓷器

图2-18 白釉青花仕女瓶

## 第六节 改革开放前：改革工制复青瓷

### 一、新中国成立后至改革开放前陈炉窑的变革

清代晚期以后，各方势力的角逐使同官县（即铜川市前身）战乱不已。直至1949年4月，解放军进驻陕西，这才迎来了真正的和平。

"一唱雄鸡天下白"。同官县松散、各自为政的地方权力被迅速整合，基层政权在极短时间内建立起来。伴随着新的地方行政系统的完善，政府稳步推进对旧体制的改造。同年5月，同官县被纳入由关中分区行政督察专署改制的三原分区行政督察专员公署管辖；7月7日，因与"潼关"发音一致，同官县被改名为铜川县。

1951年，地方政权在"镇反"的同时尝试整合农村的小农经济，于党家河村和何家坊村试办"互助组"，评定其效果后在县域内推广。10月，铜川县工商业联合会成立，替代了新中国成立前的各行业行会。

1952年，铜川县政府进行了查田定产与首次工资改革，为后续的合作化运动做准备。

1953年，铜川、耀县与宜君等县完成人口统计、私营企业与个体手工业排查、粮食统购统销等工作，农业互助组进组的农户已达到47%。

1954年，耀县与黄堡乡正式建成"五星""光明""红旗"等初级农业合作社。农业合作化运动浪潮也席卷了陈炉窑场。

1955年，陈炉窑场的工、农、商三合一的陶瓷业被重组为七个陶瓷业生产合作社与两个工农生产合作社。次年1月，铜川县在20天内分三批完成对手工业、资本主义工商业的改造，实行手工业合作化与工商业的公私合营。

1958年，铜川县被撤并为省管的铜川市，并建立了包括陈炉人民公社在内的六个人民公社。

在中央政策的指引下,铜川地区发生了翻天覆地的变化:旧的封建政权与宗族势力被摧毁,新的社会主义政权深入乡村各个角落;以互助组、合作社、工商业联合会等组织为代表的集体所有制经济取代自给自足的小农经济,人们成为人民公社的社员。时代变迁大背景下的陈炉窑场也经历了由原先以地域性与宗族性为特征的生产组织到互助组、合作社,再到陶瓷厂的历史巨变。因历史事件多且复杂,为了便于梳理,笔者以陶瓷业合作社、陶瓷厂初创以及耀州青瓷复兴三个时期加以概述。

## (一)陶瓷业合作社时期

新中国成立初期的陈炉窑场仍沿袭"三行不乱""四户分立"的生产方式。随着新政权组织的逐渐完善以及在县域内农业互助组的成功建立,对陈炉窑场原有的生产方式进行改造就提上了日程。

在政府的推动下,陈炉的数家陶瓷作坊率先于1953年组建了"瓷业互助组"。至1955年,当地已产生一定数量的互助组。由于农业合作化运动的影响,陈炉镇政府"点将"湾里社成立第一瓷业合作社。1956年,窑场以原有"东三社"与"西八社"为基础,按照地域分布陆续建立了七个瓷业合作社。它们分别是:湾里第一瓷业合作社,产品以酒罇、茶具、酒具、花瓶等杂件为主,出产少量碗、缸,使用沙梁坩土原料场;水泉头与咀子第二瓷业合作社,产品以缸为主,也使用沙梁坩土原料场;南头第三瓷业合作社,产品多以碗为主,由郭家崖底坩土原料场提供原料;北头第四瓷业合作社,产品及原料场同第三瓷业合作社;窑院第五瓷业合作社,产品以碗为主,使用永受村坩土原料场;宋家崖与坡子第六瓷业合作社,产品以碗、盆为主,由沙坡坩土原料场提供原料;咀头与前岭第七瓷业合作社,产品以碗为主,使用沙坡坩土原料场的原料。

政府鼓励社民将生产资料折价入社,并以工分的方式计酬。工分有两种:苦分制与工分制。苦分制源于出身贫寒的长工没有可折价资产,就借钱进社,以体力劳动挣工分。而工分制是社员将经过估价的陶瓷业流动、固定资产折价入社后,经过计算后所挣的工分与利息。

作为这个特殊历史时期的见证人,某匿名受访者对笔者就入社情况做了解释:

"合作社就是按照过去东三社、西八社的自然村组织发展而来的。业主他的那些资产、作坊、斜坯窑等财产入到社里面,以财产折价给合作社。工作的工分各有不同:匠人工资最高,其次是技工,打下手的工资最低。因为匠人们不可能参与陶瓷买卖,所以只能做成半成品后计价。当时各家各户就在原地方做陶瓷,但是由于已经属于合作社经营,所以都没有出钱买,直接把东西送到合作社里折价。社里没钱就记账，收得还便宜。合作社入股是有比价的。借钱入股啥的都是合作社的资产，私人原来的资产也统一折价定值定息。按照入一个股值80块，最多的人有7000块的资产，一般的有两三千，还有几百的。这些都是折价算出来的。公社每年付利息5%，20年付清，刚好100%。"①

除此之外，窑场还成立了马科社、那坡（东坡）两个农业合作社。社员们不再从事陶瓷制作，将生产资料全部置换给七个陶瓷业合作社，专职农业生产。通过建立合作社，陶瓷业产销被纳入计划经济系统统筹。合作社时期进社的成年人都称社员，一个社约有数百名数额不等的社员。他们根据所擅长的技术，被分配至采料、耙泥、烧制、运输等数十道工序中。此时各瓷业合作社间产销独立，互不干涉。合作社虽仍沿袭旧有生产方式，但由于社会逐渐安定、工人积极性高，陶瓷产量的增长幅度较大。社员的工资由专人负责统计，以制作工序、制作难度与强度等要素核算确定。各社独立核算，工资从销售收入中提成，一般碗窑提取37%，盆罐窑提取42%。各工种工人工资分配另有细则。譬如熟练匠人给半成品上化妆土（上硔）与施釉，一天做500个碗为一个定额，可得2元的工资。其他工作人员可能得1~1.5元。如果有工序不适合计件，就以计时为支付标准。

陈炉合作化运动的成效是明显的，极大地解放了生产力。蒙愷在《铜川郊区文史》一书中写道："瓷业合作社生产工艺仍沿袭旧法；但对匠工因人制宜，量才使用；按劳分配，大大调动了社员的生产积极性，产量、质量都较40年代有较大幅度提高。据统计局资料，瓷业社年生产各种瓷器达1100万件以上，比40年代增加22%。每窑产量也达到3万件（碗）左右。"

合作化时期，陈炉耀州瓷产品的精细程度得到一定提高，各社均实行质量等级制。成品被分为等内品与等外品，等外品作为次品将被打碎丢弃，而等内品还被严格划出一级品、二级品与三级品。当时一级品的碗最好，售价可达3角钱。三级品碗价格低廉，售价只有几分。为了保证产品尽可能达到一级品的质量标准，合作社统一了制作方法，并推动一系列重要改进：成型陶瓷的内底部都被旋刀旋得平整、光洁；本土釉药被定为软、硬两种，匠人精选鬼门关黄土作为硬质黑釉料，以沙坡长沟黄土作为软质黑釉料；从一次碱层施敷增加为两次，使白色瓷器获得白中透青的光泽；引进"安阳药"，让粗瓷的釉面玻璃质结晶增加。此外瓷器仍沿用叠烧方法，但做到了刮去内底部的釉层后还能不显露胎色。匠人在烧制时更摸索出不同火位的差异，使产品成功率更高。

经销方式得到统一，从1953年下半年起，检验合格的产品经过捆扎后，由设立于此的陕西省合作总社陈炉供销站和铜川生产资料公司统一包售至各地。

---

① 采访人：笔者，采访对象：匿名受访者，采访时间：2017年4月8日下午，采访地点：受访者家卧室。

合作化运动是将各自为政的陶瓷工纳入国家计划经济体系内的初次尝试，取得了产量与质量双提高的明显效果。然而合作社存在的时间过短，加之紧随而来的政治运动，使得遗留了一些"后遗症"，挫伤了陶工们的积极性。其中影响深远、严重的是入社时的本息支付问题，处理时间竟长达半个多世纪。政府在查田定产、建立合作社时，各家各户的资产均被折算为本金与利息。原计划每年付利息5%，20年还清利息后再付本钱。可惜当时合作社并没有足够的现金支付，拖延几年后遇到政局反复动荡，陶工们就无法得到利息。改革开放以后，陆续有陶工向陶瓷厂索要利息与本金无果。于是越来越多的陶工串联起来，争取属于自己的利益。直至2010年以来，陶瓷厂才逐渐支付利息以及本钱。

## （二）陶瓷厂初创时期

1957年，为了适应新形势，铜川市的一些乡镇尝试打破社界、乡界，一乡或数乡联合修建大型工程。铜川县准备在交通便利的黄堡镇择地，先试点组建一个陶瓷厂。于是陕西省轻工业局亲自主持，欲从陈炉调走60名熟练工参与组建。虽然调动工作最后不了了之，但是上级部门了解到陶瓷业的整体发展状况，认为在陈炉建陶瓷厂也具备一定可行性。1958年，政府委派段清润组织谋划，在七个瓷业合作社的基础上筹建归属公社领导的大集体所有制企业——"铜川市城关公社陈炉耐火材料厂"。建厂之初，段清润任首任厂长，张进福任党委书记，原红土乡副乡长袁福田任生产股股长，梁恒子任办公室成员。作为销售渠道配套，孟守宏以陶瓷行户与其他行业商号为基础组建了陈炉供销社，并亲任供销社主任。该领导班子与产销格局稳定维持了近二十年。

新厂的选址必须有便利的交通、优质的水源，以及较为成熟的基础设施。经过勘察，水泉头与咀子第二瓷业合作社及周边地区被认为是最适宜的地区。在搬迁行政命令下，原住民被分散至其他社居住：

"（陶瓷厂）把村民搬迁到各村的作坊。二组的这些作坊以前是窑洞，先把你家腾出来，再拆了重建。过去一声令下都乖乖迁走，这块地就腾出来盖大的生产设施成工厂了。陶瓷厂建立时湾里一社是第一产区和第二产区。建厂后大家都来这上班，下班后工人住宿在自己的地方，回家吃饭，回家睡觉。"①

耐火材料厂即是陈炉陶瓷厂的前身。初建时政府将各社的生产资料集中，生产工具为原有的自制工具。同时统计纳入骡、马、牛等牲口近500头。耐火材料厂减少了日用瓷的生产，大力生产耐火砖、化工用瓷以及电用瓷头、电瓷夹线板等工业用瓷，并由政府建立的销售系统包销。这一转型使得工厂获得了

---

① 采访人：笔者，采访对象：宋振杰，采访时间：2017年4月3日下午，采访地点：宋振杰家。

可观利润,快速掘到了发展的第一桶金。关于生产,有个小插曲广为人知:

建厂之初,厂子收到一笔来自西安的订单。当时某工厂建厂部楼需要耐火砖。待订货的主家交了全款、产品烧制足量后,结果却出乎意料:陈炉因没通公路而无法运输出去!时逢"大炼钢铁"运动结束,这批耐火砖就被陶瓷厂自用,建了现在的办公楼。

1959年9月,耐火材料厂正式改制为拥有两个产区的"铜川市陈炉陶瓷合作工厂"。第一产区为水泉头和上街的一部分,第二产区为湾里及周边地区。据档案资料显示:建厂时入股手工业业主230户,手工作坊413处,窑炉49座;土地5000亩,牛76头,骡马225头,业主财产折价29.7万元。业主最大资产者为孟守宏,计5300元,最小资产者为二社张治平的8.20元。全厂共有职工1174名。下设行政股、财会股、供销股、生产股及5个小生产区(按原小社区域划)。工厂接受铜川市手工业管理局的领导,1964年后改由铜川市工交局主管。

"合作工厂"成立后又被整合出一车间、二车间与三车间,分类生产各种日用瓷器。一车间专制碗,以"兰花花瓷"系列为主;二车间专制缸、盆等大、中型产品;而三车间为原料加工车间,负责制备原料、饲养牲口以及陶瓷运输等。很快以三个车间为基础,又改制为三个分厂。同年工厂自力更生,建成首个煤矿"鸭鸡沟煤矿",解决了燃料的获取问题。

1960年之后,工厂逐渐步入正轨,一项项生产、生活措施得到充分实施。同年率先成立了以医务所为核心的职工后勤保障系统,实现了从自费缴纳医疗费,到职工全公费医疗的覆盖。同时积极委派陶工赴外地参观考察,认真学习优秀技术,开辟出细白瓷与釉上彩瓷两种新瓷种。

这一时期的基础设施建设工作如火如荼地开展起来。1961年,合作工厂接通了6.6千伏高压输电线路,结束了窑场无电的历史,这为日后的机械化生产提供了动力。紧接着,工厂实施了大规模的拆迁扩建。办公区被设在咀子,而生产区设在水泉头,另兴建了六面窑、十面窑、十二面窑、十五面窑厂等生产基地。推广使用半机械化设备,配置球磨机房、机修车间、变电站等设施,实现了耙泥、成型、刮坯等工序的电动化与机械化。工厂还修建大型马蹄窑三十余座、电动耙池十余处,使沙梁成为原料加工集中地。每逢阳光普照,耙池金光闪闪,煞是好看,因此成就了"泥池水镜陶容生"的美名。穆家嘴试制组则整体迁往六面窑,扩充为细瓷研制组。工匠们主攻生产工艺的改进,以石英、长石以及高岭土等原料试研制各种细瓷产品。

1964年,为烧制陶管,合作工厂在沙坡建立陶管生产车间。令众人惋惜的是,陶管质量未达标,销售不对路,最终车间被迫改为缸厂。正品缸由铜川市供销社负责销售,次品则归工厂就地低价销售。由于交通状况的改善,同年工厂购置了首辆解放牌汽车,很快建起一支大型运输车队。在此之前,陶瓷运输还主要靠职工推着小轮架子车运送至供销社收购站,再通过站上汽车运出陈炉。合作工厂甚至主导起草了编号为QB11564的"陕西省日用粗瓷标准",成为陕西省陶瓷行业必须遵守的标准。1965年,那坡村旁的沙坡修建了车间,生产大缸、大盆等大件瓷器。至此长达六年的大建设运动告一段落,基本完成了工厂主体建设。

"文化大革命"开始后,陶瓷厂更名为"铜川市东方红陶瓷厂"。

1972年,"铜川市东方红陶瓷厂"又改为"铜川市陈炉陶瓷厂"。此时陶瓷厂的生产架构已经定型:一分厂制作各类碗、碟小型瓷器;二分厂制作盆、罐等中型瓷器;"八面窑"三分厂制作茶壶、茶碗等工艺瓷;位于那坡地区的沙坡四分厂制作大缸、大瓮、花坛等大型瓷器。至于现在陶瓷厂厂部所在的生产车间,在当时是工人们的娱乐场所。每逢文艺晚会、电影放映等活动,人们从家里搬来小凳子小椅子,早早地占好了位置。这一天也成了山里最热闹的日子。

20世纪70年代是陈炉陶瓷厂大繁荣、大发展的黄金时代。得益于充足稳定的电力供应以及源源不断流入的机械加工人才,工厂首先建立了机械加工车间(机修车间)。工人自行加工制作所需的机械,以此实现半机械化生产,生产改进的成果显著。譬如摸索出的石膏质碗模,配以单刀机轮成型法,被广泛使用;自制球磨机替代原始工具,能够制备更为精细的釉药。为了提高产量,陶瓷厂还努力寻求更多的原料、扩建更多的生产基地。1970年山崖煤矿修复投产,随后一年内陶瓷价格上涨15%~20%,增收20万元以上。工人们的努力获得了丰厚回报,70年代中期,仅粗瓷的最高年产量就达到1500万件,比60年代产量提高了近一倍。陶瓷厂趁热打铁,继续筹措资金300余万元,在双碑原征地82亩。在这里,细瓷车间被建立起来。配套搭建了隧道窑,购置球磨机、轧泥机、滚压成型机以及链式烘干机等先进设备,可谓一应俱全。车间三年后投入生产,茶具、酒具与普瓷三大碗等细瓷器广受消费者好评。

合作社建立后,当地实行供给制,以工分换取生活资料。待"文革"中后期局势稍微稳定、陶瓷产量有所增加后,压制已久的地下陶瓷贸易活跃起来。事实上,陈炉人私下交易陶瓷纯属被逼无奈。"文革"时期,一个工人每月仅供应13.5千克面粉与0.2千克食用油,家属约为13.5千克面粉与0.075千克食用油,初生的婴孩为3.75千克面粉。油、盐、糖、布料等一切生活必需品均由公社提供,定额定量,难以满足家庭生活的需要。紧缺的物资供应使人们只能够勉强糊口,而劳动量大的工人饿肚子是常有的事。如果家有小孩,那就雪上加霜了。家长们要将自己的口粮匀出一部分给孩子,这又加剧了饥馑的严重程度。

常年的高强度劳动与数量有限的食物,迫使陈炉人想尽了各种办法去养家糊口,其中以陶瓷黑市贸易最为广泛。所谓黑市是指:"未经政府批准而非法形成的,以交易不许上市的商品或以高于公开市场价格的价格,秘密进行买卖为其特征的市场。"①隐蔽性是其根本特征。精明的陈炉人发现:虽然政府不允许任何市场经济活动且掌握了陶瓷供销系统,但是质量稍次的产品可由工厂自行处理。因此一些人就会通过厂里的熟人(有些人本身就是职工)购买次级瓷器,悄悄运至产粮区去换取粮食。随着参与转卖的人越来越多,这一活动逐渐成为半公开的事实,以致引起了政府的注意。为了制止黑市交易,政府和陶瓷厂联合出台政策禁止职工参与倒卖。同时不定期派员去厂内清查、摸底,对违反规定者处以罚款与思想教育。尽管如此,饥饿驱使下的地下交易人越来越多,风气愈演愈烈,最终反而发展成定期黑市。

  为了更直观地展示当时陈炉人的贸易活动,在此以某位受访者的亲身经历做更真实的阐述。20世纪70年代,该受访者家共有九口人。上有年老体弱的父母,下有嗷嗷待哺的幼儿。黑市兴起后,他与兄弟每个周末都会购买陶瓷,贩往位于山下平原的富平县。陈炉本是陶瓷生产区,地少田贫,并不能够出产足够数量的粮食。富平县则相反,是主要的粮食产地。由于计划经济时代的生产、生活资料并不是由市场调节,未能实现有效流通,这就为私下交易提供了可能。

  为了遏制交易,干部们每个周末会在上店、立地坡等地的交通要道设卡,截留劝阻欲贩卖瓷器的党员及家属。尽管群众身份能够免于遣返,但人们仍然尽可能地躲避拦截的干部们。于是兄弟三人在天还未亮之时就得将陶瓷器打包,装上独轮车尽快运往富平。经过三个多小时的运输,兄弟们抵达了人口稠密的富平。销售时他们也不敢大声吆喝,只能一家家地敲门,悄悄询问是否需要陶瓷。据该受访者回忆:那时他家的独轮木板车一次可拉10个等型号缸,一个缸至少可换5斤马铃薯或1~3斤红薯。这样一来,一车缸至少能换回50斤马铃薯。这个数量较为可观,能满足一家九口至少一个星期的伙食。除缸以外,陈炉人还会贩卖燃煤与其他类型的瓷器。只要是陶瓷厂剩下来的产品,都可去富平置换。例如陈炉人以100斤8角钱的收购价购买燃煤,一车500斤煤可以换50斤麦子。

  靠着被禁止的黑市交易,该受访者养活了一家九口,渡过了特殊时期。但是多数的家庭因未能参与贸易,只能以供给品生活。回忆起这段经历,该受访者五味杂陈。他既为自己的勤奋而感到高兴,也为大家所遭受的饥馑感到惋惜。

  虽然历次政治运动较大地冲击了工厂生产秩序,但是干群同心协力,仍使厂子保持着快速发展。这一时段最让陈炉人骄傲的当属"耀州青瓷试制恢复工作"。为了对宋代耀州青瓷技艺进行恢复,铜川市集中了当时国内最有学问的陶瓷业专家、本地经验丰富以及年富力强的陶工,经过数年的苦心孤诣,让消失已久的耀州青瓷烧制技艺完整地呈现于世人面前。

---

① 陈玉洁:《投资、金融、经济热门术语手册》,企业管理出版社,2008,第176页。

## (三) 耀州青瓷的复兴

宋代耀州青瓷曾是耀州瓷的代表性瓷种，后以香黄釉、姜黄釉瓷等形式在陈炉窑场延续下来。数百年间，除了少数人因收藏需求而有所接触外，它已湮灭于历史长河之中。直至20世纪30年代，机缘巧合之下才重回大众的视野。

"九一八事变"爆发之后，国民政府为巩固战略纵深，在内地进行大规模交通建设。民国二十一年（1932年）秋，陕西省建设厅征调民工修建咸榆公路。修至黄堡"古十里窑场"时，施工方发掘出大量的耀州青瓷片与器物。消息一出，收藏者纷至沓来，耀州青瓷才为世人重新关注。

这次"无心插柳"之举，使沉寂已久的黄堡窑场重见天日。民国时的《同官县志·工商志》在一定的考据基础上，将其做了记录：

"同官黄堡镇瓷器，宋代早已驰名，即现代鉴古家所谓之宋器，精巧绝伦……地方故老相传：南北沿河十里，皆其陶冶之地，所谓十里窑场是也。所制之瓷，经鉴定为宋器，式样雅朴，刻画工艺，釉色精美，上裂冰纹，虽欧瓷之艳丽，景瓷之细致，亦弗能相匹。近年颇为中外人士所珍视，竟有囊巨资来斯地以重值觅购者。但因年久，地形变迁，掩埋地下，挖掘未悉其处，得之匪易，间或得之，完者甚少，类多破损，购者竟持破瓷片以去。或误购陈炉瓷之仿佛宋器者。"

民国二十四年（1935年），国民党元老张继、陕西省主席邵力子在拜谒黄帝陵的途中路过黄堡，还特意考察发掘现场并捐资仿制[①]。然而就在国民政府探寻青瓷恢复之法之时，抗战的爆发野蛮地打断了这一进程。

新中国成立后，在人民政府的支持下，耀州青瓷的研究由学界接棒。1958年以降，陕西省考古所多次在黄堡、陈炉、上店等地进行考古发掘，成果颇丰。1973年，铜川市灯泡厂在建设过程中又挖掘出大量的青瓷片。铜川市文化馆的文物专干卢建国搜集整理了两袋瓷片标本后，送至陕西省考古所，请示省上进行发掘。于是考古所领导特批禚振西带队，对黄堡古窑场进行了系统、科学的田野考古。此次发掘的成果颇丰，找到了并排的三座宋代窑炉，清理出中间的一座，发掘出2万多件（片）精美的瓷器标本，以宋代耀州青瓷数量最多，也最精彩。

事后，考古队在铜川市文化馆布置了耀瓷汇报展，邀请党政领导们前来观赏。时任市委书记的张铁民惊叹于耀州瓷的华美，遂指示一定要复仿耀州青瓷。时隔多年，禚振西怀着满腔的热情，撰文回忆了人们在张书记的指示下复烧耀州青瓷的来龙去脉。其中有段文字原原本本地记录了他在观展时的发言，

---

[①] "惜其久废，檄县试验恢复，付资本六千元，聘工仿制，颇有成效。"南京博物院编：《宋伯胤文集·陶瓷卷》，文物出版社，2009，第90页。

那掷地有声的话语言犹在耳:

"我们铜川的祖先真了不起,竟然能在一千年前制作出如此精美的瓷器来!我们现在为什么就烧不出来?今天的铜川人,不能给祖先丢脸,就算超不过宋代的水平,也一定要想方设法烧造出同样水平的东西来。我看可先把自己的力量组织起来,边进行试验,边请省上科技部门帮助。"[1]

由于"铁书记"的重视,耀州青瓷复仿工作得到迅速启动。1973年,陈炉陶瓷厂接到复仿任务后,由陶瓷厂、陕西省轻工研究所分别担任负责单位与参加单位,联合成立了耀州青瓷釉试制组(图2-19至图2-22)。试制组初组建时,技术人员除了手中的青瓷实物外,对原料来源、烧制技术、制作工艺等一无所知。

因为不知从何处开始,陶工们只能凭自己的经验摸索,先从掌握还原焰起步。一些匠人还在各大窑场附近勘察,试图找到理想中的原料。譬如陈炉厂试验组的郭述勤老师傅曾找到禚振西,希望原汁原味地仿建一个窑炉。同时他冒着严寒酷暑,四处寻找青瓷釉药,送至陈炉实验。其中之辛苦,难以言尽。

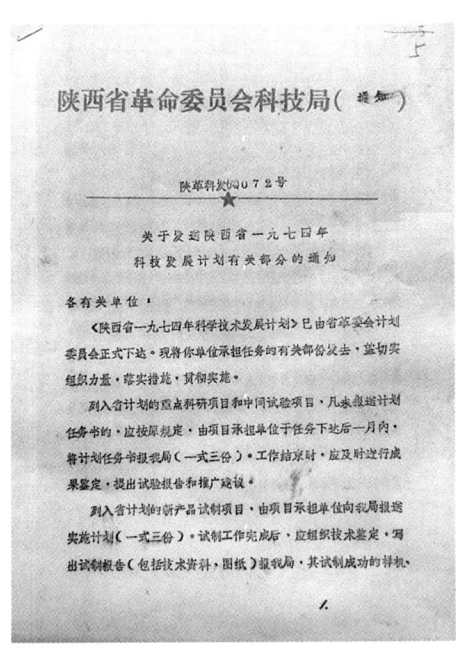 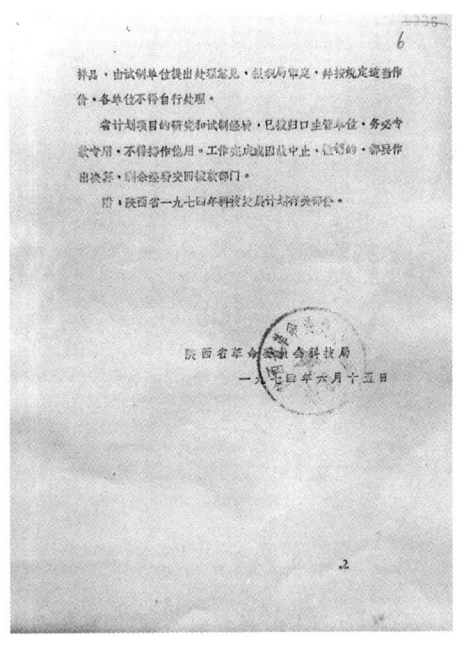

图2-19 关于"耀州青瓷釉的试验研究"的通知(第一页)(来源:孟树锋)　　图2-20 关于"耀州青瓷釉的试验研究"的通知(第二页)(来源:孟树锋)

---

[1] 禚振西:《耀州青瓷复仿制的起因、发展与鉴定》,《收藏界》2008年第10期。

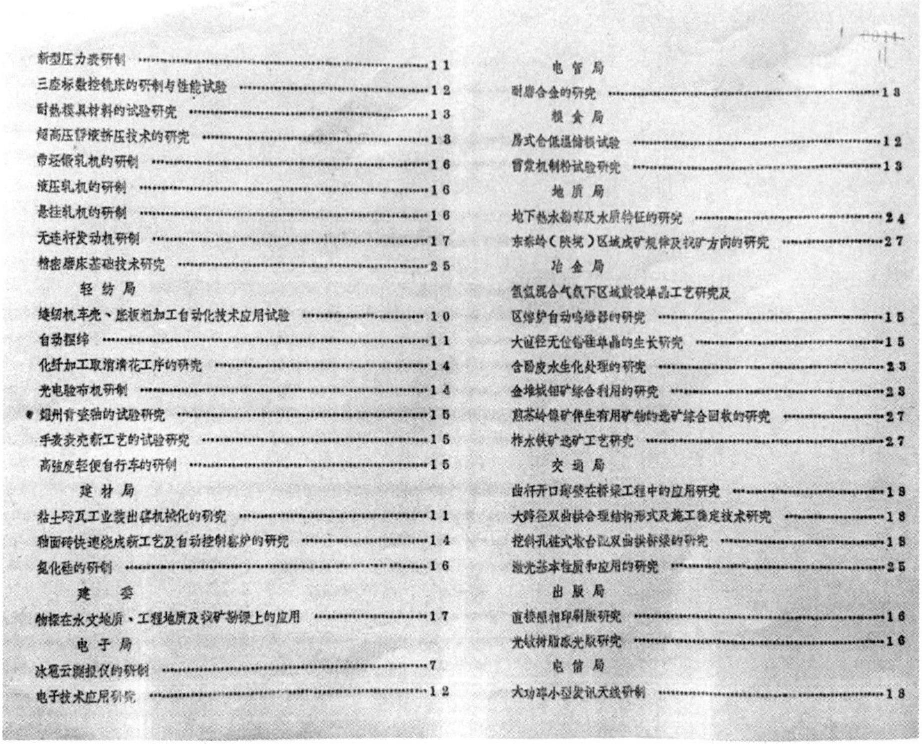

| 新型压力表研制 | 11 | 电管局 | |
| --- | --- | --- | --- |
| 三座标数控铣床的研制与性能试验 | 12 | 耐磨合金的研究 | 13 |
| 耐热模具材料的试验研究 | 13 | 粮食局 | |
| 超高压脉冲液压技术的研究 | 13 | 卧式低温储粮试验 | 12 |
| 奇远辗轧机的研制 | 16 | 冒发机制粉试验研究 | 13 |
| 液压轧机的研制 | 16 | 地质局 | |
| 悬挂轧机的研制 | 16 | 地下热水勘察及水质特征的研究 | 24 |
| 无连杆发动机研制 | 17 | 东桐峪（陕坑）区域成矿规律及找矿方向的研究 | 27 |
| 精密磨床基础技术研究 | 25 | 冶金局 | |
| 轻纺 | | 氢氩混合气氛下区域熔炼单晶工艺研究及 | |
| 缝纫机车壳、底板粗加工自动化技术应用试验 | 10 | 区熔炉自动鸣啸器的研究 | 15 |
| 自动络纱 | 11 | 大直径无位错硅单晶的生长研究 | 15 |
| 化纤加工取消清花工序的研究 | 14 | 含硼废水生化处理的研究 | 23 |
| 光电验布机研制 | 14 | 金堆城钼矿综合利用的研究 | 23 |
| 耀州青瓷釉的试验研究 | 15 | 葫芦峪铅矿伴生有用矿物的选矿综合回收的研究 | 27 |
| 手表卖壳新工艺的试验研究 | 15 | 柞水铁矿选矿工艺研究 | 27 |
| 高强度轻便自行车的研制 | 15 | 交通局 | |
| 建材局 | | 曲杆开口薄壳在桥梁工程中的应用研究 | 18 |
| 粘土砖瓦工业挤出机械化的研究 | 11 | 大跨径及曲线桥合理结构形式及施工稳定技术研究 | 18 |
| 釉面砖快速烧成新工艺及自动控制窑炉的研究 | 14 | 挖斜孔桩式咬合及曲体桥的研究 | 18 |
| 氮化硅的研制 | 16 | 激光基本性质和应用的研究 | 25 |
| 建委 | | 出版局 | |
| 物探在水文地质、工程地质及找矿勘探上的应用 | 17 | 直接感相印刷版研究 | 16 |
| 电子局 | | 光敏树脂感光版研究 | 16 |
| 冰晶云辐扰仪的研制 | 7 | 电信局 | |
| 电子技术应用研究 | 12 | 大功率小型发讯天线研制 | 18 |

图2-21 《通知》目录页（来源：孟树锋）

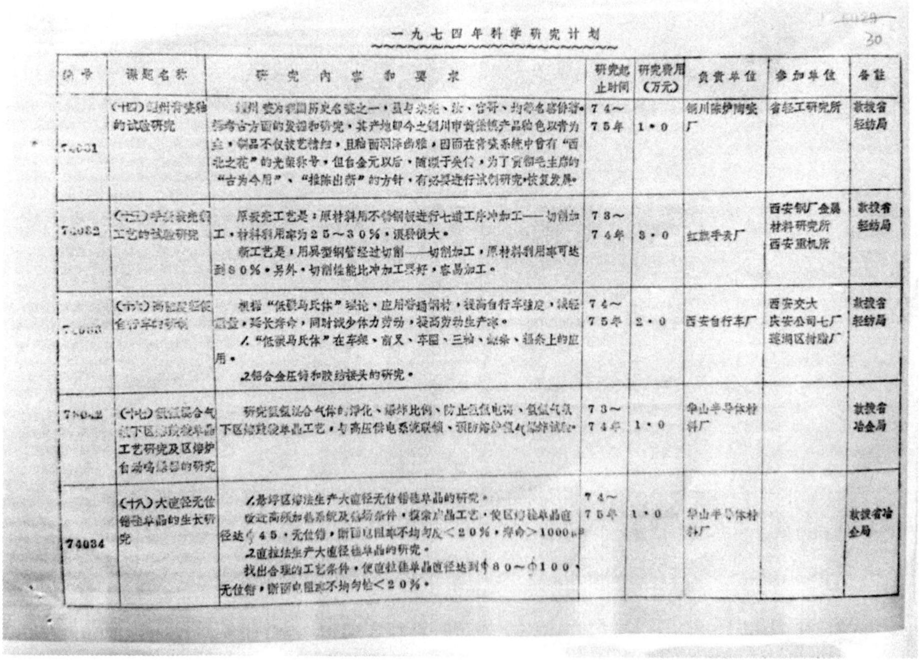

图2-22 "耀州青瓷釉的试验研究"课题相关内容（来源：孟树锋）

陈炉陶瓷厂的试制组位于现今厂部右下方的窑洞中，当时只有简单的拉坯工具与少量的试验原料。郭述勤小组将辛苦收集来的原料用擂钵磨碎后，先用手蘸一点放在舌头上尝其味，接着将其装入瓶中加水做成原料浆液。他们在简陋原始的条件下仅凭一腔热血，不分白天黑夜地进行试验。然而始终不得其法。他们甚至尝试将铜、铁、钴等金属与瓷土混合调配，以致烧出来的样片，色调或绿，或中蓝，或灰黄，与宋代耀州青瓷相差很大①。

反观山下庄里陶瓷厂的试制组，装备齐全，各种原料齐备。却同样因技术积累不足使得成品色调不协调，与耀州青瓷的性状相去甚远。

由于耗时耗力却徒劳无功，工人们日益消沉。于是在铜川市有关部门的争取下，省科技局、省轻纺局于1974年将青瓷复仿正式列入科研项目，并抽调陕西省轻工研究所总工程师李国桢来厂技术指导。李国桢是陶瓷研究的巨擘，曾在恢复景德镇名贵瓷种、试制衰败300余年的龙泉青瓷等工作中做出巨大贡献。"文革"爆发后，李国桢先生受到不公正的对待。于是轻工部以"去革命老区接受教育"的名义将其调至陕西省轻工研究所，以保护他躲避迫害。李老接到任务后，迅速带着冯祖娣、何新民、魏青梅②三位工程师来到陈炉，并且组建了新的试制组。同时组织安排了厂里的通讯员孟树锋负责李老的饮食起居，并担任重要的学术助手。这一段经历既培养了两人情深义重的师徒关系，也为孟树锋奠定了坚实的理论与实践基础。在李国桢的带领下，试制组立足釉料、胎料两方面，对显微结构、烧成温度、釉料的加热，以及瓷胎的熔融状态、釉的分子光射率等要素做了系统和科学的研究。根据试验数据，组员们拟定了多套试制方案。与此同时，禚振西在转调至蒲城发掘唐墓前，将全部耀瓷实物与资料通过卢建国转交于陈炉耀瓷试制组。她的无私奉献，为试制组提供了青瓷器型、纹样、釉色、装饰与材料方面的宝贵资料。

通过初次试验摸底，并结合自己在龙泉青瓷恢复方面的经验，李国桢当即指出宋代耀州青瓷的原料必定来自铜川本地，应以铁做着色剂，采用还原焰烧成，不可再配其他金属化合物。他的建议终于为复仿成功指明了正确的方向。试制组重振精神，四处勘探原料，并尝试调控炉内温度，营造供氧不足的还原气氛。此后耀州青瓷试制步入正轨，产品质量逐渐提升，越来越接近于宋瓷的成色。为了尽快掌握耀州青瓷的烧造技术，试制组发扬"一不怕苦、二不怕难"的精神，努力冲破"文革"混乱时局的重重阻力。他们既在铜川摸索实践，又积极向外地窑场取经。试制组精干人员多次赴河南临汝、江苏宜兴等地学习青瓷烧成技术，对每一个细节都做了细致的笔记。而留守的乔留邦与郭述勤等成员最终发现了最合适的也是后来必用的东山坩土、塔尔山釉石与庙沟釉

---

① 禚振西：《耀州青瓷复仿制的起因、发展与鉴定》，《收藏界》2008年第10期。
② 2022年6月，魏青梅在孟树锋等人的陪同下故地重游，受到了陈炉人的热烈欢迎。

石。采集来的样本交由张玉娥化验、李和平与王生勤试配釉料。

外地艺人也起到了非同寻常的推动作用。下放至陈炉的"长安画派"代表性人物陈筱咏就是其中的重要人物。他结合现存青瓷资料，先设计出一些新的器型，然后由侯天福做成石膏模型。陈筱咏还根据宋瓷标本设计出"拐角刀"，使流行的"双刀刻法"简化为"单刀刻"。通过亲手刻坯，他逐渐积累了丰富的刻花经验，从而培养出陈炉第一批也是最早的刻花匠人陈湘与张夏珍。西北轻工业学院陶瓷专业的学生于1975年多次来到陈炉，实习期间对细瓷、色釉瓷等瓷器做创新性试制。

经过长达三年、一百余次的试烧，耀州青瓷终于在陈炉陶瓷厂烧制成功。1977年，铜川市政府在铜川矿务局招待所隆重召开"耀州青瓷鉴定会"。与会专家均认为试制品基本达到了宋代耀州青瓷的效果，宣布失传达数百年的耀州青瓷烧制技艺重获新生。通过复仿工作的开展，陈炉陶瓷厂从此掌握了全部类别的耀州瓷烧制技艺，成为名副其实的耀州窑中心窑场。这一巨大的成功，为陈炉陶瓷业的发展开辟了新天地，也极大地提高了耀州瓷的知名度。

反观庄里陶瓷厂，试制组因釉色问题一直停滞不前。至于造型、装饰等内容，就更无从谈起。令人惋惜的是青瓷试制成功后，还在起步阶段的庄里试制组就地解散，他们的努力也就湮灭于历史长河之中。直至2008年，禚振西重提此事，庄里陶瓷厂试制组才重新被人所知。

得益于耀州青瓷的恢复，此刻陶瓷厂的声望达到了顶峰，各种荣誉接踵而来：1978年轻工部鉴于陈炉陶瓷厂在耀州瓷的研究和开发中所取得的成绩，给厂颁发锦旗，以示奖励。省委、省政府也向陈炉陶瓷厂颁发了锦旗、奖状和纪念册。

是年，陈炉的仿宋青瓷入选全国工艺美术展览，《人民日报》在专题社论中对青瓷大梅瓶作了报导和赞扬。老艺人郭述勤出席了美展，受到中央领导的接见并合影留念。由瓷塑艺人孟建才创作的彩绘瓷狮首次出口美国、墨西哥。

陈炉陶瓷厂与省轻工研究所合作还进行了铁炻器的试制研究。1980年9月通过技术鉴定。试制产品当地原料利用率达80%以上，质量达到炻器标准。该项目荣获铜川市1980年科技成果三等奖。同年6月，厂党委书记刘敬民代表陈炉陶瓷厂出席全国"工业学大庆"会议[①]。

综观改革开放前陈炉陶瓷厂的发展历程，毫无疑问是辉煌的。工厂从"一穷二白"起步，同心协力将分散的"三行""四户"集中为合作社与陶瓷厂。之后凭着一腔热血顶住压力，顺利过渡为西北最大的公有制陶瓷基地、"渭北瓷都"。经过20年的建设，已发展成生产工艺先进、产品种类齐全的大型陶瓷厂。而失传已久的耀州青瓷烧制技艺的恢复，可以称得上是20年实力发展

---

① 袁西成：《陈炉窑》，中国画报出版社，2006，第112-113页。

的完美体现,深刻体现了陈炉人与专家们不畏艰难、团结一致谋发展的合作精神。

## 二、改革开放前陈炉窑的产品特征

改革开放前的陈炉陶瓷器仍以瓷为主,陶器为辅。主要包括:民间工艺瓷、缸、盆、碗、罐、酒具、茶具、餐具等日用型瓷器(图2-23、图2-24)。其中黑釉剔花梅瓶、青瓷倒流壶、玉壶春获过陕西省的相关奖项。20世纪50年代陈炉陶瓷厂初建,生产圆碗、夫子碗、花炉碗、高把碗、线缸、全套黑条缸等陈炉特色的细类产品。70年代恢复耀州青瓷之前,则以各型号元壶、花碗、桶杯、酒杯、衣钩为主要产品,同时兼烧具有时代特色的工农碗。

图2-23 陈炉民间酱釉瓷和"兰花花瓷"

图2-24 当地人家中所用合作社成立前烧制的"兰花花瓷"

虽然这一时段的产品五花八门，但还是能够发现造型方面的整体变化。以合作工厂的成立和石膏模具的使用为分界线，出现了截然不同的发展趋势。合作社时期，陈炉陶瓷的造型与晚清、民国一致，以实用、美观、便携为追求目标。各社继续遵循"三行不乱"与"四户分立"的生产规则，不逾对方的制作领域。即使有些瓷器的种类一致，由于手工差异性而在造型上有细微不同。陶瓷合作厂成立后，"行"与"户"的藩篱不复存在。计划经济的调控使得大件瓷器逐渐被生活用瓷代替，碗、碟、罐、缸等成为主流。所有产品都是根据采购方的需求而定制，制作前均拟定了生产方案。因此产品造型千篇一律，特色较为匮乏。尤其是20世纪70年代石膏模具注浆技术与滚压成型的引进，更是抹杀了陈炉耀州瓷数百年来积淀的民俗化、生活化特征，产品造型最终趋向同一性。

新中国成立后陈炉瓷的釉色变化较为明显，每个年代的产品釉色均有不同。笔者对厂部内的藏品进行了分析，试图梳理出这个特殊时代的产品釉色变化。合作社至建厂初期，陶瓷产品以白釉青花类瓷占据绝对数量，产品可分白釉青花瓷器、香黄釉青花瓷器与白釉红绿兰花瓷器三类，代表产品为白釉青花盘、香黄釉青花盖罐、白釉红绿兰花塔式盒等产品。此外还有素面瓷器，代表产品为素面黄粱美梦枕。进入20世纪60年代，纯白釉瓷器与青花瓷的产品数量各占一半。前者代表产品为白釉细瓷彩肥皂盒与白釉细瓷烤花茶罐（图2-25）。得益于细瓷材料的使用，白釉瓷器的釉色十分光亮、滑润，使见者顿生讨喜之感。后者的釉色与以往产品的特征差别较小，基本以白釉为底，青花绘制。青色与白色交相辉映，纹样精细讲究，一定程度上弥补了釉色单调的弊病。"文化大革命"后期生产恢复的稳定期，釉色上呈现出"百花齐放"的局面。白釉、青花、绿釉、三彩、蓝釉、黑釉、红釉、孔雀蓝以及鸡红釉等诸色种均有生产。代表性产品有艺术瓷、红釉牛、三彩鸡、蓝釉碗、黑窝子

图2-25　白釉细瓷烤花茶罐

碗、绿釉贴花罐、孔雀蓝盖杯、黑釉叶纹罇、红釉虎头耳圆座瓶等。这个时期的原料精细、上釉与烧制技术到位,多数产品的釉色分明,釉料玻璃化程度较高。

由于集体经济的延续性,改革开放初期当地最终确立形成了黑釉剔花、白釉剔花、铁锈花、青花及黑釉、颜色釉六大釉色系列、多品种的民间陶瓷艺术体系。值得一提的是颜色釉瓷。它是一种因釉料中加入不同的金属氧化物为着色剂,在一定温度与气温中烧成,会呈现不同釉色的瓷种。它由青釉、天蓝釉、黄梨釉、孔雀蓝、鸡红釉等釉色组成。在古代落后的生产条件下,人们很难随心所欲地掌握颜色釉的烧成方法。特殊如钧瓷,它的成功堪称"纯属天命",有"进窑一色,出窑万彩"的说法。陈炉历史上极少有颜色釉,直到新中国成立后研制出了科学有效的烧制技艺,才能够较大规模烧制。产品一经推出,就获得了广泛好评。许多家庭纷纷购买颜色釉瓷茶具、餐具,既做生活用具,也是装饰物件。

陈炉瓷绘制风格因受国家政策的影响而不断变化,还充分体现出十分鲜明的时代性特征。至建厂初期,陈炉人仍喜欢在瓷器上绘制图案与文字。主要素材取自带有吉祥寓意的动物、植物、山水等传统内容,但是身着便服、发型简练的时代女性、身骑骏马奔前方的时代青年等人物形象独具一格,紧跟时代风气。文字内容颇多标语、口号,带有强烈的政治意味。以1955年出产的"白釉青花牧牛瓶"为例,其背面就写有"人人若不卖余粮,国家哪有粮食救灾荒,社会主义总路线"的文字。"抗美援朝"(图2-26)"婚姻自由"、毛泽东诗词等内容的陶瓷均属此类。当时的瓷器(图2-27、图2-28、彩插2-8)存世数量颇多,陶瓷厂与当地人家中均可发现。进入20世纪70年代,陶瓷产品的装饰绘

图2-26 "抗美援朝"坛

图2-27 郭孝明老人家藏青花瓷器

图2-28 1965年生产的白釉细瓷彩肥皂盒

制风格从彩绘逐渐转向雕刻花。耀州青瓷复仿成功后更是推波助澜。动、植物纹样成为装饰主流,人物、文字、山水题材反而退居次要地位,这一装饰风格的影响延续至今。

陈炉坩土以粗料居多、色泽偏暗,因此必须施敷化妆土以掩盖瑕疵。"文革"之前,当地陶瓷胎质仍以粗胎为主。随着细瓷原料增多以及细瓷车间建立,细瓷产品产量上升速度较快。所制产品胎质细腻、颗粒状物稀少、吸水率小,为改革开放后精细工艺瓷与仿古瓷的发展奠定了良好的基础。

## 小结

综观陈炉窑数百年的发展,我们可以看到其曲折的艺术之路。概而言之,有以下四点。

其一,陈炉瓷保存了耀州瓷的文化基因。陈炉窑能够成为耀州窑后期中心窑场,毫无疑问承袭了之前窑场的优秀特征。首先,在传承人方面,它吸收了一批来自黄堡、上店、立地坡等地的优秀匠人,保证了传承"血脉"的延续性。其次,在技艺方面,从原料采集,到备料拉坯,再到入窑烧制,与黄堡窑场基本一致。再次,在设施方面,无论是转轮、M漏斗形匣钵等生产器具,还是马蹄窑的前身馒头窑,诸多要素均源于黄堡窑场。最后,在艺术特征方面,早期陈炉窑的造型、釉色、装饰等与其他耀州窑场异曲同工,相似度较高。

其二,材良质美是陈炉耀州瓷文化特质的基础之一。虽然陈炉窑与耀州瓷其他窑场一脉相承,但并不墨守成规,走出了属于自己的艺术道路。由于偏重民众需求,陈炉窑不以写实的刀工取胜,而渐趋写意的笔墨。即使存在涩圈这样影响品质的设置,仍难掩当地产品在材料与质量上的独到之处。匠人积极探索原材料奥秘，同时善于吸收其他地域技艺，奠定黑釉剔花、白釉剔花、铁锈花、青花及黑釉、颜色釉等六大特色品种。尤其是"兰花花瓷"，配以源自黄堡的香黄釉工艺，艺术造诣不输景德镇青花瓷。可以说，若不是匠人在数百年来对材料的孜孜探索，陈炉窑绝不可能在明代大部分时间内拥有"准官窑"的地位，更不可能恢复失传的耀州青瓷。

其三，技艺精湛是陈炉耀州瓷文化特质的另一个基础。工业革命之前，世界范围内的生活器物和艺术品，大多需要由手工来提供，所以传统手工技艺在物质生产和精神生产中都占有重要的地位。古代中国的手工行业世界闻名，而陶瓷本身就有炫耀技艺与展示富强之意。它不仅被作为国家文明程度和技艺水平的展示，甚至被作为标榜身份与地位的象征物。陈炉人同样高度重视技艺的精进。元代简笔刻花青瓷的清新明快、淡雅美观，明代白地黑花的犀利洒脱、一气呵成，清代"铁锈花"与"兰花花"瓷图案的写意奔放、纹样多元以及现代青瓷的细腻刀工、夺魂摄魄，均彰显了他们对技艺的重视与追求。尽管不同时代匠人的立足点有所差异，对技艺的自我展示与进取精神却始终不变。

其四，民众性赋予了陈炉耀州瓷强烈的地域精神。元代本土陶瓷业的民众道路愈发清晰，为民造瓷成为宗旨与重要推动力。匠人在陶瓷艺术上具有特殊的天赋，善于将地域文化传统在设计中有效转化与应用。明代以后，陈炉瓷风格日渐粗犷，纹样来自生活场景与大众文化，造型功能亦贴合民众生产生活需要。正是这一特性使陈炉窑获得了强劲而稳定的传承活力，并与民众这一最为深厚的消费群体紧密贴合，推动着技艺的不断更新与完善。因此陶瓷器更多地体现了洒脱、深厚的高原文化与时代变迁中的文化发展，呈现出兼容并包、不拘一格的鲜明特色。

第三章

# 匠心手作：传统陈炉瓷的传承内容

"基因（DNA）"一词来自生物学，是存在于细胞里有自我繁殖能力的遗传单位，具有复制性与突变性特征①。英国著名演化生物学家道金斯将其作为一种隐喻引入文化研究视野，视文化基因为文化的复制单位②。美国医学家拉姆斯登与生物学家威尔逊认为："一个文化基因是一组相对同质性的加工品、行为或心智品。"③柏贵喜进而提出"手工艺文化基因"概念，认为是"特定手工艺风格特点与文化表征形成的关键元素，其相当于人类学文化圈理论中的'文化特质''文化丛'，结构主义理论的文化'普遍结构'等"④。基因是传统工艺最核心的遗传因子，以排列组合方式构成我们所见到的制作技艺与造型样式。传统手工艺基因既可以是材质、工具、方法等表现技术，也可以是纹样、造型等表现形式，还可以是文化内涵与传承方式等表现内容⑤。换言之，传统手工艺文化基因主要包含色彩、纹样、造型、技艺、工具、材料、工制、匠意等内容，它们都是可感知、可观察、可描述的文化基因表型⑥。文化基因与源生地的文化生态相依存，具有自我复制的能力。手工艺文化基因理论对研究传统手工艺具有重大意义，可以厘清技艺的核心元素及其组合规律。由于研究侧重点不同，本书不会涉及文化基因图谱的编制，但是吸收了文化基因理论以指导写作。

常言道："人在艺在，人亡艺绝。"笔者认为：在这些文化基因中，技艺为最核心基因，亦是其他基因的本源。毫无疑问它是绝对的研究重心，是非遗保护工作的保护对象。因为传统的手作方法发生改变，其他文化基因必然相应改变。因此研究和保护遗产时，必须对其进行深入挖掘，尽可能地将技艺文化基因中的文化因子整理出来。同时阐述现代语境之下的传统技艺传承内容的变迁，这也是活态传承研究的重要视角。

技艺基因是生产型地方性知识的核心组成部分，体现了匠人们基于文化生态环境所形成的实践观。与禹州神垕镇、江西景德镇等一些地区的陶瓷制作技艺不同，陈炉耀州瓷烧制技艺并没有所谓的"七十二道工序"之说。笔者曾求教于孟树锋老师，他否认了陈炉窑场有此说法。虽然目前介绍陈炉耀州瓷制作技艺的资料数量颇多，但是综观多数成果未能全面、详尽地对其予以记叙。通过梳理文献，笔者认为迄今为止记述耀瓷制作较为完整者当属《中国传统工艺

---

① 李华金：《生命的延续——生殖与遗传》，中国出版集团现代出版社，2012，第48页。
② 理查德·道金斯：《自私的基因》，卢允中等译，吉林人民出版社，1998，第3页。
③ 查尔斯·J·拉姆斯登、爱德华·O·威尔逊：《基因、心灵与文化：协同进化的过程》，刘利译，上海科技教育出版社，2016，第83页。
④ 柏贵喜、陈文苑：《南方少数民族传统手工艺资源及其基因图谱编制设想》，《中南民族大学学报（人文社会科学版）》2017年第5期。
⑤ 手工艺基因图谱是手工艺基因结构关系的示图表达，一般有二维结构、三维结构、复合结构等多种类型。
⑥ 柏贵喜：《文化基因的类型及其识别原则——基于民族工艺文化的一种构说框架》，《中南民族大学学报（人文社会科学版）》2021年第6期。

全集·陶瓷（续）》。其中"耀州窑制瓷工艺"部分由孟树锋亲自执笔。他以知名度最高的耀州青瓷为例，将最传统的非机械化生产方式全面、生动地展现于世人面前。因此笔者将以《中国传统工艺全集·陶瓷（续）》的内容为基础，结合田野调查资料，阐述陈炉耀州瓷传统制作技艺的传承内容与变迁。不过相比书中的八分法——原料采集与加工、成型、装饰与干燥、素烧、施釉、装窑、烧制与包装销售等八个步骤，笔者简化为制作原料的选择、制作场所与制作工具的选择、制作工艺流程三个组成部分，以便让读者更为简便、直观地了解陈炉地区活态传承的耀州瓷传统制作技艺。尽管如此，我们将视野放置于其上，就会发现它是一个复杂的文化基因。

# 第一节 精挑细选出好料

## 一、泥料的选择

我们常说："好料出好品。"优质的原料同样是制作耀州瓷的基础。孟树锋认为："瓷器就跟人一样，有骨、有肉、有血液，泥胎是它的骨头，釉子是它的肉，色料是它的血液。泥料、釉料、色料这三个东西不能乱。"[1]选择好的泥料与釉药是耀瓷匠人首先要考虑的生产内容。而选料、采掘与运输，是人们口中所说的原料"制备"程序的前半部分。

陈炉窑场区域的煤与泥料相伴生。当地人将制瓷的泥料称为"坩子土"，而土料场称为"坩窝子"。坩土的质地比石头软，但是比泥土硬。传统社会里匠人会选择上店、立地坡、那坡、育寨（育才）、阳坪（杨家坪）、东山以及窑场附近的适宜地段采集坩土。其中上店坩与那坡坩质量最优，储量巨大，采集者众多，采集历史悠久。据测定，上店坩储量为3243.2万吨，其中高铝坩土储量66.7万吨，属大型矿，矿区面积0.812平方千米，矿床埋藏浅，适宜露天开采。立地坡坩储量为196.3万吨，属中型矿，露天开采难度也不大。其他地区的坩土矿同样具有一定优势。位于那坡村的那坡坩储量为40万吨，属小型矿，适合做大型器具。陈炉陶瓷厂的缸厂就曾设立于此。育寨、阳坪、东山与窑场的坩土储藏总量约为1000万吨，连片分布且集中，从古至今都是匠人们的主要开采点（图3-1、彩插3-1）。

陈炉的大多数匠人既是陶瓷师傅，也是善于找矿的矿工。他们会依据料场坩土的储量、深浅与地质结构决定采取何种采掘方式。采掘常用工具包括短把的锤锤镢、装坩的短把锨、挑运的藤条笼与小扁担以及照明用的鸡娃灯。传统的采掘方法有两种：洞采法与露天开采法。洞采时匠人们首先会清理洞口，以

---

[1] 刘莹：《世代陶人——陶瓷大师孟树锋口述史》，中央编译出版社，2010，第73页。

图3-1 陈炉东山坩

利于放置与风化坩土。然后一人往探洞里挖坩土,另一人随其后装担运出。洞穴口一般宽约1米,高约1.5米,工人们屈身方可进入探洞。如果洞穴湿润,泥土松软,他们就会考虑搭建木架以保证安全。不过由于当地坩土资源丰富且埋藏浅,洞采法其实并不常见。人们更多地使用露天开采法:采料工用镐头等工具清理掉土皮后再进行采掘,十分简单省力。

坩土取出后可就近置于料场风化。匠人们并不会担心有被盗的风险,也可以运回陈炉再择地风化。鉴于每年的坩土使用量并不大,故而陈炉人多将其一次性运回。在传统社会里,运输坩土还得依靠骡子,每头每次可驮约200千克坩土。采料工将坩土用铲子铲好后,再倒入骡子身上的木制驮笼运回料场即可。

运回料场的坩土被堆成小山,接受自然风化。通过太阳暴晒、风吹雨淋的自然作用破碎坩土,并释放不稳定物质(如放射性元素),方便以后的运输与耙泥。

陈炉的坩土产量大,却仍有无法克服的缺陷。即所产坩土中粗瓷料占据了较大比例,优质的细瓷原料很少。最理想的细料成分中长石与石英含量较高,烧成后坯体胎色洁白、透明度好。但其仅分布于东山周边,储量很少。故而如需烧制细瓷产品,还得依靠贩户从山西等地贩卖带入。恰恰因为坩土粗料量大,反而促成了陈炉粗日用瓷行业发达的现象。烧制时粗瓷料与细瓷料将按一定比例掺和,前者就起到了类似人体骨骼的作用,支撑起坯体的强度。

## 二、釉料的选择

"陶瓷"一词由"陶"与"瓷"组成。"陶"不一定上釉,而"瓷"必上釉。陈炉人称釉料为"釉药""老药"(图3-2)。陈炉瓷釉料的主要采集点有两处:

一是直线距离陈炉窑场约20千米的富平县塔尔山里，这是陈炉陶瓷釉料供应的主产地（图3-3）；二是在距离陈炉窑场10千米的林场村山沟。釉料是耀州瓷的"血"，然而保证"血统纯正"并不容易。优质釉料多分布于岩层夹缝中，这就需要经验丰富的陶工四处寻找。

图3-2　陈炉黑釉土

图3-3　富平县的釉石

在此笔者将以林场村山沟釉料点的调查经历，来说明釉料采集的难度。2017年7月底的一天，笔者与王家瓷坊老板王战军在高姓老人的带领下，翻山越岭耗时逾三小时才下到沟里探看釉料（彩插3-2）。釉料老药洞所处的岩层质地坚硬，洞口不需要搭木架固定。大家刚进洞时就发现了狼爪印，可能里面有狼。因此高老对着洞口大叫几声驱狼，确认无狼后方可进去。笔者进去后发现洞子并不深，崖壁湿滑、泛白，地上堆有石块。据高老（时年63岁）介绍，该洞最迟至他爷爷辈就已采集釉料供应窑场（彩插3-3、彩插3-4）。20世纪90年代时该洞大约有一米深，高家十余年来仅采过三次，一次连续采十余吨。3至6月的无雨期为合适的采集时间。在没有电力的年代里，陶工只能锄挖钎凿，辛苦异常，加之山势崎岖且牲畜驮运费时费力，却也无可奈何。现在他们以柴油发电机带动机器挖掘，然后动用牲畜驮运。所幸釉料的使用量并不大，一次采集可以耗用较长时间。大如王家瓷坊，一年的釉料使用量不到2吨。考虑到需求量增大，瓷坊于2015年开采了30吨，可使用数年。

陈炉人所用的釉料为高钙镁釉，外观为青色石块。主要成分二氧化硅占65.33%，三氧化二铝占12.12%，三氧化二铁占1.25%，莫氏硬度为4~5。无论塔尔山还是林场沟，釉石都较难开采。这既因矿场地形陡峭，交通不便，也因釉石质地坚硬，加大了开采难度。在没有机器挖掘的年代，人们手持一端是大锤、另一端安有尖头铁凿的"锤锤镢"人工挖掘。塔尔山与林场村山沟距离陈炉均20多千米，加之山势陡峭，来回一趟已是费时费力。

# 第二节 工欲善其事，必先利其器

## 一、工场的布置

常言道："工欲善其事，必先利其器。"一个标准的耀州瓷制作场所，至少需要拉坯室与彩绘（刻花）室。前者是匠人们制作瓷坯的地方，后者则是上釉、彩绘以及刻花的车间。除此之外，还有斜坡窑以存放湿坯、素烧坯与烧成的瓷器。拉坯室又称"拉坯作坊"，以室内的一对石制转轮为显著标志。石轮一大一小，大的"水轮子"用于拉坯，小的"旋轮子"用于修坯，由皮带（或布条）连接两轮子的中部（彩插3-5）。在电动机轮普及之前，石轮子必须靠人力带动旋转。匠人坐在轮子旁的瓷凳子上，手持木棍搅动几圈后趁着轮子转动的惯性修、拉坯。轮子的结构较为简单、合理，由砂石质地的轮盘、铁质传动器"角子"和"面子"、木质立轴和轮腿、瓷质轮钏以及围瓮等几个部分组成。熟练的匠人会让轮子保持水平且转动时间长，以实现省力的效果。尽管转轮安装后已经很稳固，师傅仍担心徒弟拉坯时手笨碰掉轮子，因此必须待他们学艺满三年后才允许上手拉坯。

轮子之间有红砖、石头垒砌的"泥墩台"，它紧靠墙以方便学徒揉泥。而旁边则是润滑泥坯的"作水盆子"（彩插3-6）。当地常用拉坯手法有顶泥子和抹泥子。"小货窑"瓷器制作基本采用了抹泥子手法。匠人端坐泥墩台，转动转轮后双手先撩水把泥把正，然后右手在外夹紧，左手在内塑形、拉坯。制作较大的碗、盆则使用顶泥子手法。制作者右手在外稳泥，左手在内半握拉伸。除此之外还有盖泥子、使泥子与撑泥子等手法，不同的"行"所采取的手法都不一样。

手拉坯现场的工具还包括：测量坯体高低厚薄的等子、托放和转移坯体的托盘、刮除坯体内外突点的石刮子、分离托盘与坯体的瓷板以及修补口沿的作皮等。

## 二、装饰工具的选择

陈炉瓷户长期依靠画笔进行彩绘装饰，雕刻法在近数十年间才获得发展（彩插3-7）。彩绘工艺的装饰用具较为简单，主要为各种型号的毛笔。匠人们还会准备数个浅碟盛放颜料。陈炉本不产毛笔，因此合作社之前各瓷户都是托亲朋好友从西安带回毛笔。清末民初，窑场青花瓷制作之风大盛，来自中东地区的苏麻离青遂成为最为热门的颜料。苏麻离青与陶瓷胚体融合度较高，成色较好，广受用户喜爱。民国后期多从景德镇购入，少数则由贩户从外地带来。由于青花料为外来物，故而价格较高。出于节省成本与珍惜节约之心，匠人在多数情况下会选择勾兑稀释釉料，这导致了陈炉青花瓷独有的"飞灰"现象。

传统社会里，瓷户有时用到雕刻花工具。基本上是自己根据木条、铁片之类易于获得的材料等改造而来。这类工具使用频率本较低，但耀州青瓷恢复后渐成体系，成为重要的制作工具。匠人手工雕刻时多会用到四套工具：雕花工具、刻花工具、划花工具与印花工具（图3-4、彩插3-8）。雕花工具包括尖细刀、弯斜刀、宽斜刀、刻刀与竹质（或骨质）签子，匠人们用它们在坯体上实施"两刀法"雕花技艺。刻花工具额外增加了平头刀与排划竹篦子。刻花技艺仍然可以采取"两刀法"，但是坯体刻痕比雕花浅，刻时速度更快（彩插3-9）。划花工具为大小不一的骨质或竹制的锥形签子，于坯体上勾线使用。印花工具主要为陶范，匠人将湿润的泥坯压印于其上使坯体成型。陶范分内范与外范，内范塑造坯体外部纹样，而外范压印出内部纹样，多合二为一使用。

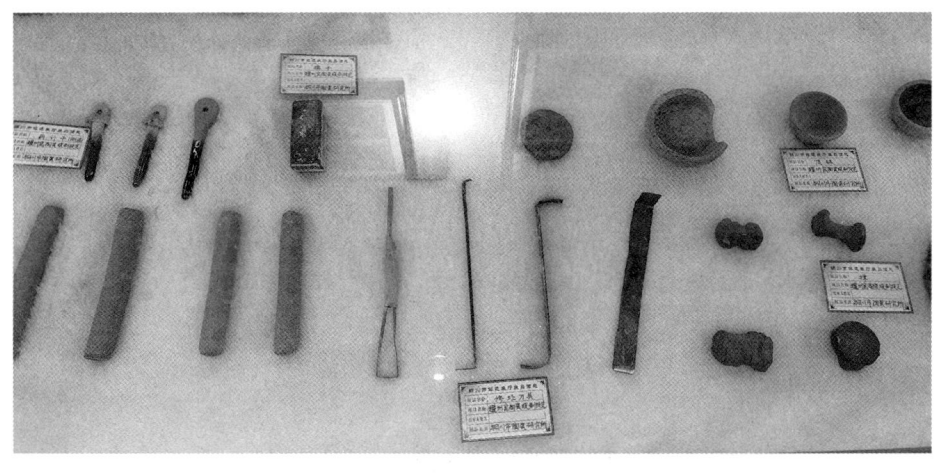

图3-4 陈列在铜川市非遗展览馆里的耀州瓷制作工具

## 三、匣钵的选择

匣钵为陈炉的烧窑用具之一，烧熟后可装坯体进窑。《中国陶瓷辞典》对匣钵做了明确的定义与详细的介绍：

"它用耐火材料制成。形状一般为筒形或漏斗形，也有的呈M形、碗形、钵形和椭圆形等。出现于南朝时期，唐代开始普遍使用。将坯体放入匣钵中，匣钵叠置起来烧制，既可增加装窑密度，又避免窑火直接烧刺坯体和窑内杂物落到釉面上，使器物更加光滑滋润，制品间也相互隔离，不致粘连。匣钵要求具有一定的透气性、导热性、热稳定性、耐火度和高温强度。匣钵的发明和广泛使用，是中国制瓷工艺的一大进步，为瓷器的优质高产创造了良好条件。"[1]

陈炉耀州瓷烧制的匣钵由手拉坯制成。其质地较粗，分为两类：一种是用于叠烧、混装坯体的桶式匣钵与盆式匣钵。桶式匣钵又可细分为叠装直径大于20厘米的碗、盘、盆的"桶子笼"以及叠放直径较小的碗、盆等器具的"角盆"，以表面出现"火刺"[2]者为上品（彩插3-10）。其他杂件如瓷枕、瓷灯、执壶等则以盆式匣钵装烧。另一种为单烧匣钵（即"漏斗型匣钵"或"M型匣钵"），多用于碟、盏等扁平器具，烧制时一坯一钵。

匣钵可以反复使用，但使用时间过长会出现裂缝，这时就不可再用。"退役"后的少数匣钵被打碎铺路，多数则直接用于垒筑院墙。陈炉独特的"罐罐垒墙"建筑景观即由此而来。

## 四、其他工具的选择

除上述工具，技艺所需其他类型的工具多为各式烧窑器具。

首先在烧窑前需要用到的一些装窑器具。面对马蹄窑前方横亘着的燃烧室，烧窑工为了装窑就必须在其上方架设梯板，以连接窑门与窑床。他们脚踩梯板往返于土窑内外，装放盛满陶瓷坯的匣钵（彩插3-11）。窑内的板床类似于课桌，装窑至高处时一人站在板床上，另一人则在下方传递匣钵。

其次是烧制中的器具，常用器为撑子、垫饼与药计子。窑炉正中为十余厘米的过道，称为"中巷"，匣钵柱则位于中巷两旁。撑子为泥质手捏哑铃状物体，用于撑开匣钵柱之间的距离，使火路顺畅。垫饼被放置在匣钵内。它的下方是细砂层，上方是坯体，起到隔离坯体与匣钵、防止两者粘连的作用。药计子由漂洗釉料的残渣手捏而成。烧窑工在中巷的前、中、后三个位置的地面上各放置一枚药计子（彩插3-12），方便观察火温。烧窑时，距离燃烧室

---

[1] 许绍银、许可：《中国陶瓷辞典》，中国文史出版社，2013，第380页。
[2] "火刺"即器表的尖锐小点，因其由火烧形成，又摸上去有刺手感，故而得名。

口最近的药计子最先被烧熔,继而是中间那枚。而待最里面的药计子烧熔,整窑才算烧成。此外还有一种测试烧成程度的工具——"火兆子"。它是由一个碗切分而成的数块碎片,上面涂上所烧泥坯的釉子后被放在窑内,再用一个有豁口的匣钵罩住。陶工在烧制时可用铁钩多次将火兆子从匣钵勾出,目测烧成程度。

最后是收尾工具。烧制完成冷却后,烧窑工会先用小铁锤轻敲掉匣钵上的落渣,并使接触面融合的两匣钵产生小裂缝。接着将铁铲撬进匣钵间的缝隙,取出匣钵递给助手,垒在扁担与木板做成的担子上挑出窑外。

## 第三节 动手有功:制作工艺流程

### 一、耙泥与陈腐

在传统社会里,陈炉瓷的全套工序均靠手工完成。秉着"制作虽繁必不敢省人工"的理念,匠人们创作了一件件流传后世的耀瓷精品。

采料完成后就是耙泥与陈腐工序了。陈炉窑场所需坩土为高岭石黏土岩与粉砂黏土岩。它的结构紧密但易于风化,是较为理想的原料。匠人们在制备时会将两至三种坩土混合搭配,以保证坯料软硬适中。

传统耀州瓷技艺的洗泥与陈腐程序采取的是水耙法。挖掘工先将坩土运至耙场,每一种坩土单独堆放。接着瓷户碾碎、耙除、捡拾掉杂质(彩插3-13),继续风化一年以上。待来年9月雨水充沛时,匠人会耙完未来一年所用的泥。风化除了使坩土疏松之外,还能让泥土中对人体有害的物质释放出去。这些有害物质,王家瓷坊的掌门人王战军称其为"放射性元素"。

雨水来临之时,瓷户要将坩土倒入耙池(彩插3-14),以便耙泥备料。耙池由木耙、耙池、沟槽与泥池四个部分构成。耙泥时,瓷户先使坩土铺散于圆形耙池内,放入一倍于坩土的水,然后鞭策骡子或马来转动木耙。耙泥时间为早、晚各一次,每次约一小时。经过三至四次的耙泥程序,风化后的坩土已被木耙上的耙齿粉碎为柔和乌亮的泥水。最后瓷户放入清水混合,使泥水漫过沟槽流进泥池陈腐。

沟槽有两道截留口,专门用来拦截泥水中的杂质,以便过滤成细料液体。细料流入泥池陈腐以备制瓷,沟槽里含杂质的粗料则沉在沟槽备用,未来将用于制作耐火砖等产品。方形泥池里的细料也会逐渐沉淀、分层,它的上层为精细泥,下层为粗泥(图3-5)。精细泥是制作陶瓷器的最佳坯料,而粗泥可掺和沟槽里的泥制作匣钵或耐火砖。由此可见,陈炉人有着强烈的"废物利用"的环保意识。在他们的眼里,每一种原料都得来不易,应使其效益最大化。

图3-5 传统沉淀池

当地有句谚语:"宁攒旧土,不攒旧泥。"这句话是什么意思呢?匠人们认为:泥料本可以在泥池里陈腐一至三年,但黄土高原常会出现起大风沙现象。为避免沙石进入泥池,影响原料的质量,必须待陈腐的泥料干燥后,马上将细瓷原料取出来单独存放至屋里。

## 二、揉泥、拉坯与修坯

揉泥程序分为闷泥、熟泥与揉泥三个连续性步骤。经过陈腐的泥料驮运到作坊后,由瓷户先用铫子[①]插成小泥块,然后泼水闷泥。吸足水分的干泥很快变得柔软绵滑,此时最适合砸泥。只见瓷户抱起泥块使劲砸向地面,然后用铫子反复翻拨使其更为柔软,最后塑形成为方块状软泥。

熟泥步骤仍需要人力将泥翻折、踩踏与铲动。学徒用铫子将泥块垒筑为泥堆,用脚踏平后又码成原状。如此反复数次,使泥块里的气泡能够排出去。待熟泥完毕,才用铫子铲下泥块放到泥墩台上以供窑户师傅拉坯。师傅同样会举起泥块反复甩砸、揉搓、掰合,使泥块彻底排掉空气,这就是揉泥工序(彩插3-15)。

传统的陈炉耀州瓷技艺以拉坯技艺为特色。前文已经简要介绍了拉坯的手法。实际上瓷户里的三行所用的手法并不相同,其中要数瓮窑的手法最为讲究。当地人甚至认为:会黑窑的人会碗窑,会瓮窑的人会黑窑。其他窑行的人可以不必学全五种手法,但是瓮窑匠人须得融会贯通。拉坯时,瓷户将练好的泥搬到大轮盘上。接着师傅用木棍对准轮盘的轮窝,快速搅动大、小轮盘。趁着轮子转动的惯性正泥、使泥、擩泥、抱泥、提泥,并用促子、作皮、等子等工具使泥块成型。拉制完毕,匠人双手再执一根细线使泥坯底部与转盘分离,

---

[①] 一种类似铲子,但接触面比铲子小的工具。

这样一件泥坯就露出了轮廓。

这时学徒将拉好的泥坯搬往旁边的小轮盘上，马上进行修坯工作（彩插3-16）。他先用手指轻弹器壁与器底，判断器体薄厚，接着执S型旋刀修饰底部、外壁与内上部，使器物表面均匀平滑。在此需要强调：陈炉窑场的修坯技法与外界有所不同，崇尚"修外不修里"。也就是说，修坯者要将坯外修得平滑光洁、造型合规，而里面不可动刀再修。在他们看来，除碗、碟外，使用者并不会关心陶瓷器的内壁是否美观。为了节省时间和人力，不修内壁就是明智之举了。

值得一提的是制作瓮、缸之类的大件陶瓷器，这是一项十分考验技术水平的工作。瓮窑师傅会提前选定晴天，保证泥坯有充足的时间晒干。晒干的泥坯经过闷泥工序醒泥后（图3-6），由学徒抱到轮盘上等待拉坯。制作之时，师傅首先在轮盘上拉出一个大底座。拉制时必须保证底座浑圆，这样整个大件才不会歪斜。待底座干燥坚实，师傅继续以盘泥法完成中、上部器壁的制作：先在泥墩台揉好泥块并搓成泥条，然后于底座之上缓慢盘泥条。盘完中部后休息一会，晾到半干的状态再盘完上部（图3-7）。

图3-6　醒泥时，师傅以脚踩泥排出气体

图3-7　师傅在盘出缸底后用石膏模固定，旁边的靳波则正在拉泥条

制作大件，促子（抽子）这种工具必不可少（图3-8）。因为相对器物而言，手掌实在过于渺小、粗糙。因此促子一是增大接触面积，规整器表；二是蘸水可抹平泥条的缝隙，使坯体表面光滑。瓮窑匠还以器表的肋子作为自家产品的标识。所谓肋子，即拉底座时留下的带状手纹。在陈炉人看来，谁家大件上的肋子均匀、美观，制作者就会被公认为行业里的大师傅。例如水泉头李金平的爷爷所遗留的瓮和缸，器表都有二十一道肋子。这些纹路的宽度一致，从底部延伸至中部，成为李家产品的最大特色。直到现在，陈炉的老人们还对二十一道肋子的技法赞叹不已①。

图3-8 促子

关于陈炉耀州瓷制作技艺，还包括印模成型与合坯成型两种方法。鉴于篇幅有限，在此不做赘述。

## 三、化妆土与釉药的使用

由于原料的缺陷，陈炉成品瓷的胎料色泽普遍偏黑。烧成后外表的铁点颇多，故而泥坯干燥后就需施化妆土掩盖瑕疵。这一工序被称为"衬硷"。化妆土分"软土"与"硬土"，采来后堆放一段时间风化。使用时，匠人用大锤捶碎，倒入大缸加清水浸泡、搅拌。接着舀出上部的泥水，经过纱网过滤后倒入大缸即可使用。上化妆土的方法与上釉相同，采用浇釉、蘸釉与喷釉的方式多次敷施。对于器物的外部，需要敷三遍，而内部敷一遍即可。

接下来就是上釉，这又是一道十分关键的工序。釉药运回陈炉后，也将经

---

① 笔者2022年5月在尧头窑调查时，刘忠阳师傅曾讲了一个小故事：他在景德镇参加传承人研培班时遇到了李金平，而后者展示了手中的"秘密武器"。刘忠阳师傅一看原来是尧头窑匠人也在使用的促子，而且当地大件器表也有肋子。这说明两地历史上存在着较为密切的技术交流。

过一段时间的风化和耙池耙洗。制备釉料时，匠人驱动牲畜带动石碾子碾压粉碎釉泥块，或者使用石椎、擂钵等器具研磨（图3-9）。各种类型的瓷器所涉及的釉料配方各不相同。以耀州青瓷为例，需要富平釉石、黑药土、料姜石、东山坩、石灰石等原料合理搭配。瓷户将经过配比的釉药粉倒入含水大缸之中，手执木板搅动均匀。同时既随时目测釉药水的浓度，也不断将手指伸入缸内蘸取釉药水，手搓评估是否已经搅匀。如果釉药水挂在手指上呈胶状，且手搓后带有绵柔的效果，就证明搅拌到位，可以使用了。

图3-9 陈炉陶瓷厂里的捣釉药石槽

相对于泥料而言，釉料的使用量较少。蘸釉、浇釉和喷釉三种方法视情况合理采用。中小件陶瓷器用蘸釉法：匠人抓住瓷器的口沿，将器身浸入釉药水中再取出，反复几次直至釉料被均匀地蘸施于器身之上。大、中型陶瓷器用浇釉法：匠人左手执装满釉药水的小桶，右手拿刷子蘸釉药水后往器身浇淋，最后用刷子抹平釉面。最大型瓷器如大缸、大花瓶之类用喷釉法：匠人将坯体放在转轮上面，再用喷枪喷。现在陈炉窑场普遍采用蘸釉法，偶尔也对大件瓷器使用喷釉法，而浇釉法由于浇淋面不均匀已很少使用。

## 四、窑炉的构成

烧制耀州瓷的窑炉从唐代至现代一脉相承，历经了一千多年的演变。唐代黄堡窑场创烧时，采用马蹄形窑炉烧制唐三彩与琉璃瓦。1985年，考古人员曾于黄堡地区先后发掘出唐代窑炉四座。根据残存的遗址显示：当时的窑炉用砖砌筑，布局完整，由燃烧室、窑床、烟囱、窑门和通风道等部分组成[①]。

北宋、金、元时期的黄堡窑业繁荣，因此考古发掘出的窑炉较多，呈现出

---

① 窑门和通风道被晚期地层破坏，结构不清。

更为科学的进化趋势。北宋的窑炉虽然仍沿用前代的半倒焰式馒头窑，但是做了较大的改进。例如窑炉增加了耐火砖砌成的炉栅栏、落灰坑与通风道，增加了烟囱下的吸烟孔。使用漏斗状匣钵，实现了单件装烧。这些改进为耀州青瓷的辉煌奠定了坚实基础。金、元两代的耀州窑炉形制变化较小，只在局部结构上做了改变。与北宋窑炉不同的是：建炉者大幅扩大了燃烧室空间，并缩小了窑床空间。可见他们高度重视燃煤的使用与通风环境的构建，保证燃烧时有足够的氧气，能够形成氧化环境。但是这一改变也导致窑匠难以掌握还原焰气氛，增加了耀州青瓷的烧造难度。加之原料与技术的原因，使得青瓷越烧越黄，至元代时已烧造出香黄釉与姜黄釉瓷。元代之后的窑炉从半倒焰式馒头窑，最终定型为我们今天所见到的样式（彩插3-17）。

陈炉的传统窑炉为北方常见的半倒焰马蹄窑。当地现存31口，最大的窑炉一次可烧1万余件瓷器。窑炉由耐火砖砌成，它为耙泥后沉淀在底部的泥渣与烧陶瓷后产生的煤渣混合所制。如今陈炉已普及了方便快捷的气窑，再难见到使用中的马蹄窑炉。据笔者调查，整个窑场仅王家瓷坊在烧制超大缸或大花瓶之类的大件瓷器时，才会使用马蹄窑。而如要目睹这一过程，等待时间可达数年。

难道现在陈炉就没有使用中的传统窑炉？答案是否定的。如果想要目睹马蹄窑的燃烧过程，可另辟蹊径。经过一番走访，笔者调查时还真找到了一处观察窑炉工作的绝佳地点。它就是窑场下方永兴村的郭家砖厂。砖厂共有两口传统马蹄窑，结构与陶瓷窑炉完全一致，烧砖的具体过程也与陶瓷烧制相同。更为难得的是，创办者与工人均有陈炉陶瓷厂从业经历。因此笔者认为：在这里，无疑是能够完整地记录传统马蹄窑的烧制过程的。

郭家砖厂的马蹄窑由四个部分组成：通风道（灰道）、窑体、窑背与烟囱。通风道位于窑炉下部，由砖砌而成，直线延伸数米后与外界相通。它的出口多面对道路或者沟渠，既为了方便陶工清理炉灰，也利于通风散气。

窑体是窑炉的主体部分，包括燃烧室（火膛）、窑床与烟道。其一端设有拱形窑门，为陶工装运瓷器、观察火势之处。陶工装窑完毕后就将窑门封闭，仅在中部留一添煤口。而窑门上部设有配备挡砖的观火孔，也可以观察火势。窑门内、窑床的下方为深约1米、宽约2米的长方形或半圆形燃烧室，它是投放和燃烧燃料的地方。底部钢条焊接的钢窗被称为"炉栅"，使燃烧室与通风道分隔。炉栅不仅能使氧气通过虹吸效应供应给燃煤与窑床，还让落渣掉在通风道，不至于堵塞风路。窑床位于窑炉中部，窑工们在这里放置匣钵与陶瓷坯体。窑床的底部从外往内逐渐向下倾斜，这能带来两个好处：一是使产品向后微倾，一旦发生倒窑现象可让产品倚靠于后窑墙，保护了产品与燃烧室；二是让火焰能够从窑顶被吸往烟道，然后均匀铺散到底部再上升排出，保证了窑床后部与底部陶瓷的供热。窑床的后部为约30厘米厚的照背墙，起到隔开窑床与烟道的作用。墙根各有数道宽约15厘米、高约30厘米的吸烟孔（鼻孔）。火焰从此处被拉低，吸进烟道。陶工们可在吸烟孔增减挡砖，调节炉内温度。烟道位于窑炉最里面。传统陶瓷马蹄窑共分左、右两个烟道,而砖窑因烧造程序较为简易仅设置一个。其下部为长方体,向上逐渐收拢为圆形。地面部分则向下凹陷以累积烟灰,防止堵住吸烟孔。有些烟道的体积较大,陶工们可在这里放置砖坯来烧制耐火砖。

窑背与烟囱位于窑体的上方。窑背呈拱形,将窑体覆盖于下方,顶部与窑内地面间距约3米。从窑背前部至后部,一字排开三个由大到小的方孔。最前面的长方形大孔为"下印窗",长约40厘米,宽约30厘米,陶工站在旁边可以观察到燃烧室的情况。中孔为"前印窗",而后方小孔为"后印窗",长仅20厘米,宽约15厘米。窑工敞开印窗,在升温阶段便于排出窑内水汽,也可以在降温时通风散热。如用砖石盖住印窗口,则起到隔绝窑内外空气的效果。超出窑顶的烟囱是烟道的延伸,多为方形。窑工通过遮挡烟囱口,能调节窑炉内气氛。尤其在还原焰阶段,是必须挡住的。

马蹄窑建好后,还要用废砖、石块以及废匣钵等材料将整个窑体包裹起来,并用泥巴糊住缝隙,这种外壳被称为"帮墙"。修建帮墙既是为了加固窑体,防止窑炉垮塌,也是为了防止烧窑时漏气。

## 五、装窑烧制

烧窑的工人最少为两人,每过12个小时换一班。烧窑的师傅叫"窑匠",而负责捅炉灰保证通风顺畅的师傅为"哨匠"。烧窑前,窑匠与哨匠先清理燃烧室、窑床等处的杂物,并用泥土糊住窑内壁脱落点,接着在燃烧室底部填上废纸、麦草、碎木屑等易燃物。随后窑匠手搓一条纸棒置于易燃物下方,穿过炉栅以备引燃之用。最后在易燃物的上方堆出煤堆。从清理到堆放煤堆,这一系列过程称为"盘母火"。当窑床上的备烧瓷器摆放完毕,哨匠就会下到通风道里点燃纸棒。窑门口的窑匠则确定燃料已引燃后,方才提着破匣钵、耐火砖封住窑门。最后用麦草与泥土混合的封泥将窑门糊上,以保证烧制时密不透风(图3-10)。

为了祈求烧窑顺利,窑主与窑工们会在点火后举行一个简短的祭窑神仪式。他们一边在陶盆里洗净双手,一边在窑炉门口的窟窿里放上一个香炉。点上三炷香,行三拜九叩大礼。随后哨匠将香炉移至窑炉外墙的小洞里。在整个烧窑阶段,他必须保证香炉里的香随时都在燃烧。这既是为了掌握烧成时间,也起到心理安慰作用。

待煤堆全部燃起,窑炉就进入长达8小时的升温阶段。此时窑门的续煤口和窑顶的印窗已经打开,以便蒸汽能够顺利排出。约2小时后炉内彻底干燥之时,窑匠会关闭续煤口与印窗。之后20个小时里炉温将逐渐提升至1000摄氏度,匣钵会出现发红的现象。最后剩下50个小时,窑内最终达到1320摄氏度以上的高温,里面的3个药计子会按照由外及里的顺序依次融化(彩插3-18)。此时若要烧氧化焰可以释入氧气,烧还原焰则严控氧气进入。弱氧状态使窑内产生一氧化碳，保持弱还原气氛。烧制时窑匠会不停地用铁钩勾出火兆子，观察釉料的烧成程度。当火兆子上的釉变色、药计子完全熔化，窑炉内的产品才能证明烧熟瓷化。窑匠继续加温1个小时后停止进煤，使温度逐渐降下来。降温过程不可操之过急而提前开窑，否则瓷器一遇冷风就会产生"风惊"现象。器身立刻出现开裂，功亏一篑（图3-11、彩插3-19、彩插3-20）。

图3-10 烧制前要清理坑道

图3-11 马蹄窑升温阶段的加煤工作

## 第四节 传统耀州窑工艺的现代演变

### 一、传统技艺、原料与工具的变迁

时代在变，非物质文化遗产自然也在变。面对社会经济的发展和外来现代文化的影响，陈炉耀州瓷烧制技艺自然不能故步自封。然而窑场里的技艺基因既保持稳定性，也存在变异性，使其在不割裂历史的基础上进行着属于自己的独特演变。

稳定性是指技艺的核心程序具有不易变化的特性。以制作原料为例，东山坩、育寨坩、塔尔山釉等至今在使用，洞采法与露天开采法依然在传承。以造型艺术为例，"转轮就制"、彩绘刻花等技术仍是各瓷坊的主要制作方法。总而言之，尽管各个时代的陶瓷产品有所不同，包括原料、技艺、纹样等技艺的核心组成部分却是相对稳定的。

变异性则是行业随着生产力进步而发展创新的特性。在技艺的传承过程中，一些基因要素会受到外在因素的制约而发生变迁。世界上没有一成不变的事物。社会组织、观念信仰、文化生态、生活方式以及生产力发展，都会冲击技艺的稳定性，最终结果只能是与时俱进或者走向衰亡。古代的黄堡、上店、立地坡等窑场的制作技艺即是典型。它们在变迁中失去了存在的基础与价值，从而消逝于历史长河中。与此相反，陈炉人因能适应时代的需求，不断改革器具、产品、工艺与销售对象，反而使技艺活态传承至今。

人们如今能够观察到的陈炉瓷烧制技艺已与过去有较大的不同。这既是社会历史影响的结果，也是生产力的进步。技艺作为非遗的重要外在表现形式，毫无疑问应作为考察的立足点。

制作原料是影响陶瓷技艺传承的首要因素，也曾是导致黄堡窑场消亡的重要原因之一。现代匠人们配制原料时，会在本土传统坩土与釉料之外增加其他地区的釉料以及来自景德镇的胎料[①]。

原料变化是一个持续数十年的历史过程。在古代，瓷户亲自去料场采掘原料。新中国成立后陈炉合作社与陶瓷厂将各作坊合并，以期整合有限的生产资料，提高生产效率。配制新产品所需的某些材料必须从外地运入。建厂之初，长石、石英、氧化钴（釉上彩）、金水、氧化铬以及景德镇高岭土等材料的购入量就十分可观。20世纪70年代起，人力采料变成了挖掘机、拖拉机与大卡车为主的机械采集方式。私人瓷坊兴起后，老板们更不会将时间与精力耗费于原料上，只需在缺少原料时轻拨电话，联系料场承包商送货即可。陶瓷厂同样一次就囤积近百吨的阳坪坩土与足量釉料，可备数年之需。如此巨量的原料，当然都来自矿场承包商。到了2017年时，陈炉、上店、立地坡等地的料场均已被承包，山上布满了忙碌的挖土机与大卡车。所产毛土被运至地板砖厂制成地板，含铝量高的陶土送到耐火材料厂，较软的坩土则卖给了陶瓷厂与瓷坊（图3-12）。

笔者通过调查得知：2017年时每吨坩土包送到厂价格为100元，一卡车的坩土约1700元。王家瓷坊这样大规模的瓷坊，每年的使用量近100吨。而长

---

[①] 采访人：笔者，采访对象：曹金刚，采访时间：2017年8月2日下午，采访地点：铜川市陶瓷研究所。

石、石英含量较高的釉料，每吨包送价仅为500元。如今传统原料价格在生产成本中的占比正逐渐变低，瓷坊主们就有了更多资金购买其他原料。因此原料方面既有传统原料成本之变，也有新材料、新来源之变。

　　大约在2019年，经禚振西老师提议，陈炉窑场的党情（音）师傅率先使用了来自景德镇的泥料①。陈炉人制作"兰花花""铁锈花"等瓷种时，本需要上化妆土以掩盖坯体的瑕疵。而新泥料白度与亮度均很高（图3-13），用作坯体可省掉上化妆土程序，节省了20%的制作时间。2022年，当地大多数瓷坊都已用上了新泥料。然而也有匠人认为新料优点虽多，收缩率较高的缺点同样明显：产品尺寸越大，出现烧裂的概率越高。因此匠人们必须摸索如何将其与本土原料精确配比，方可一定程度上解决这一难题。笔者曾多方打听配比数据，但被各家瓷坊视为机密而不可得。

图3-12　从厂家处购买的原料

图3-13　去掉了化妆土的改良瓷

---

① 在此之前，黄堡陶瓷生产厂家已经使用该种泥土。但因黄堡主打产品为青瓷，加之陈炉人相对遵循传统，故而未能流行。

政策变化也是一大原因。随着陶瓷行业的发展，企业对原料的需求加大。为保护自然环境与不可再生资源，政府加大了对原料开采的管控力度，此前漫山遍野的挖土机与大卡车明显少了很多。这也有助于提升外来原料的使用率。

制作工具变迁与否对制作技艺的稳定性起着决定性作用。两者牵连紧密，互为因果。如今陈炉窑的制作工具与以前相比变化甚大。作为耀州瓷制作技艺的首道工序，生物能带动的传统采矿、耙泥与陈腐工序早已消失于历史长河之中。20世纪50年代通电进镇后，工厂淘汰畜力耙泥与人工拉坯，引进了电动搅拌机与电动拉坯机。如果访客能到陈炉集市街道走一走，就会发现那里有一排砖结构平房，此即曾经的陶瓷厂耙泥车间。房子里有八个圆形耙池，每个池子里都安装有一台电动搅拌机。工人们在雨季到来时将风化后的坩土倒进耙池，经由搅拌机拌匀再从沟槽流入下方十余口泥池内陈腐。在太阳照射下，泥池波光粼粼，形成了"泥池水镜陶容生"的奇景。

现在各瓷坊都自建有砖砌的小型耙泥池，采用电动搅拌器搅拌坩土，效率较过去大为提高。因此在陈炉，牲畜牵引木耙耙泥的场景一去不复返了。传统的耙泥与陈腐过程辛苦、费时，耗费了匠人的大量体力。机器的广泛使用，无疑是对匠人身体的解放。为了生产耀州青瓷，匠人还会购买一台除铁器，用于清除配好釉料水的铁分子，以保证青瓷烧制的标准（图3-14、图3-15）。

闷泥工序仍然存在，只是手工熟泥法已被真空练泥机（图3-16）取代。匠人将闷好的泥放入练泥机的一端，很快就能从另一端挤出练好的泥。这种机器的好处在于比传统练泥法更好地挤出空气，使烧品表面的外层气泡变得微小、均匀。反观传统窑炉烧制的陶器与瓷器，釉质表面气泡零散、粗大，在亮光的衬托之下更为明显。令人意想不到的是，正是这些气泡反而让后人能够鉴定古耀州青瓷的真伪。

电动拉坯机是另一新鲜事物，它能够为拉坯工序提供长久、匀速的动力。这种机器分两种：一种是匠人自己添置小型电动马达来带动传统的石轮盘，另

图3-14 现代化的电动泥池

图3-15 用来粉碎原料的粉碎机

图3-16 真空练泥机

一种是完全现代化的小型拉坯机。匠人们使用电动轮盘拉坯时打开电源开关，电动马达会牵引橡胶皮带带动轮盘，停止时关上电源即可。前一种工具的速度不可调控，能否顺利成型全依靠匠人拉坯的力度与技巧。后一种工具在小作坊和陶艺吧里颇为流行。工人插上电源后打开机身开关，内部的铁质轮盘就会旋转。使用者完全不必担心速度，脚踩底部踏板就可以调节。快慢随心所欲，偶有超速飞溅的泥块也会被机身挡板挡回来。除此之外，其他类型的拉坯辅助工具，譬如等子、托盘、石刮子仍然在使用。

装饰艺术方面，制造工具的获取更为便捷。以彩绘毛笔为例，以前需专门托人从西安等地购进，瓷户使用时小心翼翼。雕刻的工具也是身边的物品稍加改造而成。现在这些工具在铜川或者陈炉上街的小商店摆放，匠人用坏后也不再"敝帚自珍"。彩绘所用氧化钴（苏麻离青）已被品牌产品代替。老板们甚至不必出门购买，只需在家通过网络销售平台下单即可。由于氧化钴的大量使用，青花色泽比过去偏白、偏淡，也不再出现"飞灰"的现象。这一变化今已成为鉴定师鉴定陈炉青花瓷年代与真假的主要标志之一。雕刻工具中，20世纪70年代发明的拐角刀成为核心工具。曾经的传统"两刀法"，通过拐角刀可一刀勾勒出更为流畅的图案。

因2018年后新泥料的大量使用，化妆土装饰法成为历史。这既提升了生产效率，也有效地防止化妆土皮的脱落，避免刺手感的产生。如今"兰花花""铁锈花"等瓷种中新泥料比例越高，胎色越洁白。耀州青瓷产品亦大量使用，釉色愈发接近龙泉青瓷的"梅子青"（图3-17）。

石膏模具的使用是陈炉耀州瓷成型技术的最大变数。它的前身是古代制作青瓷所需的范，只是随着拉坯技术的发展而较少使用。还是在20世纪70年代，景德镇的石膏模具成型工艺被引入，注浆方式使泥坯成型效率大幅提高。陶瓷厂曾在王家瓷坊旧址建立了石膏车间，用以存放石膏原料、炒制生石膏与制作石膏模具。现在石膏模具已在铜川遍地开花，其与注浆工艺搭配，可大批量生产倒流壶、公道杯、凤鸣壶等瓷器（图3-18）。各个瓷坊同样有数量不一的石

图3-17 改良后的耀州青瓷

图3-18 如今很多产品都使用了石膏模具

膏模具。尤其陈炉的瓮窑制作技艺曾是一绝，如今走上模具制作的道路实乃时代和人心变化所致。在没有特定订单的情况下，很少有人愿意费时费力，手工制作大件陶器。无奈之下，当地人只得从外地聘请师傅，以石膏模具制作。即使是注重传统技术的王家瓷坊，制作大缸时也会临聘河南钧瓷匠人邢师傅前来主持。他先取出备好的大缸石膏模子，用橡胶皮带箍住大缸的外壳。再以盘泥法分三段制作大缸，辅以电灯泡烘干其内部。可以说，如果没有模具，陈炉人很难再造出大缸了。

旋压机也是现代科技的产物，直接将器物的塑型时间大大缩短。使用者将泥块投入机器的压窝中，推下压机压头即可塑造泥坯的外形。对于熟练工而言，10秒钟就能做出一个碗碟。这种机器在陈炉地区鲜见（陶瓷厂除外），而在黄堡地区较为普及，主要用来制作扁平类瓷器。

烧成工艺方面，新式窑炉的颠覆程度十分惊人。马蹄窑是过去的绝对主角，如今却早已被电窑与气窑取代。铜川的电窑普及度较低，仅有一些小作坊用于试烧小型瓷器。气窑占据了统治地位，堪称工坊必备。它以液化气为燃料，密封烧制可使泥坯受热均匀，成品率达99%。陈炉陶瓷厂曾于1987年率先试验性使用气窑，20世纪90年代初因全国煤价大幅上涨，整个窑场遂全面采用这种新式窑炉。马蹄窑的衰落一定程度还归因于环保政策。政府对高污染的行业实行严格监管，助推了成本低廉、成品率高、更加环保的气窑与电窑流行。这些窑炉的烧制温度可由温度表精确显示，烧制时间亦比马蹄窑短。马蹄窑烧制一窑瓷器需要近4天时间、30吨煤，而液化气窑仅需20多个小时就可出窑。这对于一些文化程度有限的窑工而言，操作十分简单方便。伴随着马蹄窑窑火的熄灭，匣钵、撑子、药计子等传统煤窑工具集体退出了历史舞台（图3-19）。

作为陈炉地区生产性保护的中坚力量，王家瓷坊同样难以独善其身。近年来坚持烧了几次马蹄窑，但2021年最后一次烧制大件后也熄火封窑。何时再

图3-19 等待进气窑烧制的瓷器坯体

烧，不得而知。

常言道："尺有所短，寸有所长。"尽管气窑的优点突出，但产品韧性不及传统煤烧方法。匠人们心知肚明的是：煤窑与气窑产品其实在稳定性方面有着较大差异。如将两者同时放置于户外经受长时间风吹雨淋，气窑产品的釉层会呈现碎玻璃状的裂痕，手指使劲一抹就会脱落。反观煤窑产品则不会出现此现象。因此近年来马蹄窑停烧后，煤窑产品的价格反而上涨幅度较大，引起了收藏家们的关注。

俗语有云："失之东隅收之桑榆。"虽然电、气窑的普及使匣钵失去了用武之地，但是陈炉快速发展的旅游经济给予了匣钵新的生命。当外地游客来此旅游时，他们都会惊叹于"罐罐垒墙"的民居特色。于是陈炉人发现了商机，试图强化这一特色。现在郭家瓷坊经常为陈炉景区管理委员会以传统方式烧制匣钵。完整的匣钵被用来垒筑"罐罐墙"，而破碎的匣钵则作为铺路与构建文化墙的材料。

制作工艺与工具的变迁是快速而剧烈的。它大幅度提升了生产效率，保证了产品的成品率，然而也消解了传统技艺蕴含的不确定性，消散了遮蔽在技艺表面的信仰迷雾。技艺与信仰息息相关，因此当匠人们发现窑神的护佑可以被现代科技所取代时，维持传统行业信仰的意义也就荡然无存了。

## 二、包装方式的变迁

陈炉瓷器的销售曾高度依赖行户与贩户。行户收购、销售，然后贩户运往各地。在计划经济时代，则由铜川市建立的经销点装入纸箱后用大卡车运出分销。如今陈炉陶瓷厂与瓷坊都配备了小汽车，以现代通信设备联系客人上门，再直接运输至市区，通过快递或物流发货。

陶瓷厂与瓷坊现在配备了齐全的包装材料与工具，主要为木板条、气泡塑料膜、塑料薄膜、硬纸板、铁钉子、铁锤子等各式物件，有条件的瓷坊还会购买电动射钉枪。现代的包装方式分两种：中小型的瓷器包装较为简单，以纸箱装好运往铜川的快递公司发货；大型或者数量较多的瓷器则必须预先打好架子，通过专业的物流公司寄送。

在此笔者以王家瓷坊考察时所遇见的一次包装工作为例，描述其具体过程：一位法国华商领袖定于2017年6月初在巴黎开办一家中式餐馆，后经人介绍认识了老板王战军，遂以微信联络方式订购了一批餐具。王家瓷坊经过半年悉心准备，于5月初备足了三窑货。这批餐具的种类非常丰富，有调料壶、茶壶、三鱼碗、酒盅、2号老碗和碟子等，总计近上千件。此外老板还附送了陕西八大怪、陕西十二音等地域色彩浓郁的泥塑。包装前烧好的产品先被集中于院内，师傅会将其叠放在一起。每一件大器具、每一叠小器具都用专用气泡塑料膜仔细包裹好，并用胶带粘住裂缝，以保证在跨越亚欧大陆的长途运输中能起到缓冲作用。接着学徒把产品放入从纸箱厂定购的纸箱中,用胶带封好口沿。同时按照产品的大小,用锯子锯出合适长度的木条。随后他把产品放在钉好的四方形木条上,一手执木条,一手拿射钉枪将木条钉成立体、贴合的保护架。当所有产品包装完毕,王战军就联系物流公司上门提货,包装好的产品会发往成都,转由欧亚铁路网运往法国(图3-20、图3-21)。

尽管工人们在包装时小心翼翼,层层包裹,可有些产品在运输途中还是会因为各种原因破损。当面对客户的索赔要求,瓷坊只能免除破损瓷器的销售费用,必要时更须免费补充邮寄同样的产品以平复客户的情绪。根据瓷坊的统计:每十次寄送就有一次产品破损出现。对于这笔损失,陈炉人只能"打碎牙齿和血吞",无可奈何地由自己承担。这也从侧面反映了当地人尚缺乏货物保险意识。

图3-20 等待包装后发往欧洲的货物

图3-21 必须保护好瓷器,避免在运输中受损,否则损失很难估量

# 小结

陈炉耀州瓷制作技艺创烧后传承至今,各项程序少有缺漏。这既为我们田野考察提供了较高的"友好度",也使大家深刻感受到匠人为制瓷所付出的辛劳。笔者通过对技艺的全面梳理,总结出以下三个特征。

一是原料的原生性。相对于德化、龙泉、景德镇等历史上著名的窑口,陈炉窑的名气逊色不少。加之偏居西北一隅,以普通民众为主要消费群体,故而其并未在原料来源上有太多优势。众所周知,官窑、名窑能够获得国内外最好的原料,而民窑只能自力更生。陈炉窑面对资源劣势,尽可能地在探索、运用本土原料与提高原料利用率上想办法。因此曾普遍存在匠人翻山越岭找本土原料和对外来原料"视如珍宝"的情况。原料深刻影响了艺术特征。例如清末民初时"兰花花瓷"色调的清新淡雅,其实就是人们珍惜釉料而兑水稀释的结果。可以说,民众对原料的珍视,保证了技艺的原生性。

二是技能的传统性。陈炉耀州瓷烧制技艺历史悠久,技艺的核心部分延续到了现在。即使因时代变迁出现了新的生产工艺,我们仍能将流传的传统技艺与史籍所载一一对应,也可亲临实地对生产环节细致考察。基于技艺进行溯源,还可以还原出唐、宋时期耀州窑的生产场景。可以说,陈炉窑不仅是耀州窑技艺的"活化石",更是中国北方陶瓷生产体系的代表性见证者。这为开展申报国家级非物质文化遗产代表性项目、评选优秀传承人等保护工作奠定了坚实基础。

三是制作的科学性。陈炉人对手里的陶瓷技术充满了自豪感,夸赞其为"中国古代的高科技"。事实上的确如此,原料配比、劳动分工、工具运用与烧窑技术等多个方面均体现出古人强大的科技智慧。在缺少科学计量方法的传统社会里,陈炉人凭借无数次的辛苦探索,积累了坩土、色料、釉料各原料配比的丰富经验。这是陈炉瓷制作的基石,有利于实现理想中的烧制效果。转轮就制技术是行业的一大特色。参与制作的两位匠人分工明确,利用齿轮装置与离心力拉坯省时省力。为制成丰富多彩的陶瓷品种,还产生了彩绘与雕刻两大类工具系统,以及纷繁复杂的练泥、制坯、烧窑等多道工序。为此匠人必须经过长年累月的练习,才能在工具的使用上达到炉火纯青的程度。尤其是耀州青瓷花纹的雕刻,对匠人手上功夫要求极高。又如窑炉建造、匣钵运用、坯砖搭烧、计时设置、火候控制等烧窑技术,也是当地技艺科学性的集中体现。

陈炉近千年窑火不熄,靠的就是虔诚的信仰与敬业的精神。即使如今引进了现代化生产方式,传统生产技艺仍顽强地生存着。这些宝贵的遗存,未来必将成为文化创新的"活水之源"。

第四章

# 衣钵相传：
# 血缘与业缘传承

传承方式即文化基因中的"工制",是传统工艺匠作、传承、保密等制度体系①。技艺需要人依循一定规则去传承,因此工制基因与技艺基因互为表里。陈炉窑场的传承方式、行业组织与地方权力结构均组成了工制文化基因。该基因既形塑了技艺传承,又提供了重要的制度保障。

传承方式必须为传承服务,同样是典型的生产型地方性知识。"传"与"承"为非遗延续的两面,体现了传播主体与接受主体的关系。"传""承"曾经分开使用,代表着不同的含义:"传"多用于知识的传授,而"承"有接续、继承之义②。近代以柳田国男为代表的日本民俗学者们将"传"与"承"合二为一,对民间传说的"传承"进行研究。中国民俗学界则率先借用了"传承"这一词汇,将"传承性"定义为民俗的基本属性,探讨"传承"的内涵与外延③。

譬如民俗学家乌丙安认为:"人类代代相传的传袭、传递活动大致有三个分野……生物性的'传承',即纯属人类自然属性的动物的传承……社会性的传承,即纯属人类社会属性的社会的传承,第三个则是文化性的传承,即纯属人类文化属性的文化(包括观念形态的)的传承。"④

钟敬文也指出:"民俗的'传承性',从'传承'概念讲,同样有文化与传递手段两层含义。"他将民俗文化的"传承"视为自上而下、从古至今的纵向传授与继承,并与民俗文化在空间上的横向"扩布"相辅相成⑤。

而祁庆富对非物质文化遗产保护研究视域的"传承"做了定义:"'传承'是非物质文化遗产保护(注意:不是非物质文化遗产)的核心概念,指明'保护'的根本目的就是让有价值的人类非物质文化遗产持久地延续下去……传承不是短时间行为,而是使有价值的非物质文化遗产可持续地长期保护下去。传承是非物质文化遗产保护的长远战略目标。"

因此本章对传承脉络的梳理理应涉及,并将其作为传承与保护的出发点。我们既要研究工制基因中的传承内容与传承形式,也要研究技艺的传承历史与传承现状,更要根据研究结果为传承做出预判,提供符合实际需要的建议。而这恰是非物质文化遗产研究的立足点与研究者最基本的思路。带着"谁在传?怎样传?传了什么?"的疑问,笔者以田野调查、文献查阅为主要方法,梳理耀州瓷技艺的传承脉络,探明遗产事项的纵向传承历史,厘清其在空间上的扩布。笔者认为:社会组织结构与传承之间的关系是较理想的研究突破点。应当高度重视陈炉窑场血缘传承与业缘传承为主要传承类型的现实,从两种类型出

---

① 柏贵喜:《文化基因的类型及其识别原则——基于民族工艺文化的一种构说框架》,《中南民族大学学报(人文社会科学版)》2021年第6期。
② 祁庆富:《论非物质文化遗产保护中的传承及传承人》,《西北民族研究》2006年第3期。
③ 乌丙安:《民俗学原理》,长春出版社,2014,第235页。
④ 同上书,第261页。
⑤ 钟敬文:《民俗学概论》,高等教育出版社,2010,第13页。

发探寻主要传承人、传承经历、传承状况、师徒关系等方面的内容，为之后传承现状的调查与分析提供较为全面的背景呈现。

## 第一节 沾亲带故的血缘传承

### 一、基于地域的血缘传承

作为纵向承继的基本形式，文化的血缘传承是以家庭为单位，由血缘与姻缘关系为纽带构成的传承方式。家庭是社会组织最基本的组织形式，历史也最为悠久。恩格斯在研读美国国家科学院院士摩尔根基于易洛魁印第安人的家庭组织撰写的《古代社会》以及其他相关著作之后，认为家庭的发展与蒙昧时代、野蛮时代与文明时代并行，贯穿人类的文明进程。林耀华亦认为：家庭是由一定范围的亲属（如夫妻、父母子女、兄弟姊妹）所组成的社会生活细胞。它的联结纽带是婚姻关系和血缘关系（以及拟制血缘关系，原著者注）……是人类自身生产与再生产的一种形式[1]。当诸多带有亲密血缘的家庭以村落组织的形式聚集于一地时，它们就形成了宗族[2]。在中国，文化的血缘传承带有明显的世袭制特征。它的传承基石是家庭以及更高级形式的宗族，以传承人与被传承者的血缘关系为传承脉络，借助于口传心授的方式实现传承。

除了血缘关系，地域共同体也是极为重要的血缘传承基础。王文章指出：非物质文化遗产都是在一定的地域产生的，与该环境息息相关，该地域独特的自然生态环境、文化传统、宗教信仰、日常生活习惯、习俗都从各个方面决定了其特点和传承。典型地代表了该地域的特色，是该地域的产物[3]。在传统中国社会里，村落是基本的地域构成单元。因其稳定性、封闭性与自给自足的特征，维系着非遗的地缘传承。而单一的村落常与某一宗族的血缘系统重合，使非遗传承兼具血缘性与地域性的特点。根据中国宗族组织的形态，村庄被划分成三种类型：第一种类型为单一宗族占统治地位的村庄，宗族内部分门较细，门户观念较强；第二种类型为势力相当的多宗族村庄，各宗族之间既有合作又有竞争；第三种类型亦是多宗族村庄，但某一宗族势力较其他各族为强[4]。

---

[1] 林耀华：《民族学通论》，中央民族大学出版社，1997，第302页。
[2] 所谓宗族，杜赞奇在《文化、权力与国家：1900—1942年的华北农村》中做了广义的定义，即"它是由同一祖先繁衍下来的人群，通常由共同财产和婚丧庆吊联系在一起，并且居住于同一村庄"，具有血缘集团的性质。参见杜赞奇：《文化、权力与国家：1900—1942年的华北农村》，王福明译，江苏人民出版社，2010，第65页。
[3] 王文章：《非物质文化遗产概论》，文化艺术出版社，2006，第68页。
[4] 杜赞奇：《文化、权力与国家：1900—1942年的华北农村》，王福明译，江苏人民出版社，2010，第83页。

杜赞奇在研究华北地区村落权力网络后，提出历史因素决定了宗族和宗教组织可以共存[①]。

回到陈炉窑场，历史上这里由"东三社"与"西八社"这十一个小村落组成了一个核心区，周围零散分布着陶瓷村、农业村等各类型卫星村。宗族构成了这些村落的有力支撑，笔者发现：陈炉的小村落多类似上述第二种类型与第三种类型。因为一个宗族聚居于特定村庄，而技艺又以血缘为筛选条件进行内部传承，所以耀州瓷技艺各组成部分的传承范围与村落边界高度重合。这正是"东三社"与"西八社"的生产分工差异化的原因。

陈炉人过去对拜师学艺颇有门户之见。家里孩子的首个师傅必须为家族中人，其实是希望能为自家的独门绝技打好基础。双方谈妥后孩子每天去观摩师傅制瓷，同时操持家务。经过很长一段时间的学习，师傅认可学徒的品行后才允许其上台拉坯，教授各项技艺。学徒三年后基本掌握了制瓷技艺，这时师徒俩已情同父子。他们既存在血缘亲情，也有了师承情谊。

陈炉当然还有异姓师徒间的拜师，只是较为少见。中国人有句老话："教会徒弟，饿死师傅。"师傅们为了养活自己，就喜欢特招宗族内子弟，不愿将一些独门技艺外传。这也造成了窑场里许多技艺的细微差别。以手拉坯手法为例，虽然看起来大致相似，但仔细研究比较后就发现各家族各有特点。师傅还亲传手艺给儿子、兄弟，只有在无子嗣的情况下才会传于女儿、女婿。

## 二、血缘传承的复兴及原因

曾经的陈炉人几乎都与陶瓷业有着千丝万缕的联系，大多数家庭以制瓷为生。新中国成立后，国家权力瓦解了村落共同体，血缘传承也被迫蛰伏。一切生产活动都归属于集体与国家的领导，业缘传承遂成为唯一的传承方式。有技术的陶工按"行""户"时期习得的技艺被分配至各个生产部门，后来者则以"自选加分配"的原则跟随老工人学习。当一位新工人进厂后，将长期在某一部门工作，以便熟稔特定的生产、经营程序。但是计划经济体制下工人流动是受限的，如果没得到组织允许很难调动至其他部门。这导致他们较难系统地学习技艺，而多擅长某一生产程序。这为改革开放后各家瓷坊的生产差异埋下了伏笔。

直至陶瓷厂衰败，血缘传承的复兴才成为可能。这里以曾经为血缘传承、现今仍采用该模式的数个大家族为对象，展示陈炉的血缘活态传承现象。

**湾里孟家** 这是当地赫赫有名的陶瓷业大家族，如今耀州瓷烧制技艺领域

---

[①] 杜赞奇：《文化、权力与国家：1900—1942年的华北农村》，王福明译，江苏人民出版社，2010，第90页。

唯一的国家级非遗传承人孟树锋（彩插4-1）即出自于此。

孟家先祖孟宪印元代时先从洪洞县迁居美原县①担任县令，之后再定居于陈炉。孟树锋在口述记录中说明了孟家迁徙而来的原因：

"（陈炉镇）农工两栖……收的粮食作为主要的口粮来源，务工的陶瓷可以作为购买生活必需品的一个经济补偿，所以陈炉镇在周围来讲经济还算是比较发达的。《同官县志》里面评价陈炉镇的时候说'陈炉镇，我邑巨'，就是说陈炉是我们县里面最大的镇。做陶瓷吸引了很多外乡人，我们的老祖先也被吸引来到陈炉镇。农闲时开始做陶瓷，这就是我们这个家族做陶瓷的历史溯源。目前流传下来的我祖上最早的陶瓷，也就是说有确凿证据的，是我曾祖做的一个黑釉大盆，我祖父我父亲他们都有作品留下来。"②

孟树锋的曾祖为孟嘉德，大名还被刻于咸丰年间所立的西社窑神庙碑文之上。他擅长制作瓮窑产品，所留黑釉大缸被视为孟家传世之作。孟嘉德生有五子，第四子即为是孟树锋的祖父孟春茂。孟树锋在孩提时曾跟随祖父学习拉缸坯，关系非常融洽。祖父将他抱到拉坯的轮盘上，与泥巴亲密接触以便获得对拉坯技艺的感性认识。孟树锋的父亲孟生银的技艺虽不及祖辈，但是仍具有一定的艺术造诣。在家族世代制陶氛围的熏陶之下，小孟树锋初学拉坯、耙泥，稍长后帮助家里贩送陶瓷，挣取零用钱贴补家用。后来孟树锋时常回忆家庭成员以瓷为业、血缘传承的情况：

"我们家最早有自己的陶瓷作坊，家里人都从事这个。我们家到我这辈是兄弟姐妹七个，三男四女，我排行老六，我有两个哥哥、三个姐姐和一个妹妹……在我家的作坊里，大哥画坯画得好，他和大嫂负责画坯，我父亲也能画；我二哥呢，因为年龄小，在窑场上担水、担灰、担坯子……我呢，就跟着三姐一起耙泥。"③

陈炉陶瓷厂成立后，孟家人均进入厂里工作。"文化大革命"期间，孟树锋与父亲、兄弟同样以贩卖淘汰的陶瓷养家糊口，渡过了最为艰难的人生阶段。之后他进入陈炉陶瓷厂职工家属小学校办工厂，跟随家族的大哥孟建财学习上釉、施敷化妆土、制作陶瓷模型、制作陶瓷衣钩等技能。在陶瓷厂时，他既认真钻研，也向李国桢等人虚心请教。这些经历为他以后进入景德镇陶瓷学院深造打下了坚实的基础。

孟树锋老师非常注重对儿子孟鸣的培养，不仅传授陶瓷技法，而且多次合作创制耀州工艺瓷。近年来，自媒体行业发展更为迅速。孟老师也创建了个人抖音号，既展示古今耀州瓷，又与孟鸣共同分享对传统文化的感悟。

**陈炉崔家** 崔氏宗族是陈炉著名的大宗族，于明代初期从山西省洪洞县大

---

① 位于今富平县。
② 刘莹：《世代陶人——陶瓷大师孟树锋口述史》，中央编译出版社，2010，第11页。
③ 同上书，第16-17页。

槐树迁徙而来。先祖崔乃镛曾在清乾隆时期任高官，至今崔家还保存着两道乾隆皇帝为他颁下的圣旨。崔家人最初住在窑场附近的那坡村，现在双碑、那坡、沙坡、陈炉上街等地均有分布，其中较为知名的陶瓷艺人是崔鹏、崔涛父子。

崔涛记忆中的家族制瓷历史可上溯七代。族人提倡凡事亲力亲为，尽可能地少雇佣帮工。因此新中国成立后划家庭成分时，鉴于其爷爷只雇用了两名照料牲口的长工而免于被划为富农。

崔家自古以来经营碗窑。1947年，崔涛的父亲崔鹏出生，小时候跟着爷爷学制瓷碗，耳濡目染之下掌握了基本的制瓷本领。新中国成立后，崔家族人纷纷进厂务工，仅崔涛叔辈亲戚进厂者即有六人。1960年至1962年，崔鹏先在陶瓷厂跟随关培英、郭述勤等老艺人学习手拉碗坯工艺，随后招工去市区转行做了矿工。由于他有一定的美术功底，尤其是绘制毛主席像栩栩如生，故而陈炉陶瓷厂又把他调回协助耀州青瓷复烧试验。复烧成功后他被派往西安美术学院工艺系进修，1989年至1993年间调任陈炉陶瓷厂陶瓷研究所所长一职。

崔鹏擅长装饰造型设计，如今陶瓷厂展厅里近三分之二现代瓷品的造型都出自其手。1973年出生的崔涛从小就目睹父亲制瓷。高中读书期间，他每天晚自习后就去研究所学习配釉、施釉、拉坯、修坯、刻花等技能。暑假时则长期住在其父办公室，由后者亲手指导。高中毕业后，崔涛参军入伍，后转业回到了家乡。此时崔鹏已经建好了一个私人瓷坊，父子俩遂一起经营。

父子俩起初煤烧工艺瓷与仿古瓷，1999年后引进气窑主攻耀州青瓷仿古瓷。创业初期，崔涛拉坯，而崔鹏负责刻花。待生产步入正轨、崔鹏年老之后，崔涛就承担了瓷坊发展的重任，父亲只在细节上提供技术指导了（图4-1、图4-2、彩插4-2）。

图4-1 崔鹏、崔赤刚、崔涛父子传艺（来源：崔涛）

图4-2 崔家瓷坊的年轻匠人崔涛

**水泉头李家** 水泉头李氏宗族是瓮窑大宗族,也是明代早期由山西洪洞迁来。李家人曾经家家户户都会制瓷,以擅制缸、瓮而闻名。如今仍从艺者有李升科家族与李金平家族,两家人曾同属一个大宗族。陶瓷厂建立后,李家人被分散安置,逐渐走上了独立发展的道路。

李升科家族被安置于窑场下方的水泉头,因此又被称为"水泉头桥头李家"。这个家族在陈炉的知名度很高,现在当地知名景点"李家瓷坊"即属于他家。据陶瓷艺人李竹玲(图4-3)介绍,家族有小辈跟随父母制作大件瓷器的传统,有时还帮做些小货件。她的爷爷成年后创办了红花福瓷行,并在三原、西安两地建立了分销处,采用生产加销售的模式获得利润。家族还在原黄堡火车站旁开办澡堂,贩户将陶瓷运下山后就可以在这里歇息,并能获得草料喂养牲口。父亲李升科(图4-4)出生于1938年,共有兄弟四人。大哥李敬业一直在外上学,没有在作坊里工作;二哥李金科擅长画坯与拉坯,曾对传统米坛子的拉坯工艺做了改进,使其从两次成型改为一次成型,极大地提升了生产效率;三哥李银科负责瓷坊的销售工作;而李升科为最小的弟弟,12岁就在家族作坊里学拉坯、喂养牲口。他16岁后更是独当一面,一天可拉40个灿子(大缸的底部)。这种迅捷的天赋使李升科被宗族长老们大为赞赏并寄予厚望。

陈炉陶瓷厂成立后,李升科进入二分厂。他先专制瓷盆近20年,后负责烧窑。1968年,女儿李竹玲出生。培养陶艺还是从娃娃抓起。她小时候也经常在晚上与父亲一起赶制支钉与其他零件,以备第二天的烧制。有时甚至全家人齐上阵,共同拉坯以完成任务量。由此可见,李家在计划经济时代仍进行着

图4-3 李竹玲与家族作品

图4-4 老艺人李升科(来源:崔涛)

血缘传承。

到了1990年,李升科与十余名职工跳槽进入黄堡耀州窑复制厂。他们因此随即被原厂开除,并再未回到陶瓷厂。及至1995年,李家人基本离开了陶瓷厂,在新单位以仿制黑釉瓷与耀州青瓷为主业。此事曾在陈炉引起轩然大波,一时间大家议论纷纷。李竹玲后来回忆了事情的来龙去脉:

"当时厂里的老年人就我父亲和伯父,从建窑炉到烧成产品都要靠他俩和大伯父的儿子。三人直接去了复制厂后,陈炉就把我父亲开除了。我父亲并没有打官司,等于辞掉了工作重新招工。那时候真的什么都不要就走了,没有任何瓜葛。我记得我的大妈和妈妈都去了,专门去给工人们做饭。其实陶瓷厂后来派人上门要父亲回来,但他坚决不回来。一是环境不一样,他已经习惯了新单位;二是陶瓷厂做日用瓷,而复制厂做文物复制,技术上能够有所提高。另外复制厂工资较高。我父亲九几年在陶瓷厂烧一个月炉子才一百多块,复制厂就有两三百块。这样一来,家里的生活水平就会好很多。"①

1991年,李竹玲辞掉工作回家制瓷,建立了李家瓷坊。伴随着工作起步,李升科时常回家做技术指导。他们从老一辈人家里征集到各种生产工具,并且拉通电线到家,闲暇时间组装拉坯轮盘、收集材料、练泥拉坯。1992年7月,瓷坊终于研制出黑釉剔花瓷。1994年开始生产耀州青瓷复制品,尽可能地做到与原件相似。六年后,他们举家搬迁至耀州区。为适应行业发展的需要,瓷坊购置了液化气窑,放弃黑釉瓷转而全力生产工艺与仿古青瓷。如今李家已经在耀州、黄堡与陈炉等地开办了三家"李家瓷坊"专卖店,专销中高端青瓷器,并且成为陕西历史博物馆以及各级政府的耀州瓷固定供应商。

李家瓷坊成立后,李氏家族其他成员陆续加入,使得瓷坊带有强烈的家族色彩。李竹玲的爱人、外甥与侄女常年跟随李升科学习手拉坯与刻花,熟练掌握了耀州瓷的技法。女儿任肇更是在陕西科技大学攻读工业设计专业的研究生,每年寒暑假时也回家学习刻花。她将所学融于创作之中,效果很好(图4-5)。

由于李家父女在耀州青瓷方面的贡献,他们先后获评"陕西省工艺美术大师"。而李竹玲又于2009年和2012年分别获评"中国陶瓷艺术大师""中国工艺美术大师"。父女联合创作了一批代表性陶瓷作品。其中《耀州瓷刻花盘口纹瓶》(彩插4-3)和《耀州瓷和和美美》分别夺得2008年、2010年的"天工艺苑·百花杯"中国工艺美术精品金奖;艺术陶瓷《大吉大利》荣获国际陶艺学会"2008年第43届国际陶艺展览"的"和谐奖"特别奖。

另一个"水泉头李家"同样值得一说。现在的代表性传人为李保平、李金平、李保峰三兄弟(图4-6、图4-7),家族制瓷史可溯源至十一代以前。兄弟

---

① 采访人:笔者,采访对象:李竹玲,采访时间:2017年8月15日上午,采访地点:耀州区李竹玲家。

图4-5 李家瓷坊的展示厅

图4-6 李金平

图4-7 李保峰

们的曾祖父名叫李宗谚,字俊伯,性情豁达,人品端正。尤其瓮、缸等大件方面的技术精湛,因此陈炉人为其取了个绰号:"瓮窑脑脑"。他曾独自前往安口窑,将陈炉陶瓷技艺传于当地匠人,培养了一批优秀弟子。后又与人比试陶艺,以"二十一道肋子"的家族手法让对手折服。李宗谚回到陈炉后,创办家族瓷行"积善堂",致力于培养后生晚辈。二曾祖父李宗海,字东阳,聪明笃实,人称"创业龙"。在他的操持之下,李家逐渐兴旺,田土日增。置买"仁和堂"的地产、房窑、药铺、瓷坊后,更使家业达到新高度。其子李长滋于民国十二年(1923年)继承家业时,竟已有良田二百余亩,瓷器作坊三处,骡马成群。家族人口达四十余人,建立了家族商号"九思堂"①,成为陈炉西八社三

---

① 2022年夏天,李家兄弟在家附近创建了新瓷坊。为表示传承血脉,瓷坊名就叫"九思堂"。

大户之一①。

李金平的爷爷生于瓮窑之家，擅长为宗教建筑和大户之家烧制陶瓷宝顶。父亲共兄弟四人，从小均被爷爷寄予了厚望，并被按照性格差异分别培养不同的技能。在家族的栽培下，大伯掌握了经商技能，成为瓷行掌柜；二伯学会了拉坯制瓷，成为家族制瓷的顶梁柱；三伯因朝鲜战争爆发而参军入伍，之后回到陶瓷厂处理杂务；爸爸李自兴也学习了陶瓷手艺，没多久进了陶瓷厂工作。他先是在沙坡大缸厂拉制大缸大瓮，后因积劳成疾调至铜川水泥厂直至退休。

在爷爷、父亲与伯伯们的影响下，李家兄弟掌握了手工拉坯工艺。1993年，李金平高中毕业随父在家中作坊制陶，遍访全镇拉坯高手切磋技艺。1995年父亲退休后，正式创办家庭作坊，生产黑釉剔花瓷及各种传统生活用瓷。李金平在生产实践中刻苦学习，悉心领会，掌握了一整套工艺流程技术。之后他经历了一系列变动，丰富了人生阅历：

1998—2000年，受邀担任中央工艺美术学院陶瓷系教辅教师，系统学习了陶瓷科学与各项技艺；2000—2006年任北京乐陶苑工艺师；2006—2014年又转至山西省平定古窑陶艺公司任总工艺师。2015年后在陈炉古镇建立大门李瓷业有限公司，为总经理兼总工艺师。

其弟李保峰曾担任政府部门的司机，公车改革后下岗回家，也与李金平共同维持家庭瓷坊的经营。

李氏兄弟创业初期主要烧制铁红釉瓷，后来改烧黑釉瓷以增加收入。工作之余反复试验黑曜石质地的瓷器，取得了一定进展。

**陈炉关家** 匠人关耀武的家族技艺亦属于瓮窑，关家以制作缸、瓮等大件器具为生。高祖父在世时就是镇上的制瓷高手，从转轮就制、绘画装饰，再到煅烧成瓷，无所不精，技艺过人。关家有两件高祖父的亲传瓷器：一件是绘有缠枝牡丹、菊花纹、寿字等纹样的陈炉民间白釉铁锈花坛；另一件是光滑可鉴的黑釉缸，现已成家族传世之宝。关耀武的曾祖父一生坎坷，曾长期从事郎中职业。晚年他自觉蹉跎半生，遂对其子寄予厚望，送至家族工匠处学习瓮窑技艺。因生活所迫，关爷爷发奋学习陶瓷技艺，终于在青年时代成长为知名陶瓷艺人、宗族的顶梁柱。合作化运动时，他被任命为瓷业二社的主任。不久在陶瓷厂任职，遂将技艺传给了儿子关培英与小孙子关耀武（图4-8、图4-9）。

关耀武出生于1963年。从小对陶艺耳濡目染，还经常在陶瓷厂观摩工人们的制作。高中毕业后进入厂陶瓷研究所，成长更为迅速。不久即被派往陕西省工艺美术公司进修，并转入西安美术学院深造。26岁时，他获颁美术专业大专学历，返厂从事拉坯成型、装饰造型方面的工作。

2000年8月，关氏父子离开了陈炉陶瓷厂，自建家庭作坊——关家瓷坊。父子齐心，很快让瓷坊走上正轨。开办半年后，所生产的耀州青瓷仿古产品几

---

① 另两位为任崇薛、崔儒。

图4-8　关耀武师傅　　　　图4-9　工作中的关耀武师傅

乎可以假乱真。工艺瓷种也达到了一定的艺术造诣，研制出月白釉与耀州红两种稀有釉种。关培英在世时，因其手拉坯端庄秀气，在陈炉地区的名望极高。而关耀武擅长镌刻、印花、贴花、绘画等多种装饰技艺，纹饰丰富多彩，更将关氏宗族的陶瓷技艺发扬光大。如今关家瓷坊的产品种类丰富，可生产耀州青瓷、黑釉瓷、青花瓷、香色釉瓷、铁锈花瓷、白底红花瓷等八大系列、二百多个品种的瓷器。

除了上述行业大家族，当地还有一些大大小小的制瓷家庭、家族。如今为了保证传承有序，老匠人们更倾向于将技艺传授于沾亲带故的亲友们。因此笔者相信，未来还会诞生更多的制瓷大户。

## 第二节　业缘传承——以能者为师

### 一、基于传统行业关系的业缘传承

所谓业缘传承，就是在同一行业内部所进行的传承活动[1]，也是基于业缘关系的横向承继方式。这种关系通常因同一单位工作的同事或工作在同一行业且经常相遇的同行，在事业、职业上的相关性而结缘，是一种近人际关系[2]。它并

---

[1] 黄中祥：《哈萨克英雄史诗与草原文化》，中央编译出版社，2007，第181页。
[2] 吴廷俊、舒咏平、张振亭：《传播素质论》，河南人民出版社，2015，第151页。

不如血缘关系、地缘关系般与生俱来，而是因社会分工而存在。处于其中的人以职业为纽带，既可以是师徒关系，也可以是上下级关系，还可以是同事关系。

过去陈炉陶瓷业的业缘传承，多在瓷户中流行，以师傅带徒弟的方式进行。师傅教徒弟技艺，徒弟须为师傅承担家务。外姓学徒进入师门时，会向师傅行三拜九叩、奉茶等传统礼节。拜师仪式虽然简单，但却是表达崇高敬意、确定师徒传承关系的重要象征。师徒之间带有明显的等级差距，在日常生活中存在着众多规范制约。由于学徒工起初并不能带来经济效益，因此他既是学习技艺的学徒，也是从事照顾师傅全家生活起居、采买生产资料等杂务的服务人员。一般情况下，瓷户至少要保证雇佣两名称为"三溜"的学徒。如此制作时可一人修坯，一人打杂。学徒们的学习期限多为三年。刚入门的第一年不被允许上台拉坯，只能在旁边看着师傅制瓷，打打下手。一年以后师傅才会准许学徒在晚上休息时间拉坯。当学徒技艺成熟时，师傅将教其制瓷的另一重要部分——烧窑。三年时间过去，学徒掌握了拉坯与烧窑技能后就算承袭师傅的技艺，就可以出师自立门户了。

笔者在前文已经提及：受制于陈炉地区盘根错节的血缘关系，业缘传承其实本不多见。匠人们原则上招收宗族内或亲朋好友的子弟，而不愿选择外姓或外地人授业。同时因"教会徒弟，饿死师傅"观念的影响，师傅可能会在装饰技法、釉料配方等技术含量较高的工序上有所保留。

陈炉陶瓷合作工厂的成立改变了这一切，彻底将陶工们从松散的生产结构中抽离，重新组合、集中于车间厂房。这让血缘传承失去了生存土壤，而业缘传承成为主流的传承模式。计划经济时代里的员工们互帮互助、不分彼此。老师傅们能力突出，毫无保留、手把手地教授年轻工人，将业缘发展为同志、工友与师徒三种关系的合体。总之，陈炉窑场的业缘传承具有鲜明的时代性，贯穿了陶瓷厂的发展历程。

## 二、陶瓷厂时期的业缘传承

20世纪50年代末期至90年代初期，老师傅们支撑起了陈炉陶瓷业的发展。其中大多数匠人在民国时期就已经声名鹊起，是非常合适的知识传授人。他们一边将精湛技艺贡献给合作社与陶瓷厂，一边倾全力培养年轻工人。陈炉的炉火能够不灭，有他们的汗马功劳。后人不应该忘记这段历史，老师傅们的名字也应该被铭记。在此就陈炉人常提及的、有突出贡献者进行简要介绍。

**艾志彬** 据传为江西上埠人，民国时因所在国民党军队被打散而流亡至陈炉。由于他在战乱中受伤导致腿脚不便，加之已在老家学到了较高的画坯技艺，故而在当地给各窑场画坯为生，最后栖身于宋家崖。艾志彬的画坯速度很快，短时间内就打出了名气。当时陶工群体里有三人合称为"三快"，有人拉坯快，有人旋坯快，而他跻身"三快"之一的"画坯快"。新中国成立后艾志彬被安排至合作社和陶瓷厂工作，成为工人们学习和模仿的对象，其徒弟段启荣1960年进厂时，还曾在彩绘室目睹他画坯。

陶瓷厂1962年进行人员清查时，对艾志彬的身世做了细致的调查。直到这时，江西老家人才知道他还在世。当艾志彬被抓壮丁离家的时候，大儿子艾江清还不到两岁，小儿子艾海清还没有出生。艾夫人也曾在新中国成立初期多次贴寻人启事，四处寻找无果后无奈选择了改嫁。当她得知艾志彬尚在人世时非常高兴，亲至陈炉迎接回家。然而笔者调研时，段启荣面带着惋惜之色，讲述了艾师傅回家后的另一番人生境遇：

"我听说他回去以后，老婆就给他安排在后院。管他吃，管他喝，他却老觉得别扭。为啥呢？因为前面屋子住的是他老婆和现在老公了！他就憋屈得不行，于是又住到一个碾麦厂的牛棚里面去了。他老婆有时间给他送点吃的，最后听说就死了。他死也就是'文革'前的事吧！"[1]

艾志彬在宋家崖住了近二十年，对陈炉陶瓷画坯技艺发展的影响十分深远。在陶瓷厂组建之前，宋家崖的小货窑画坯技艺就有着"陈炉之冠"的称号。而他是其中的佼佼者，手把手带徒，推动了行业整体发展。建厂后他被分配至陶瓷研究所彩绘室，领取任务专研釉上彩。当时几乎没人知晓釉上彩方法，"烤花"之类的词汇更是闻所未闻。艾志彬进室后很快摸索出釉上彩技艺，并且带出孟子恒、梁宗明、孟建华、关永仁、段启荣等十余名徒弟。他们后来都成为行业里的优秀人物。笔者因此常想：如果艾师傅选择继续留在陈炉，应该会有更突出的艺术成就吧！

**陈富贵** 山西人，20世纪30至60年代初居住于陈炉西社湾里。现在人们所见到的民国至新中国成立初期的坛、罐上的人物、山水与花鸟等内容多为其所绘。尤其是"大公鸡叫鸣"与"小孩童"形象惟妙惟肖，生动活泼，为陈炉一绝。陈富贵不仅画坯技艺高超，画坯速度也快，还为以后陈炉陶瓷厂的画坯技艺培养了一批接班人。然而在陶瓷厂建立初期，他也回到了家乡，在陈炉的艺术生涯戛然而止。

作为经常接触陈富贵的好友，段启荣对笔者说道：

"陈富贵那个人基本上都是在西社湾里那一带画的。东社才不做那东西，就是画也留不下来，都卖了。本来东社就是碗窑嘛，如果在碗上挑细梅，画梅花，那工序就大了。你要定制的话，叫人给你好好画几个碗可以。但是一般不画这么复杂的，所以西社才在坛、罐上面画那些东西。

你看到郭孝明家不是有几个坛坛罐罐嘛，那上面的图案可能就是陈富贵画的。你要向他了解那段历史，他就知道的比我多，一般外地来的做彩绘的，这

---

[1] 采访人：笔者，采访对象：段启荣，采访时间：2017年8月8日下午，采访地点：段启荣家。

两个师傅出名点。"[①]

除上述两位老前辈，还有：

**刘书俊**　陕西省白水县人，与段启荣同时进厂，被安置于生产科。他熟悉氧化钴的特性，擅长釉下彩，但不会釉上彩。刘书俊喜欢喝酒、打牌，因此"文革"时厂里有人排挤他，将其调至窑厂给碳泼水。后来他在那患上骨癌病，无法工作后又被调至库房看门。在这一特殊时期里，他还被多次游街批斗，最终死于"文革"刚结束之时。

**郭述勤**　陈炉宋家崖人，成长于小货窑。合作工厂初建时由他与曹文席、王树勤等精干力量组成了陶瓷研究组，主攻细瓷研究，兼改进粗瓷生产工艺。他们基于丰富的生产实践经验来研究如何配制更优质的原料，尝试如何掌握更合适的烧成温度以及引进与使用注浆工艺。研究组的成果丰硕，配出的细瓷细泥能达到透亮的程度。细瓷专项研究结束后，他们又转向研究色釉瓷，包括孔雀蓝、影青等釉色。郭述勤于20世纪80年代初期去世。由于他生前喜欢提携后进，故而现今一大批陈炉陶工都出自其门下，也培养出了孙若鹏这样的"中国陶瓷艺术大师"。

**袁西成**　陈炉本地人，毕业于西北轻工业学院硅酸盐系。曾任陶瓷厂的技术科长，负责厂内技术项目的引进与评估。因为他对陶瓷材料学知识的掌握较为全面，旁人难以替代，所以长期担任技术科长。他教授工人配料知识，并引进液化气窑烧制青瓷，亲身指导烧制方法。后来在耀州窑文物复制厂工作时，专研陶瓷泥料的改进。通过在泥料中掺入景德镇泥和电瓷泥，提高了产品烧制时的稳定性，较大地推动了耀州窑的整体发展。

**关培英**　1941年生，陈炉水泉头人。他13岁时跟随父亲学艺，15岁学成。陶瓷厂初建时加入陶瓷研究组，20世纪70年代被借调到耀州青瓷试制组，成为李国桢的重要助手之一。之后他继续待在七面窑洞的陶瓷研究所，独自工作直至退休。关培英的拉坯技艺在陈炉首屈一指，是陶瓷厂培养手拉坯工人的重要师傅。后来他结合跟随陈箎咏学习时的经历，首先摸索出青瓷雕刻花技艺，并将其传授给工人。同时培养了一批擅长拉坯与雕刻花技艺的匠人，既促进了陶瓷厂的生产，也为以后瓷坊的兴起奠定了坚实的技术基础。

## 小结

笔者基于文献资料与田野调查，大致梳理出陈炉窑场两大传承方式。在传统社会里，当地流行血缘为主、业缘为辅的传承方式。血缘传承是宗族制度与地域共同体的结合，为生产分工与社会等级的形成产生了重要作用，也塑造了

---

[①] 采访人：笔者，采访对象：段启荣，采访时间：2017年8月8日下午，采访地点：段启荣家。

东西分社的地域格局。在计划经济时代,这种传承方式偃旗息鼓,直到改革开放后才得以逐渐复苏。由于当地深厚的宗族文化,形成了如今的湾里孟家、陈炉崔家、水泉头李家、陈炉关家等多个地域性家族瓷坊。他们基于家族血缘管理生产体系,正处于事业上升阶段,已普遍传承至第三代。在老一辈陶瓷厂的工作经历与家族传承历史的共同影响下,各家族作坊既有技术与产品的相似性,也有生产工序、产品特征、管理理念等方面的差异。

  在历史上大多数时间里,业缘传承并不占优势。它只在行业少数分工中存在,并以传统礼仪规范作为师徒间的约束。计划经济体制建立后,业缘传承才逐渐成为主要的传承方式。当代业缘传承存在于两个不同历史阶段:陶瓷厂时期与私人企业时期。第一个阶段里,来自天南海北的老师傅们充分发扬了革命奉献精神。不仅为产品的精益求精倾注了心血,还带出了一大批优秀徒弟。尤其复烧耀州青瓷的过程中,李国桢、陈筱咏等人带来了新的技术,所起到的重要作用不可低估。而第二个阶段,业缘传承助力了传承人问题的解决。黄堡、陈炉等地的瓷坊与企业(包括陶瓷厂)吸收了数量可观的工人,其中一些已成长为优秀的艺人。

  由于笔者能力有限,对传承人的资料整理难以全面覆盖。无论是否被记录,那些发挥过作用的传承人,必将被历史所铭记!

第五章

# 各显其能：
# 行业组织、地方权力结构与民间信仰

当人类开始劳动时,组织分工同时出现。生产力的发展水平越高,行业组织的分工就越复杂。法国社会学家、人类学家埃米尔·涂尔干认为:"它[1]增加了生产的能力和工人的技艺,所以成了社会精神和物质发展的必要条件,成了文明的源泉。"[2]因此行业组织的分工是人类文明发展的必然趋势,也是社会进步的体现。

与传承方式不同,行业组织与地方权力结构这两种工制文化基因,可归为规约型地方性知识。所谓规约型地方性知识,既有成文的管理制度,也有约定俗成的习惯规范。该知识包括了分工体系,还确定生产规则,保证了生产秩序。中国传统陶瓷行业普遍存在着规约。尤其是明代中叶之后,伴随资本主义萌芽的产生,主要生产地均出现了较为复杂的生产形式。各行各司其职,分工明确。譬如石湾陶瓷业有大盆行、红釉行、缸行、茶壶行等九个制作大行业、八个中等行业、五个小型行业以及砌窑、煅烧、担泥等三十余种辅助行业[3]。明末清初时,陈炉陶瓷业同样为适应社会生产力的发展,进化出"四户分立"的劳动分工组织系统。

"四户分立"是指当地曾经存在的四类分工:"瓷户""窑户""行户"与"贩户"。所谓"户"既可以指代工人,也可以包括工作场所。具体而言:瓷户是专门制作瓷器、使之成型的作坊或匠人,多以家庭为生产单位;窑户烧制陶瓷,为一家独营或者数家合营;行户是收购瓷器转卖的专职经销商;贩户则从事陶瓷产品运输,他们负责将瓷器运往全国各地。此外瓷户又分"碗窑""瓮窑""黑窑",号称"三行不乱"。

"行"与"户"系统呈现出"有机团结"的特征。各行各业既有集体利益,也有个体差异。独立的组织结构仿佛一个个结合紧密的齿轮,维持着"行业机器"的运转。参与人不仅有自由的人格,还有独立的活动范围与工作项目。而其并不被行业完全占据,进退颇为自由。个体生产与行业发展同步协调,保证了传统陶瓷业生产的平衡与秩序。

陶瓷业的发展还与村落的构成息息相关。早期的定居者以陶为生,本聚居于山顶。然而生产规模的扩大使得窑场保持着对劳动力的旺盛需求,持续吸引外来人员加入。到了清代晚期,东、西两个大社最终定型,构建出上街与坡子街为中心的双核心村落模式。分析地形轮廓,依山而建的陈炉仿佛一个金字塔,不同地位的人生活在不同的位置。东三社高居山顶,掌握着政治权力与生产资本;西八社位于山腰与山脚,提供劳动力与生产资料;而周围零零散散居住着农民和第三产业从业者。这种因生产分工产生的空间方位,暗含了中国古代上尊下卑的等级关系。我们将观察视角深入到村落内部,又可以发

---

[1] 指劳动分工。
[2] 埃米尔·涂尔干:《社会分工论》,渠敬东译,生活·读书·新知三联书店,2017,第14页。
[3] 方志钦、蒋祖缘:《广东通史·古代下册》,广东高等教育出版社,2007,第943页。

现窑场分出十一个小村庄。一个或数个大宗族构成每个村庄的核心居民，其余是散居的他姓住户。这种"聚族而居"的定居方式是"地缘团体"与"血缘团体"的重合①。因生产资料的差异与生产分工的不同，各村落抱团发展，逐渐聚合，促进了"东三社"与"西八社"二元村落权力格局的形成。各大宗族基于本族利益，适时选择联合或对抗，在权力格局中扮演着举足轻重的角色。

陈炉的民间信仰丰富多彩，它涉及当地人生活世界的方方面面，满足着生产、生活中的各种心理需求。其中最为典型、最具地域性特征的当属窑神信仰。这种信仰既是陶工对生产顺利的朴素追求，也是陶瓷业落后生产状况的必然结果，更是东、西二社分化的产物。过去陶工们使用传统烧制方法并不能保证烧制时能够达到令人满意的出窑率，如果操作不当甚至血本无归。因此，借鉴黄堡等地的窑神信仰并加以改造，创立陈炉窑神信仰与窑神祭祀，就能较好地满足陶工们的心理需求。窑神的信众数量可观，催生出当地规模最大的民间节日——窑神祭。然而东、西二社所具有的两个窑神庙与两种祭祀形式，反而强化了社民的归属意识与集体认同。基于这些原因，社与信仰文化互为表里。

陈炉人性格开朗，喜欢向外人讲述窑场曾经发生的故事，展示他们的集体记忆。王明珂认为："一段语言表述或对话内容亦可被视为文本，它们被转为文字后，可作为文本分析的对象。"②因此如果整合关于合作化之前窑场的行业组织、地方权力结构以及民间信仰的描述，我们就能大致勾勒出曾经存在、但业已消失的地方社会面貌。亦有助于解释现代人为何热衷于以"发展陶瓷文化"的名义，恢复只保存在脑海里的文化事项。

行业组织、地方权力结构与民间信仰各显其能，对行业发展起着特殊的作用。通过对他们的发展脉络加以梳理，我们可得结论：陶瓷生产分工推动了"社"的形成，连带产生行业宗族、窑神庙与窑神祭。直到进入现代，这一文化现象才发生根本性的转变。

---

① 杜赞奇在对寺北柴、侯家营、后夏寨等华北地区村庄进行田野调查与文献梳理时发现，这些村庄的行政划分往往以宗族或门股为基础，宗族势力成为村庄的权力主体，血缘划分与政治领域相重合。因此，他认为村落中的人们聚族而居，"血缘团体"与"地缘团体"基本重合。他对华北地区的研究具有一定的普适性，而陈炉与其类似，大宗族组成村庄，也可以看成是"血缘"与"地缘"相结合的村落权力体。见杜赞奇：《文化、权力与国家：1900—1942年的华北农村》，王福明译，江苏人民出版社，2010，第101页。
② 王明珂：《田野、文本与历史记忆——以滇西为例》，《思想战线》2017年第1期。

## 第一节 分工有序的行业组织

### 一、瓷户的组织结构及特点

陈炉窑场的陶瓷生产起初以家庭为基本单位,以自产自销为特色。随着岁月的流逝,家庭作坊的经济状况、劳动力、技艺特长等因素不断发生变化。到了清代中晚期,作坊经历解体再重新组合为"瓷户""窑户""行户""贩户"四大门类,形成单项生产、经营的生产集体。他们相互协作,互不侵扰,充分发挥各社、各户和各窑的专业分工特长。也因为这种以户专营的生产形式,解放了社会生产力,推动窑场进入新的繁荣期。

民国时《同官县志·工商志》记载:"业陶居民,计可分为瓷户、窑户、行户、贩户四类:瓷户即做瓷坯之人,家有瓷土,碾成瓷泥,就窑户场所,制坯上药,计满一窑,装窑升火,煤由窑主出,火由瓷户烧,烧成出货,瓷户窑户各半均分;行户即悉数买去;再由贩户驮运各埠销售。"[①] 到了民国三十年(1941年),陈炉制瓷作坊120余处;窑户共计30余户(拥有瓷窑40余座);行户9户;贩户则多为外来人,居留不定,无法计数。对于"四户"的具体情况,笔者将在下文做进一步叙述。

首先要讨论的是瓷户。瓷户即制作瓷坯的分工组织,是生产的主要力量。它多以小家庭为基本生产单位,聚居于某地的一个大家族构成生产集群。瓷户的分工很明确:将坩土运至作坊制备瓷坯,再在斜坯窑阴干,够烧一窑后运至窑户处烧制。在此有必要介绍下陈炉人常说的"三行不乱"。所谓"三行不乱"是指窑场以地域为单位分成碗窑(烧制碗盏者)、瓮窑(烧制瓮罐者)与黑窑(烧制杂件者)三行。每一行瓷户坚决只从事本行类产品的生产,绝不越行制作其他产品。因此史料评价为:"所制瓷器,窑分三行……分地制作,各不相侵。"

相传"三行不乱"分工是由立地坡窑场传来。古代匠人因器坯大小、厚薄、放置位置等差异,以及考虑窑内火位变化等因素,不便统一杂置于一窑之内。由此各有分工,演化出"三行"。这亦是基于精细分工的社会化大生产的必由之路。可惜立地坡停烧已久,相关的文字记载较少,很难还原当时的情况。作为后继者的陈炉窑场,将"瓷户+窑户"合作模式发扬光大。

窑场里每个村落只可产生一行,由内部单一家族群体生产统一门类产品。村与村、行与行之间互不学习,绝不允许跨行生产。碗窑和黑窑没有非本行的技术与工具,而瓮窑即使能做出其他行的产品,也只能生活自用,禁止外送与销售。虽然从技术角度上说,瓮窑手法最为讲究,但三行之中要数黑窑的整体技术水平最高。其次是瓮窑,而碗窑最弱。对此孟树锋进一步解释道:

---

① 祁守华、钟晓钟:《中国地方志煤炭史料选辑》,煤炭工业出版社,1990,第476页。

"因为黑窑的人能做各种杂件,什么瓶啊、壶啊、罐啊、杯啊等等,还有像夜壶、烟枪头这类。他们的成型都很难,所以碗窑和瓮窑的活都能做,但是碗窑的人一般而言就做不了瓮窑和黑窑的活。我们家所在的湾里村就是专门做黑窑的势力地盘,我们家就是做黑窑的活。黑窑里面最主要的一个产品叫斗罐,也叫直罐。这个斗罐可以当做一个匣钵用,自己本身也是一个产品。"[1]

民国时期,黑窑有11场作坊,分布于任家湾、段家桥桥南社与段家桥桥北社,生产酒樽、茶具、瓶子、瓷枕、瓷盒、油灯以及各种杂件。瓮窑有39场作坊,分布于水泉头与坡子两社,生产大缸、大盆、大罐、大坛等大物件。碗窑有71场作坊,分布于东三社、咀头、马家窠、永受堡与窑院村,主制各类碗、盘、碟与盏。其中黑窑还分化出小别类行"小货窑",主烧酒具、玩具以及花瓶等工艺瓷,分布于宋家崖。

村子里匠人的日常打扮十分简朴。他们身着家庭手纳的对襟便袄,虽缝满了补丁,但总体上还算干净整洁。只有在逢年过节或者参加祭祀时,才会换上压箱底的棉或绸缎制成的好衣裳。

瓷户具有家族血缘性质,仍可根据实际情况雇佣外来工人,形成"供主""作头"与"三溜"的生产架构。供主指提供生产资金、生产原料与生产设备的瓷户雇主;作头是制作瓷坯的拉坯工匠,是贡献技艺的主力。供主与作头结合后还会再寻找学徒为生产服务,至少保证一人修坯,一人打杂。这些学徒,陈炉人称之为"三溜"。具体分工流程为:供主采集、购买原材料后运至作坊,由作头拉坯后将产品交由修坯三溜修坯和上釉。而打杂三溜所承担的杂活较多,涉及练泥、拌釉料、端泥坯、端茶倒水、搬运工具以及打扫卫生等方方面面。

供主、作头与三溜之间的劳资清算以产品为载体。因为瓷户只提供原材料与生产工具,所以制成品以窑炉中巷为界,先由烧窑户取走一半,再供供主与作头平分。而作头的那部分,会再自行分配给三溜。

瓷户的形成与"三行分立"是社会化大生产背景下,基于地域和家庭因素所形成的分工协作。它适应了传统农业社会的实际情况,充分发挥了工匠们的技术熟练优势,故而能够维持至新中国成立初期。供主、作头与三溜的生产关系同样有先进性:一是分配与货币脱钩,不会给供主带来货币支付的压力,并使市场价格波动带来的风险平摊至个人;二是各方囤积的产品可自行售卖,使其具备了类似"行户"的职能,促进了陶瓷市场的发展;三是参与者各司其职,达到时间、资源与人力的最佳平衡,提高了匠人的生产积极性。

---

[1] 刘莹:《世代陶人——陶瓷大师孟树锋口述史》,中央编译出版社,2010,第80页。

## 二、窑户的组织结构及特点

"窑户"指掌握瓷窑的人,组织结构相对简单。他们是一家人,也可以是几家人的组合。多数窑户只提供烧窑业务,少数还身兼瓷户角色。当窑户烧制时,必须为瓷户提供烧制瓷器的燃煤,瓷户则帮助观察火候。以前各村都有瓷户与窑户,雇用了数量可观的穷苦人。

陈炉窑户的行规主要体现于成品的分配上。他们有着专门的计量单位,其中量词"拃"与"指"的使用频率最高。"拃"字表示张开的大拇指和中指或小指两端间的距离,而一根手指头的宽度为一"指"。由于多数劳动者文化程度不高,为了生产方便而借助于这些具有实物模拟性质的量词。譬如"'字三斤'文字的高度为'一拃半',笼盆的沿厚为'一指'。又如原材料的运输曾靠骡子背驮,陶人就不用吨、斤等概念,而以驮笼为标准。'一驮土''十驮泥''三十驮炭'之类的量词,即是一头骡子在装满一个驮笼的情况下,一次、十次或三十次所运输的量。"①

窑户烧窑时间以十二小时为基本单位,即古代的六个时辰。每六个时辰为"一件子",一天为"两件子"。窑户会估算烧制一窑瓷器的时间,然后准备足够的燃料。如果是马蹄窑煤烧,白瓷的最低烧制时间为四件子,而青瓷最少需十件子。这是因为青瓷的烧制经历了从氧化焰到还原焰的变化,最后保温等待自然冷却,这无疑延长了烧制时间。

## 三、行户的组织结构及特点

当窑场发展到相当规模时,手工业需要更为细致的分工,于是专营销售的"行户"与"贩户"应运而生。其中行户是从瓷户与窑户处购买瓷器,然后在特定的经销处集中销售给贩户的中间商。

早在崔乃镛生活的清代中期,陈炉就出现了转销陶瓷的"牙行"。牙行即组织程度较高的行户,会根据消费市场状况,统筹安排产品发往各地。由于利润丰厚,还引起了官府的觊觎。为了垄断贸易,官府立法严管民间私建牙行、州县滥发营业执照以及衙役参与服务等行为,并颁布惩罚条例②。到了清代晚期,陈炉宗族性行户组织已成规模。占据垄断地位的是东三社梁氏宗族,所开设的八家行户店铺实力雄厚,被人们称为"陈炉八大号"。

据段启荣撰写的《陈炉"八大号"与"九瓷行"》记载:八大号分别为老号、祥号、魁号、和号、昌号、益号、垣号与生号。前六者分布于今窑场山顶上街社区的"腰街里",后两者在附近的"窑院里"与"盐店匾"。由于八个

---

① 赵政才:《陈炉耀瓷文化与旅游》,陕西旅游出版社,2006,第41页。
② 袁西成:《陈炉窑》,中国画报出版社,2006,第20页。

商号均为梁姓族人创建,故而陈炉人习惯性地加上梁家的堂号"永兴"前缀。如老号、祥号、垣号,就被唤作"永兴老""永兴祥"和"永兴垣"。

抗战爆发以后,随着人口西移与经济进入内循环,陈炉行户反而迎来了发展契机。当时的史志记述道:"嗣以抗战军兴,东路阻滞,本镇之瓷,复见活跃。"尤其以"九瓷行"为代表的大行号生意十分红火。"九瓷行"是新中国成立前陈炉的九户大瓷器行户,几乎垄断了窑场的陶瓷贸易。它们分别为永兴祥、永兴垣、德厚生、和盛生、谦仪成、鼎兴隆、红花福、三合兴与官场子。这九家行户常将货物交由次级经销商,同时结清尾款,直接售于贩户者甚少。九家之中以永兴垣最为繁荣,存货量巨大。九家之外,还有一些小型行户活跃于经销网络(图5-1)。

陈炉行户扮演着连接上、下游的中间商角色,却没有太多的行业规则。据调查显示:行户间的竞争关系较弱。作为经销链顶端的"八大号"更是梁氏宗族利益的联合体。凭借着宗族强大的凝聚力与自我解决问题的能力,各行户在绝大多数情况下保持着融洽的关系。在此笔者以"八大号"与"九瓷行"发展史为案例,帮助读者更好地理解陈炉行户的经营状况。

梁氏八大号发展于康熙至乾隆年间,现存最早文献为段启荣所收藏。其内容大致为清代道光十一年(1831年)的三月二十三日,昌号创始人梁复履收购了东三社窑院腰街段家的窑地,用以发展自家商号。由于该地段曾位于梁氏宗族聚居区内,紧邻益号、昌号、魁号与和号等商号,地理区位优势明显,于是激起了梁复履的收购欲望。这份资料证明此时行号已经打破了政府法令,通过兼并他人的土地与生产资料以发展壮大。到了光绪十年(1884年)的十月初三日,梁俊士又将该地贩予八大号中"永生号"。

清代晚期,八大号的经营状况逐渐显出差距。有些兴旺发达,有些破产倒

图5-1 写有"五福堂"款的白地黑花罐

闭，人生的沉浮令人唏嘘。昌号掌门人梁成林因资金流通不畅，变卖家产流落他乡不知所踪；生号掌门人梁七染鸦片烟瘾坐吃山空；老号掌门人梁八发家致富后，广置田地以收取地租为生，蜕变成不从事陶瓷经营的地主；魁号大约在光绪年以前即已倒闭，其后代沦落到为人做工为生；和号倒闭时间未知；而益号因没有合适的继承人，在清末将产业变卖于他人。只有祥号与垣号发展壮大，成为"九瓷行"中的大号。祥号在清末外来瓷器冲击、本地市场萎缩的背景下反而逆势而上，逐渐成为陈炉最大的行户。同时在耀县、西安等地开设商号，收入可观。为了扩大市场，民国时两位掌门人梁国伟、梁学智打破宗族壁垒，雇佣大荔人薛志俊操持具体经营事务。这一举措让经营事业再上一层楼。至今老一辈人仍记得壮观的店铺模样和热闹的经营场面，并称呼"中心祥"以示其在行户的中心地位。民国初年，梁玉山之父创办"垣号"，也雇佣山西省闻喜县客商贾东升主持管理。贾东升精于经营，从而使得该号在短时间内成为与祥号不分伯仲的大行号。

除此之外，陈炉还曾出现过他姓建立的行号。如孙姓商人创办的"德厚生"号（"德号"），聘请族亲孙兴顺掌管。德号经营颇为顺利，巅峰时期还曾介入生产环节，收购了一些生产机构。因此陈炉流传着一首民谣，描述了德号的发展："孙兴顺，是好汉，建庄置了一条川。陈炉置了几道坡，还有一片香口窝。"最终德号被祥号斥巨资收购，员工被继续聘用。

晚清、民国时期，陈炉的陶瓷业始终面临着国内市场竞争的巨大压力。质优价廉的外瓷持续流入，更对当地瓷业产生较大的冲击。为了应对困境，生产者"只求数量之加多，不究品质之改进"。这种"内卷式"发展因陇海铁路的开通而愈发恶化。时人评价为："外瓷流入，销路悉被剥夺，瓷业几至停顿，镇民疾首蹙额，咸感失业之虞。"外来资本的进入也致使梁家一些行号破产倒闭。包括西八社在内的其他宗族与外地客商趁机崛起，进入经销行业。他们也建立行号，在民国中期形成了"九瓷行"并立的新局面。

"九瓷行"中，除了祥号、垣号以及后来被兼并的"德厚生"号外，其余行号均为他姓人士创立。具体为：

由陕西省合阳县孟庄商人白玉印创办的和盛生；

由陈炉人高少凤投资、山西省闻喜县商人柴德明等人经营的谦仪成；

由闻喜县商人韩振生创办的鼎兴隆；

由水泉头李氏宗族代表李逢时集资创办、山西夏县李姓人士经营的红花福；

由陈炉人韩有智与富平人合办的三合兴；

由铜川国民党驻军"暂二旅"创办、长安县韦曲人郑玉亭经营的官场子。

从九大瓷行的出资方与管理方来源可知：作为利润率最高的"户"，早已成为各方势力角逐的目标。特别是叱咤风云的晋商，无论是资本实力与管理经验都不可小觑。国家权力也插手陶瓷行业，暂二旅建立的"官场子"即为个中代表。他们或者直接建立行号,或者成为职业经理人,起着举足轻重的作用。

虽然陈炉的行户生意兴隆,但是如果不提高产品质量,仅凭时局所带来的红利并不持久。《同官县志》就已表达了担忧:"(抗战军兴)但此不过短时之现象,仍当为长久之企图耳。"因此抗战胜利后,九瓷行渐次衰落。乱世之中,行业的境遇恍如雨打的飘萍。鼎兴隆在投资人任四被蘸油焚烧致死后停业;谦仪成于经纪人被国民党抓壮丁入伍后倒闭;红花福的掌门人被绑架勒索元气大伤,与其联系紧密的三合兴也因此歇业;官场子由于军队不擅经营而亏损撤销;至于和盛生则入不敷出而改行。新中国成立时,行业整体已处于亏损状态。剩下的店铺则在公私合营中国有化,陈炉行户遂成为历史。

## 四、贩户的组织结构及特点

"贩户"也称"脚户",是从行户处购买瓷器,然后运输至外地分销处或者自行贩卖的人。他们平常的穿着打扮比工人讲究,在窑场时身着粗布长衫,而外出贩销之时改换粗布便衣。与行户相反,贩户组织多以地缘关系为基础,吸纳了众多外地人。各地老乡们聚在一起,从熟悉的瓷行处批发产品,然后运往全国。作为曾经的见证者,郑忠胜向笔者回忆道:

"贩户是外地来的小商小贩。过去要牲口嘛,他们闲时帮养个骡子养个马,忙时来这一驮,一个骡子驮个三百、五百的碗。运到外面三分钱五分钱卖,他就挣这个差价。"①

贩户的作用可不止货物外运,一些原材料也靠他们从外面运入。郑忠胜再以地方特产"兰花花瓷"所需的颜料"钴料"为例,表达了贩户的重要性:

"当年有专门的客商,从遥远的南方把钴料贩运至陈炉。由于渭北窑工们把钴料叫"蓝",就称呼售卖者为"蓝客"。运过来的钴料都用铁皮筒密封好,一筒大约一市斤,也有一筒八斤的。对于当时的人来说,钴料太珍贵了!于是配料时采用"一两蓝兑八两药"的比例,一两钴料与八两釉料混合。澄城使用的钴料来自上海、浙江一带,据说最早采用过英国蓝;白水使用的钴料也来自南方②;而陈炉镇解放前的钴料从南方和西安运来,甚至用过日本'鹰'牌钴蓝。民间还相传:钴料到陈炉的年代很早,清朝时候就有了英国来的钴料。可以说,贩户以自己的方式为行业的发展做出了贡献。"③

贩户有自己的计量单位,以此计算运输的酬劳。他们常用的量词为"折头"。譬如烧成出窑的瓷器存在着规格差异,于是窑户就取一件中等大小的产

---

① 采访人:笔者,采访对象:郑忠胜,采访时间:2017年4月7日下午,采访地点:郑忠胜家会客厅。
② 澄城窑即尧头窑,白水窑可能是西河窑。
③ 章宏伟、王莉英:《中国古陶瓷研究》(第十三辑),紫禁城出版社,2007,第351页。

品做为标准件,这就是一个折头。窑户结算瓷器时,以折头对比其他产品。倘若一件瓷器比中间件大三倍,就是三个折头;而小于中间件的瓷器,计为几分之一个折头。贩户运输瓷器同样以折头为计酬单位。他们议定一个小缸为一个折头时,运输一个大缸,可得折价六个折头的酬劳;运输三百个碟子,就只算三个折头。换言之,一个小缸的运输酬劳只能折算成一个大缸的六分之一,却能比价一百个碟子的价格。

当行户计算好货物量与价格,就要交给贩户打包运走了。运输路线主要有三条,即前文所说的:通往富平县底店乡的东路、通往黄堡和耀县的南路以及通往王益区的北路。贩户多由来自同一地区的老乡组成,成群结队而行以防不测。队伍少则十余人,多则上百人。他们以骡子为运输工具,将瓷器用草绳捆扎好后放入掩子中(彩插5-1)。相比马、驴子等牲畜,骡子的好处显而易见:它虽是马和驴子配种所生,但力气更大、生命力更强且性格更为温和。加之陕北交通状态十分落后,骡子就成了贩运的主要工具。货物运至底店与黄堡后,贩户将其交付专门的货场。积攒到一定程度,由下一批商贩集中贩往西北五省及其他地区。

## 五、辅助行业的组织结构及特点

过去陶工们不事农业生产,在作坊里终生劳动。由于他们基本丧失了独立生活的能力,这时提供生活便利的辅助行业逐渐发展。晚清时,服务行业规模化,成为与"四户"同等重要的复合型行业。如果没有这些形形色色的辅助服务人员,陶工们的生产与生活是难以得到保障的。

辅助行业与陶瓷业一样,有着极为细致的分工。锔瓷行、木匠、裁缝、铁匠以及饮食业等样样俱全,均有成熟的规模。辅助行业为窑场的发展做出了巨大的贡献,却又各司其职,互不干扰。笔者在此就具有代表性的辅助行业进行介绍。

陈炉人以瓷为业。近代以来,陈炉窑场从单纯的窑场逐渐成长为以陶瓷业为主、多种辅助行业共同发展的社区。辅助行业有着三个特点:一是它是外地人能够容易参与的行业,聚集了大量的外地人。他们主要来自耀县、合阳、运城、丰城、太原等地,以山西人为主体。运城人与合阳人比较多,而河南人几乎没有。二是它是陈炉最早的第三产业,与陶瓷制作业同等重要。从业人员多不从事农耕与陶艺,专为居民提供服务为生。三是它为陶瓷业的发展提供了坚实的保障,促进了行业的发展。曾经辅助行业种类较多,满足了当地人的生产、生活需求,列举如下。

**锔瓷行** 这是与陶瓷密切相关的行业。人们在日常生活中难免手忙脚乱而打碎瓷器。由于旧时瓷器的稀缺性以及陈炉人节省的性格,碎瓷片并不会丢弃,而是送至锔瓷行修复。所谓锔瓷,即指锔钉补瓷的意思,是用延展性比较强的金属片（如铁、铜、金等）通过敲击成形做成扁平的两脚钉（锔子）后，用于修补破裂陶瓷器物的一门手艺①。陈炉的锔瓷工艺多由金银匠负责，能够运用工具与金银器相关技法进行锔瓷。他们接到村民打碎的瓷器后，就用钻头打个眼锔起来，仅象征性收取一些劳务费。这项技艺的消亡距今并不久远，匠人袁双庆还记得幼时所见过的锔瓷行修复情景：

"我见过人锔过我们家很粗糙的老兰花碗。这样的碗缺了个口，锔匠就拿两块铁皮打个麻花掐起来。还有铁锅锔的也比较多。以前人没啥文化，烧锅烧红了，一瓢冷水进去，啪，震了！然后咋弄呢？锔起来。生铁是脆的，就要仔细地根据进水角度修整。陈炉有锔瓷的东西，但是不属于行业，是业余。"②

计划经济时代，民间市场被官方禁止，但是金银器与陶瓷的黑市贸易仍然存在。袁双庆又回忆道：

"我记得很小的时候有个人叫猫子。他家里开小卖部，卖些小孩零碎、针线等小东西。然后到处悄悄游逛，收一些过去人的金银器和老瓷器倒卖。改革开放前比较隐蔽，跟货郎担一样。这个法律其实不会追究的，因为卖的是家家户户用的东西。他就进这些货卖到西安城去，再进货回陈炉。"

随着陶瓷厂产能的逐渐提高，群众的陶瓷器消费成本降低。人们打碎瓷器后可以很方便地购买，对此不再怜惜。金银铺因接不到锔瓷的活，于是将这一技术束之高阁。进入20世纪80年代，村民的钱包鼓了起来。他们热衷于去市里购买款式新颖的金银器，窑场的金银铺也就随之倒闭了。

**木器行** 除日常生活木器外，老一辈木匠还专门制作陶瓷生产和运输所用的木器。常见的有耙泥用的泥耙与专门驮陶瓷的驮子。泥耙的制作比较简单，木匠用铁钉与铁线连接相接处即可。而造驮子就相对难些。一套符合长途运输要求的驮子，需要做好牲口背上放搭的架子、放置于架子上的鞍子以及鞍子两边的山里树枝编织类似编笼的掩子（音）这三件器具。新中国成立后汽车和自行车跻身主要运输工具。伴随着运输牲畜被淘汰，不少驮子被当做柴火焚烧。如今所能够见到的驮子已经不多，泥耙更是少见。传统木器行随之成为了历史。

**布料行** 传统社会里的陈炉人穿着随意，款式简单。有些人先从裁缝处购买布料，再自家手纳，有些人则是直接在店里购买成衣。新中国成立前富人们穿绫罗绸缎制成的长袍马褂，光鲜亮丽地面对八方客商。而穷人穿着打满补丁的对襟布纽扣袄子，在作坊里辛苦工作。服饰，既是身份与地位的象征，也是分工的象征。

**小吃供应商** 过去整个窑场灯火通明，炉火不熄。为了满足工人们夜间对

---

① 刘鹏、宋充：《传统锔瓷手艺的存续与再生》，《中国陶瓷》2014年第1期。
② 采访人：笔者，采访对象：袁双庆，采访时间：2017年7月25日晚上，采访地点：双庆瓷坊袁双庆家。

食物的需求，街市上会有一些流动小吃摊售卖简单、但能填饱肚子的宵夜。现在老人们印象最深的是民国时期岳姓河南老师傅。每天傍晚时，他都会沿街叫卖直至清晨。师傅身着粗布褂子，脖子上布条捆着长约一米、宽约五十厘米的木托盘，上面摆满了烧鸡、油茶、卤鸡蛋和麻花。由于所售食品美味可口、价格公道，因此深受陶工们的青睐。早晨天色泛白时，上白班的陶工就得去作坊。有时他们来不及吃早餐，也会在路边购买油茶、麻花或者江米与红枣蒸制的甑糕之类的速食品。陈炉人十分喜欢吃甑糕，但它是季节性食品，温度高时容易发酸变质，故而只在八月十五之后销售。虽然现在商店里、摊点上摆满了各式食品，但是甑糕还是深深地刻在老一辈人的记忆中：

"过去陈炉的客流量大，住户也多。卖一锅甑糕就有一百多斤吧，仍然经常供不应求，一抢而空！小贩早上起来，天不明五点多钟就开始卖了。因为天不明时贩户的牲口就开始走了。有些人要急着赶路，就吃点甑糕。过去的经营方式跟现在不一样，都在交通路口放着卖。我认识一个姓邢的山西运城人，因为他不会做陶瓷，就专以卖甑糕为职业。甑糕这东西不贵，适合穷苦人吃。在过去那时候，我们五分钱差不多能买半斤，能解决一上午的伙食。"①

**饭店** 陈炉曾经为同官县第一大镇，商贾云集，经济发达。绰号"馆子"的饭店不可胜数。饭店里各种食品汇聚，南北风味，让人目不暇接。既有面皮、饸饹与"驴蹄子"之类的平民面食，也有上档次的炒菜。其中最受欢迎的还是本土的羊肉泡馍。外来客人到访，陈炉人多半会请他吃羊肉泡馍（图5-2）。

**铁器行** 主要为陶瓷匠人打造铁器，如练泥的挑子、转轮的轴承以及牲口所用的蹄铁等。

图5-2 曾经的饸饹作坊遗址

---

① 采访人：笔者，采访对象：郑忠胜，采访时间：2017年4月7日下午，采访地点：郑忠胜家。

此外，药铺、银行、邮局、油条店、理发行等，遍布于东社上街和西社坡子街，满足着陈炉人的物资需求。

## 第二节　地方权力格局："东三社"与"西八社"

### 一、"东三社"与"西八社"的产生

陈炉窑场素有"东三社"与"西八社"之说。窑场本为一体，不分彼此。然而"贞观分嗣"①之后，窑场被划分为东、西两大社。尽管"贞观分嗣"之事不一定为真，康熙十二年（1673年）的《窑神庙筑修戏台记》与雍正四年（1726年）《陈炉镇西社重修窑神庙碑记》却证明此时两社已成规模。这也是关于陈炉窑场"社"存在的最早证据。

何谓陈炉的"社"？《中国耀州窑》对其下了定义："明清时期的陈炉窑场，以古代的宗法行会'社'来分布和组成……这种'社'以窑炉住地相邻的一个或几个门宗相组合，是一种以'宗社'为单位，以分'行'分地制作，进行分工和相互制约的封建行会制。"②简而言之，这是基于血缘关系所形成的地缘与行业共同体。

据史料与碑记记载，周边窑场"社"的产生年代比陈炉本地要早。明代万历二十三年（1595年）的《建修观音阁记》显示：此时立地坡窑场已存在东、西社。上载："东社善迈，善人不害人，之师朝夕，相劝乐行，善事有善斋，适赵门社民无不虔诚施舍赀财，各出少许。"③

陈炉东、西二社初创时内部并未出现分化，待晚清才出现"西八社"的记录。咸丰二年（1852年）时的《重修陈炉镇西社窑神庙四圣祠并歌舞楼碑记》对西八社做了划分，定名嘴头村、宋家崖、郭家坡、水泉头、窑院里、永受村、桥北社与桥南社。光绪八年（1882年），西八社演变成嘴头社、宋家崖、坡子社、水泉头、窑院社、永受村、桥北社与桥南社。郭家坡被坡子社替代，嘴头村、窑院里更名为嘴头社、窑院社。东三社的形成年代未明，笔者推测也应为晚清。它由位于山顶的上街南头、腰街与上街北头组成。

"东三社"与"西八社"的形成是生产力进步的结果。在古代，随着原有窑场发展到一定规模，或者出现衰败时，陶工们就会寻找新的地点、建立新的窑场以满足对生产资源的需求。来自上店、立地坡的陶工们在山梁上行走，选

---

① 所谓"贞观分嗣"，是指当地人传说唐朝初年，坐落在村东北头村的窑神庙因山体滑坡而坍塌。村民商议重修期间，一些人密谋在西边湾里再建窑神庙，成为事实上的东、西两座窑神庙，继而引发东社与西社的分裂、成型。
② 北京艺术博物馆：《中国耀州窑》，中国华侨出版社，2014，第11页。
③ 黄卫平：《铜川文史》，三秦出版社，2013，第357页。

择陈炉山顶建立了最初的窑场。经过一段时间的发展，山顶窑场初具规模、分工明晰，陶工们也积累了原始资本。伴随着窑场发展，外来人口逐渐进入，山顶的土地已捉襟见肘。为了获得新的生产场地，窑场逐渐往山脚扩展，规模越来越大。而积累了一定资本的先居者因雇用了外来者，并购置了完备的生产工具与牲畜，逐渐演变为早期的工场主。绝大多数的后来者因资金匮乏，成为被雇佣的对象。这就是为何山顶的商业发达、居民家境较为殷实，而山腰与山脚商业落后、出苦力的陶工较多的原因（图5-3）。

图5-3 位于陈炉窑场山顶的"东三社"老街，曾经非常繁华

当窑场发展到较大规模、聚居地内的宗族繁衍兴旺之时，分社就不可避免地产生了。初时"东社"与"西社"只是依照地理位置划分。东社以早期居民为主，西社以后来居民为多。随着人口进一步增加，两社内部也分化出越来越多的小社，最终大约在咸丰时期，形成"东三社"与"西八社"的宗族村落格局。其后虽有个别社出现变动，但整体组成不变，并保持到人民公社运动时期。

笔者曾推测"社"是一种因信仰不同而形成的不同团体，村民们却对此予以了否认。他们认为两大社窑神庙虽分两座，但信仰一致，不同的只是其外部陈设。老陈炉人孟树锋也解释道：

"这地方的分化全是经济利益驱动的。东三社的人富裕要占据地盘，西八社大家穷，就要团结对抗你。至于信仰的都是陶工信奉的窑神，这个没问题。产品方面，东三社没黑窑，西八社都有，齐全点。小货窑基本来自外来的，河南流落过来的最多，离得不是很远。就那么屁股大点的地方，信仰都一样，就是两派形成的自然团体。"①

---

① 采访人：笔者，采访对象：孟树锋，采访时间：2017年3月31日上午，采访地点：孟树锋家附近快餐厅。

禚振西同样认为这是先来后到的关系：

"西八社为啥来得晚，因为东三社已经把地拿了，自己开铺子不生产。西八社也有当地人，但是逐步分出来了，后来西八社反而比东三社厉害了。"[1]

## 二、东、西社的内部结构

东、西二社呈现出"大杂居、小聚居"的分布格局。众多宗族大范围散居于窑场，却又聚居于一地繁衍生息，与其他宗族保持相对分离。这种地域格局既有利于宗族内部的团结，也是保持宗族心理认同的手段，更为生产分工与技艺传承奠定了社会基础。

窑场发展到清末，两大社内部结构产生出极大差异。东社的居民普遍生活富裕，占有了大量的生产资料，运输牲畜成群。富农、地主较多，多从事陶瓷贸易。西八社多为穷人，以给东社人做长工为生。但无论是哪个分社，都会有一两个大家族聚居的现象：

"东三社分三个区域。南堡是公路下来的南头，北堡那叫北头，中间叫腰间，过去三社就这样。北头一般姓靳和段的多，而南头姓张和王的多，中间以梁家为主。我现在住的地方叫窑院，也是东三社。过去东三社、西八社是因历史原因形成的，两社之间有界碑作为分界线，上面写的村名。这个界碑现在就在前面（窑院）那块地上，界碑上属于东三社，界碑下属于西八社。"[2]

由于经济强势，东三社的大宗族逐渐与当地政府形成了盘根错节的关系，成为联系村落与地方权力的"代理人"。尤其是靳、段、梁三姓的社会地位较高，连族人众多的雒氏宗族都自叹不如。因此陈炉曾经流传着"靳、段、梁三社，其他姓氏来了都叫爷""辈分实在高，外地人来都低人家三辈"之类的说法[3]。

西八社是由八个宗族聚族而居形成的村落，较大的有嘴头（咀头）的袁家、水泉头的李家、坡子的郭家、桥南湾里的孟家、永受村的王家与宋家崖的宋家。每个社还有其他姓氏之人居住。民国时期，各大家族又分化出若干小户。每小户人数少则七八人，多则数十人。譬如某户崔姓人家竟有四十八口人，蜗居于几孔窑洞之中，拥挤不堪。随着社会经济的发展，西八社的一些大宗族也积累了一定的资本，他们将其用于发展商业与私塾教育，广雇工人，促进了村落发展。

西八社不仅是山西、河南以及陕西其他地方移民的落脚地，还是他们开启新生活的梦想之地。现在供职于铜川市陶瓷研究所的曹金刚，就是蓝田县移民

---

[1] 采访人：笔者，采访对象：禚振西，采访时间：2017年4月6日上午，采访地点：耀州窑博物馆禚振西办公室。
[2] 采访人：笔者，采访对象：郑忠胜，采访时间：2017年4月7日下午，采访地点：郑忠胜家。
[3] 采访人：笔者，采访对象：郑忠胜，采访时间：2017年4月29日上午，采访地点：郑忠胜家。

的后裔。20世纪30年代的关中平原，天灾人祸频发，曹家生活难以为继，曹金刚爷爷的一个兄弟四处漂泊，逃难到陈炉做陶工。后来在兄弟的介绍下，曹家全家都搬到陈炉湾里定居，以给黑窑打工为生。爷爷刚来时才十余岁，于是从学徒工做起，先是揉泥、打杂，后来拉坯上手，渐成师傅。当曹金刚的大伯、二伯出生时，曹家已经有了自己的黑窑产业，甚至与湾里大家族孟家结成了亲家，家族事业欣欣向荣。

## 三、东、西社与地方话语权之争

东三社与西八社的正式形成，标志着陈炉窑场分工的完善：东社人以商业为主，兼营省时省力的碗窑；西社人则从事劳动力强度大的瓮窑。随之而来的是阶层明显分化。东社人多为占据生产资料的富裕阶层，西社则是出卖劳动力为生的贫穷下层民众。前者与官府交往密切，后者喜欢抱团，注重联合。

清末民初时，西社也完成了原始的资本积累，发展出独立的经济系统与商业系统，产生了坡子街这样繁华的商业街。当时这条直接连通清凉寺的街巷是西八社的经济中心，如今"老旺铺"小卖部所处位置即街道的核心。它的对面曾是商品琳琅满目、一应俱全的大百货商店，而旁边老街小吃店的前身是两层楼房的炉山饭馆。民国时期这里每天都宾客云集，热闹非凡。在老人们的记忆中，街上店铺林立、鳞次栉比，银行、照相馆、邮电所、药店、饭馆、金银铺、铁匠铺等设施应有尽有。如此繁华盛景，既安抚了劳动者疲惫的心，也使外来者获得了归属感，促使他们将家安在了陈炉。

西八社的发展，使得新的宗族权力层发展起来。虽然这些大宗族的整体实力较东三社弱，但是仍不可小觑。水泉头的李家、湾里的孟家、桥南的崔家等，个个都有着扎扎实实的话语权。尤其是穆氏家族，人多势众，实力强劲，对窑场发展所产生的影响极为深远。

穆氏宗族发家于穆茂春时期。清道光三年（1823年），穆茂春高中武举，回乡后发展家族产业，教授族人习武。经过数十年的发展，穆家势力已很强大，良田颇多，产业兴旺。仅如今的陈炉穆家庄一带的辽阔土地，就曾是穆茂春儿子的"吊桩"（私家田地）。

清末乱世，时局动荡，陈炉受到了严重破坏，窑场生产停滞，十室九空，有些人被敲诈勒索后还受到了严酷对待。经过此次动乱，陈炉大兴办团练之风，有实力的宗族纷纷购买武器求自卫、求发展。同治九年（1870年），穆茂春之孙穆青云诞生，他将成为西八社团练的大首领。穆青云字子登，幼时在祖父、父亲的教导下习武。长大后练得高强武艺，并于光绪二十二年（1897年）中丁酉科武举。回到陈炉后，他将穆氏宗族的团练组织发展成与东三社雒氏宗族同样强悍的武装力量。民国时期，两族在两大社中分别拥有绝对号召力，两社之人因此被聚集在一起，各成一方势力。

民国初期，政局不稳，军阀割据。铜川地区也"城头变换大王旗"，各方势力侵扰不休。仅民国四年（1915年）至民国六年（1917年）两年间，陕西巨匪郭坚、高峻等人多次骚扰县境。民国七年（1918年）一月，匪军绥远骑兵统领卢占奎占据耀县，广种鸦片，烧杀抢掠，造成生命财产的巨大损失。为了筹集军费军粮等物资，驻守同官的卢部旅长杨瑞亭也在全县大肆搜刮民财。匪军、官军的频繁扰袭不仅严重影响了陈炉窑场的正常生产秩序，更让群众处于饥寒交迫之中。

为了生存，陈炉人终于奋起自救。在数次交涉少征粮食与陶瓷税无果的情况下，穆青云挺身而出与东三社的武装力量达成一致，共同以武力对抗匪军。在穆青云的指挥下，窑场群众数千人围攻同官县城。因县城城坚墙固，义军久攻不下，遂退回陈炉镇山顶四堡抵抗。民国九年（1920年），陕西靖国军第四路岳维峻部靳伯伦驻守同官县城，穆青云与社民联合其驱逐卢匪残部。"斩获甚众，并戕其营长某，卒彻初志。"这一战充分展示了陈炉人保家图存的坚定决心，为窑场赢得了较为稳定的治安局势，保障了陶瓷生产。战后，穆青云面对一片残垣断壁，又积极投身于恢复生产，发展经济事业。"居民流亡，云劳来安集，市镇渐复旧观。"很快散落各地的居民重新回到窑场，陶瓷生产又回到了正轨。

正当穆青云奔走之际，本就属于不同阶级的东三社与西八社却分道扬镳。双方发生了严重冲突，最终导致两社会首的死亡。冲突的种子早在抗税之战时已埋下。作为熟悉地方历史的人，宋振杰道出了冲突的起因：

"穆青云有个贴身保镖叫灯柱子。这人真名不清楚了，但绰号我知道怎么来的。当时北堡上窑洞住有人，晚上点有油灯。灯柱子晚上在西堡里面，对着北堡灯光枪一打就能打灭，枪法特别好，人们就给他起了这绰号。东三社、西八社联合抗击国民党的一个师长还是啥官时，灯柱子冲在前面，被东三社的人用暗枪打死了。当时西社就怀疑是东三社打死了人，于是结怨了。"①

双方为何从结怨到分裂？宋振杰解释为由于西八社民团在穆青云的带领下迅速壮大，东三社出于削弱目的而杀害了灯柱子。事件发生后，穆青云断定灯柱子之死为东社首领雒安信指使他人所为。为了报复，穆青云向雒安信实施了报复行动，将其绑架至清凉寺肢解了。雒安信死后，东三社之人愤怒至极，欲报此仇。于是他们收买了穆青云亲近之人，约穆至东三社议事。当他的贴身保镖颜德荣走进咀头的屋里后，忽然房门一关，枪声四起。两人一同被击毙于屋内，死状凄惨。史料也明确指出他是被仇家所杀："（穆青云）后为怨家所嫉，阴遣人枪刺之，年四十九。"②当时屋外西八社的旁观者众多，但是无人敢保护

---

① 采访人：笔者，采访对象：宋振杰，采访时间：2017年4月3日上午，采访地点：宋振杰家。
② 同官县政府：《同官县志》，西京泰华印刷厂，1944，人物志第6页。

穆青云。唯有颜德荣挺身而出,寡不敌众而死。

令人奇怪的是,两社在首领相继去世后并未发生大规模冲突。笔者认为,两个原因起到了关键作用。第一个原因是高度发达的陶瓷生产业约束了人们的行为。大家对"一荣俱荣,一损俱损"的道理心知肚明,不愿意让内斗对生产形成冲击。第二个原因是数百年的发展使得各社之间有着紧密的亲缘关系。俗话说:"陈炉姑娘不外嫁"。东、西两社的人其实都互为亲属,你娶我嫁,结为血缘。西社大官崔乃镛将女儿嫁予东社富户靳超之子,而东社的段姓迁移至西社等事件皆是如此。甚至是笔者租住的水泉头袁姓房东家的老板娘,也为湾里大姓孟家之女。凡此种种,各宗族虽偶有龃龉,但能将矛盾压制于最低限度,不至于发展成大规模冲突。因此当雒安信与穆青云被暗害后,两社虽互相指责,但没有暴力相加。陈炉人也认为这其实就是上层权力的斗争,与百姓并无太大关联。笔者调研时,段启荣表达了自己的看法:

"权力斗争嘛!斗起来就不分你我了,奥妙着呢!"

笔者:"穆青云是不是能代表整个西八社?"

段启荣:"不能,只能代表西八社的一些成员,可以说是阶级斗争。既有宗族联结,又有阶级斗争。大家都打不起,为啥要打呢?后来就成了嘴巴仗了,谁打了就寻着嘴上骂他就完了。还有就是争谁家窑神庙早,无聊得很!"①

宋振杰也同意此观点,他说:

"大家其实都差不多,你需要我的,我需要你的。每家都有亲戚和互相联姻,祖祖辈辈都你来我往。虽然局势紧张,但是亲缘关系变不了。以前有句古话叫'陈炉姑娘不外嫁',来回嫁都成了亲戚。过去人还说厂子是亲戚厂,别人说三道四都是亲戚。东三社、西八社这种社团体上是结怨结仇,但是亲戚还是亲戚。雒家和穆家都是关系亲密的亲戚,常来常往。所以即使后来都发生事了,但怎么也闹不起来。"②

## 第三节 以窑神为尊:陈炉窑业的民间信仰

### 一、陈炉的神灵信仰系统

马林诺夫斯基认为:"人类的任何社会现象、任何文化现象,首先是为满足某种现实的需要而存在的。"③无论是复杂的多神信仰还是一神信仰,其本质都是为了满足人们的现实需要。其中民间信仰"作为与制度性宗教相对的范

---

① 采访人:笔者,采访对象:段启荣,采访时间:2017年4月30日上午,采访地点:段启荣家。
② 采访人:笔者,采访对象:宋振杰,采访时间:2017年4月3日上午,采访地点:宋振杰家。
③ 范宇、庞倩华:《功能主义人类学的创立及其作用》,《黑龙江民族丛刊》2007年第1期。

畴,是指民众在日常生活中所侍奉的信仰及其仪式表现"。它与民俗活动关系紧密。高丙中认为:"从制度发展水平来看,相关研究的范围包括系统化、组织化的'民间宗教',也包括弥散性的民俗活动。"①

民间信仰同样与地方权力有着千丝万缕的联系,甚至是构成后者的重要基础。杜赞奇在研究华北地区乡村社会中的宗教时指出:"宗教的等级制度、联系网络、信仰、教义及仪式是构成权力的文化网络的重要因素。"②同时他将乡村宗教的类型划分成四类:村中的自愿组织、超出村界的自愿组织、以村为单位的非自愿性组织以及超村界的非自愿性组织③。由于民间信仰对形塑区域文化起着至关重要的作用,因此我们对陈炉窑场的文化进行研究,不应该仅仅重视技艺和器物,也应发掘当地人生活世界中习以为常、约定俗成的习惯背后的精神世界。精神世界与陶瓷文化紧密相连,甚至一部分与陶瓷文化重合。特定精神状态下的人们,在特定的时间与地点按照一定的社会组织举行仪式,以展示他们对某一文化的认知。基于此种思路,笔者认为耀州瓷文化必定包括民间信仰。因此有必要对陈炉窑业的传统民间信仰进行挖掘与阐释。

人是社会性动物,是肉体与精神的有机统一体。精神需要塑造了人格健全的人,任何人都无法证明自己能够脱离精神需要。人满足精神需要的途径来源多样,譬如艺术与哲学,而宗教也是重要来源。当社会经济发展到一定程度时,宗教就应运而生。杨庆堃认为:由于中国社会中的宗教不那么明显甚至难以被人观察到,不像在许多其他文化传统中宗教是作为一种独立的因素存在的,因此中国社会中的宗教可以引申为两种类型:制度性宗教和分散性宗教。他进一步解释道:制度性宗教作为独立的实体运行,主要为普世性宗教,如佛教与道教以及其他宗教和教派团体;分散性宗教则作为世俗社会制度的一部分发挥功能,依赖制度性宗教发展其神话的或神学理念,诸如祖先崇拜、民间神明以及道德—政治的崇拜模式④。

马克思历史唯物主义理论认为:"经济基础决定上层建筑,上层建筑对经济基础有反作用。经济基础是生产关系的总和,上层建筑包括政治上层建筑和思想上层建筑,有政治设施、制度、思想、国家、法律、宗教和哲学等等。"⑤当社会经济发展到一定程度时,作为上层建筑组成部分的宗教产生并发展起来。陈炉窑场的信仰活动即是此发展路径的体现,在这一人口众多、经济

---

① 高丙中:《作为非物质文化遗产研究课题的民间信仰》,《江西社会科学》2007年第3期。
② 兰世辉、徐杰舜:《杜赞奇中国华北权力研究述论——人类学视野中的权力研究之二》,《青海民族研究》2009年第2期。
③ 杜赞奇:《文化、权力与国家:1900—1942年的华北农村》,王福明译,江苏人民出版社,2010,第78页。
④ 杨庆堃:《中国社会中的宗教:宗教的现代社会功能及其历史因素之研究》,范丽珠等译,上海人民出版社,2007,第268-269页。
⑤ 黄光秋:《论"国家"与"国家的深处"——马克思经济基础与上层建筑思想研究》,《南京政治学院学报》2016年第2期。

发达的地区曾经存在着诸多制度性宗教与分散性宗教。

## （一）陶瓷业相关的制度性宗教信仰与建筑

陈炉的制度性宗教以佛教与道教为主，所建庙观数量可观。佛教寺院包括清凉寺、兴山寺、宝山寺、东圣阁以及佛爷庙等；道教观阁主要为关帝庙、药王庙、玄帝观、文昌阁以及三官庙。这些宗教建筑与所承载的仪式活动有些是纯粹的宗教活动，有些则与陶瓷业有关系。与陶瓷业相关的制度性宗教建筑包括清凉寺、关帝庙、文昌阁等。

位于陈炉窑场北沟村后崖的清凉寺为明清时期同官县最大的佛教寺院之一，在关中平原地区的名气颇高。其始建年代不详，道光年间重修，规模宏大。窑场人每年均会在农历三月初三日起集会三日，并演戏酬神。清凉寺内虽无和尚，但寻常人打扮的"庙夫"众多。它也是陈炉人最常去的宗教场所，村民如有信仰需要多来此祈求。由于祈求之人中窑工居多，寺中还设有"四圣祠"，供奉土地、山神、牛王与马王。鉴于清凉寺没有禁止女人进庙的硬性规定，使得其在特定时间成为窑神祭的重要补充。

清凉寺于民国十一年（1922年）被改建同同官县第二高级小学，政府抽取陶税作为学校的办学经费。20世纪50年代，清凉寺被彻底拆除，所得建筑材料全被用以建造陈炉中学（彩插5-2、彩插5-3）。

关帝庙，为祭祀关羽的道教庙宇。陈炉窑场曾存有多座关帝庙，以上街的关帝庙规模最大，而现在唯一存留的咀头村关帝庙为清代所建。关羽是三国时期著名武将，去世后逐渐演化成民间供奉的神灵，有"武圣"与"武财神"的称号。陈炉陶瓷业兴旺，为了祈求产品畅销，匠人除建庙外还于每年农历四月初八举办"骡马大会"以祭拜关羽。

文昌阁，为祭祀文昌帝君的道教观阁，位于窑场的山垭口。关于陈炉的文昌阁还有一个传说：陈炉镇瓷业兴旺以后，读书人渐多，但是一直没有读书人考中进士。明代有位家庭富裕梁姓瓷户，因想让儿子读书从仕，便请一有名的风水先生看了看风水。这个风水先生称陈炉风水宜商宜瓷，但要中进士出大官，就必须在镇口建一文昌阁，留住文昌帝君。因为陈炉镇口原有一个三岔路，瓷器顺势流向四方，而文昌帝君也顺势走向了东北方。于是梁姓大户出资倡议与社人修建了文昌阁[①]。

## （二）陶瓷业相关的分散性宗教与建筑

陈炉的分散性宗教建筑较多，是该地复杂、深厚、多样的民间信仰基础的

---

① 黄卫平：《古镇陈炉》，三秦出版社，2016，第170页。

体现，年复一年的祭祀仪式则是人们高度认同之下的身体实践。这些民间信仰在居民生产、生活的方方面面都产生着不同程度的影响。虽然没有形成正式的、完整的制度，但是人们在组织和参与时却赋予其神圣性并构建出种类繁多的民间传说。对比制度性宗教，作为分散性宗教的民间信仰才与陈炉人息息相关。无论有何种功利性的需求，居民都可以找到相对应的神祇表达内心期盼。凡人敬献供品，祈盼鬼神笑纳接受，满足求者的愿望，人、鬼、神在神祇里成为一体，各取所需。

陈炉的民间信仰神灵众多，动物植物、历史人物、神灵鬼怪、家族祖宗无所不包，主要有：山神、土地神、牛王、马王、陶瓷业窑神、煤矿业窑神、白马、古树、药王（孙思邈）、虫王、伍子胥、送子娘娘、张天师、阎王、龙王以及各家的祖先等。其中，窑神、雷公、太上老君以及山神、土地神、牛王、马王一起构成了窑神信仰的神灵体系，形成一整套仪式程序与民间传说，组合为窑神信仰系统。由于陈炉是陶瓷重镇，居民多以陶为业，因此窑神庙是仅次于兴山寺和清凉寺的宗教建筑。而且窑神信仰系统影响最大、参与人数最多、仪式最为隆重。可以说：在陈炉所有的神灵里，当以窑神爷为尊。

## 二、窑神庙的布局与窑神祭的记忆

### （一）对窑神庙布局的记忆

窑神庙是陈炉最知名的古迹，达到了家喻户晓的程度。黄堡窑场兴旺时，当地即有窑神庙。据史料记载："黄堡在金尤为重镇，旧有陶场，居人建紫极宫祀其土神，宋熙宁中封其神为德应侯以陶冶显应故也。祀以晋永和时人柏林配享，盖传居人陶冶术者。"此紫极宫在宋神宗时被改建为"德应侯庙"，即黄堡窑神庙，专祀山神，并将柏林作为"配享"。随后张隆立《宋耀州太守阎公奏封德应侯之碑》记载此事。黄堡窑神庙是中国历史上第一座窑神庙，具有里程碑式的象征意义，影响力曾遍及国内多个窑场，是耀州窑对中国陶瓷文化发展做出的贡献之见证。

随着黄堡窑场的衰落、陈炉的崛起，陈炉的窑神庙取而代之成为铜川地区陶瓷业的专享神庙。窑场及周边的窑神庙共有七座，分别是立地坡窑神庙、陈炉上街东社窑神庙、陈炉湾里西社窑神庙、上店窑神庙、雷家坡窑神庙、潘家河窑神庙与东崖（崖窑）窑神庙。除雷家坡窑神庙、潘家河窑神庙与东崖（崖窑）窑神庙是煤矿业工人所建外，其余四座均为陶瓷业神庙。

我们先来看看较早的立地坡窑神庙。神庙原址位于立地坡村原正街，毗邻东圣阁，始建于明朝崇祯十二年（1639年），于清朝康熙五十七年（1718年）重修。该庙的始建与重建过程均留有碑记。崇祯年的《新修立地窑神庙记》所记"炎帝治火政宜祀，老君口丹炉宜祀，雷公范土为型宜祀"，说明此时窑神庙祭祀的神祇为炎帝、老君与雷公。康熙年的碑记则有"窑神庙重修，社人以为黄堡窑神庙原供奉德应侯（土地神）和柏林，于是把柏林作为陶正供奉，重修了两尊神像"的记录，证实重修后的神庙增加了柏林的形象。①立地坡每年正月二十也有窑神祭，只是随着清代中期以后窑场的衰落而同步消亡了。

上店窑神庙的废弃时间较早。但因明代嘉靖年间关中地区发生的大地震而导致上店窑场废弃，该庙被改成阎君庙，供奉阎罗王。

窑神庙与窑场同枯荣。一旦窑场衰败，陶工流失，窑神庙就无可避免地失去信徒的香火。上店和立地坡的创烧时间比陈炉早，可由于行业凋敝使得神庙与祭祀不复存在。反观陈炉的陶瓷生产延续至今，关于神庙的记忆随之复刻于人们的头脑之中。尽管经历了20世纪中叶神庙被拆除、祭祀被禁止的波折，局势缓和后，恢复窑神祭仍成为各方的诉求。

陈炉的窑神庙共有两座，即前文所提到的上街东社窑神庙与湾里西社窑神庙。分别为东三社、西八社村民的专属神庙。两者均为黄堡德应侯庙移建，主祭虞舜、老子、雷公，且每年都有社祭。

关于东、西二社窑神庙的建造年代，《清雍正四年重修窑神庙碑记》刻有："庙之由来，阅梁间板记，则创自周至五年，嗣正观二年、绍兴四年，社人重修之。又越永乐二年、正统九年、万历三年及二十一年、天启三年，凡五次重修。"此段文字透露出三个信息：一是创始年代为周至五年；二是正观二年（628年，正观系贞观别称）开始重修；三是至雍正时期已历经五次大规模重修。作为创始年，"周至五年"的确切年代至今众说纷纭，难以形成统一意见。有说法认为"'周至'乃北周与陈后主的"至德"年号合为一体，进而推测陈炉窑神庙创建年代，当在贞观二年第一次重修之前四十余年的北朝。"之后贞观二年的重修，当地人称为"贞观分寺"。而段启荣认为：

"这里边有个贞观分寺。贞观二年为了发展陶瓷业产生了西社，就必须要修西社的土地神，没土地神就建不成社。先人先把陈炉的古公庙②复制到西社，三年又把陈炉东社复制过去，从而产生了陈炉西社和东社。我把这总结成贞观分寺。因为这是贞观初年的，比黄堡的德应侯早得多了！也是东、西分庙的由来。建成后，东社窑神祭只局限在东社那些人，西社人一般不去。"③

东社窑神庙位于今陈炉的北头村。我们从陈炉上街往西边的山坡下走，站在秦王府琉璃瓦烧造遗址，可以看到不远处有一片荒草覆盖的平地（彩插5-4、彩插5-5）。这块平地就是东社窑神庙遗址，传闻它始建于唐代贞观三年（629年）。历史上该庙规模庞大，曾有正殿三楹，院落一方，大殿内

---

① 黄卫平：《古镇陈炉》，三秦出版社，2016，第125页。
② 传说中的古公亶父庙。
③ 采访人：笔者，采访对象：段启荣，采访时间：2017年4月30日上午，采访地点：段启荣家。

有神像，祀大舜、老子，并有戏台。新中国成立时还存遗有大门、戏楼及大殿各一座，可惜均在1958年"大跃进"运动中被拆毁[1]。

该庙与西社窑神庙的布局、陈设大致相同，只是在规模上不及西社。笔者在调查时发现，实际上东社窑神庙的拆除时间比《古镇陈炉》的记载还要早五年。为何如此？受访人郑忠胜解释道：

"其实解放前东社窑神庙已经出现严重坍塌的现象。1953年，村民开始拆除窑神庙、北堡城墙与清凉寺等古建筑的建材，用以修建陈炉中学。因此到了50年代末期，神庙变为废墟，'文革'期间已彻底成荒地。"[2]

西社窑神庙位于湾里居委会处。初建时只有三间正殿，经过历代整修，清代时占地面积达到约1800平方米。神庙信众众多，香火极旺。"文革"时期神庙也被拆除，现已不存。由于其消亡时间距离现在尚近，故而人们还能大致还原出建筑布局：

"神庙门前有门庭，门庭前楹有传统的砖雕，为八字式篷头，雕花凿叶，飞鸟鸣啭，十分讲究；进正门，是一北方传统小院，民居称天井，有两祠分列，厢房各四间，东面供土神、山主，西面供牛王、马王，是为四圣祠；正面是大殿，屋脊列角扶檐，绿色琉璃瓦，古雅端庄。大殿东西宽约15米，进深10米左右，大舜坐北面南，正面端坐，冕旒龙衮，威风凛凛；两侧东是老子，民间称太上老君，西为雷公。小院有两拱门，东小拱门接外院，西小拱门联禅房，是议事的地方。"[3]

通过这段文字的描述，我们可以想象出当时神庙的规模是比较宏大气派的。由于陈炉镇民俗学会会长郑忠胜在童年时参加过窑神祭，于是他对笔者描述了记忆中的窑神庙：

"我记忆中的西社窑神庙，时间跨度是解放前到解放初。那时候东社窑神庙早就已经塌了。西社祭的也是舜帝窑神，还有雷公、老子，这是三尊主像。再然后是外面的四圣：山神、土地、牛王、马王。还有护法神和窑神的侍女，他们都是伺候窑神的神像。如果我们祭拜窑神，首先要进专门供奉四圣的副殿小庙，再走个两三米就是大庙。小庙里山神、土地靠左边，右边有牛王、马王，都是面向人的这个方向。牛王、马王跟牛头、马面差不多，人身上长着牛头、马头。接着进主殿面对着窑神，左边是老子，右手边是雷公。在舜帝身旁、稍微下边的是两个伺候的侍女，老子和雷公也各有一人伺候。窑神庙说起来样子要和现在的和尚庙基本差不多。过去是砖木结构，雕梁画柱，还是很宏伟的，跟你现在看到的新窑神庙是一样的。过去用的是老蓝瓦，灰蓝颜色的，就跟现在北堡上的庙一样，而和秦王琉璃厂的瓦不同。"

---

[1] 黄卫平：《古镇陈炉》，三秦出版社，2016，第129页。
[2] 采访人：笔者，采访对象：郑忠胜，采访时间：2017年4月26日上午，采访地点：郑忠胜家。
[3] 黄卫平：《古镇陈炉》，三秦出版社，2016，第136页。

图5-4 西社窑神庙遗址旁的道路

为了更好地将历史上的神庙样貌描述出来,笔者曾与宋振杰、郭孝明两位老人来到西社窑神庙遗址勘察(彩插5-6)。遗址如今已是荒地,而前面的低洼场子早已被民居占满(图5-4、彩插5-7、彩插5-8)。目测以前神庙的规模很大,占地约数百平方米。除郑忠胜描述的样式,庙外还有着高高的红墙。庙门内有一个大铜炉供香客进香,但几乎不烧纸。里面进去,就是大殿与偏殿。老人们还补充了三个细节:一是西社窑神庙里有壁画,内容多为哪吒、杨戬等封神榜的人物形象;二是窑神庙前殿门口有两个石狮子,门前有青石台阶,约八级;三是台阶右边有个石座,座上有秦桧跪像,他双手托举着香炉,里面放着殿里废弃的香灰。从这些陈设可以看出陈炉人对生活的热爱,同时恩怨分明、疾恶如仇。

陈炉窑神庙的祭祀对象此时就逐渐明晰:主神为三位,即作为窑神的舜帝、主管烧炉炼丹的太上老君以及主管制作的雷公(雷祥);副神为掌管资源的山神、土地与掌管牲畜的牛王、马王。这七位神仙各司其职,涉及陶瓷业的方方面面。陈炉窑神庙较之黄堡窑有了明显区别:即祭祀对象从土山神和柏林两神变成了七位神仙,并配备了侍女。

陈炉窑神庙是否建立之初就汇集了七位神仙?答案是否定的,它经历了一个变化的过程。明代万历四十六年(1618年)的《同官县志》上记有"今其地不陶,陶于陈炉镇。其镇后庙祀德应侯如黄堡云"的文字。"其地"指的是黄堡,而"其镇后庙祀德应侯如黄堡云"文字,佐证陈炉最开始的祭祀对象本应与黄堡高度一致。到了明崇祯十二年(1639年),立地坡窑场碑刻指明该地窑神庙祭祀对象发生变化,已由德应侯改祀炎帝、老君与雷公[1]。

---

[1] 《新修立地窑神庙记》记载:"余乡众陶人于所居之西南鄽创建窑神庙,栖圣像三尊于其中……我等世世业陶。炎帝治火政宜祀,老君口丹炉宜祀,雷公范土为型宜祀,然则我等所祀者此三神而已!"见黄卫平:《铜川史遗》,三秦出版社,2013,第357页。

清初康熙五十七年（1718年），新碑刻①则记载了"里人"建议"乃仍旧其制，继增其像"，希望增祀柏林与土山神之事。令人遗憾的是，这一建议没有被采纳。雍正四年（1726年），陈炉西八社的民众重修窑神庙，《陈炉镇西社重修窑神庙碑记》显示此时祭祀神灵得到了扩大。他们增建了两间偏房，将山神、土地、牛王、马王四神纳入其中。可是仍然没有增祀柏林②。嘉庆二十一年（1816年），陈炉镇东河川崖窑村的窑神庙里，原有的窑神"炎帝"被换成了"舜帝"③。咸丰二年（1852年），西社窑神庙重修，村民立碑铭记。

舜帝之所以能够成为祭祀主神，完全是他擅长制陶的传说过于悠久与知名。以至于陈炉人将其作为主神，还加了雷公与太上老君两位助手，基本确立了后世"七陶神"格局。

为何窑场会形成如此布置，郑忠胜提出了解释，这也代表了陈炉人的普遍看法：

"雷公因为掌握天晴天阴，控制气候变化，兴云布雨施雷电，直接影响了陶瓷的兴衰。古代不像现在有烘干设备，泥坯都要靠太阳晒，所以供着雷公。要是下雨泥坯就全破碎了，这在过去是常有的事。传说中太上老君炼丹取火，陈炉人是窑炉煤火，火中求财，所以就供起来了。舜帝就没法考证了。至于牛王、马王、山神、土地……咱是就地取材，煤啊坩土啊这里都有。我们取材离不开山神和土地的保佑。原材料都出自山上，由山神管理；而挖土挖出啥，由土地管理。牛、马呢……是过去常用的运输工具。受制于高低起伏的地理条件，陶工驮运泥料主要靠牛拉马驮。所以啊，陶瓷工人离不开这些与生产相关的神灵，能够保佑我们一切顺利。"④

常言道："一千个读者，就有一千个哈姆雷特。"关于三位主神为何被祭祀，段启荣则从道德准则角度提出了看法：

"陈炉这窑神是谁？这里历史上有三个窑神，舜帝、雷公、老子。这是啥概念，就是上有德、君有道、人有能。上有德是舜帝；君有道，尊敬有道的人是老子；任用有才能的年轻人做管理干部是雷公。他们三个合力管理好生产，也肯定有能力管理这个国家。"⑤

光绪八年（1882年），陈炉人又重修西社窑神庙。重建之前，王执圭、赵信二人赴西八社动员群众捐款，并协助每个社各推举出会首两人。此次重建"较前惟添修寝宫暖阁三间，挂落卷棚一楹；四圣祠列角扶檐梁三楹，其余

---

① 刻于《重修立地窑神庙记》，见黄卫平：《铜川史遗》，三秦出版社，2013，第360页。
② 东偏室祭祀牛王、马王，西偏室祭祀山神、土地。
③ 刻于《重修四圣碑记》，见黄卫平：《铜川史遗》，三秦出版社，2013，第362页。
④ 采访人：笔者，采访对象：郑忠胜，采访时间：2017年4月26日上午，采访地点：郑忠胜家。
⑤ 采访人：笔者，采访对象：段启荣，采访时间：2017年4月30日上午，采访地点：段启荣家。

俱仍旧。"①

陈炉窑神庙经过数次重修，直至新中国成立后被拆除。令笔者奇怪的是：现存的窑神庙碑刻或文字资料都围绕着西社窑神庙，反观多富裕之家的东三社，东社窑神庙并没有遗留任何记载。该庙布局与西庙基本一致，本有助于后人更好地了解陈炉人的精神世界，但过早荒废还是令人惋惜。

除了曲折的神灵变迁史，窑神庙还有一个广为人知的奇特现象，即"铁链锁窑神"。以前窑神的腰间被一根铁链拴住，以防止其逃逸。为何如此？当地人有以下三种说法：

说法一：过去黄堡人对窑神不太重视，不愿意勤加供奉。因此供奉的德应侯感到十分落寞，于是就悄悄离开了。恰好陈炉人喜欢举行"过会"赶集活动，出走的窑神就化妆成普通百姓在人群中游荡。可意想不到的是：他竟然被眼尖的群众发现了！陶人们把他团团围住，先捆送到窑神庙去，再用铁链拴住以防止逃跑。郑忠胜回忆脑海中的窑神像时，证实其确实是被铁链锁着的。铁链从腰间穿过，连接下面沉重的石墩②。看来这样设置，窑神想跑也会被石墩拖着而不可得。

说法二：段启荣有着截然不同的观点，认为窑神被栓不是传说，而是人祸。他说："陈炉传说窑神爷跑了咋回事？这实际发生在清康熙四十六年（1662年），陈炉西社集资重修窑神庙，哪知叫管庙那伙人大吃大喝，把底下那些钱用完了。管庙的就说窑神爷跑了，钱也带走了，没钱了就修不成了，他们跟民众说陈炉陶瓷业不景气一句话就是窑神爷跑了，其实是修庙的人跑了……窑神爷跑了，但神像还在那里，神跑了。然后一直到康熙五十四年（1715年）再重新集资修，最后把舜帝用铁链锁住。其实每次修庙都是为了要钱，庙里的没钱了就说修庙，家家户户出钱，会首吃吃喝喝完了，庙也没建起来，村民就把窑神爷铁链子拴住，跑不了了。"③

说法三：这种说法出于陶工们对窑神浓重的敬畏心理。据祖辈相传，这位窑神爷脾气并不好，经常闹情绪。陈炉人把每一次烧窑的成败，都看作是窑神爷保佑与否的结果。他们对这位大神又爱又恨，既担心惹他发怒，又怕他偷偷离去。于是就用锁链拴住他，好吃好喝伺候着，定期举行过会祭祀，以求其安心保佑陶场兴旺。

由于西社窑神庙的信仰属性，它的命运后来发生了180度转折。新中国成立后，人们进庙参拜的次数逐年减少。1968年，此时正处"文化大革命"高潮期，陈炉乡政府组织村民决定对其实施拆除。为调动民众积极性，组织方还实行了较为丰厚的计酬方式。劳动者每挑两块庙砖至乡政府，可得4分钱。工作

---

① 黄卫平：《古镇陈炉》，三秦出版社，2016，第331页。
② 采访人：笔者，采访对象：郑忠胜，采访时间：2017年4月26日上午，采访地点：郑忠胜家。
③ 采访人：笔者，采访对象：段启荣，采访时间：2017年4月30日上午，采访地点：段启荣家。

一天的收入，在当时可是十分可观。拆除后的庙砖有两类：一为建庙与戏台的青砖，较重；二为庙基与戏台的窑洞的红砖，较轻。青砖被用于修建陈炉卫生院，而红砖则用于建设政府工作人员的住所。至此陈炉人彻底割断了与窑神的心理联系，神庙也完成了它的历史使命，消失在历史长河中了。

## （二）对窑神祭展演的记忆

在西欧、中东等地区，有很多一神教占统治地位的国家。然而中国并没有严格意义上的一神教时期，万物有灵、多神崇拜才是主流。天有天神，山有山神，水有水神，而行业有行业神。所谓行业神，即"各个行业所信奉的行业祖先神或行业保护神"[1]。譬如纺织业的行业神是嫘祖，酿酒业的行业神是杜康，茶业的行业神是陆羽。煤炭业与陶瓷业也有一位行业神，就是窑神。陶瓷业窑神的产生与陶瓷烧制的不可控性密切相关。民俗学者萧放认为："烧瓷要受到天气、燃料、时间、胎质等多种因素制约，而掌握适当的窑温即火候是至关重要的。温度稍高瓷器就会烧塌，稍低则不能烧熟，必须恰到好处……主观随意性较大，很难准确把握，担着极大的风险。窑民面对着无法把握的命运，怀着无穷的恐怖和无穷的希望的战栗心情，渴望有一保护自己的主宰，于是窑神应运而生。"[2]

中国陶瓷业的窑神最早出现于北宋时期。当时宋神宗曾册封耀州窑黄堡窑场的土山神为"德应侯"，并命人刻《宋耀州太守阎公奏封德应侯之碑》。这是中国最早的窑神碑，也是窑神崇拜起源的证据。这一信仰很快影响到河南的窑场，渐次及于晋、冀、鲁等省[3]。明清两代，各式窑神崇拜遍布全国，较为知名的神祇有景德镇的风火仙师童宾、德化的窑坊公林炳等。作为神灵配套的祭祀也得以发展。乾隆时期的景德镇督陶官唐英曾编排《陶冶图说》。其中第二十图榜题的"祀神酬愿"部分，即以文字与图片的形式描绘了瓷器烧造成功后祭窑神演戏欢庆的盛况，这是最早的图像辅以文字的形式对窑神祭祀场景的记录[4]。

在近代，祭窑神的习俗还广泛流行。新中国成立后，受到时代风气的影响，窑神崇拜与祭祀仪式逐渐偃旗息鼓了。如今陶瓷制作技艺虽然仍在传承，但人们对其所承载的古老行业信仰与仪式十分陌生。国内保存较为清晰、完整的窑神崇拜集体记忆的地域已经罕见，而位于陕北山区的陈炉窑场因窑神崇拜存续历史悠久，且有众多窑神祭经历者在世，可谓国内考察窑神文化的理想地点。

---

[1] 苑利、顾军：《中国民俗学教程》，光明日报出版社，2003，第267页。
[2] 萧放：《论明后期景德镇瓷业文化特征》，《江西社会科学》1989年第2期。
[3] 刘毅：《陶瓷业窑神崇拜述论》，《景德镇陶瓷》1997年第3期。
[4] 刘毅：《陶瓷业窑神再研究》，《文物》2010年第6期。

有窑神庙就会有窑神祭仪。由于陶瓷业是"火中求财"的行业,故而陈炉的陶人们对窑神尊崇备至。既将东、西社的神庙建得气势恢宏,也对祭祀窑神格外上心。陈炉窑神祭[①]是以窑场陶工为主体、社会各界共同参与的行业神祭祀仪式,本着祈求陶瓷生产顺利的目的,祭祀对象为窑神爷舜帝为主的众神。与杜赞奇的判断相似,祭祀由包括陶工的村民自愿组织,但祭祀圈超出了村落范围,吸引了附近乡民和远方来客。作为祭祀的"附带产物",庙会也会同时举行。鉴于东社窑神庙过早荒废,所以研究所涉为西社窑神祭。尝试以访谈为主要调查手段,基于当地人的集体记忆,对祭祀进行简单还原(图5-5)。

图5-5 采访窑神祭亲历者

### 1. 会期

陈炉人记忆中的窑神祭每年会举行两次,会期各为三天。分别为农历的正月十九日至正月二十一日,以及八月十四日至八月十六日。因春、秋两季均有举行,故称"春秋报赛"。根据当地传说,正月二十日为窑神的生日,因此春祭最为隆重。入秋后天气转凉,陶瓷生产量减少,陶工们有了闲暇时间,故而八月十五日也会举行窑神祭。

### 2. 主持者

窑神祭并没有明确的主持人,大家按照惯习自行祭祀。如果一定要举出有带头性质的人物,庙里的庙祝可能最接近这个角色。庙祝是平常管理窑神庙的人,也是架在窑神与陶工之间的桥梁。他负责指导献祭与祭拜,也对香火钱与供品来者不拒,并将其中一部分布施给"挂婆子"[②]。

---

① 当地人称"敬窑神"。
② 即乞食的穷人。

### 3. 参与者

窑神祭的参与者可分服务者、祭拜者、商人以及游玩者等四类。服务者为祭仪提供扫地、端茶、引导等各种服务,其中规模最大的群体当数自乐班与戏班子。陈炉人喜欢秦腔大戏,自发组建了多个名为"自乐班"的民间剧团。他们平常自娱自乐,待祭祀时就在西社神庙对面的戏台上无偿表演。窑神祭的举办,均以戏剧表演拉开帷幕。外来的戏班子也没日没夜地表演助兴,乐声响彻于山野。他们以流动表演为生,挣取养家糊口的微薄收入。

祭拜者上供祭拜诸位神灵。旧时窑户负责烧窑,但因马蹄窑内的火候气氛难以掌握,故而他们敬拜最为虔诚。每一个动作、每一句祭语,都严格遵循着祭拜礼制,以祈求窑神护佑生产顺利。其他人也可祭拜,祷告内容多为求子、求财、祛病之类。年满十岁的女性却被严禁进庙,只能驻足于庙门外观看。这一歧视也体现在烧窑之时,她们的出现被窑户视为烧制失败的"预兆"。商人与游玩者人数最多。窑神庙内外既有各地赶来摆摊设点的商人,也有十里八乡的游玩者。现场摩肩接踵、挥汗成雨,使窑神祭成为全年最热闹的大集会,充满了节庆欢愉的气氛。

### 4. 祭祀过程

每一个人都有是否祭拜的自由。但于常年与窑炉打交道的烧窑户而言,却是必须去完成的。为了得到窑神的保佑,窑户们数日前即已备好祭品。譬如炸麻圆、炸麻叶子①等自制食品,以及商店里买来的糕点、香烟、水果与芙蓉糕。祭品被放置于木托盘之上,由各家窑户的家长进献给窑神。伴随着震耳欲聋的鞭炮声,家长们须先将燃香拿在手上,双手合十,抱拳行跪拜大礼。拜完三个后站立、再跪拜。如此三次,完成"三拜九叩"。之后还得抱拳鞠躬一次,再献上祭品,祭拜窑神的大礼才算告一段落。除了窑神,窑户还要对雷公、老子以及四圣各行同样的祭拜仪式。在窑户们看来,生产是否顺利完全仰仗于诸神的通力协作。因此每一位神灵都必须诚心祭拜,不可厚此薄彼,不可虚与委蛇。

窑神祭既是陶工们祈祷众神保佑生产顺利的祭祀仪式,也是平民们吃喝玩乐的"过会"大集。窑神庙外,来自陈炉、同官、耀县、富平等地商贩们不计其数。所摆摊位延绵近百米,各种小食品、日用品琳琅满目。人们还能够欣赏到杂技、耍猴与西洋魔术等各类表演,堪称身体与心灵的大放松。

总之,传统社会里的窑神祭仪式源于陶工们对生产顺利的深切祈求,也成为陈炉人关于窑神崇拜的集体记忆。庙宇、戏台与集市所构成的仪式空间既反

---

① 炸麻圆、炸麻叶子为当地油炸的面食小吃。

映了祭仪的规范性，也显示出极大的开放性与娱乐性。群众通过参与这场当地最热闹的活动，既满足了自身的心理需求，也填补物质的空缺，这使得窑神祭从众多祭祀活动中脱颖而出，获得了传承的动力。

## 小结

  曾经的陈炉窑场以"三行不乱""四户分立"闻名。"户"与"行"既是一种包含与被包含的分工关系，也是资本、等级与身份差异的象征，还是地理区位的分隔。整个山体仿佛一个社会阶层的金字塔，出卖劳动力的工人多位于山脚与山腰，而掌控资本的商人高居山顶，两地因行商得以业务串联。

  "行"与"户"有着鲜明的血缘共同体性质，对生产分工、宗族势力的强化以及地域边界划定起了重要作用。作为从业人数最多的行业，瓷户还因社会分工产生出"三行"。通过前文的描述，我们可以明确本户的特点：一是严守"不乱"的规矩，各司其职。这样一来，既避免了生产纠纷，也能够保证核心技艺掌握在各个匠人手中；二是三行存在着技术上的差距，有较隐含的行业"鄙视链"；三是"一村一品"，行业边界与地域边界高度重合；四是单一宗族势力只参与一项分工，保持强烈的血缘传承特征；五是工作程序较为全面，利益分配方式明晰；六是承担着原料采集与生产制造双重角色，瓷户不仅是制瓷匠人，也是寻矿采料的好手。

  鉴于烧窑是一项费时费力的工作，窑户的组成较前者更为多元、灵活。它在一定程度上冲淡了血缘因素的影响，不是严格意义上的传承关系，而是基于精确分配的雇佣关系。在科技不发达的时代，为了保证顺利烧窑，还形成了行业禁忌与窑神信仰。

  行户是陈炉的"金融服务业"。大宗族依靠早期生产积累了原始资本后，转型为有着绝对话语权的中间商。历史上，不但行户内部存在着合作与竞争关系，而且东社与西社曾基于分工的差异爆发过激烈冲突。然而在国家积贫积弱的时代，行业缺乏金融保障，仅靠管理人的个人能力，终究是昙花一现。

  贩户是连接本土与外界的桥梁，起着互通有无的作用。他们负责出运输工具，所带来的原料为窑场发展做出了巨大贡献，因此窑神庙里有其所祭拜神祇的一席之地。而辅助行业种类繁多，涉及衣食住行各个方面。它们可被视为依附于"四户"，对陶瓷业的作用也不容小觑。

  "东三社""西八社"则是围绕分工形成的地域共同体，也是各宗族对身份归属的确认。东社经济基础较好，以经商和服务业为主，并占据生产资料。西社人口众多，但经济实力薄弱，以出卖劳动力为生。因社会经济的发展，东、西社分别完成了内部整合，使当地出现了两个相对独立的经济中心。因社会分工与等级差异，分歧愈发严重，最终形成了强烈的对抗。但深厚的血缘关系又较好地缓和了社会冲突。血缘、地缘与分工三种因素的奇妙组合，成为传统社会里独特的社会现象。

社会分工差异不仅导致社会等级的产生，还催生出两套独立的窑神信仰体系。信仰以服务生产为目的，群众基础最为深厚。即使被拆除已久，仍然是具有代表性的集体记忆。因此在传统文化复兴之时，人们会为恢复祭祀而据理力争。

陈炉窑场的工制文化基因来源于陶瓷业。千百年来，群众的生活秩序、精神状态以及社会等级均围绕着行业生产而建立、铺展。可以说，这是中国传统社会的特殊形态，使我们得以透过表面的经济活动，直击人们心中隐秘的意识角落。

第六章

# 危机相易：陈炉瓷技艺的传承现状与危机

前文梳理了陈炉瓷技艺的两大传承方式：血缘传承与业缘传承。笔者之所以能够描绘两者的轮廓，主要得益于较为健全的社会结构与封闭环境中缓慢的时代变迁。然而历经新中国成立初期的一系列政治运动，技艺的传承状态发生了巨大变化。改革开放后，现代化生产方式又不断影响着它的活态传承。

耀州瓷技艺在铜川传承千年，却在现代出现了"传承难"的危机。分析技艺的传承现状，应考虑"大历史"与"小历史"相结合。因为技艺变迁既不是内生、孤立的，也不是完全依靠外力的结果，而是内、外因共同作用的产物。内因如经营管理、制作工艺与原材料，外因如国家政策、经济形势、民众喜好，诸多因素都会改变传承路径。因此在20世纪80年代，以陈炉陶瓷厂为核心的生产体系尚能保持生产。90年代后，工厂却因多种因素影响而陷入内外交困。

其实危困与机遇相反相成。在特定背景下，危困反而会孕育出机遇。工厂受困于计划经济体制而举步维艰之时，新生的私人瓷坊则具有高度的灵活性，为技艺传承注入了新的生命力。非物质文化遗产保护工作的开展也值得关注。因为它为陈炉人提供了重新审视自身文化的机会，激发了他们的文化自觉。一些先知先觉者甚至勇于提出自己的意见，试图改变停滞不前的传承现状。

文化具有传播性，技艺亦会流布于四方。得益于陈炉人的技艺传授，20世纪80年代以来，以黄堡为代表的新窑场迅速崛起。凭借地利之便，众窑场积极使用新技艺、新材料。当地先进的机械化生产方式不仅对传统技艺形成了巨大冲击，也使陈炉窑场的问题暴露得更为明显。总而言之，我们需要立足时代大变革背景，重新审视传统耀州瓷技艺的活态传承，从而找到制约其发展的不利因素。

# 第一节　改革开放后陶瓷厂的困局与私人瓷坊的兴起

## 一、20世纪80年代陈炉陶瓷厂的辉煌

改革开放后，国家经历了拨乱反正，社会经济发展重回正轨。陈炉陶瓷厂上下一心、锐意进取，积极开拓市场，终于迎来了辉煌。当时各车间管理有序，干净整洁。领导们每天主动巡视生产状况，大到整体生产运营，小到工人们的身心状态，事无巨细皆悉心处理。在整个20世纪80年代，得益于耀州青瓷的恢复与民间瓷市场的兴旺，全厂40多个马蹄窑炉火常年不熄。高峰时一个窑要装5万件瓷器，每天消耗30余吨燃煤。主要产品花坛、洋盘（凉盘）、品碗、各种罐类以及耀州青瓷，畅销国内各地以及美国、法国、日本等国家。值得一提的是，可能是传统的生产禁忌所致，女工仍然被禁止靠近窑炉。故而她们被

安排在雕刻、包装、产品定级等非核心岗位（彩插6-1）。

人心齐，泰山移，陶瓷厂的产量逐年增长。20世纪70年代末年产不及800万件，80年代初已超过1000万件。当时往返于窑场与市区的运输车队络绎不绝。一车车瓷器经过窑场经销点的分点后被拉到市区总站，等待发往西安、延安等省内县市。有的产品直接被拉到火车站，通过经销商提前订好的车皮发往全国各地。至于西北没通火车的县，则自派汽车亲临陈炉拉货。

为了扩大生产，陶瓷厂多次招工，最多时仅正式工人数就达到了1100余名。1984年，产销两旺的陶瓷厂斥资300余万元在双碑原建立了细瓷分厂，并引进当时全国最先进的机械设备。大家信心满满，希望在细瓷领域取得新突破，再创新辉煌。

回首陶瓷厂的辉煌过去，过来人都会唏嘘不已。作为见证者，老匠人袁双庆感慨道：

"这块厂子在70年代、80年代的时候真的非常大，可以说相关经济比较繁荣。在这个偏僻的山沟里，每一天都有好几个窑在烧。烧完、休息、再烧，窑炉是循环周转的。连零售站都是国家专门设立的，整天拉货的车就没断过。长年累月车来车往，冬天下雪都会有很多车拉。所以说，当时生产量是相当大的。称炉山不夜，那可是一点都不假！"[①]

改革开放后的十余年里，陈炉陶瓷厂处于卖方市场，完全不愁销路。无论何种产品，都会被买家一抢而空。但是对于一些还不富裕的平民而言，陈炉陶瓷器还是难以企及的奢侈品。以至于到了20世纪80年代中期，往陕南、陕北山区送货的陈炉司机们还可以看到民众缺乏陶瓷器的艰苦生活。他们先将木头劈成两半，中间挖一个洞做成日常用碗，吃饭后用丝瓜瓤子一刷就算完成了清洁。强烈的市场需求保证了陶瓷厂的繁荣，也带动了流动锔瓷匠的活跃。

日用陶瓷行销范围迅速扩大，销售路径下沉。以关中道为例，黑碗、盆碗、小壶、茶碗四类瓷器运到西安三桥大王镇后，就能在短时间分销三原、泾阳、富平、周至、户县、灵宝与太原等地的乡镇一级市场。不同地域的人，喜好的陶瓷产品类型各有不同。譬如三原人特别喜欢不烧熟的生碗，这是一种不上釉的素烧碗。黑碗（黑窝子碗）则主要销往柞水、镇安。因为那一带人喜欢饮带有酸度的红薯酒，所以每家每户都用到这种耐腐蚀的碗。有趣的是，在20世纪90年代，时任铜川市副市长吴前进到厂视察，还专程去了生产黑碗的车间，同时声情并茂地向围观的工人们讲述了他为官柞水县时，用陈炉黑碗大口喝酒的轶事。

彼时陈炉地区产品种类之多、产量之巨，让人叹为观止（图6-1至图6-7）。

---

[①] 采访人：笔者，采访对象：袁双庆，采访时间：2017年7月27日晚，采访地点：双庆瓷坊袁双庆家。

图6-1 陈炉陶瓷厂的当代红釉艺术瓷

图6-2 陈炉陶瓷厂的当代绿釉瓷

图6-3 陈炉陶瓷厂的艺术瓷

图6-4 陈炉陶瓷厂的各色产品

图6-5 陈炉陶瓷厂生产的彩色艺术瓷

图6-6 陈炉陶瓷厂生产的兰花蔬果盘

图6-7 计划经济时代特征明显的瓷器

## 二、20世纪90年代后陈炉陶瓷厂的衰落

市场经济起步之初,陈炉人有了更多机会走出大山。他们主动去了解外界的消费观,适时调整产品种类以迎合市场的需求。在老、中、青三代陶工锐意进取的基础上,陶瓷厂抓住机遇获得了较高的利润,达到历史的顶峰。

然而,陈炉陶瓷厂是国有企业。它的发展是建立在市场经济尚未完善、国有经济占据主导地位的时代背景下的。进入20世纪90年代,中国的政治、经济环境发生了剧烈变化。以邓小平"南方谈话"为标志,市场经济进入了发展的快车道,此后人民生活水平逐渐提高,消费市场再度活跃,而消费者对产品的外形、价格、质量等内容有了更高的要求。面对市场环境的剧烈变化,沉迷于"鲜花"和"掌声"的陈炉陶瓷厂却像载满了乘客的泰坦尼克号,对即将到来的"冰山"反应迟钝。工厂传统国有体制在管理思想、管理体制和管理模式等方面的弊端很快显露。在扩大市场份额、人才引进与培养、原材料获取、机构转型、管理技术更新、生产工艺保密以及员工素质的提升等多方面,工厂出现了一系列失误,终使其在市场浪潮中走向了衰败。

### (一)市场萎缩

彼时义乌、邵东、萧山、成都等小商品生产、批发基地蓬勃发展,经销商们建立的经销网络将各类物美价廉的小商品销往全国。尤其以塑料、玻璃、不锈钢等新型材料制成的轻工业产品进入城乡各个角落,它们廉价、轻便、用途广泛,深受消费者的喜爱,迅猛地冲击着固有的消费市场结构。解决了温饱的人民群众大步迈入小康生活,自由地选择适合消费需要的产品。而未能适应市场的企业,注定产销脱节、走向衰落。

市场的浪潮席卷了家家户户,陈炉地区也不能置身事外。20世纪90年代初期,窑场实现了市区班车的每日多次往返,且随上随下,这为村民提供了极大方便。富裕起来的村民为家中购置了新产品,琳琅满目的商品很快将他们与物质文明以及快速发展的时代紧密联系在了一起。然而陈炉产的日用瓷器粗犷、厚重,在现代环境下难以与塑料、搪瓷、不锈钢之类的新材料产品竞争。例如以前西北五省家家户户都会用陶制大缸、大瓮储存面粉或者物品,现在居民抛弃了陶瓷缸瓮,换上易搬挪的新材料储藏器,甚至包括各式塑料袋。就这样,陈炉的产品不仅正在失去国内市场,连本土市场也岌岌可危。

新产品的广泛使用意味着旧有产品的强制更新与淘汰。此时陈炉陶瓷厂已经出现了严重的供过于求现象,产品大量滞销,导致经济效益大滑坡。究其根源,内因还是关键:首先,陶瓷厂固守传统,管理层对新变化反应不足。既缺少革新管理机制的魄力,也未能及时对生产设备更新换代以适应时代需求。产品的样式陈旧,缺乏科技含量,不符合现代人的审美观。在市场经济竞争激烈

的年代，陶瓷厂仍然主打生产沿用了近千年的民间陶瓷品种。其次，生产队伍青黄不接。工厂薪资水平常年处于低位，难以吸引年轻人加入。而且面对手艺精湛的老艺人逐渐退休、大批中年核心骨干出走创业的困局，自有青年工人却未能及时培养成才。再次，熟悉消费者喜好与市场环境的相关人才不足。在生产领域，没有技术创新人才推动产品更新换代；而在消费领域，亦没有经验丰富的营销人员去开辟市场。工厂只能直接借用青瓷藏品进行复制，销往博物馆与旅游商店。从管理层面到生产层面，再到销售层面不断出现战略失误，造成产品滞销、经济亏损就在所难免了。

如今陶瓷厂早已不再拉坯制瓷，仅依靠技术含量低的注浆产品维持基本的生存。如果需要拉坯制瓷，本厂的工人难以胜任，只能延请私营瓷坊的年轻人。事实上，孟武成、孟虎平、许快锋等技艺高超的老工匠，都曾是陶瓷厂的精干工人。他们或因家庭，或因薪酬，选择离开了工厂。现在聘请他们的费用已经涨到每日两三百元。这笔费用看似不高，然而对于困境之中的陶瓷厂而言，仍是一笔大支出。相比之下，厂里工人的日薪仅几十元。陶瓷厂出于无奈，只得长期雇佣低端劳动力，生产注浆产品，凭借曾经积攒的口碑坐等客户上门。

其实，单纯地指责陶瓷厂不思进取是失之偏颇的。困境中的陶瓷厂曾尝试自救，并经历了一段短暂的发展期。刚进入新世纪，通过定制长安老窖、西凤酒等各类酒瓶，工厂获取了较为理想的利润。工厂一年最多可烧制40多万件酒瓶，各车间一度灯火通明，仿佛辉煌又回来了。然而随着成本长期居高不下，市场占有率逐渐被拉低。以一斤装黑釉剔花长安老窖酒瓶为例，当时的出厂价约为5元，送至西安酒厂的上门价为6元。作为手工生产的企业，原材料与人工成本是成本的主体，只有定价6元才能保证获得利润。后来有家河南生产商也参与竞争，全机械化压坯生产方式效率极高，最终以4元9角的上门价挤掉了陈炉陶瓷厂。几轮较量下来，工厂只得放弃酒瓶市场，回归青花瓷大老碗与青瓷"四件套"[①]。

此外，一些陈炉产品的质量也颇受人诟病。笔者采访禚振西老师时，提到陈炉陶瓷厂的衰落。这时她走向办公室的洗漱台，从里面拿出几件蒙灰的陈炉产当代青花瓷碗。她面露惋惜，向笔者介绍道：由于叠烧的缘故，瓷碗内部必须刮出涩圈，长期使用后就会粘油、变黑，难以洗刷。而且产品的底部粗糙，有刮手（图6-8）的感觉，很容易刮花桌子的桌面。因此禚老师就舍弃了陈炉的瓷碗，改用观唐公司机器生产的青瓷品。在她看来，陈炉产品浓郁的本土风味工艺特征可以满足有乡土情结的消费者需求，却不能满足大众对精致产品的需求，这极大地限制了产品的市场销路。

---

① 采访人：笔者，采访对象：匿名受访者，采访时间：2017年8月9日上午，采访地点：陈炉陶瓷厂。

图6-8 边缘破损的瓷器，很容易刮到手

关于陈炉瓷底部粗糙的原因，报道人李国民则认为这不能怪工厂与匠人不思进取，而是材料的缺陷实在难以克服。由于坩土材质的限制，陶瓷厂生产的粗瓷其实属于炻器，质地介于在陶与瓷之间，玻化程度不足。这就导致产品本不能磨底，越磨质地越粗，从而出现了刮花的弊病。

计划经济时代及改革开放初期，人工成本低廉，加之销路通畅，久而久之产品出现质量下滑的现象。至今陶瓷厂仍然实行计件工资，也没有双休日，这就意味着每天上班才能挣到工资。为了完成每日的任务量，有些工人将缺乏经验的配偶、孩子或者朋友邀请来帮忙，有些人下班后则在家边休息边补工。结果导致很多产品的质量未能达到要求，废品率高，提高了生产成本。一些种类的产品装饰绘画粗糙，降低了艺术观赏性。可以说，当时产品产量越大，质量就越差。

陶瓷厂的海外市场份额也大幅萎缩。依托耀州青瓷技艺恢复的技术红利，陶瓷厂成立了出口瓷厂，并于20世纪80年代中期达到顶峰。在工艺品作为创汇主力的年代，陈炉民间瓷与耀州青瓷产品颇受外商青睐。90年代后，由于管理上失误，陈炉陶瓷厂也逐渐失去了海外市场。

## （二）待遇与市场脱节引发人才流失

计划经济时代，供给制起到了巨大的稳定作用，但掩盖了企业的劳资矛盾。工人们的收入主要来源于国家财政，计件所得工分只是额外的补充。他们缺乏流动，靠着微薄的收入养活了全家。大家为了多挣工分，就出现了全家齐上阵劳动的场面。20世纪80年代处于市场经济起步期，人们收入差距尚小，加之陶瓷厂的效益达到顶峰，故而工人的心还能凝聚在一起。随着"吃大锅饭"的供给制转型为"能者多劳"的工资制，工人们的收入普遍显得捉襟见肘。并且因为陶瓷厂的产品滞销与效益逐渐下滑，工资未能及时调整，低到了难以想象的程度。医疗、副食、保健、娱乐等福利相应被取消。一时间，流言纷纷，人心思动，严重影响了生产的稳定。

彼时社会大环境正发生着重大转折。国家政策支持下的市场经济全面放开，"下海"成为一时风潮。相当多的"体制人"辞去公职，去追求更好的生活。想想山外高收入的诱惑，再想想陶瓷厂僵化的工资制度，有能力、有经验的工人开始尝试走出大山。他们或加盟有实力的企业，或自立门户。陈炉陶瓷厂的人才如"滚雪球"一般大量流失，加剧了工厂的困境。

以某匿名受访者为例，20世纪90年代初期每天的工资收入为2.4元。到了2006年任职厂里中层干部时，月收入也仅413元。收入水平之低令笔者震惊，可想而知，根本难以维系一家老小的生活。微薄的工资曾使他犯难，是继续待在倾注了情感的陶瓷厂，还是自谋出路，改善生活？以至于与笔者访谈时，他还仰天长叹，发出了难以养家的感慨。最终他离开了陶瓷厂，外出打拼十余年后回到家乡自主创业。另一位资深配釉工在2005年时，也犹豫着是走是留。那一年，她的工资为500多元。最终她为了照顾家庭，选择留了下来直至退休。2017年，她退休后马上被黄堡某陶瓷公司聘任为配釉师，包吃住后可得5000多元。相比退休时1000余元的微薄工资，堪称"天差地别"了。

面对人才困局，陶瓷厂的管理部门曾痛定思痛，多次派人参加铜川市人事部门组织的招聘会。凭借数十年来积累的知名度吸引了关注的目光，其中到展位咨询的大专院校学生为数不少。但是得知待遇后只能转身离去。甚至少数人心有不甘，亲自到厂考察后却只能抱憾而归。

陈炉陶瓷厂偏居山区，工资水平已长期偏离市场规律。截至2017年，工人月收入仍仅1200~1400元，这不仅难以对工作人员形成吸引力，反而对他们走出陈炉起了助推作用。工厂始终在死循环中挣扎：产品脱离时代、脱离消费者而滞销，致使企业的效益下滑，更难以提升工人的工资水平。加之国家政策鼓励职工下岗，就更加剧了流失趋势。也有的人办理下岗后一边在厂里工作，一边在外兼职。总之，工人们"用脚投票"，加速了陶瓷厂的衰败进程。

## （三）原材料的掣肘

俗语有云："巧妇难为无米之炊"。原材料犹如企业的"血液"，贯穿于采集、生产、包装与销售等各环节，关系到企业的发展规划与整体战略。在市场经济时代，它是制造行业发展的基石，更是企业竞争的重要对象。可以想象的是：如果原材料供应不足或者质量未达标准，都将会增加生产成本，削弱企业的市场话语权。

作为生产集约型企业，陈炉陶瓷厂高度依赖原材料的稳定供应。坩土、石英、釉石以及燃料等原料用途不同，对企业的影响程度就有所不同。坩土、石英与釉石决定了产品的质量，燃料左右企业的生产成本。计划经济时代，公有制度还可以调配原料。但是在市场经济环境下，陶瓷厂就必须积极参与竞争以获取原料。可惜的是，已经习惯于国家供给制的陶瓷厂犹如风暴中的雏鸟，铩羽而归，损失惨重。

坩土犹如人体的骨骼，石英、釉石犹如血液，均对陶瓷产品的质量起着决定性作用。传统社会里的生产者制作民间日用粗瓷，他们多自寻原料，对质量要求并不苛刻。陶瓷厂成立后就需要集中力量办大事，着力生产优质的精细瓷。在发展阶段，早已出现制作原料短缺的现象。一些优质原料的归属权不明，致使获取原料颇受挫折。工人们既为优质原料与部门、企业周旋，又不辞辛苦从远方调买所缺。其中发生在20世纪60年代的一场原料纠纷，至今让陈炉人心有余悸。它不仅牵扯了陶瓷厂大量精力，甚至惊动了中央。最后失败的结局，直接对未来发展产生了极为恶劣的影响。

陈炉陶瓷厂初建时，共拥有合作社作为参股折价的5000余亩土地。后因人民公社化运动和饥荒灾害，改由政府出面暂借各农业合作社代耕。其中罗家泉（音）的100多亩优质原料场在未开具正式文件的情况下，被暂划由那坡农业合作生产队代耕。1962年，当陈炉陶瓷厂欲回采这块已成为农田的料场时，却遭到了农业合作社社员们的干涉。后者认为这块地已经是农业用途，不可再挪为他用，双方发生了严重的肢体冲突。于是陶瓷厂将此事告知镇政府，对方却不愿得罪任何一方，想一拖了之[①]。

陈炉陶瓷厂于情于理都拥有料场的所有权。如今厂部存有1953年的土地清册，这就是料场的土地所有权的最直接证据。该清册在社员入股的时候与土地一并转入陶瓷厂，从法律层面证明了其他村社无权占有。但是那个年代的人们法律意识淡薄，仍抱有"谁声音大就是有理"的思想，以至于出现了本不该发生的纠纷。协商未果之下，陈炉陶瓷厂强制收回了料场里最优质的8亩坩土产地，并立栅栏作为警示。哪知那坡社员们一气之下从地下打了个洞，将坩土全部偷采后贱价出售给了西安高压电瓷厂。而电瓷厂经过勘探后，也认为这些土是制作高压电瓷的优质原料，全部予以收购。陈炉陶瓷厂得知此事后又告知于市政府，并由后者转报轻工业部和冶金部。谁知两部却没法定夺，未判定归属权。

面对原料纠纷，陈炉陶瓷厂一气之下将镇政府与那坡社告到了郊区政府[②]处。为了圆满地解决此事，市政府委派秘书长会同陈炉陶瓷厂、那坡生产队、陈炉镇政府、郊区政府以及各方代表择时开会协商。协商会从早上9点不间断开到次日凌晨4点仍未能取得共识：

---

① 采访人：笔者，采访对象：匿名受访者，采访时间：2017年8月17日下午，采访地点：受访者家会客厅。

② 印台区政府前身。

"当时争论得很。这时候市政府就发话了：你们不要喊叫了，老C说的对，这都是在多少号会议上研究过了的。你们①这个理由说不来。为了这地料场，后来你们打官司都打到中央轻工业部去了，那真是厉害。

当时大家和专家在政府那吵得厉害，厂里不让你农业社种，就要开采。话说那个地方的坩土是陕西地区最好的坩土，尤其是沙坡8亩料场那个地方。那坡社说是那坡的，陈炉陶瓷厂说是陈炉陶瓷厂的，都不给你。"②

很快那坡社出于泄愤，遂直接雇推土机将料场推平以示抗议。陶瓷厂听闻此事，派人鸣枪阻拦，可刚取出枪就被公安收缴。无奈之下，陶瓷厂只能作罢，彻底放弃了对这100余亩优质料场的争夺。

作为主要参与者与陶瓷厂方协调人的这位匿名受访者事后回忆道：

"实际上他用的也就一米多高的坩土，如果陶瓷厂要用的话，大不了给你留出来就对了。把山头一起，把上面一层一去，陶瓷厂还可以用。上头去了以后，下面是一米多高，陶瓷厂可以用，再下去一米多高的土电瓷厂可以用。再下去，还有五六米高的坩土矿，这个矿陶瓷厂可以做很长时间的大缸。但是最后这里一闹，专门为采这一点的矿，翻的山皮太多了，后面的山就都挖不成了嘛。当时都是拿米尺丈量的，给你们留多少地方都有数。那坡社打个洞，把这个地方全部破坏了，没意思了。加上陈炉陶瓷厂逐渐衰败，随着塑料产品的普及，这个原料的市场价值就不大了。"

罗家泉的纠纷虽然只是一个极端案例，但是折射出陈炉陶瓷厂在原料上的困局。为了获取原料所产生的大小纠纷，一直制约着工厂的发展。有些原料在当地有料场，但工厂只能从别处购买，甚至必须从唐山、景德镇等地发货。这无疑增加了采购与运输成本，在生产成本中占比也最高。工人们眼看原料就在眼前却不可得，常常积郁在心。老员工就吐槽："集体资产得不到保护，陶瓷厂就没有料场。没有料场了，原料就匮乏了，矿产资源的匮乏就是陶瓷厂衰败的原因之一。"③

20世纪90年代后，由于工厂推动机械化生产方式，提高了制器原料的利用率，原料成本终于有所下降。当时一吨坩土的到厂价约为70元，一吨长石石英的到厂价为500元，且涨幅较小。在国民经济大发展的背景下，燃煤价格却一路高歌猛进，成为总成本的大头。常言道："屋漏偏逢连夜雨"。就在此时，陶瓷厂拥有的两个优质煤矿逐渐枯竭，被迫从东河川、雷家坡等地购买燃煤以满足生产需要。为了摆脱煤价上涨的压力，加之为贯彻落实政府对绿色环保的要求，陶瓷厂于1998年委派袁西成外出考察液化气窑的使用。经过多地调研，

---

① 指生产队。
② 采访人：笔者，采访对象：匿名受访者，采访时间：2017年8月17日下午，采访地点：受访者家会客厅。
③ 采访人：笔者，采访对象：匿名受访者，采访时间：2017年8月8日下午，采访地点：受访者家会客厅。

工厂最终购买了唐山产抽斗式燃气窑，以全面替代马蹄窑。从此"千年炉火"成为了历史。

实际上，燃气窑炉成本并不低。除了昂贵的窑炉，液化气价格也颇高。据某位陶瓷厂司炉工介绍，铜川市一罐标准规格液化气重100公斤，价格400块。烧一窑产品就要耗费6罐气，长期下来金额就十分可观①。

而到了2022年，受"碳中和"政策、俄乌战争、市场需求旺盛等多重因素影响，燃气价格更是达到了新高度。5月时价为9元/公斤，较之2017年翻了一番②。

## （四）机构臃肿加剧转型难

20世纪50年代的公有制改造运动是一场深刻的生产关系变革，为巩固社会主义经济制度做出了巨大贡献。它使有限的生产资料得以集中分配，既解放了生产力，也调动了群众的生产积极性。对于工厂所做的贡献，应予以高度评价。然而我们要意识到：陶瓷厂本身也有计划经济时代常见的"大包大揽"现象，演变成为一个庞大的福利实体。对于处在封闭的自然与社会环境中的陈炉人而言，进厂务工是获得高于农业的收入的唯一选项。因此无论是否成为正式职工，人们都挤破脑袋往厂里钻，甚至出现了一家老小齐上阵的场面。

改革开放初期，陶瓷厂的正式与非正式职工已达1200人。在当时只有数千定居人口的镇辖范围，从业人数比例令人咋舌。计划经济本可以保证生产与销售的稳定，掩盖劳资矛盾。工人们也不必担心失业问题，希冀能够工作到退休。当市场经济时代来临时，工厂就应该裁掉冗员，轻装上阵，搏击商海。可面对产品已经销路不畅的现实，超员瞬间暴露出深刻的管理缺陷。

陶瓷厂经营不善，却仍要支付1000多人的工资。少数工人更是我行我素，竭力将家人安插于工厂各个部门以获取补助。安插之人多为老弱妇孺，无论体力方面，还是生产技术与工作效率方面，均难以与正规工人相比。但是为了安抚工人的情绪，加之当地复杂且紧密的亲缘关系，陶瓷厂只能硬着头皮对工人家属提供补贴。随着生产进入困境，工人们多处于赋闲状态，无工可做。尽管一些有能力的工人选择辞职或者留职停薪，但是大多数赋闲的工人为了补贴仍选择留在厂内，同时在外打零工挣些小钱。

1992年，刘志必就任陈炉陶瓷厂厂长。为了减轻冗员负担，他解决了所有工人的养老保险，并将退休金由陶瓷厂转移至国家财政支付。并且让大多数的工人办理了内退，鼓励自谋出路，一定程度上缓解了陶瓷厂的薪资压力。尽管

---

① 采访人：笔者，采访对象：陶瓷厂司炉工，采访时间：2017年6月29日傍晚，采访地点：受访者家门口。
② 采访人：笔者，采访对象：匿名受访者，采访时间：2022年5月1日下午，采访地点：受访者家门口。

如此，对于曾经的员工，工厂会在必要时给予物质与资金补助。

现在陶瓷厂以原厂部车间为主要生产区，厂区面积大幅缩水，早已不复当年的盛况。为了考察其运作状况，笔者于2017年7月的一个工作日清点了实际到岗人员。可知现有倒模工2名，球磨机管理人员1名，施釉工1名，注浆工6名，司炉工1名以及负责管理的副厂长，共计12人。而12人中有两女一男为退休人员。另有非正式烧水工、保安、门卫等计10人，陶瓷厂附属紫砂厂有临时工6人。所有到岗人员数为28人。这一数目与巅峰时期已不可同日而语了。

## （五）管理的失误

由于陈炉陶瓷厂是集体所有制企业，因此国家并不能实现完全的监督。建厂之初，它的管理体制为厂长负责制。厂长对厂务与生产进行宏观管理，副厂长分管各项具体事务，而车间主任负责各车间的生产。20世纪70年代，车间主任与副厂长合并，由副厂长分担厂长工作、分管各个车间。这一组织架构带有民主集中制的特征，为企业提供了稳定的组织环境。

以往领导层做决策时必须召开有职工代表参与的厂务会议，甚至必要时还需要全体职工集体表决。然而在产销下滑、人心浮动之际，急需强有力的领导班子力挽狂澜、拯救颓势。促产促销的关键点之一就在于领导层能够当机立断，抓住转瞬即逝的商机。由于工人们多由村民转化而来，素质参差不齐，而经历高等教育的经济管理人才极少。因此他们的意见多基于个人经验，不一定能够符合改革开放后复杂的市场规律。此时大会式的集体表决就显得程序繁冗且效率低下，更容易引发激烈争执。孟树锋担任厂长后，面对管理困局，对领导层做了重大调整。新组建的领导班子年富力强，能以类似现代企业董事会的形式凝聚在一起。繁冗的村民大会式的决策方法被淘汰，提升了决策效率。经过改革，陶瓷厂在20世纪80年代至90年代初这一阶段的效益继续保持提升，产销两旺。

我们在肯定领导层为企业的发展做出贡献时，也要看到"人治"政策的弊端。陈炉陶瓷厂经济效益良好，得益于贤明领导带领工人们群策群力，发扬了集体主义精神。而之后效益滑坡，也与领导层的失误紧密相连。

20世纪90年代中后期，原有的民主决策制度逐渐弱化，领导层出现了独裁专断的现象，间接加剧了陶瓷厂的衰退。概括而言，有以下两点。

### 1．处理员工关系的方式失当

陈炉陶瓷厂效益良好时，人心安定。一旦走入低谷，职工们的收入势必受到很大的影响。加之黄堡、王家河等地的陶瓷行业开始发展，各企业均愿以高薪聘请有经验、有知识的职工，因此人心思变，欲离厂者众多。

20世纪90年代初，员工离职现象已愈演愈烈。为了防止技术外流，保持产品的竞争力，陶瓷厂逐渐加大对职工的管控力度。严把离职关，以减缓离职趋势。其做法符合发展的需要，有助于稳定人心，在实际操作过程中却多采取硬处理方式。个别干部对待离职员工过于苛刻，一定程度上伤害了他们的心。

其中引发较大反响的是李升科团队离职事件。耀州窑博物馆所辖的耀州窑文物复制厂成立后，对耀州青瓷匠人的需求量巨大。高薪诱惑使陈炉陶瓷厂的一些工人心动了，向厂部申请调入复制厂。数次申请未果后，以李升科为首的十余名在岗、退休工人不顾离职禁令，以请假或旷工方式去黄堡上班。这批离岗工人的经验丰富，涉及多个领域，包括拉坯能手李升科、王耿前、梁晓斌，刻花、注浆工范彩铃、张夏珍等工厂骨干。因此他们的离职对陶瓷厂生产秩序的影响无疑是巨大的。又经过多次无效沟通，所有离厂职工受到开除与停发退休工资的严厉处罚。面对处罚，员工们也不退步，不仅多次进厂理论，甚至还打起了十年之久的官司。这一场纠纷在陈炉窑场妇孺皆知，使许多职工离职信念更为坚定。

### 2. 管理存在弊病

企业的管理层犹如远洋航船上的船长，既是战略制定者，也是企业的管理者。处在金字塔型的管理体系顶端的管理者拥有绝对的权力，很容易产生管理方面的弊病。人事关系方面，个别负责人并不能做到公平对待，有时以个人好恶决定下属的奖励与升迁。奖惩方面，赏罚不够分明。一些工人的生产积极性受到了严重打击，逐渐演化成消极怠工现象。处理产销方面，管理方式保守僵化，没能较好掌握市场规律。做市场决策时过于注重本厂利益，忽视长远利益与客户需求，最终丧失了重要客户。

## （六）生产工艺的流失

随着经验丰富的工人们陆续离开，不仅是精干人员的流失，也是制作技术的流失。陈炉陶瓷厂拥有的所有生产工艺随之传布到了铜川各地。依托这些先进技艺，黄堡建起了众多小作坊，成为新的中心窑场。无论从原料采集、生产加工还是组织管理，均有数量可观的陈炉人牵涉其中。王家河村、王家砭村、坡头村等地的陶瓷作坊也有陈炉人劳作的身影。总之，铜川市的陶瓷业发展是由陈炉人带动的，在生产与管理方面发挥了巨大的指导作用。

陈炉工人的到来还吸引了周边村民的加入。他们多以进厂务工的方式学习陶瓷生产的知识，一些人学成后就地自建作坊。甚至于不少外地人前来学习陶瓷技术，然后带回位于西安、延安、宝丰等地的家乡。有些工人离岗后并未离开陈炉，以自家为基地生产陶瓷，成为后来陈炉各家作坊的原型。

陈炉匠人在外开枝散叶,将技术传诸各地。这对于陈炉陶瓷厂而言则是重大的损失,无异于培养了竞争对手。为了保持产品竞争力,陶瓷厂提高了警觉,强化核心配方的保密工作以防止技术外泄。

尽管如此,众多核心技术持续外泄,使陶瓷厂在产品种类上的竞争优势全无。笔者在与原某分厂副厂长进行访谈时,谈到了他家所用的一个瓷枕。作为陶瓷厂的拳头产品,瓷枕图案精美、制作精良。但是,因为技术外泄致使产品失去了竞争力,最后放弃了生产:

"这个(瓷枕)图案是我厂技术工崔鹏设计的,意思是心想事成、高枕美梦。本来陶瓷厂是不能传出去的,结果山下富平的人都能做这了。有些人把技术传出去了,厂里人把石膏模胎偷着拿上一套,回去翻模就对了。你说这不就是管理问题吗?有些产品陶瓷厂应该要搁到法律上鉴定保护,一定要我做了其他人就不能生产。这个不能传出去,本来只能陶瓷厂做。结果谁都没专利保护意识,一下全都学会了。"①

还有人向该位副厂长打听车间所生产的鸡红釉瓷的配方,但被其拒绝。一谈及此事,老爷子就愤愤不平:

"当时没有专利意识,有些人把配方就弄去了。有人悄悄去配鸡红釉,配不好就到我这问配方。还有黑窝子釉,也有人来问我要配方。我打死都不说,你要闹就给你闹去,我也想闹哩!现在鸡红釉大家都知道了,还有铁锈花瓷、开片瓶都会了,也不知道是谁一下散出去了。然后外人经过实践、试验出来了。"

曾担任厂办公室秘书的某位受访者也确实存在制作技术外泄现象:

"1977年后耀州青瓷一恢复生产就送去参加广交会,客商和政府大加赞赏。国家感到名瓷恢复了,省上和地方都很重视。古瓷精品和民间日用瓷精品我们都有生产,摆脱了过去的粗制滥造,而且国外也有订货。改革开放后个体企业遍地开花,釉料配方、技术都叫人窃取去了,扩散到全铜川市。个体一发展厂子就不行了,日用瓷也没有市场了。青瓷研制成功也没有申请专利,人家把厂里知道技术的工人一收买,把技术带出去了,釉料配方、烧成技术都扩散出去了。很快整个社会大搞耀州青瓷。"②

## (七)员工专业素质与制作技艺提升的矛盾

前文已有所介绍,陈炉陶瓷厂经过了传统"行""户"合并成合作社的过

---

① 采访人:笔者,采访对象:原某分厂副厂长,采访时间:2017年8月1日,采访地点:受访者家院子。
② 采访人:笔者,采访对象:匿名受访者,采访时间:2017年8月8日上午,采访地点:受访者家卧室。

程。它在计划经济时期是村落共同体性质的集体企业，是一个规模庞大的福利实体。在人口流动受限的时代，陶瓷厂成为村民为数不多的"吃公家饭"和向干部、工人身份转型的路径之一。他们想尽办法参加招工成为正式职工，招不上的人则以临时工身份进厂。然而看似轰轰烈烈、红红火火的发展态势之下，实际蕴藏着沉重的危机。本地人比例越高，外来工人数量就越少。这意味着与外界的技术交流受限，加大了员工专业素质提升的难度，最终造成管理层与生产层知识固化，脱离时代发展。

改革开放后，国家支持力度逐渐减弱，陶瓷厂只能自行提高生产效率、拓宽销售渠道。途径之一是引进先进设备、生产新产品。可生产设备引进后，领导们发现并没有足够数量的符合操作条件的技术工。根源在于工人们的文化水平偏低：中青年工人群体中小学、初中毕业生比比皆是，具有高中文凭的工人屈指可数，甚至于一些技术精湛的老工人竟近乎文盲水平。类似孟树锋这样的大学生更是以个位数计。员工专业素质的低下严重影响了陶瓷厂的发展，外界新鲜血液的注入就不可或缺。由于厂内的陈炉人已经形成了排他性的利益共同体，外来工人进厂后很难融入其中，加之待遇偏低，最终多一走了之。陶瓷厂也并非没想过自救图存，曾多次邀请外来专家进行技术上的培训，但受制于参训者文化程度，培训效果并不理想。

双碑原细瓷分厂就是矛盾较为明显的案例。在效益上升期的20世纪70年代末期，工厂于双碑原建立了细瓷分厂，所引进机械设备的先进程度为国内罕见。可是机器进厂组装后，大家才发觉竟没有人能操作这些机械设备。为此工厂还聘请厂家亲临现场指导，但因工人文化程度受限而效果不佳。而花费300多万元建立的细瓷分厂，本身就是盲目上马的产物。耀州青瓷研究出来后，各方对此高度重视，致力于扶持工厂生产以碗、碟为主的青瓷与民间瓷。做出来的产品整体质量却难如人意，实则由于细瓷原料达不到细瓷标准。本土优质东山细瓷料产量很少，土层仅一尺多高，需要增配山西与南方的长石石英。配料互掺拉高了生产成本和工艺水平，工人亦极难掌握机器生产技术，积压的不合格品越来越多，成为工厂发展的沉重负担[①]。

由于缺乏足够的技术工人进行生产，工厂耗费巨资引进的先进设备只能闲置。到了20世纪90年代中期，设备按废铁价格低价处理了。因员工专业素质难以胜任生产工艺提升之要求，终致陶瓷厂无奈地吞下了苦果。

陶瓷厂曾招聘一批初、高中毕业的知识青年，希望能够改善各厂工人群体的知识结构。这些工人却又缺乏系统的陶瓷专业知识，与从小在行业里耳濡目染的本地人相比实践经验也不足，在很长一段时间内难以实现与岗位的最佳匹配。加上一些设备为当时国内最先进的设备，知识青年的文化水平难以较好地

---

① 采访人：笔者，采访对象：匿名受访者，采访时间：2017年8月8日上午，采访地点：受访者家。

掌握操作技术，制约了产量与质量的提升。如今工人文化水平仍然不高，外部指导强度不够，使得工厂只能维持原有产品种类，难有新的突破。

## 三、20世纪90年代后期私人瓷坊的兴起

陈炉最早的私人瓷坊并不是由陶瓷厂工人所建。合作化运动时期，经过统筹安排的一部分陶户将资产折价抵卖给瓷业合作社，集体搬迁至那坡、双碑建立的农业合作社务农。改革开放后，农业合作社率先实行土地承包责任制，未进入陶瓷厂工作的农民承包了土地。1983年，那坡农民高天明决定在农闲时做些小工，挣外快补贴家用。恰好退休陶工赵师傅看上了他会一些泥塑手艺，于是带其外出制作泥塑兵马俑挣外快。

回顾曾经的"创业史"，高天明的儿子高小军对笔者说道：

"我们家不是大集体，所以从1983年分了土地后就自己干了。我爹不仅爱好雕塑，也有充足时间，还跟那赵文荣老人带点亲戚关系，于是他们俩就搭伙到处跑。那个时候临潼兵马俑被探出来了，当地①做旅游纪念品的人很少。有个外贸公司跟日本签了合同做兵马俑展品，眼看货快交不了了，就托西安美院找点雕塑工捏兵马俑。大家都知道陈炉人会捏陶瓷，而赵文荣又认识西安美院的老师，就推荐了我爹过去。"②

高天明在临潼做了半年的兵马俑泥塑，挣了一笔收入后回到那坡务农。20世纪80年代初期，经济逐渐复苏，古玩市场也活跃起来。作为历史悠久的窑场，陈炉吸引了一些外来贩子走村串巷，上门购买家藏瓷器再转卖。因此回家后的高天明很快遇到了一位卖眼镜的游贩登门收购瓷器。收走几件瓷器后，游贩看到高天明不是陶瓷厂的工人却有制瓷手艺基础，于是就动员其加盟制作高仿瓷器：

"刚开始有个喜欢到处跑、卖眼镜又卖陈炉石的老头，觉得收陶瓷的数量毕竟有限，就想着能不能做一些仿古瓷。那时做的兵马俑旅游纪念品咱也不好卖，市场管得紧时只能往店里送。店子也要挣钱，搞得我们利润就很少。正好眼镜老头来了，他要求做什么，我们就按他要求做。最早我们以捏塑为主，后来才做拉坯。一开始我爸还不会拉坯，合作化时他还小。捏完了后人家说你能不能先做个碗，原来我们祖上也是做碗的，他、我爸就开始学做碗。他手摇拉坯石轮子，棍子放上去搅起来后把泥放上去，一次能做三个碗。那时候已经恢复耀州窑了，我们家还做青瓷碗。大厂都是批量生产，散件人家就不做。买家做一件两件的就找我们，他们咋卖就不清楚了，咱按要求做出来就对了。那时

---

① 指临潼。
② 采访人：笔者，采访对象：高小军、高小斌，采访时间：2017年8月6日上午，采访地点：高家瓷坊会客厅。

候我们的窑小，一窑做个二三十件，不到一立方。经过几十年发展，我们现在主要做定制的仿古瓷。"①

20世纪80年代，陈炉的陶瓷行业经济状况较好，极少有工人流出，故而高天明家是当地唯一的私人陶瓷作坊。进入90年代，由于陈炉陶瓷厂的经济效益滑坡以及富平县庄里陶瓷厂的破产，私人作坊逐渐多了起来。1992年，陶瓷厂职工李和平建立了当地第二家陶瓷作坊。

李和平自主创业的时间其实可以算得更早一些。1986年，在国家严格实行计划生育政策的背景下，其因二女儿出生而被陶瓷厂开除。赋闲在家的那段时间，他与妻子自建窑炉，摸索烧瓷方法。由于他对各种配方熟悉，不久即以编外人员的名义返聘回厂。1989年小儿子李莹出生后，李和平又停工一段时间。三年后正式被开除，不再续用。无奈之下，他在家自制瓷器，申办营业执照，并且成立了陈炉窑场第一家政府许可的私人瓷坊，取名"北方青瓷耀州窑"。

而在李莹出生的那一年，老工人关培英与人合伙承包了梁上（今陈炉赶集处）的一个车间作为仿古瓷厂，取名"飞龙仿古瓷厂"。因为该厂为市民政局所办国有企业，上级遂指派高中兴为厂长，关培英为负责生产的高层干部，其子关耀武参与产品设计。几年后工厂效益出现滑坡，关家父子回家自制陶瓷。1998年，他们开始筹建私人瓷坊，主攻工艺瓷与仿古瓷，两年后正式创立了"关家瓷坊"。

除了上述三家，20世纪90年代还诞生了崔家、李家、王家等后来名震铜川的私人瓷坊家族。1992年至1994年，因腿伤在家休养的原陶瓷厂陶瓷研究所所长崔鹏与两个儿子在双碑村建了一个窑。这是"崔家瓷坊"的前身，主产工艺瓷和仿古瓷、茶具餐具。也是在这个时候，陶瓷厂工人李升科的兄嫂离职回家，试制各类瓷器。1992年春节，李家众人开始尝试拉坯。当时由于材料、技术等方面的限制，直至7月才拉够一窑的坯子进炉烧制。1995年后，技艺已练得十分精湛的李升科与其女李竹玲离开了耀州窑文物复制厂，正式加入私人产瓷大军中。由于陈炉交通不便，商业欠发达，他们很快便搬离陈炉老家，在耀州区建房制售瓷器，取名"李家瓷坊"。

1994年，陈炉水泉头李家后人李自兴退休后重拾家族"瓮窑"制瓷传统，在家建倒焰土窑，试制缸、盆、罐等大件瓷器。李自兴之子李金平高中毕业后，也跟着父亲学艺。而在1997年，陶瓷厂下岗工人王战军承包了厂部石膏车间。由于他头脑灵活，善于社交，经过多年发展更是成为陈炉镇最大的瓷坊。

---

① 采访人：笔者，采访对象：高小军、高小斌（两位为高天明之子），采访时间：2017年8月6日上午，采访地点：高家瓷坊会客厅。

总之，政治气氛的缓和和农村经济的活跃，为私人作坊的出现营造了良好的经济环境。而20世纪90年代的集体经济形势下滑加剧了陶瓷工人的流失。一部分人因此自立门户，私人瓷坊如雨后春笋般不断涌现，奠定了家族式企业的基业。

# 第二节 陈炉窑制瓷技艺的传承与保护现状

## 一、陈炉窑制瓷技艺的传承现状

如今耀州瓷烧制技艺的传承，已形成了私人瓷坊、铜川市陶瓷研究所与陈炉陶瓷厂三大传承力量。其中私人瓷坊的基数可观、分布广泛，具有强大且普遍的传承影响力。除此之外，铜川市陶瓷研究所基于雄厚的科研实力，也肩负着传统耀州瓷烧制技艺的传承与申报相关课题的任务。更为重要的是，耀州瓷烧制技艺申报进入省级和国家级非物质文化遗产项目名录即由该所负责。陈炉陶瓷厂曾经培养出大量的杰出工人，然而在衰落的大趋势下，所体现的传承作用就非常微小了。由于前文详细描述了陈炉、黄堡地区瓷坊的传承模式，在此对铜川市陶瓷研究所作简要介绍。

铜川市陶瓷研究所成立于1996年，现有管理人员与专业人员两类正式员工，共计12人。后者为8人，以陈炉人为主体。其中获评高级职称者5人，里面就包括了原所长、正高级研究员孟树锋。

陶瓷研究所是耀州窑产品开发的先锋，致力于引进新技术、新工艺，重视新产品的研究开发。该所设立了专门的实验室，对耀州瓷的化学成分进行检验。而且自1996年起，每一年都会制订专门的项目任务，保证当年最少推出五种新产品。所研发的新产品里，具有影响力的是红底玉缕耀瓷。据研究所的工作人员曹金刚介绍：从视觉体验感观察，耀州青瓷的色调偏冷。为了让瓷器透出暖色调的效果，他们尝试掺加土红色料，集中精力量攻关红底玉缕耀瓷项目。这一过程耗时逾三年才圆满完成，并荣获铜川市科学技术奖二等奖。研究所还于2011年、2016年分别承担了茶叶末釉研制项目和耀州窑三彩工艺的恢复研究项目。每一种新产品研制成功后，所里的推销人员就向市内各厂家推广，以实现产品的效益转化。如今，这些新产品颇受顾客好评，成为创收大亮点。

为加强科研实力与学术交流，陶瓷研究所既承担铜川市的对外陶瓷交流工作与传统技艺的人员培训工作，还积极参与五批次的国家人力资源和社会保障部组织的引进国外智力项目，引进国外专家人才与工艺技术。2013年起，研究所多次聘请韩国、中国台湾等国家和地区的柴窑专家亲临试烧柴窑，希望恢复失传已久的柴窑烧制技艺。值得一提的是，孟树锋还担任了"耀州窑陶瓷烧制技艺"国家级非物质文化遗产代表性传承人。可以说，该所为耀州瓷的活态传承积累了丰富的经验，做出了巨大的成绩。

2017年底，研究所搬离了耀州区坡头街道，转至耀州瓷发源地——黄堡镇①。也许这算是现代匠人对祖先的技艺和精神的致敬吧！

## 二、陈炉窑制瓷技艺的保护现状

改革开放之后，伴随着经济的快速发展，中国的城乡格局正发生剧烈变化。众多古村落、古街道消失，而大量农村人口涌入城市，传统的社会结构逐渐解构。这一转变直接动摇了大批依靠口传心授方式传承的非遗项目的生存根基，文化断流的危机比以往任何时候更为严重。为了拯救濒危的文化遗产，中国政府与联合国教科文组织密切合作，首先以《保护民间创作建议案》《人类口头及非物质文化遗产代表作条例》《非物质文化遗产保护公约》为基础，分别于2002年与2003年启动了"中国民间文化遗产抢救工程"与"中国民族民间文化保护工程"。之后又开展了全国性的非物质文化遗产普查，建立各级非物质文化遗产保护名录以及确定各级别的非物质文化遗产等一系列保护工作。这些工作将包括耀州瓷烧制技艺在内的众多非物质文化遗产项目从绝地中拯救出来，使其在政府主导之下步入传承正轨。

2005年之前，整个铜川市从事耀州瓷制作的工厂、企业仅剩铜川市陶瓷研究所、陈炉陶瓷厂等少数集体单位以及陈炉镇四户、黄堡镇三户个体生产者，呈现出明显的传承人数少、传承基础差的特征。得益于中国政府的强力保护，耀州瓷技艺传承出现了转机，传承状况获得很大的改善。以申报"中国民族民间文化保护工程""国家级非物质文化遗产项目""国家级非物质文化遗产项目代表性传承人"三大工作为标志，传承千年的耀州瓷技艺在新时代呈现出起步早、起点高的新特征。

耀州瓷技艺的保护工作起步于"中国民族民间文化保护工程"，实质上是后来非遗保护工作的预演。在铜川市政府的主持下，由中国陶瓷工业协会牵头负责技艺申报。申报小组以陈炉耀州瓷制作技艺为基础，冠名"耀州窑传统工艺"，入选保护工程的第二批试点单位。这也是第一个"中国民族民间文化保护工程"陶瓷类国家试点项目。成功入选后，各方签订了《保护工程试点项目任务书》，计划在三年内实现项目总投资590万元。

---

① 2022年5月，笔者回到铜川调查，突遇孟树锋老师深夜邀请外出。他对去往何处三缄其口，直至坡头我才知道原来是探访研究所原址。只见曾经按照传统生产样式打造的所部已经一片荒凉，公路基建器材散落一地。孟老师一边带着笔者参观，一边讲述过去创建研究所、还原陈炉耀州瓷烧制技艺与申报国家级非物质文化遗产项目的故事。通过闲谈，笔者可以感受到他既对耀州瓷传承事业倾注了大量心血，也对研究所抱有深厚的感情。

2004年至2006年，在中国陶瓷工业协会"'耀州窑传统工艺'项目领导小组"的指导下，铜川市成立了以主管副市长高中印为组长、铜川市陶瓷研究所孟树峰所长负责具体安排的项目小组，促进保护项目的实施。为更快推动项目实施，中国陶瓷工业协会首先自筹资金3万多元，购置保护项目实施中所急需的设备，随后陆续拨款12万元，解决了在实施阶段任务中所面临的人员、设备等各方面的资金问题，从而顺利地推动了项目的开展。在2006年10月举办的全国非物质文化遗产保护试点工作经验交流会上，中国陶瓷工业协会汇报了两年多以来保护工作进展情况：（1）对耀州窑黑窑、瓮窑、碗窑、小货窑、青瓷窑谱系作了深入调查，并完成了各谱系的编写工作。（2）对高龄垂危的张景堂、张生银、申增强等20名老艺人作了抢救性采录。对孟武成、陈少述、郑彦文等18名重点艺人作了个案采录，采录以文字、照相、录音、录像手段同步进行，整理出个案专辑8部。（3）编撰了连环画形式的《耀州窑传统陶瓷制作工艺序程》。（4）对耀州窑17道成瓷工序、青瓷30道成瓷工序进行全过程记录，形成原始录像带83盘，录音带76盘，照片5600张。（5）征收传统工具、用品36件，传统陶瓷实物9件。[①]

得益于中国政府自上而下的保护工作，耀州瓷烧制技艺申报省级与国家级非遗项目的工作也被提上日程。申报初期，铜川市内既精通陶瓷制作技艺，又具有较高的文化水平，还能与政府部门沟通协商以便同步推进工作的人可谓凤毛麟角。经过认真考虑，市政府又任命经验丰富的孟树锋为申报材料撰写工作负责人，委托市陶瓷研究所组织实施。2007年5月，"耀州窑陶瓷烧制技艺"率先入选"陕西省第一批非物质文化遗产名录"。

国家级非物质文化遗产项目的申报工作进度同样较快。2005年8月，铜川市陶瓷研究所向原文化部提交了"耀州窑传统工艺"的申报书，申报项目类别为民间手工技艺。申报书对项目简介、基本信息、项目说明（分布区域、历史渊源、基本内容、相关器具制品及作品、传承谱系）以及保护计划等内容做了充分说明。尤其是产品与传承谱系的介绍较为细致，前者将碗窑类、黑窑类、瓮窑类、小货窑类与青瓷窑类的所有产品、相关器具做了完整展示，而后者对黑窑、瓮窑等窑的传承谱系进行了科学归纳。2006年5月，"耀州窑传统工艺"终于顺利入选第一批"国家级非物质文化遗产名录"，并更名为"耀州窑陶瓷烧制技艺"，列入"传统手工技艺"类别。

正因为孟树锋不但有丰富的领导岗位任职经验，而且在耀州瓷技艺传承上做出了杰出贡献，发挥了模范性带头作用，他也于2007年6月成功入选第一批"国家级非物质文化遗产项目代表性传承人"。之后传承人申报工作逐渐展开，截至2017年底，铜川市已产生了陕西省省级非遗传承人1名（袁西成），市级

---

① 张旭：《全国非物质文化遗产保护试点工作经验交流材料汇编》，文化艺术出版社，2007，第218页。

非遗传承人10人（陈水平、李和平、李升科、关培英、王战军、李莹、孟武成、陈雪萍、梁亚萍、崔涛）。而在2011年10月，印台区也认定了相关传承人6名（王战军、李和平、关培英、李升科、李五民、袁培羊）。① 除非遗传承人外，政府还评定了66名各级陶瓷工艺美术大师。

通过对当时的"国家级非物质文化遗产项目申报书"的文本内容分析，无论是传承谱系、传承状态还是产品展示，关于耀州瓷技艺的描写多以陈炉流传的技艺为蓝本，而评选出的各类传承人亦以陈炉人为主体。因此毫无疑问：流传在陈炉的传统技艺是项目成功申报并获得国家政策支持的坚实基础。

申报国家级非遗项目至今，铜川境内耀州瓷技艺的保护实践成果呈现出"陈主黄从"的特征。此即政府在陈炉地区主抓传统技艺的整体保护与传承，而黄堡、王家砭等机械化水平较高地区，着重培养手工雕刻方面的工匠。为了传承与发扬这一传统技艺，主管文化部门与地方政府合作，以举办技艺比武、参加各类展览活动、成立陶瓷艺术家协会、申报国家地理标志产品保护等多种手段抓传承、促保护，取得了一定的效果。

2012年11月，为了深入贯彻落实党的十八大精神，增强文化自觉、文化自信和文化创造活力，陈炉古镇景区管理委员会更进一步，举办了首届陶瓷制作技艺大比武，对优胜选手给予现金奖励。这对于古窑场而言，是破天荒的大事。往后各届比武大会与窑神祭同时举行，并正式确定了陶瓷拉坯、陶瓷刻花、陶瓷绘花、陶瓷创意四类参赛项目；奖金数额也从初创时的一等奖1000元、二等奖500元分别提升至2500元与1500元。大会既涌现出一批具有高超技艺的民间艺人，也实现了行业内部的切磋，有助于提升行业的整体发展水平，更提振了沉寂已久的陶人们的士气与创业激情，激起了年轻人学习陶艺的兴趣。

除了内部文化交流，陈炉窑场的匠人们愈发积极主动，多次携产品参加全国各地举办的陶瓷文化活动。譬如2012年，镇政府选取原生、活态传承技艺程度较好的"铜川市印台区陈炉镇民间工艺瓷厂"② 作为杰出代表，赴京参加"生产性保护成果大展"③。兰花梅瓶、陈炉兰花大老碗、黑釉茶具、青釉将军罐、香黄釉塔式套盒、青釉刻花棒槌瓶与青釉倒装壶等历史上知名度较高的代表性展品被集中展示，也向主管单位以及社会各界展现了地方在生产性保护方面所取得的佳绩。2014年后，铜川市政府积极夯实本土"基本盘"，每年组织匠人们参加"中国西安·丝绸之路国际旅游博览会"，以吸引国内外游客与

---

① 数据为笔者对铜川市政府与印台区政府出台的公示文件统计得出。
② 即王家瓷坊。
③ 此展由原文化部、非物质文化遗产保护工作部际联席会议成员单位以及北京市人民政府三方共同举办。

商家的注意。观众们既能观赏耀州瓷产品，还能与匠人们亲密互动，体验陶瓷制作的乐趣。无论是何种会展，有关部门都会不遗余力地宣传陈炉古镇的旅游资源与传统文化，辅以陶瓷技艺与产品的展示，为外界认识陈炉做出了贡献。

政府部门亲力亲为，本地匠人也寻求"报团取暖"。印台区陶瓷艺术家协会是印台区陶瓷艺术家自行组织成立的一个社会团体，也是陈炉陶人们团结一致求发展的标志。协会成立于2015年，主要服务于印台区各类陶瓷研发、制作与销售型企业，现有会员40余人，陈炉人占据大多数。协会选举了李竹玲为主席，崔鹏、李和平、王战军、袁广强为副主席。协会所提供的服务功能涉及面广，主要包括：积极发展协会会员，将印台区乃至铜川市及周边地带有陶瓷爱好或有一技之长的陶瓷艺人吸收为会员；不定期召开协会会员会议，交流制作经验，集体研究旅游新产品的开发；组织会员积极参加各种陶瓷展销会，扩大作坊规模，协助安置陶瓷业下岗职工，为社会、政府分忧。作为匠人"准行会"组织群体，协会清楚会员们的需求，并起到了沟通政府与手艺人的桥梁作用。

申报"国家地理标志保护产品"同样是重要的保护手段。2015年，国家质量监督检验检疫总局批准"耀州瓷"纳入"国家地理标志保护产品"[①]，以法律文件的形式对耀州瓷产品的知识产权予以保护。保护范围以陕西省铜川市印台区陈炉镇、王益区与黄堡镇为中心，覆盖耀州区董家河镇、坡头镇、寺沟镇以及铜川新区现辖行政区域。铜川市耀州陶瓷协会是"耀州瓷"证明商标的唯一合法注册人，凡铜川市范围内符合条件的陶瓷生产企业、专业合作社或协会均可申请使用。地理标志保护产品的申报，有效防止了区域外企业与个人仿冒耀州瓷的行为，为耀州瓷技艺的活态传承增加了坚实的法律保障。

最值得一提的还是中国非物质文化遗产保护工作的开展。十余年来成绩显著，为陈炉的陶瓷业发展带来新契机。对比进入名录前的窘境，如今窑场的传承状况已经大为改观。

截至2017年5月，除陈炉陶瓷总厂外，全陈炉镇从事陶瓷生产和销售的个体私营户达25家。其中陶艺体验吧11户，家庭式陶瓷生产作坊14家，从业人数约300余人。当地陶瓷产品以工艺瓷、日用瓷、工业瓷为主，种类主要包括黑釉剔花、白釉剔花和青釉剔花等各系列。古镇目前另有国家级以及省市级工艺大师22人，其中国家级美术大师2人，省级大师5人，市级大师15人。陶瓷行业正在焕发青春，人才渐增，产业渐旺。

---

① 国家地理标志保护产品，是指产自特定地域，所具有的质量、声誉或其他特性本质上取决于该产地的自然因素和人文因素，经审核批准以地理名称进行命名的产品。见胡海容：《地理标志申请与保护实务》，国防工业出版社，2016，第54页。

## 第三节　陈炉窑制瓷技艺的危机

### 一、后继人才的匮乏

陈炉耀州瓷烧制技艺的传承并不是一帆风顺，面对斐然的保护成绩，我们不能"刀枪入库""马放南山"。表象背后仍然蕴藏着深刻的危机，不能不引起社会的重视。

首要危机当是后继人才的匮乏，威胁着技艺的活态传承。人，是决定非物质文化遗产传承与保护的核心。无论国际还是国内，培养传承人都被置于十分重要的位置，从法律法规与实践操作两方面给予支持。法律法规方面，《中华人民共和国非物质文化遗产法》规定："国家鼓励和支持公民、法人和其他组织参与非物质文化遗产保护工作。"[1]而联合国教育、科学及文化组织通过的《保护非物质文化遗产伦理原则》也指出："相关社区、群体和个人在保护其所持有的非物质文化遗产过程中应发挥主要作用……创造非物质文化遗产的社区、群体或个人应从源于这类遗产的精神利益和物质利益的保护中受益。"[2]简而言之，人既是决定非遗传承的核心，也是文化的受益者。非遗的传承与保护的基点十分明确，就是培养有序的接班人队伍，以实现活态传承。

中国是非物质文化遗产大国。虽然我国的非遗保护工作取得了长足进步，但是高度受限于发展中国家这一特殊国情。日益增长的保护需求与不发达的保护机制两者之间的矛盾始终存在。从政策上分析，城乡非遗保障机制、东中西部保护力度差异以及各非遗项目内部的保护侧重点等均存在不小的差异。并不是所有的非遗项目都能够得到政府足够的支持。历史上不能走市场的项目自不必说，不少走市场的传统手工艺项目也面临着传承难的困境。原文化部副部长项兆伦就指出："由于生产生活方式的变迁，一部分以手工艺为主要生计来源的传统工艺项目传承人群，面临产品需求萎缩、收入不足以解决生计的困境，致使年轻人不愿学习和传承手工艺，传承后继乏人。这是必须正视的现实。"[3]对于陈炉窑场而言，传承人才匮乏的窘境也成为最明显、当地人提及最多的传承危机。

传承是非遗保护不可回避的一个重要议题，传承难则是保护所普遍遇到的难题。陈炉窑场的技艺传承难以为继体现在两个方面：一是传承人的老龄化与

---

[1] 龙岩市文化广电新闻出版局、何志溪：《闽西非物质文化遗产大全》，中国国际广播出版社，2017，第520页。

[2] 联合国教科文组织：《联合国教科文组织：保护非物质文化遗产伦理原则》，巴莫曲布嫫、张玲译，《民族文学研究》2016年第3期。

[3] 项兆伦：《正确认识非物质文化遗产，是正确有效地保护、传承和发展非物质文化遗产的前提》，《文化遗产》2017年第1期。

本地青壮年的流失；二是行业难以吸引专业人士的加入。

## （一）传承人的老龄化与本地青壮年的流失

传承人老龄化与本地青壮年的流失是并行存在的。传统社会里，自给自足的小农经济曾占据主导地位。基于此经济形式的陈炉人聚族而居，多达数百人，少则数十人。每个家族都会从后裔中选取合适的人加以培养，以保证自家产业的延续性。被选中的人被有意进行某一方面的技能培训，大家各司其职又技能互补，促进产业的整体发展。前文介绍的水泉头李家子弟，从小安排从事陶瓷业的各项分工。李保平的父亲专门制作缸瓷，而他的大叔作为家族掌柜培养，打得一手好算盘。二叔则擅长对外经营，经常走南闯北，贩卖瓷器。可以说，家族产业基本涵盖了整条产销链条。

计划经济时代，家族作坊被吸纳进瓷业合作社与陶瓷厂。农民与商人们摇身一变成为国家工人，他们的子女也多进厂务工。国家与集体的大包大揽之下，所有人的工作都能解决，所有的产品不愁销路，轰轰烈烈的大生产使得传承的矛盾被掩盖得毫无踪影。当陶瓷厂效益滑坡后，工人们就面临着去或留的抉择。留下的工人将会在厂里按部就班地工作，等待年满退休，颐养天年。离开的工人们则外出打工或者自立门户，以发挥自己的一技之长。出走者多就业于黄堡工业园的观唐、唐宋以及耀州窑文物复制厂等企业，学习操作现代化的机械；少数人则去了神垕、景德镇等地。对于远赴外地的职工，本书不做讨论。

自主创业的工人是形形色色的私人瓷坊的建立者。从李和平算起，他们已经奋斗了30余年。作为新时代血缘传承的载体，私人作坊却面临着愈发紧迫的后继乏人窘况。当家的传承人逐渐老去，而年轻人却不愿意从事祖先的行当。据笔者调查，陈炉地区私人瓷坊里正在培养的40岁以下接班人只有北方青瓷耀州窑瓷坊的李莹、高家瓷坊高小斌与高小军两兄弟、双庆瓷坊的袁明、袁浩等5人，而拥有40岁以下固定雇工者仅有王家瓷坊。区域外陈炉人所开瓷坊，年轻接班人为李竹玲的外甥。除这些人外，年轻的传承人就较难发现，从业者多为中老年人。

陈炉陶瓷厂的情况更不容乐观。前文已有所介绍，工厂所有到岗人员数为28人，与辉煌时期不可同日而语。工人们均已年龄偏大，只能以上门订单和政府的扶持项目生存。陶瓷厂的惨淡现实不可避免地引发了一些当地人的私议，如某位匿名受访者直抒胸臆，明确指出出现的问题：

"为啥耀州窑发展公司能发展，就是老板希望他们做起来，带动大家前进。陶瓷厂这情况是老板个人问题，政府实际上拨的资金不在少数，但是没有用好。双碑那个紫砂厂子停产了，陈炉这个厂子，也是勉强维持，不断在花钱，某些人是靠项目资金养的。不倒的原因是一些部门怕他不在了，投资打了水漂不好交差。这也是行业的怪胎，最先进的设备不会用。还有就是怎么吸引人才？没法打造人才平台。如果想要展示的平台，哪里有呢，给谁展示呢？"①

经济基础直接影响到匠人们的幸福感。年轻人不愿意从事陶瓷业，其根源就在于无论在工厂打工还是为自家瓷坊出力，所得收入与外界相比过于低下。在此笔者将以陶瓷厂与私人瓷坊里的工人两个群体为基础，做更进一步的阐述。

铜川市的耀州瓷制作行业采取日结和月结两种工资计算方式。日结方式以王家瓷坊为代表。工人们必须按照工作经验、特长与工作年限计算工资，所得工资按实际工作日计算。以笔者2017年调查的数据显示：工人中以孟武成工资最高，日工资为180元。每天的上班时间也较自由，可迟到早退。这一收入水平外界看来也许并不算高，在铜川市的陶瓷行业里可是凤毛麟角。童胜利②次之，日工资为150元。其他工人工资水平较低，普工日收入多在60元的基准线上。只有被认为"拉台柱的"年轻工人靳波，收入增长幅度较大。当时工资为100元，每年递增10%，2020年递增至130~140元。除了工资，王家瓷坊为体现关怀，年底会给予每位工人2000元的年终福利。

月结方式以崔家瓷坊为代表。瓷坊基本以前文所述三项标准为指导，按月发放月薪。笔者调研时，瓷坊有七名工人，分别为瓷坊主崔涛及夫人、崔涛外甥夫妇以及三名学徒工。外甥当初只是到瓷坊学画，兼做家务，后来在崔涛的影响下走上了陶瓷制作的道路。2017年时，夫妇两人的月薪为每人5000元以上。学徒工为崔涛在瓷坊所在的王家砭现招的当地人，其中一名为失聪人员。三名工人在坊工作时间均超过三年，月收入为3000元。工人月收入同样会随工龄的增加而增长。可见崔家瓷坊的工人收入水平还是能够适应当地消费水平的，也明显比陈炉地区的工人高。反观作为集体所有制企业的陈炉陶瓷厂，工人们的工资难如人意。注浆工的月薪为1400元，司炉工为1500元，而勤杂工、门卫等工资更低，并且涨幅较小。因此陶瓷厂的工人均为50岁以上，甚至有三名工人是退休后无事可干而返厂继续工作。对于工人们而言，最美的芳华已奉献于工厂。如今他们年纪已大，外出务工不现实，只为等待退休之后拿到2000多元的退休金，以此作为后半生的保障（图6-9、图6-10）。

如何解决传承难的问题，在非遗保护上不可回避。在市场经济大环境与消费主义思潮影响下，收入水平直接影响了传承人的幸福感。无论采取日薪还是月薪，陈炉的薪资水平对年轻传承人而言都难以养家糊口。尽管孟武成等老工人工资收入水平尚可，但年轻人们自认若凭努力而达到满意的收入水平，还是

---

① 采访人：笔者，采访对象：匿名受访者，采访时间：2017年8月8日晚上，采访地点：受访者家。
② 如今他已经离开了王家瓷坊，在陈炉建立了自己的瓷坊。

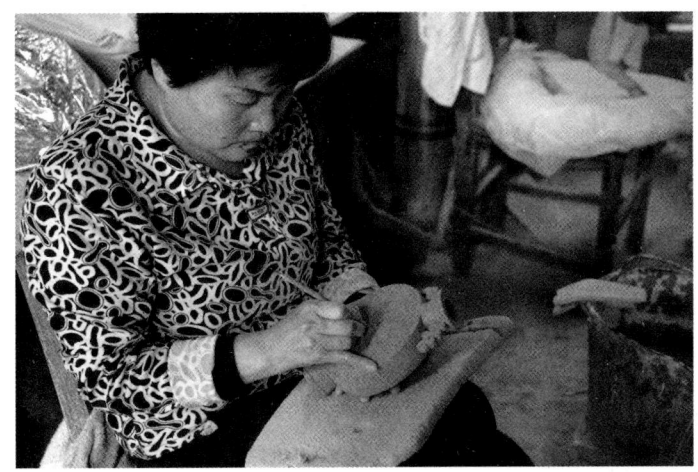

图6-9 寒冬时节,正在兢兢业业工作的陶瓷厂工人们

图6-10 即使"失血"严重,陶瓷厂的老工人们仍然保有较高的技术水平

遥遥无期。陕西省整体工资水平与发达地区差距较大,而陈炉地理上又偏居陕北农村,缺乏深厚的企业基础,工资水平自然不高。对于当地父母而言,自家孩子成长的最理想状态就是考上大学,然后去发达地区的高薪企业就业;或者考公务员和教师,拿到铁饭碗。回到铜川从事陶瓷行业的年轻人屈指可数,知识水平也普遍不高。随着老工人逐渐退休,青壮年望而却步,陶瓷厂陷入传承人青黄不接的困境。外界的年轻人因工资无法达到心理预期,更不愿意来山窝窝里工作。本地年轻人也想在外闯荡出一番事业,但是受限于家有父母妻儿或者文化水平,只能回家就业。王家瓷坊的靳波就是一个典型的矛盾体。他是那么不安于现状,却只能面对无奈的现实。

靳波,1990年生,是"东三社"靳姓大家族的后人。高中毕业后先赴广州从事电路板的装配工作,后到咸阳市做虚拟货币交易业务。22岁时因"工作不好做"的原因回到陈炉,成为王家瓷坊的拉坯学徒。他拜孟武成为师,从拉坯学起。六年的拉坯经历让其自创出一套拉坯手法,成为王家瓷坊里的拉坯"拉台柱的"①。现在靳波的工资在当地尚可,并且逐年增加。可对他而言,工资水准还是难比外出打工的收入。在访谈时,他向笔者表达了对现实的无奈:

"我要天天上班不休假才能挣这么多,现在年轻人谁这么干?可我能去哪?我一没关系二没路子,谁要是给我个好工作,马上就走了。现在就是结婚了有娃了,要一个人早走了。不过话说回来,同样待遇肯定选离家近,你在外面租房,还不如自己在家干呢。

我在广州时两千多,但那会物价也不高。现在陈炉物价可高呢,比铜川都贵。你去外面吃碗面才多少钱,这边动不动十块八块的。"②

在靳波看来,自己的工资收入仅能勉强维持一家人糊口,恰恰是因为"一没关系二没路子"才待在陈炉。如今旅游业的发展让他看到了改行的希望,考虑未来挣足钱开办农家乐和陶吧,希冀着生活状况会比现在有更大的改善。然而他至今还在王家瓷坊工作。

## (二)对行业专业人士吸引力的匮乏

因微薄工资而产生的人员流失,已经成为众所周知的行业发展之困。各厂与私人瓷坊都希望提高工资以吸引人才,却各有各的难处。对于作为集体企业的陈炉陶瓷厂,营业额直接关系到职工待遇,而持续的衰落使得工资上涨幅度微弱。现在陶瓷厂主要的收入来源可分三部分:一是租金,二是政府扶持资金,三是产品销售收入。由于历史原因,集体制企业注定获得的政策与经济扶持比国有制企业要少,是事实上的自筹自支企业。在长期不理想的销售状态下,难以给予工人满意的待遇。2006年时,正科级干部的待遇为600元,到了2017年,工人收入仅1400元。笔者认为:如果没有外界力量的介入扶持,未来工厂的员工待遇偏低、难以补充新鲜血液的状况将长期存在。

难道工人收入低,全是工厂和瓷坊的过错吗?其实并不一定,后者也有自己的苦衷。工人进厂后从生手成长为熟练工,最短需要三年时间,相当于传统社会里的拜师学艺阶段。这段时间对瓷坊而言并不能产生效益,只能给予基本工资,老板们却还时常担心学徒们嫌弃工资,一想不通就中途放弃。崔家瓷坊老板崔涛就明言:

"你刚来没学成,给我干点杂活,我这边给你点生活费,我经济不受损失。你学成了,却要走了。这是你学成的本事,多给你点钱,你去也行。反正这个行业大家都知道,两三千块钱的工资,就那样。我刚开始给你两三千,你

---

① 行业术语,指能够独当一面的匠人。
② 采访人:笔者,采访对象:靳波,采访时间:2017年8月10日傍晚,采访地点:陈炉镇上街操场。

跑了，我损失找谁？我的感情和心血付出这么多，经济付出那么多，那不就是白培养了？"①

与集体企业陶瓷厂实行的固定工资制度不同，瓷坊老板是从性价比角度考虑的。讲究效益优先，灵活自主地支付工人工资，因此对于新进员工不会发放高工资。其实老板们心里明白，现在年轻人的经济压力大，面临着就业、结婚、买房等多重压力，故而希望得到符合心理期望的收入。可是陶瓷行业的工人的薪资与技术经验、运营状况直接挂钩。孟武成这样的老师傅，经验越丰富，手艺越好，薪资相应越高。到了2022年，在王家瓷坊管工作餐的情况下，收入约为7000余元。这在当地属于高薪。靳波收入也涨到了5000余元，并始终保持每年300元/月的增长幅度。对于学徒工而言，实现这一目标的过程还是过于漫长，无数年之功难以企及，这就导致他们常因预期收入偏低而对入行望而却步。然而换个角度来看，这恰恰反映了两位师傅有着坚持到底的韧劲。

## 二、仿古：制作技艺的异化

非物质文化遗产的异化是非物质文化遗产保护语境中谈论较多的话题。"异化"这个词来自德语Entfremdung，后被译为英文alienation②。黑格尔与费尔巴哈对"异化"的理解有所不同。前者认为"异化现象指的就是绝对理念在运动中异化出自然界和人类社会"。而后者的理解是："人把自己的本质异化为上帝。"③马克思进一步指出："这一劳动所生产的对象，即劳动的产品，作为一种异己的存在物，作为不依赖于生产者的力量，同劳动相对立。劳动的产品是固定在某个对象中的、物化的劳动，这就是劳动的对象化。劳动的现实化就是劳动的对象化。在国民经济学假定的状况中，劳动的这种现实化表现为工人的非现实化，对象化表现为对象的丧失和被对象奴役，占有表现为异化、外化。"换而言之，"异化"概念指涉人与物质两个层面，即精神约束了人的肉体，物质约束了人的行为。辜正坤将"异化"定义为："一种主客对立面的转化、移位或反控关系：肉体转化为精神，并为精神所控制，或相反；人（主体）创造出来的东西（客体）却成为人的对立面并制约人。显而易见，所谓'异化'的观点就是一种主体和客体以某种方式发生了换位或谓之转化的观点。"

---

① 采访人：笔者，采访对象：崔涛，采访时间：2017年8月16日下午，采访地点：王家砭崔涛工厂客厅。
② 辜正坤：《外来术语翻译与中国学术问题》，《读书》1999年第8期。
③ 段忠桥：《马克思的异化概念与历史唯物主义——与俞吾金教授商榷》，《江海学刊》2009年第3期。

耀州瓷技艺出现了明显的仿古技艺"异化现象"。本应发展的技艺与本应开拓进取的匠人却被利益所绑架，陷入一味仿古的泥淖不可自拔。仿古，本为匠人们尊重传统、复兴传统的举措。它对完善非物质文化遗产的传承体系、恢复原真性的传承贡献巨大。然而，若将全部精力置于此，而无法做到艺术性与技术性的突破，匠人实质上就被传统所束缚，仿古成为一种"异化"。耀州瓷制作领域出现了"异化现象"，匠人们既沉溺于仿古瓷制作，不图任何突破，数量可观的产品也被别有用心之人用于不正当用途，破坏了技艺的良性传承。

## （一）耀州瓷仿古的成因

### 1. 仿古技艺的成熟

仿古瓷颇受当代消费者的青睐，在中国陶瓷销售市场上占据重要地位。仿古瓷与古代文物瓷的关系密切，绝大多数是后者的模仿品。所以在今天人们的概念中，所谓仿古瓷就是后代仿制前朝人们制造的瓷器[1]。如今观赏瓷领域，可分为仿古瓷与工艺瓷。两者都是现代艺术品，其区别在于仿古瓷还包括了仿古日用瓷与仿古工艺瓷。譬如古代的碗、盆与盘，可视为日用瓷。而经典器物倒流壶与玉壶春瓶，最早也是日用瓷，但因技术难度大，价格昂贵，反而成了工艺瓷[2]。

封建时代后期，即出现了仿古瓷。元代时蒙古贵族仰慕中原文明，统治者大力提倡仿制前朝名瓷。明代、清代以及中华民国时期，官、民两窑仿古瓷均有较大发展。官窑生产的仿古瓷主要供统治阶级使用。无论其模仿得多么惟妙惟肖，仿制目的却不是为了牟利，而是追慕一种文化精神。如明代皇帝为恢复汉族的传统文化，标榜统治的正统性，就曾组织工匠仿制前代名瓷。较知名的宣德与成化年间产的官窑瓷器，就有浓郁的仿宋代官窑、汝窑与哥窑瓷的痕迹。至于民窑生产的仿古瓷，则多以猎奇与牟利的目的生产，鱼目混珠，流通于古董市场。

耀州瓷也在所难免出现仿制之作。远及北宋，一些外地窑场通过仿制耀州瓷，促进了耀州窑系的形成。例如宋元时期的临汝窑场的严和店、轧花沟、东沟、陈家沟等窑址，产品就以耀州窑系青釉瓷器和钧窑瓷器两大类为主。其中严和店、轧花沟与下任村生产仿耀州窑青瓷，有印花、刻花、划花几种，常见题材有缠枝或折枝菊花、团菊、牡丹花等。其余几处窑址则烧造仿钧窑瓷，器物多为盘、碗。盘有折沿、花口、圆口等形式。红色斑点青釉器较有特色[3]。

---

[1] 赵宏：《中国陶瓷文化史（下册）》，中国言实出版社，2016，第376页。

[2] 采访人：笔者，采访对象：曹金刚，采访时间：2017年7月3日，采访地点：铜川市陶瓷研究所曹金刚办公室。

[3] 王巍：《中国考古学大辞典》，上海辞书出版社，2014，第491页。

又如当时南方地区的吉州窑曾大力仿制耀州窑,所生产的青釉印花盏名震江南。元代以后,由于耀州窑的影响力衰退,相关仿制活动就逐渐消失了。

伴随黄堡窑场的衰落和陈炉窑场的崛起,民用瓷长期成为唯一的产品种类。铜川地区仿制古耀州瓷算是现代事件了,可追溯至20世纪70年代的复仿耀州青瓷项目。当时通过数年的仿制工作,陈炉人积累了丰富的仿古青瓷经验。80年代耀州青瓷畅销市场,工人们的仿制技术更为成熟。此时已有厂内外人士私仿耀州青瓷,并销售至收藏爱好者处。90年代,由于陈炉陶瓷厂效益不佳,离职者逐渐增多,助推了仿制技术的外流。私人瓷坊与耀州窑文物复制厂也是仿制耀州瓷的主阵地。前者仿制各时期瓷器,以产品种类多、质量与仿真度参差不齐为特征。后者聚集了众多原陈炉陶瓷厂的能工巧匠,加之有旁边耀州窑博物馆里丰富的文物资料可供参考,因此仿制技艺水平居铜川地区之首。尤擅仿两宋耀州青瓷,颇受藏家青睐。这一时期,仿古瓷的销售对象为瓷器爱好者、旅游市场(如临潼秦始皇陵旅游区)以及陕西历史博物馆为主的文化机构。

随着国民收入水平的提升,仿耀州古瓷市场迅速成长。全国各地客商来铜川求购耀州青瓷,然后转销古玩市场与零散卖家。最早的客商多来自郑州与禹州。他们走进每一家瓷坊与工人私宅,寻访能够制作仿古瓷的匠人,并与有意者洽谈合作事宜。回顾这段历史,陈炉人也不避讳,直言:"咱们这(仿古瓷)生意还是人家带动起来的。"[①]然而河南客商只向匠人下订单,并不会告知销往何处,外销时更避免说明产地。由于客商们刻意压低收购价,致使数年之后铜川的厂家均不愿意与之合作。久而久之,他们就不再登门了。西安、延安、内蒙古、北京、上海等地客商亦经常上门洽谈,安排产品销往全国各地。

进入"新千年",诸多瓷坊将仿古瓷作为生产重心。以高家瓷坊、李家瓷坊、双庆瓷坊、关家瓷坊、崔家瓷坊与北方青瓷耀州窑瓷坊为代表的诸瓷坊都注重仿古瓷的生产,所获成果与收入颇丰。

## 2. 市场的分化

市场决定资源配置是靠整个市场机制的有效运行来调节的。它依据市场规则、市场价格、市场竞争配置资源,实现效益最大化和效率最优化[②]。也就是说,资源的稀缺性决定了任何一个行业都试图将有限的资源与市场紧密地结合,以实现市场对资源配置的重要作用。《中共中央关于全面深化改革若干重大问题的决定》也指出:"市场决定资源配置是市场经济的一般规律,健全社

---

① 采访人:笔者,采访对象:匿名受访者,采访时间:2017年8月16日晚上,采访地点:受访者家客厅。
② 洪银兴:《论市场对资源配置起决定性作用后的政府作用》,《经济研究》2014年第1期。

会主义市场经济体制必须遵循这条规律"。因此市场的变化直接影响到小到生产技艺、产品类型,大到销售渠道与销售对象等具体内容。耀州瓷行业并不例外,与市场的挂钩越来越紧密。

作为高度依赖资源与技艺的行业,耀州瓷本质上是以市场为导向的产品。计划经济结束后,私营公司在市场化的道路上比集体所有制的陈炉陶瓷厂走得更远,市场细分程度更高。私营耀州瓷业的销售市场大致可分为四个部分:政府定制、企业订购、旅游市场销售与私人采买。其中政府部门与陶瓷业关系最为密切,既长期在资金、人力、物力以及政策等方面给予支持,也在相当长的时间内是行业重要的销售客户。

市场渠道是衡量传统手工艺发展程度的重要标准。传统手工艺要做到良性发展,市场渠道不仅要通畅,还要多元化。单一来源的订购渠道通常蕴藏着一定的市场风险。因为一旦市场出现波动,产销方就可能损失惨重。由于耀州瓷行业销售基础薄弱,故而陶瓷产品的营收主体来自政府的礼品采购项目,这为打响地方产业名气的助益颇大。令人意想不到的是,长期以来不少手工业生产者适应了这一特殊环境。他们过上了"温室"里"衣食无忧"的日子,未能在市场竞争大潮中历练出"刺刀见红"的铁打本事。

曾经生产者也普遍与一些部门保持着联系,容易使陶瓷成为连接官商的桥梁。他们通过赠送产品或低价销售方式,来换取上级在政策与市场方面的支持。然而这一关系是非常不稳定的。如果政商结合紧密,政治风向一旦发生变动,手工艺从业者就会受到损失。十八大以来,中央厉行反腐,严格控制政府财政支出。所取得的效果十分明显,"吃拿卡要"现象得到遏制。然而反映到传统手工艺发展方面,来自政府的采购金额急剧减少,一些从业者的收入迅速萎缩。

在此背景下,寻求新的市场渠道,维持生存遂成为从业者的当务之急。以售卖仿古瓷为特色的隐藏产销链反而发展壮大,成为不可忽视、难以回避的调查重点。

## (二)陈炉耀州仿古瓷的发展现状及矛盾

### 1. 仿古瓷的发展现状

笔者根据实地调查情况,将陈炉仿古瓷分成了两类:第一类是大批量生产、面向大众市场销售的产品。以古代耀州窑著名瓷器为主,包括倒流壶(倒装壶)、龙凤倒装壶、公道杯、良心壶(两心壶)、凤鸣壶以及各种杯、盏、罐等。产品以耀州青瓷器为主,以注浆法为主要制作方法。游客们在陈炉上街、各瓷坊展销窗口、铜川与西安等地的土特产商店,以及陕西历史博物馆所见的耀州瓷即属此类。

某位受访者认为:私人瓷坊耗费了大量时间研究古耀州瓷,尝试破解其器型、纹样、色泽等元素。他们仿制与获利的历史，最早可追溯至高家瓷坊的老艺人高天明。据他介绍，高老爷子自临潼回来后，积极利用村办工厂里荒废已久的原料，尝试制作仿古瓷。彼时他的技术并不成熟，仿古产品以唐三彩为主，数量也较少。主要销往临潼、西安等地的纪念品商店，并未在铜川形成带动作用。

之后的二十余年里，仿古瓷制作发展迅速，却未在产品种类中占据主导地位。彼时耀州瓷市场仍主打工艺瓷，客户多从陈炉订购工艺瓷馈赠亲友，一些政府工作人员也采购礼品。2000年以后，随着文玩市场的活跃，陈炉、黄堡与耀州三地的仿古瓷产量大增，才超越工艺瓷成为主流。尤其是廉政反腐的背景下，企业与政府部门的黏结度降低，工艺瓷的销售量减少，推动众多生产者向仿古市场转型。陈炉不少企业青睐已有稳定产销链的国内仿古瓷市场，将重心转向仿古瓷的生产。笔者经过走访得知，以仿古瓷为主业包括关家瓷坊、李家瓷坊（李升科）、北方青瓷耀州窑（李和平）、高家瓷坊、双庆瓷坊、郭家瓷坊等数家瓷坊以及陈炉陶瓷厂，而不从事仿古瓷制作的为王家瓷坊、许家瓷坊、"大门里"瓷坊（李金平兄弟）等少数瓷坊。简而言之，陈炉大多数的瓷坊都涉及仿古瓷领域，为实现耀州瓷大众化和提供新的收入增长点起到了重要作用。

第二类较为特殊，是定向销售的高端仿古瓷。匠人以古代技艺精湛、审美价值较高的出土文物选为仿制对象，不断精雕细琢，以求达到以假乱真的程度。产品并不会通过社交媒体发布，而是全凭各地零散客户上门收购。陈炉窑场在陶瓷行业所有的良好声誉，早已在客商群体中有了好口碑。一传十，十传百，十足的"口碑营销"①。他们对当地生产情况了如指掌，哪家瓷坊开窑时就自驾而来，购买后再流通于文玩市场。

客商们的购买方式有两种：第一种是客户"包窑"。笔者在此简单举例：有些客商会专门指定瓷坊烧制特定瓷种。双方统计原材料、燃气以及人工等各部分费用后，约定包窑价为3.5万至4万元。入窑前，客商再次确认瓷坯，无误后方付全款。千百年来，中国文玩行业有着一条不成文的规矩：成交不退不换。一旦双方议定付款，事后无论真假好坏，概不退换。包窑亦是如此，开窑后的产品均由客商取走，不可反悔。过去每逢开窑，客商们都会亲临窑场，情绪起伏宛如玉石界的"赌石"场景。产品如意，自然心满意足；一旦差距较大，心情沮丧、蚀本亏损就在所难免。幸运的是，如今现代通信手段高度发达，客户的交易简便了许多。他们先通过微信、QQ或者电子邮件等提前约定品种，接着烧窑前以在线视频方式勘察货品。为了保证货品安全，也为了心中有数，他们在临开窑时仍会亲自前来。实在无法抽身的情况下，经过视频验货

---

① 采访人：笔者，采访对象：匿名受访者，采访时间：2017年7月11日晚上，采访地点：受访者家客厅。

后的产品可选择邮寄快递发货。

第二种是瓷坊等待客商随机采购。瓷坊主担心客商刻意压低收购价,故而先不与客商们过多联系。客商们随时可来陈炉,随机寻访收购各家瓷坊的成品。这种方式的好处在于瓷坊现场指物议价,以保证自身利益。而缺陷在于客商不似"包窑"能提前约定货样,所收物品好坏全凭运气了。

陈炉瓷坊多仿制唐代至清初的耀州瓷,其中以两宋时期的耀州青瓷最受欢迎。清初以后的正品耀州瓷价格并不高,工匠耗费时间仿制的意义不大,因此仿制品较少。仿古瓷器中梅瓶与玉壶春的刻花刀工流畅,仿真程度高,销量自然就最好。近些年来,仿五代时期耀州瓷颇受客户关注,成交量亦逐年上升。此外执壶、粉盒、香炉与碗盏之类产品均有销售。

令人意想不到的是,江西省景德镇市也有陈炉与黄堡匠人仿制耀州瓷。为了保证仿品质量,当地所需釉料与泥料均由陈炉供应,采用了气窑烧制方式。因景德镇拥有发达的陶瓷销售体系,产品多在本土市场流通。

### 2. 仿古瓷的造假现象

仿古瓷既能够展示工匠高超的制作技艺,又可一定程度上满足市场需求,更使匠人们获得身心的愉悦与强烈的自豪感。因此制作者众多,具有深厚的制作基础。譬如20世纪70年代复仿宋代耀州青瓷,让陈炉陶瓷厂获得了诸多奖励与荣誉,至今陈炉人引以为傲。可以说,陈炉人不仅不排斥仿古瓷,反而愿意做出自己的贡献。反观当今文玩热的兴起,使消费者的热情高涨。他们迫切希望收藏正品古瓷器,使得古瓷器文玩市场保持着供不应求状态。当前陈炉诸瓷坊的仿古瓷收入中,文玩客商的采购金额占比较高,个别瓷坊可达80%～90%。由于仿古瓷与古瓷器之间的价格差距极大,故而一些不法商人从中嗅到了发财的机会。商人们四处寻找合作者仿制古瓷,然后将仿品造假流入市场,欺骗消费者与收藏者。

按照仿古作伪手法的不同,可归纳为"旧器改观"和"新器作旧"两种方式。旧器改观为"装饰和改变原有旧瓷器的缺陷,使之变成具有完好形象的器物。方法有复原、配缺、配盖、截口和磨口、复窑、补釉、补缺"。而新器作旧"就是采用种种方法将后仿新器做旧,以便将仿品充作真品出售。所见的方法有打磨釉面、药品处理、高压蒸煮、水浸、加饰土锈、打破修复、套口接底数种"[①]。随着消费者鉴别能力的提高,旧器改观可能因缝隙、孔洞等瑕疵,很容易被收藏者识破。因此新器作旧的造假方式更为流行。

仿古瓷造假现象多发生于著名瓷器产地,中央电视台的《经济半小时》栏目就曾播放名为《真功夫岂能制造假瓷器》节目,揭露景德镇地区所发生的陶瓷造假事件。耀州瓷是中国古代著名瓷种,而陈炉作为耀州瓷唯一活态传承的

---

① 禚振西、杜文著:《耀州窑瓷鉴定与鉴赏》,江西美术出版社,2000,第134页。

窑场，自然吸引了不法分子前来"寻宝"。他们提前调查消费群体的消费水平与消费意向，综合分析后寻找对应瓷种的作坊生产仿古瓷。多数情况下，商人会自备样本，包括残片、修复品或完好的正品，然后悄悄向瓷坊主咨询能否仿制。订购的仿制品做旧造假后，客商就会以炒作、编造故事等方法抬高售价，使之流通于古玩市场、拍卖会或者一对一销售给消费者。为方便读者理解，笔者以知情人的讲述来还原仿古瓷的造假过程。

仿古瓷造假市场是卖方市场，产品销售快，收益同样快。产品不必追求完美无缺，尤其是包窑成品如有颜色参差不齐和各种小缺陷，反而更受欢迎。某位受访者曾为一名安徽客商制作仿古瓷，就遇到了客商刻意损坏半成品的情况：

"当时我给他做仿古瓷，就是手上这种碗。我刻得很漂亮，印花很漂亮，他却拿指头把泥坯里头扣的乱一点，然后沾点泥渣。我就问你这是干啥哩？他就告诉我，你烧这又不烧坏点，烧成很漂亮的东西我就没法卖。你知道为啥没法卖？因为他们要把这些东西做旧当古董卖。如果这一件太过于精美，它的市场价位是非常高的。有些东西能卖三四十万，动辄几百万。然后他就说自己是做小本买卖的，做成有瑕疵的见钱就卖了，而且利润可观。他们在这个地方花三五百买的东西，出去不卖三五万块，就卖三千块钱，也是十倍的利润。"①

尽管这种有瑕疵的产品做旧后价格并不高且面向低端市场，但因购买价格在消费者可承受的支出范围内，加之售假者隐蔽性高，流动性强，故而消费者发现为赝品后多自认倒霉。对于制作精美、耗费了工匠大量时间的产品，销售者则要多花心思，主攻社会地位较高、经济基础较好的高端收藏者。这一类高端客户对古瓷器的要求较高，愿意付高价购买文物瓷器，也是不法商人重点关注的对象。用匠人的话说就是："不出手则已，出手可吃三年。"

耀州瓷的造假过程充满了诡计，知情人讲述的具体过程如下：

"他（客商）带瓷器回去后先找墓，就是埋人的老坟墓。再把东西放进去，把整棵树植过来，草皮啥都植过来。接着用一两年时间去找大老板，还是那种身家上亿的或者有几千万资产的大老板。他也知道老板们除了自己收藏，还有送礼的需求。于是通过人和人之间的关系，逐渐把他们引上收藏行业，时不时吹风哪里有古墓，哪里有东西。客商吹风以后，有意识地提前在埋藏地周围踏个两三天或者一个月。以此观察这个老板的动向，营造出一种气氛，逐渐让他完全进入这个角色，最后才把老板引到那个墓去。客商做的形式也很像，把罗镜（罗盘）、黄符、朱砂啥的都带上，还把会看坟的风水师父叫上去查看。买家信以为真，会叫人盯着这个地方刨开看。其实这些都是以前布置好的。有些

---

① 采访人：笔者，采访对象：匿名受访者，采访时间：2017年8月2日晚上，采访地点：受访者家。

老板挖开一看，还真有好东西就急眼了。有的老板本身也懂一些鉴别方法，觉得有些东西是现代技术根本仿造不了，反而信以为真。老板们在客商的忽悠下把东西全给买了，自己钱不够找朋友借都要买了。等到买回去给他下套的人跑了，然后他找不到卖家了。

他们就能做到很仿真的程度。苏州有个老板就是买到货就自杀了，有些人也倾家荡产。可以说能做仿古瓷这东西，但是绝对不能做旧。"①

笔者在陈炉调查时，一些曾参与耀州瓷造假的瓷坊工人同样透露了自己的做旧方法。一位知情人认为如果客户不刻意要求，工人们绝不会主动做旧。当地最早的造假手段为粉刷人称"青玻酸"的合成化学制品：取陈炉人常用的碱和盐，按三比一的比例混合并拌上老坟墓土。掺水后用油漆刷子刷洗表面，放个十天半个月即可②。随着客户反造假意识与手段不断增强，该方法已经很少采用了。

另一位知情人承认对陈炉匠人而言，掌握做旧技术并不是困难之事。他认为陶瓷鉴定专家们多根据器物风化程度与科学的元素测定来鉴定古瓷器。如果有些瓷器上有盐酸之类的现代成分，或者没有古代器物该有的成分，都可能是赝品。客商为了做旧就将产品放于特定年代的古墓，让其吸收足量的"碳十四"元素③。陈炉的某些仿古瓷匠人会按照客商要求，采取刷化学材料与古墓存放相结合方式造假。

仿古瓷造假其实是特定年代里的特殊案例，已随着法律制度的完善而逐渐减少。因为深知仿古瓷造假"伤天害理"，所以笔者的调查对象们均表示自己不曾参与此事，抑或有相关经历但已"金盆洗手"，绝不再重操旧业。然而他们也坦承陈炉窑场至今仍有个别瓷坊私下小规模制假，只接受熟悉客户的订单。

### 3. 制作技艺的异化

陈炉从事仿古瓷制作的瓷坊、个体户占从业者的多数，有着分布广泛的客户群。但由于文玩市场的畸形需求，使得少数从业者走上了做旧造假的歧途。

无论是否存在造假现象，仿古瓷是陈炉的大宗产品已成既定事实。仿古瓷基于惟妙惟肖的模仿性质，当然能成为当前传统手工艺传承的重要助力，推动

---

① 采访人：笔者，采访对象：匿名受访者，采访时间：2017年8月6日晚上，采访地点：受访者家。
② 采访人：笔者，采访对象：匿名受访者，采访时间：2017年8月17日，采访地点：受访者家客厅。
③ 采访人言："不一定是达官贵人的墓，哪怕是一条埋了几千年的狗，有那部分土，我放里面，土里有死亡的生物微生物就会释放碳十四同位素。"采访人：笔者，采访对象：受访者，采访时间：2017年8月12日，采访地点：瓷坊。

行业的发展。笔者却发现匠人将大量的时间与精力投入于仿制古瓷，无形中使身体、技艺与器物捆绑在一起，并忽视了其他瓷器品种的制作与创新。久而久之，仿古瓷制作"异化"现象打破了技术发展的均衡性，影响了行业的健康发展。

以关家瓷坊为例，因关培英曾参与耀州青瓷复仿工作，父子二人创立瓷坊后的主攻方向就是仿制两宋时期的耀州青瓷。笔者数次去瓷坊，发现关耀武专注于宋代古瓷的仿制。时而堆泥拉坯，时而执书琢磨古瓷特点。即使有顾客光临"玩泥巴"，他也只是将自己的机位让予顾客，然后搬张小凳子继续研究制作。关耀武将全部精力置于仿制瓷器上，不愿意与外界做过多的交流，更不愿意尝试制作其他种类的瓷器。

北方青瓷耀州窑的老板李和平也是如此，注重仿制两宋瓷器，对于其他品种瓷器不重视。故而当其子李莹决意从事陶瓷业时，父亲无法教其更多知识，只能求助于外人。

陈炉匠人沉溺仿古瓷制作的现象已经引起了一些人的警觉。在他们看来，只会仿制无异于闭门造车。匠人李金平就直言："有那么多专家、那么多成果，我们不知道转化，闭门造车。我这人特讨厌做仿古，大家一窝蜂做仿古，画两笔画就是仿古瓷。"[①]

在他看来，只专研仿古瓷涉及艺术观，无异于走上了一条"邪路"。景德镇陶瓷业就曾因为制作工艺愈发繁琐、分工达到极致，反而束缚了创新思维的发展，间接促成其他产区对其市场霸主地位的冲击。尤其潮州与石湾等地生产的产品，色泽更靓丽，成本更低。因此他认为陈炉瓷人的精力是有限的，不应将精力过多投放在仿古瓷。

作为陶瓷文化研究大家，禚振西也对仿古现象提出了反对意见。她认为耀州瓷既要保存以前的老工艺，也要讲究发展，否则"太陈旧、太固化就不行"。她更点名了一些瓷坊做旧的做法是错误的，提议制作仿古瓷时必须打上瓷坊的商标，否则就会扰乱市场秩序，损害消费者的合法权益。

## 三、竞争与合作

市场竞争是社会经济发展的重要推动力，也是调节资源配置、实现利益均衡的重要手段。所谓市场竞争，即"相互独立的经营者为了获得有利的产销条件或投资领域而相互争胜、各尽其能的过程。"[②]它催化了市场经济的发育，能够维持买卖双方的稳定关系并提升生产效率、推动生产力的发展。卡尔·马克思也认为："竞争使资本的内在规律得到贯彻，使这些规律对于个别资本成为

---

① 采访人：笔者，采访对象：李金平，采访时间：2017年8月16日上午，采访地点：李金平家。
② 卢华锋、傅华：《新编经济法教程》，电子科技大学出版社，2015，第148页。

强制规律。"竞争是市场经济的内在必然规律。无论社会主义经济或资本主义经济，竞争都会存在，发挥着优胜劣汰的作用。然而在耀州瓷市场，却长期存在着混乱的竞争现象，阻碍了行业的良性发展与技艺的有序传承。

## （一）无序的陈炉耀州瓷市场竞争

现代耀州瓷市场的发展历史并不悠久。20世纪80年代，市场还是由陈炉陶瓷厂一家独大。卖方市场背景下的计划经济调控正值兴盛，产品供不应求。似乎在当地人眼里，"市场竞争"这四个字还远在天边。直至80年代末期，时任陶瓷厂厂长孟树锋带领业务骨干多次去广州、香港、西安等地，让匠人们初尝了市场经济的味道。90年代陶瓷厂陷入效益下滑的困境，陈炉人还未做好思想准备，就不得不直面残酷的市场竞争。在生存的压力下，工人们纷纷离开陶瓷厂，自谋出路。陈炉人在市场化进程中蹒跚学步之时，中国的陶瓷市场已经历了三次重大技术变革：第一次是新中国成立至80年代，中国兴起了日用细瓷热，而陈炉陶瓷厂应时修建了细瓷车间。如前文所述，由于工人们专业技术的匮乏，产品很难达到市场标准，在残酷市场竞争中败下阵来。由于此时正产销两旺，市场矛盾遂得以掩盖。第二次是80年代末至90年代初，乘着卫生、建筑陶瓷广受欢迎的东风，以佛山为代表的新兴产地崛起，盈利颇丰。陈炉窑场已背上沉重的历史包袱，人才快速流失，再次错失转型机会。延续至今的第三次生产浪潮出现时，高科技陶瓷成为生产新方向，反倒是陶瓷厂和私人瓷坊均很难有所作为了。

陈炉陶瓷厂衰败后的二十余年里，当地陶瓷业呈现出"小、差、乱"的局面，发展规模远远落后于国内其他窑场，甚至比同市的黄堡工业园也相去甚远。

从"小"的方面看，如今陈炉窑场的生产主力为私人瓷坊。王家瓷坊、许家瓷坊、李家瓷坊等众瓷坊，已成为陶瓷业、旅游业的名片。尽管瓷坊数量正在逐渐增长，规模上仍然偏小，难以摆脱家族作坊式生产模式。瓷坊主们均出身于陶瓷厂，长期的工人身份与经历注定其难以获得促进发展的资本。现在众瓷坊基本以家庭院落为生产基地，"前店后厂"的模式限制了生产规模的扩大。当地规模最大的王家瓷坊里，生产车间就是王战军一家居住的院落。进门为一块不大的停车坪，左边是瓷器密集堆积的销售库房。最里面则是三间手工制瓷车间[①]，工作空间狭小、逼仄。加之瓷坊是陈炉地区唯一的生产性保护参观基地，每天游客络绎不绝，节假日更显得拥挤不堪，严重影响了生产效率。生产场地受限是陈炉瓷坊的通病，使其难以发展壮大，也一定程度上妨碍了瓷坊的创新。王战军曾尝试开辟青瓷的生产线，但由于外人的干扰只好作罢。他

---

① 如今车间上方已加盖一层，用以摆放自家产品和旅游纪念品。

坦言:"我们做的是传统手工拉坯,对青瓷原料的要求很高。这里游客多,但是人一多灰尘就多,青瓷就制作不下来。"①

陈炉仿古瓷的长期存在,其实也与小生产规模有着密切的关系。仿古瓷生产本不需要较大的场所,加之作坊空间的限制使生产者难以妥善安置新原料与新设备。这间接导致了生产商习惯于仿古瓷的生产方式,难以在新品上做更大的突破。

从"差"的方面看,体现为窑场生产的产品档次较低、质量较差。这一现象首先根源于陈炉瓷的生产技艺。由于原料存在较大颗粒,必须在泥坯外部刷上化妆土。使用一定时间后,外壳会容易脱落,影响产品美观。更让消费者诟病的是:如果器物底部或口沿处的化妆土出现残破,使用时会刮擦手掌与嘴唇、划伤桌面,使人萌发陈炉产品质量低劣的印象。如今瓷坊采取叠烧的方式以节省窑炉窑位,匠人们上化妆土后还须用旋刀挂出无釉涩圈,这又导致产品出现了沾染脏污不易清洗的缺点。

笔者采访禚振西老师时,突然她打断了与笔者的谈话,从办公室的洗漱台里取出几件陈炉与黄堡产的瓷器。她直言使用陈炉瓷器时就遇到了化妆土脱落的现象,以致刮擦手掌的感觉让人难受。同时将其与黄堡的机械化生产的瓷器做了对比。她先拿着陈炉"兰花花瓷",提出了自己的看法:

"人家生产的东西就是比陈炉的要好。咱举个例子:王战军烧白地黑花,这边(黄堡)也在烧,为啥会产生区别呢?战军原来用的泥就很粗糙。为了解决泥的问题,他就在上面加了层化妆土。你知道他最大的毛病在哪吗?第一个,为了省窑位中间会有个无釉圈,你要是爱好的人罢了,一般的人不喜欢。无釉圈这东西比较容易脏,没有釉嘛。第二个,因为有化妆土容易剥落,剥落就是不小心抠掉了。以前陈炉陶瓷就是那样的嘛。现在搞旅游了,游客有点猎奇,买几个回去用。其实也是偶然用一下,肯定要买现在精的嘛!此外陈炉瓷底下釉子和沙子粒要划桌面。所以人家现在用精白泥,他那个一摸就是手感好。陈炉的东西你摸下底部太粗,拿去也就是个稀罕。你真正用,没多少人喜欢用它。说实话,传承和保守不是一回事。传承要有发展和创新,可你这都是毛病。人家就是来旅游才买手工产品,真的不能大量销售。"②

禚振西老师又展示了一件含盖与底托的青瓷茶杯。杯子由位于黄堡镇的铜川市观唐陶瓷有限公司生产,表面刻花细致精美,釉色光亮可人。她接着说道:

"观唐设计的这个我就很喜欢。这一套一个碟子加个我喝水的杯子,带点

---

① 采访人:笔者,采访对象:王战军,采访时间:2017年3月11日下午,采访地点:王家瓷坊会客室。
② 采访人:笔者,采访对象:禚振西,采访时间:2017年8月11日上午,采访地点:耀州窑博物馆禚振西办公室。

小莲花，我喜欢就拿回了家。我刚开始并不知道多少钱，觉得送的杯子、碟子还是有点少，要配一对就过去买。我一问399块，就是一个碟一个杯，都是机器做的嘛。你不明白这个优点在哪？你要嫌贵，人家可是订了6000套，你想价值谁创造的？蔡云川他投入的机器一开始生产，刚投入已经赚了这么多算很快了，你们还老是说他亏。这个是机器规范化，然后手工刻花，关键是还要保持某一点传统的东西。耀州窑是发展的，不是说全部要保持。我们从唐代到现在都在变，耀州窑不也传承下来了嘛。我就不同意现代瓷完全跟古代耀州窑一模一样，那你就是纯模仿。齐白石都说过'学我者生，似我者死'。陈炉可以做手工，但是要做手工的高精尖。

我认识个日本国宝级的匠人。他是仿建窑的，一年就做两件，一件要卖1万美金。所以我觉得应该是大工业生产的是廉价的，而那手工生产的应该是高精尖的。陈炉生产的产品这么粗糙，只卖10块钱一个，所以我都不想要呢，就扔在那。他们现在走的路是错的，就不是手工耀州窑该走的。[①]"

对比之后，禚老师还不忘总结自己的看法："如今是货比三家的市场经济。那我们量不如人家，质也不如人家，价还卖得贵，人家会买你吗？"

后来陈炉的一些匠人也意识到粗泥料和化妆土的缺陷，因此在禚振西老师的建议下改用景德镇泥料，省去化妆土程序。经过改良后的瓷器质地细腻、白润，底部不再刮手，手感确实比改良前好很多。

从"乱"的方面看，陈炉的陶瓷行业缺乏公平，秩序混乱。公平本是市场天性，它要求机会均等，平等竞争。商品经济是天生的平等派，因此由商品经济决定的经济竞争也具有公平的"天性"[②]。公平的市场环境能够带来公平的竞争，公平的竞争又推动了行业健康发展。既然有公平的竞争，那么混乱与不正当的市场竞争也可能会出现在一些角落。这时，竞争起到的就是阻碍作用了。笔者发现，陈炉以及黄堡、耀州等地均存在不同程度的瓷坊、经销商竞相压价，对外标价虚高的"乱象"。由于市场统一协调机制的匮乏，同样的产品在市场上多未明码标价，甚至销售商之间的售价有着天壤之别。这使得从业者与地方管理部门叫苦不迭。

竞相压价的现象让陶瓷人深受其害。譬如崔涛曾在王家砭开办了一家带门面的陶瓷作坊。此时附近已有近80家陶瓷工厂与商店，每家都有自己的定价标准。经常有游客在崔涛商店选中了产品，却跑到隔壁商店比较价格后再来压价，甚至出现退货现象。尽管这些不愉快已经过去了许久，崔涛向笔者论及此事时，语气中仍带着不小的委屈：

---

① 采访人：笔者，采访对象：禚振西，采访时间：2017年8月11日上午，采访地点：耀州窑博物馆禚振西办公室。
② 邓启惠：《重新认识竞争与垄断的关系》，《经济问题》1995年第8期。

"有客户在我这拿着个东西是25块,到隔壁一问是20块,结果过来就是退货。比如你拿着倒流壶,而到隔壁一问:哎,你这有个倒流壶多少钱?然后这边退款跑到那边去买。其实陶瓷不是工业产品,这个茶杯做出来成色不一样,价钱就不一样。我拿出来卖要分等级,分出100的、200的、400的、500的。如果两件东西看上去一样,你是个外行你还真不好分辨。他们只看到价格,没看到背后的工艺和原料差别。"①

价格混乱其实是行业通病,陈炉镇上的销售价格也是各有各的标准。以同款倒流壶为例,陈炉陶瓷厂自营门店的专柜标价为70元,陈炉上街各门店的标价为45至60元不等。而笔者曾在街上的一家小店铺,以20元的价格入手了一件品相不错的倒流壶。游客们到陈炉后都会购买当地产的耀州瓷作为纪念,但由于各销售门店价格差异导致他们多会选择"货比三家"、讨价还价。有些游客购买时还会向店家提及其他店铺的价格,甚至个别人购买后看到更低价时会退货退款。在这种情况下,买卖双方就极易产生口角,破坏了游客美好的旅游体验。除此之外,一些导游或者当地人会以所谓"最低价格"的幌子将游客带至指定店铺,以此赚取中介费,这也引起了一些商家的不满。更值得警惕的是,笔者注意到某些商家为吸引游客,会刻意标榜自家产品在刻花、釉色、烧成等方面的突出优势以及低廉的价格,以此贬低其他店家的产品质量。

商家们各自为战,竞争颇为激烈。混乱的市场竞争已经引起了陈炉镇政府的高度警觉,领导们希望统一市场价格,以此促进行业的健康发展。在2017年7月举行的陈炉窑神庙神像捐款会上,陈炉古镇景区管理委员会副主任高强洲更以亲身经历为证,大力强调合作的重要性:

"现在几乎是各自为战,王家瓷坊、许家瓷坊、袁家瓷坊,陶瓷没有个固定价。有些产品是黄堡来的,有些是当地手工制品。一个倒流壶这卖50块,那卖80块,你到底卖多少钱?游客跑来问我,我只能回答这是因为各家陶瓷工艺不同。我还劝说他们到陈炉来就买个贵的,这是有收藏价值的手工制品,是当地匠人精心做下的。有些游客我就没法解释了,实际这就是陶瓷产品的价格需要规范。

今年开耀瓷行业座谈会时,我看到有的产品是用的传统耀瓷工艺,结合了现代技术。你看黄堡的工艺瓷,师傅做的时候旁边还有加湿器。黄堡的陶瓷工艺就是与现代人的需求完美结合,很有市场。咱陈炉产品的造型、技艺、配方等都有优势,但是就缺现代元素这东西……总之一句话,我们先把价格稳定下来,好处是有的!"②

---

① 采访人:笔者,采访对象:崔涛,采访时间:2017年8月16日下午,采访地点:王家砭崔涛工厂客厅。
② 采访人:笔者,发言人:高强洲,会议时间:2017年7月28日上午,会议地点:陈炉古镇景区管理委员会二楼会议室。

## （二）黄堡的崛起与竞争

黄堡窑场的衰落起于金元战乱，其后数百年内因战乱纷争、自然灾害与地理变迁等多因素影响，最终在明代中期走到了生命的尽头。清代初期，同官县进士寇慎路过黄堡，目睹窑场坍圮的惨状而悲从中来，赋诗《夜过黄堡故墟》以表达自己的感慨：

"此堡创何代？经今成废丘。

颓垣宿鬼火，残树号鸺鹠。

露草牵衣泪，秋声动客愁。

沧桑何足问，大块一浮沤。"

虽然清末潘民表曾于黄堡仿制青花瓷，但终是昙花一现。历史的沧桑使黄堡窑场渐成废墟，田园荒芜。20世纪初期，当地居民还以农耕为业，将仅存的残垣断壁推倒以开辟新农田。30年代，黄堡迎来了新的历史发展机遇。由于抗日战争爆发，国民政府将一部分产业内迁。恰巧该地地处关中至陕北的交通要道，加之咸（阳）同（官）支线黄堡车站的建成，因此黄堡的工商业迅速发展。1939年，铜川市最早的水泥厂已经建成。1940年，钢铁厂与造纸厂创办并投产。此外，百货商店、粮店、药店、肉店与布料成衣店等各类店铺也如雨后春笋般发展起来。新中国成立后，黄堡地区进一步被规划为铜川市工业发展重点区域。一大批工厂迅速建立起来，为日后铜川市雄厚的工业实力奠定了坚实的基础。数十年间，在原耀州窑黄堡窑场的土地上，水泥厂、建陶厂、电瓷厂、钢铁厂、电石厂、造纸厂、纺（染）织厂、灯泡厂、金属公司、石油开发公司与石灰石矿厂等现代工厂、公司纷纷建立，建设成为全国知名、配套完善的工业区。

到了20世纪70年代，考古工作者在灯泡厂、电瓷厂等建筑工地发现了大量的耀州青瓷，轰动一时。省、市领导高度重视，耀州青瓷随即复仿成功。80年代末期，以铜川市文物局所辖铜川耀州窑复制厂在黄堡窑场遗址上的建立为标志，陶瓷制作行业在这"千年窑场"上重获新生，成为从重工业的包围中开辟出的新兴产业。同时基于文物局丰富的器物收藏与陈炉瓷人丰富的制作经验，黄堡的陶瓷行业经历了从最初的完全复制陈炉产品到吸收古今成果、创新发展的过程。一大批陶瓷小作坊因此得以发展。

黄堡陶瓷业的规模化发展，同国企改制与转型的特殊历史密不可分。20世纪90年代中期以后，黄堡工业区的诸多企业不同程度地出现产能过剩，经营的包袱日渐沉重。在最艰难时期，该地的正式职工逾4800名，负债总额高达3.1亿元。[①]为了贯彻政府企业改制去产能的政策要求，实现从计划经济向市场经济的顺利转型，数量可观的工人离职下岗，大量土地被闲置。因此如

---

① 黄小丽、苏怡：《看铜川黄堡工业园区如何"窑变"》，《陕西日报》2018年2月6日。

何盘活700余亩闲置土地与厂房，安置好下岗职工成为市政府着力解决的民生难题。

面对严峻的就业难题，也有幸拥有日益丰富的黄堡耀州窑历史文化，发展陶瓷业可谓恰逢其时。相对于水泥、电瓷、钢铁等重工业，陶瓷业对工人的需求量大，产品附加值高而资源消耗低、污染量小，是当地工业转型的理想突破点。更重要的是，虽然黄堡的地表陶瓷原料已经枯竭，但深埋的矿产储量仍然可观。经探明黄堡地区的陶瓷黏土储量约为11.34亿吨，紫砂土储量约为2.65亿吨，优质石灰石储量为11.83亿吨，其中水泥配料黄土、陶瓷黏土储量居全省第一位。这些丰富的资源为发展陶瓷业提供了有利条件。同时陶瓷生产与人的手工技艺联系紧密，工人技术越高，产品附加值就越高；企业规模越大，吸纳的工人数量也越大，形成循环效应。在政府的大力扶持下，黄堡的陶瓷行业得以迅猛发展。大量资金注入其中，各类大中小型陶瓷企业建立起来，众多工人得以重新上岗。为了统筹区域经济发展，也为了抢抓荣膺"资源型城市可持续发展试点城市"的历史发展机遇，铜川市委、市政府于2009年11月正式成立了黄堡工业园区，集中管理区内陶瓷行业的发展。

经过多年建设，工业园形成了南部耀州窑遗址为主的耀瓷文化旅游景区，以及东部现代陶瓷产业密集区这两大陶瓷相关产业基地。产业覆盖工艺陶瓷、日用陶瓷、建筑陶瓷与新型陶瓷材料等四大陶瓷生产门类。黄堡至董家河一带，规划建设的耀瓷文化产业园和耀瓷文化产业体验区，将集大师园、体验中心、民俗作坊、陶艺展厅、玩泥赏陶为一体，初步实现了工业项目与文化产业的融合发展。截至2015年，园区已累计实现工业增加值68.33亿元，完成固定资产投资73.19亿元。

未来，黄堡将继续坚持文化与工业的协调发展，重点打造耀州窑文化区域。包括耀州窑博物馆、大师创意园、窑神庙景区、耀瓷坊、十里窑场遗址公园等九个旅游板块以及凤凰新城、东塬现代陶瓷产业园两个功能组团，面积达2.7平方公里，投资规模达38.8亿元。①

黄堡地区的陶瓷产业集群已经轰轰烈烈地发展起来。对于现代耀州瓷发展状况的研究，观唐陶瓷有限公司与耀州窑陶瓷发展有限公司是难以回避的重要对象。作为黄堡地区最大的两家陶瓷企业，公司资金雄厚，从业人数众多。所采用的生产工艺高度机械化，技术也处于国内领先水平（图6-11）。领导层力主引进国内最先进的陶瓷生产系统，实现了注浆成型与塑形成型②的自动化工艺流程。以成立于2011年5月的耀州窑陶瓷发展有限公司为例，公司注册资金3000万元，项目总投资1.5亿元，是当年中国西部国际投资贸易洽谈会铜川市

---

① 黄小丽、苏怡：《看铜川黄堡工业园区如何"窑变"》，《陕西日报》2018年2月6日。
② 注浆成型流程为：原料破碎——配料——球磨制浆——注浆成形——青坯快速干燥——施釉——隧道窑烧成——检验——打磨——配套组装——检验——包装；塑形成型流程为原料破碎——配料——球磨制浆——压滤——练泥——制坯——装饰——烧成。

图6-11 黄堡镇的机械化生产设备

政府重点招商引资项目。据公司的对外宣传资料显示：现有职工120余人，年产600万件日用、工艺陶瓷。其拥有一系列先进生产工艺与生产理念，并以创新的文化理念为本。公司引进国内陶瓷领域高端、专业技术人才，采用先进的硅橡胶模具技术、滚压成型技术，使得传统的陶瓷制作2～3天完成的工作只需15秒内完成，目前在国内陶瓷制作领域具有领先的技术优势。

公司的生产确实是高度机械化。据公开资料显示：当石膏以熟石膏粉袋装进场后，由电动车调进料仓，料仓下设有螺旋闸门和螺旋给料器，在给料器下设称量电子秤，对石膏、水计量。制作好的石膏模型，送至石膏模型快速干燥室，干燥室内的温、湿度可按照预先设置好的程序曲线变化，并且在同一干燥周期的不同阶段可设置不同的空气流通速度。公司在调研国内外陶瓷烧制窑炉的性能基础上，对现有的窑炉进行升级改造，在窑炉空间及结构、燃气压力、气嘴、烟道等环节进行规模化改造，使陶瓷烧制的成品率大大提高，同时能够对窑炉的烧制气氛进行精准把握，使耀州窑陶瓷颜色千变万化。由于采用先进的窑炉烧制技术，不仅大大节约能源，同时把废气、废热进行二次利用，并使得生产的各个环节的成本降到最低。其中烧制时间由原来的17小时减为7小时。加之控制采用电脑联网，窑炉故障可通过自行检测显示，可进行数据采集。

黄堡地区陶瓷业的技术优势是显而易见的：第一，它大幅度地提高了耀州瓷的生产效率，能够在单位时间内生产更多的产品。尤其是滚花成型技术、窑炉烧制技术等先进技术的运用，极大地压缩了陶瓷制作时间。第二，改造后的窑炉保证了产品的优品率，有效避免了劣质产品带来的不必要生产成本。第三，通过机械化生产线的运用，将操作工的数量保持在较低水平。剩余工人被培养成手工刻花师，手工加工泥坯以提高产品附加值。仅耀州窑陶瓷发展有限公司就有在岗高级工3名，中级工10名，国家级工艺美术大师1名，省级工艺美术大师1名以及市、区级工艺美术大师若干名。第四，新泥料、硅橡

图6-12 热闹的黄堡陶瓷制作基地

胶、轻质材料、纤维材料等先进制作材料的使用,降低了原料成本,丰富了产品的种类。第五,电脑联网系统既消除了生产隐患,保护了工人们的人身安全,也让生产者对生产状况了如指掌,为创新发展积累了大量的生产数据资料(图6-12)。

以革新生产工艺为手段,黄堡的企业在产品研发上取得诸多重大突破,多次成功申请国家实用新型专利与国家外观专利。与此同时,在维持传统产销模式的基础上,创新性地运用淘宝商城、工商银行融e、企业网站、新浪微博、腾讯微信公众号等信息平台扩大社会影响与销售渠道,并主动参加各类展销会,免费发放宣传资料。更值得注意的是,企业既重视与大专院校、科研院所的合作,为新产品的开发与企业战略发展询计问策,也重视利用明星效应进行推广,例如耀州窑陶瓷发展有限公司在第三届"丝绸之路国际电影节"时,邀请了周星驰、成龙等明星为产品代言。

如今黄堡窑场早已走出历史的废墟,迎来了大机械化时代的新生。高精尖的陶瓷生产方式极大地解放了生产力。依托陶瓷文化,黄堡镇大力施行旅游文化产业与陶瓷制造产业齐头并进的发展方略。因此在铜川人看来:千年耀州窑场又回来了。

然而黄堡的发展给陈炉陶瓷行业带来了巨大的竞争压力。首先作为窑场的竞争对手,黄堡耀州瓷挤压了陈炉耀州瓷的市场生存空间。随着陈炉陶瓷厂一蹶不振,当地陶瓷产品的质量与数量一落千丈。陶瓷厂的产品仅限于固定且易制的陶瓷种类,以上门订单为主要销售方式。众瓷坊则多依靠仿古为生,少数钻研工艺瓷,这就为黄堡陶瓷业的发展壮大腾出了市场空间。经过二十余年的发展,黄堡的公司与瓷坊异军突起,蚕食着陈炉瓷的市场份额。依托耀州瓷文化旅游的发展,黄堡、王家砭等地的耀州瓷销售门店游客络绎不绝。对于消费者而言,黄堡产耀州瓷制作精美、种类丰富,高中低档位价格合理。既能满足自用,又可作为礼品赠送,无疑具有巨大的市场优势(彩插6-2)。

通过调查，笔者发现黄堡窑场的产品竟畅销陈炉窑场，成为游客们青睐的产品。以王家瓷坊为例，瓷坊虽然专注生产陈炉地方特色的工艺瓷，但是在瓷坊的展销大厅与摊位上却摆放着数量可观的青瓷器。经过询问后得知，产品与包装都产自黄堡。而一些仿古瓷坊同样销售"四件套"为主的黄堡产小型瓷器。经营者们的精力本应集中于生产时间消耗长、附加值高的仿古瓷，但又不愿放弃有利可图的机会，故而黄堡瓷器也能以陈炉青瓷的名义在当地畅销。2022年，笔者回访陈炉，在当地买了两件黄堡瓷器——大梅瓶与大倒流壶。由于采用景德镇泥料，使得瓷器釉色温润、青绿，而且刀工精湛，纹样层次感强，使人爱不释手。经过讨价还价，以1000多元成交。单从价格方面而言，黄堡青瓷确实整体上比陈炉本地瓷高出不少。

如果说私人瓷坊还只是将外来产品作为补充性收入，那么镇上的摊贩们则视其为养家糊口的命根子。每逢赶集"过会"、周末与节假日，陈炉陶瓷厂大烟囱下的空地上都会出现一辆小面包车。车上装满了青瓷器和陶瓷玩具，车旁站立着的就是"店主"李新峰。他十余年坚持在这个"交通要道"上摆摊设点，高分贝大喇叭所发出吆喝声响彻窑场，吸引了众多村民和游客驻足。

依靠贩卖这些瓷器产品，李新峰养活了全家，实现了发财致富的理想。然而所售产品并不是陈炉本土制造，而是从黄堡批发而来。他走上这条道路完全归因于陈炉旅游业的兴起与导游吴欢喜的指引。在吴欢喜的家中，他对笔者透露了李新峰的"致富经"：

"陶瓷厂有的瓷器现在做的是比黄堡的好，但是成本在那里，卖的要贵不少。倒流壶四件套的零售价为180块，而黄堡进货价是90块，可卖到120块。陈炉这边的产品现在都不是本地的，全是黄堡拉过来的。除了青花青瓷，其他很多小物件还是网上买的。

李新峰你认识吗？上街的小伙，在这摆地摊。我一开始就说你去黄堡弄点小物件，摆地摊挣点钱，然后天天如此。他卖得最早，从2011年就开始卖黄堡的瓷器。刚开始李新峰不跟我说实话，说一天只有几十，前几年才说一天能挣一两千呢！所以是旅游带动其他产业，人多才有发展。"[1]

黄堡陶瓷逐渐挤占了原本属于陈炉的市场，为后者带来巨大的竞争压力。对此陈炉人感言是"黄堡陶瓷把陈炉给'截胡'了"。

其次是黄堡吸收了陈炉窑场众多优秀的陶瓷生产者，加剧了后者的人才流失。历史上，出现过两次陈炉陶瓷人才的出走高潮。第一次是20世纪90年代初，当时耀州窑文物复制厂带动了周边私人瓷坊的发展，使之获得了制作方法、积累了技术力量。之后因人员逐渐饱和，少数陈炉人返回家乡，其他

---

[1] 采访人：笔者，采访对象：吴欢喜，采访时间：2017年8月10日，采访地点：陈炉镇吴欢喜家客厅。

人则定居黄堡、耀州区、王益区等地经营陶瓷商店。第二次高潮出现于2010年后。大型机械化生产线的引进，使得整个黄堡地区的陶瓷产量急剧增加。各公司为了提升产品附加值，就要在机械产品的基础上进行手工深加工。而手工工人数量已经完全不能满足生产需要，只能采取聘请加培训的方式解决人才饥荒。这时再度聘用陈炉人负责生产管理、提升生产技艺以及培训新员工，就成为简单易行的解决方法。一些陈炉工人被聘至黄堡，帮助当地陶瓷产业的发展。因为黄堡的工资远高于陈炉，他们就辞掉工作，定居于黄堡等地。其中贡献较为突出者当属袁双庆，为耀州窑唐宋陶业有限公司及其子公司培训了充足的刻花工人。陈炉人的加入毫无疑问加强了黄堡陶瓷业的市场竞争力。

再次是黄堡有着更多的政策优势。由于陈炉窑场的瓷坊规模小、销售金额少，市场占比低，因此在市场竞争中难与黄堡、王家砭为代表的生产规模大、生产工艺成熟的陶瓷生产基地竞争，更遑论对比市外的竞争对手了。铜川市政府经过统筹考虑后，在扶持行业发展、确定扶持对象时，多以本市规模以上企业为基准。故而黄堡生产基地获得了较强力的政策扶持，陈炉本地的企业则显得弱势。譬如《2017年铜川市陶瓷产业发展专项资金拟支持项目公示》中，确定了23家企业为扶持对象。其中陈炉地区仅4家，分别为陕西铜川耀州窑陈炉陶瓷总厂、铜川市印台区陈炉镇民间工艺瓷厂、铜川市大门里瓷业有限公司与铜川耀州窑李家瓷坊有限公司，其余大部分为黄堡、王家河、王家砭等地的机械化生产陶瓷公司。由此可见，由于经营规模、生产技术、管理水平等方面的差距，陈炉的企业所获得的政策扶持明显处于弱势，且差距将越来越扩大。

## 四、文化创意的缺失

从非物质文化遗产保护的角度研究创新，主要涉及的是生产方面的创新，包括生产材料的更新、生产工艺的进步以及产品类型的优化。生产材料是生产创新的基石。古代耀州瓷之所以获誉"巧如范金，精比琢玉"，实现器物美与技艺美的完美融合，即得益于匠人们为掌握材料性能而进行的反复尝试。因为他们的不懈努力，古时耀州地区的三彩、青釉、酱釉、青花等瓷种的色调皆达到了极高的艺术水平。匠人还掌握了泥料与釉料的特性，刻绘花深浅有度，烧造时火位合理。20世纪70年代时，同样归因于试制组勇于探索，通过不断尝试新材料，最终成功恢复耀州青瓷。

虽然陈炉耀州瓷的制作方法已被外界知晓，但是匠人们仍有自己独到的生产工艺，使得产品呈现出"千人千器"的特征。耀瓷技艺不似景德镇瓷技艺有着完善的"七十二道工序"，却分类明晰，手法复杂。譬如小货窑的抹泥子手法，缸窑的顶泥子手法以及瓮窑的使泥子、盖泥子、撑泥子手法等，均是高难度动作。材料与器型不同，手法也就不同，加之烧成过程中马蹄窑内气氛的不确定性，造就了耀州瓷产品的丰富多彩。

然而当前陈炉耀州瓷文化创意人员的匮乏，制约了行业在现代环境下的创新性发展。耀州瓷作为一代名窑，曾受到国家的高度重视。通过大量优秀匠人的不断积累，才成就了耀州众窑场的历史与艺术地位。但是陶瓷厂成立后，国家调控下的工人们只能生产指定产品，计件定酬。综观数十年的发展史，即使产品种类众多，产品反而逐渐失去了匠人手工的气韵。尤其是石膏模具的引进，解决了大批量生产的难题，却束缚了工匠的创意精神。当工厂走向衰落之时，人们发现已有原材料与技艺方面的知识陈旧，都难以支撑产品的创新。历史上耀州青瓷的衰落已经为陈炉人敲响了警钟，他们深知精益求精的重要性，然而如今陈炉再度出现了千篇一律、墨守成规的现象，这不能不引起当地人的警惕。

在陈炉窑场的街市上，销售的陶瓷有两大宗：一是耀州青瓷产品，二是陈炉"兰花花瓷"。前者以倒流壶、公道杯、凤鸣壶和良心壶等四大件为畅销产品，其余为青瓷餐具与青瓷造型艺术品。后者则以碗类餐具为主要售品。各销售点还有一些微型陶瓷玩具与挂饰，除此之外就少有其他类型的瓷器了。笔者发现陈炉瓷坊的数量颇多，但是大多数生产仿古青瓷。他们力求在技艺上做到与古代完全一致，故而对技艺创新的意愿不强。表示希望在技艺上有所提升的瓷坊仅为两家，即王家瓷坊与许家瓷坊。王家瓷坊的工人们普遍积累了一定的技艺基础。为了瓷坊的发展，王战军也曾想在青瓷技艺上有所突破，走出属于自己的新特色。但由于工人们的从业经历、瓷坊生产场地等因素限制，大家对技艺创新心有余而力不足。许家瓷坊在工艺瓷的创意之路上走得最远，这得益于当家人许快锋为中国著名艺术家韩美林做助手的特殊经历。1998年，韩美林来到陈炉采风，并在陶瓷厂工作了较长时间。机缘巧合之下，许快锋担任其助手，并且跟随寻访全国各陶瓷生产地。在许家瓷坊的展厅里，摆满了许快乐、许快锋两兄弟多年来的作品。而他们的制作技艺与艺术构思很大程度上即脱胎于这段经历。从艺术风格角度分析，韩美林与许快锋的作品，均以黑釉为主，试图对器物做创意处理，有着强烈的个人色彩。然而笔者发现，这些黑釉产品尽管数量丰富，可是其他种类的创意瓷器较少。换言之，许家瓷坊的产品已经与"韩美林"这个象征符号紧密联系在一起。这既成为许家瓷坊创收的招牌，带来了可观的收入，却也束缚了兄弟俩的创新意识，导致二十多年来在釉色、器型等方面难有太大的变化（彩插6-3）。

陈炉耀州瓷的创新乏力已经引起了一些本土匠人的警觉与思考，他们尝试基于自身经验去寻找产生原因与解决之道。匠人袁双庆坚持"材料决定论"，认为陈炉耀州瓷的创意提升直接受制于生产材料的获取。合作化运动前，各瓷户均有自家的取料地。为了选取合适的材料，瓷户里经验丰富的老匠人会亲自翻山越岭，在每一块无主备选材料地取料试验。合适的料地被选中后就成为自家的料场,外人不得采掘。计划经济时代,即使在一些优质料场被占用的情况下,以郭述勤为代表的瓷厂工人们仍然会亲自走遍各个料场、各个山头,寻访、试验最优质的原料。以陈炉陶瓷厂的衰落期为分界点,如今的陶瓷厂与瓷坊已经大量使用料场承包商提供的原料,只要合乎制作标准即可购买。由于泥料与釉料都属于外购,从原材料方面就制约了匠人与文创人员对产品的更新和提升,没有能力去研究掌握新材料的性能,从而导致了陈炉耀州瓷从装饰技法到产品色调均难以突破。

除了材料受限,分工和配方的差异也是重要原因。陈炉的瓷坊老板们曾都是陶瓷厂的职工,由于工种、职位和个人经历不同,所能接触到的陶瓷配方与制作技艺就不同。以耀州青瓷复仿事件为例,当时参与人数众多,加之专利保护意识的缺乏导致青瓷配方扩散开来,而这恰是陈炉、黄堡等地区的公司能够生产耀州青瓷产品的原因。一些釉料与材料配方则在指定车间存放,非本车间职工很少有机会接触。譬如陈炉陶瓷厂三车间曾研制出鸡红釉和孔雀蓝瓷,有数位领导找到时任车间主任的袁国泰,希望他能提供配方。袁国泰宁愿撤职也不愿将其泄露于外人,因此如今整个铜川市极少有生产鸡红釉和孔雀蓝瓷产品的厂家。又如王家瓷坊曾经只拥有张振兴试制而成的黑釉配方,致使瓷坊长时期内仅能生产黑釉瓷。而许家瓷坊希望研究耀州青瓷,因此从别人手中借来配方。谁知到手的配方资料并不完整,致使数次试制均告失败,遂放弃了试制,继续从事黑釉瓷创作。总而言之,各瓷坊手中的配方决定了他们能够做何种产品,久而久之获得新材料、开展新技术的欲望自然被弱化了。

## 第四节 "谁的非遗?"——本土视域下的陈炉窑制瓷技艺的传承

### 一、本土视域下陈炉耀州瓷技艺传承人的评选

非物质文化遗产保护提倡"以人为本""活态保护",即必须对传承人给予足够的保护才能保证遗产得以活态传承。在这里,我们首先需要熟悉两个概念。第一个是"非物质文化遗产传承人",它指的是"在遗产传承过程中直接参与制作、表演等活动,并愿意将自己的高超技艺或技能传授给后人的自然人或相关群体"[①]。第二个是"活态保护",即"通过各种方式,为非物质文化遗产传承人营造出一个个更加适合于他们传承的环境"[②]。

其次"传承人"和"活态保护"又牵涉非遗传承过程中的两大主体:传承

---

① 苑利、顾军:《非物质文化遗产学》,高等教育出版社,2009,第57页。
② 同上书,第60-61页。

主体和保护主体。传承主体是传承人概念的扩展,特指某一项非物质文化遗产的优秀传承人或传承群体①。他们的地位十分重要,一个国家非物质文化遗产的传承——无论是民间文学、表演艺术的传承,还是民间技艺、传统仪式的传承,主要是通过他们来进行的。保护主体是那些处于传承圈之外,虽与传承无直接关系,但却对非物质文化遗产传承起着重要的、推动作用的外部力量。这一群体包括各级政府、学界、商界以及新闻媒体等②。他们负责保护、研究与宣传非物质文化遗产。在中国,政府作为保护主体的核心组成部分,对非遗传承主体的抢救、保护与传承起主导作用并负有重要责任③。为了对非遗进行合理、有效的保护,中国政府致力于建立健全非物质文化遗产保护体系,而评定各级别非遗传承人即是一部分。

那么,我们如何评定和保护非遗传承人的呢?作为国内非遗保护领域的专属法律,《中华人民共和国非物质文化遗产法》对传承人的申报条件做了三项限定:熟练掌握其传承的非物质文化遗产;在特定领域内具有代表性,并在一定区域内具有较大影响;积极开展传承活动。换言之,想当上传承人必须要有出类拔萃的技艺水平,也愿意将技艺原原本本地交到后辈们的手上。而为了有力地支持和保护传承人,政府将提供一切必要的帮助。包括提供必要的传承场所,提供必要的经费资助其开展授徒、传艺、交流等活动,支持其参与社会公益性活动等多项有力措施。

中国的非遗保护工作是前所未有的、划时代的壮举,拯救了一大批濒临灭绝的非物质文化遗产,同时也极大地提高了传承人的地位。众所周知,中国古代的工匠和艺人们或被称为"伎作户",或被称为"优伶""戏子",社会地位十分低下。他们祖祖辈辈、子子孙孙被禁止参加科举,难有出头之日。甚至先秦之后产生了"物勒工名"制度,以考察匠人们的忠诚度。一旦产品有瑕疵,官府就会根据器物上刻着的匠人名字加以严厉的惩罚。新中国刚成立,国家大力恢复和扶持牙雕、景泰蓝、木雕等传统手工技艺。而这些产品为国家创汇做出了巨大贡献,以至于当时流传着"一个牙雕厂顶半个首钢"的说法。匠人们摆脱了千百年来的低贱身份,翻身做主人过上了好日子。非遗保护工作启动后,他们又转身为大家尊敬的"传承人",获得了各方面的优待。

计划经济时期,陈炉的匠人们就备受重视,做出了巨大的贡献。只是在市场经济体制环境下,他们日趋落寞,手艺难寻用武之地。只有非遗保护工作才让匠人们重焕光彩,调动了积极性。2007年6月5日,文化部公布了第一批"国家级非物质文化遗产项目代表性传承人名录",孟树锋当选为"耀州窑陶瓷烧制技艺"国家级传承人。陕西省文化行政部门也于2008年1月公布了第一批省

---

① 王文章:《非物质文化遗产概论》,教育科学出版社,2008,第259页。
② 苑利、顾军:《非物质文化遗产学》,高等教育出版社,2009,第78页。
③ 王文章:《非物质文化遗产概论》,文化艺术出版社,2006,第350页。

级"非物质文化遗产项目代表性传承人名单"。截至目前，关于耀州窑陶瓷烧制技艺国家级、省级、市级以及区级传承人的选拔已经初具规模。这一政策犹如"鲶鱼效应"，在匠人群体中引起轩然大波，至少在申报层面刺激了更多人参与其中。

除认定非遗传承人以外，截至2015年，耀州窑陶瓷烧制技艺领域还评定了66名各级陶瓷工艺美术大师。其中荣膺"国家级工艺美术大师"的有孟树锋、李竹玲、孙若鹏3人，荣获省级"陶瓷艺术大师"称号的有王宁、崔鹏、王彩虹、陈水平、梁亚萍等19人，荣获市级"陶瓷艺术大师"称号的有44人。

从这些非遗传承人与陶瓷工艺美术大师的名单可以看出，陈炉人占据了多数席位。其余人选亦与陈炉窑场有着密切关联，有着长期在陈炉工作或者向陈炉匠人学艺的经历。这充分说明了陈炉耀瓷技艺与传承人已经得到了政府的认可与保护。

非遗保护工作的启动毫无疑问是成功的，极大地提升了陈炉耀州窑的地位与知名度，激励了从业者勇攀高峰。但是，笔者发现少数调查对象对非遗保护的一些政策，尤其是传承人的选拔存在着异议，严重影响了他们参与传承的积极性。

首先，他们认为非遗传承人的评选工作并不清晰透明，同时有关部门关于非物质文化遗产保护政策的宣传亦未到位。某位受访者直言近两年看到他人评选为耀州瓷烧制技艺传承人后，才知道"非物质文化遗产"这个词。他不明白如何参评非遗传承人，相信传承人的选拔考虑的是与政府有特殊关系的人，以至于像他们这样的"平常人"，从政府发文至公布名单均毫不知情。同时质疑传承人的评选资格，对笔者反复强调：

"我们是按原始的手艺做东西，是真真正正的传承人。而有的人是行政干部啥也不会，也没见做啥东西，却是传承人。"[1]

其次，一些已认定的传承人认为政府扶持力度仍然不够。即使是已成国家级工艺美术大师的李竹玲[2]，仍委屈地对笔者表达了看法：

"政府没有更多投资，我们自己都心寒，更别说其他人。国家有一大笔非物质文化遗产资金，却感觉没有落实，那你怎么支撑这批传承人呢？我家才弄了个'非物质文化遗产生产性保护基地'的牌，还是去年省长去之前才挂的，不然连挂都不给挂。我们陈炉镇为了发展非物质文化遗产向国家要点资金，最起码能给有技艺的人员一点点安慰吧？啥都没有。孟树锋也是陈炉的，谁又去扶持他一把呢？都是靠个人努力才有了今天的成就。"[3]

---

[1] 采访人：笔者，采访对象：匿名受访者，采访时间：2017年8月19日上午，采访地点：受访者会客厅。
[2] 其父李升科也是市级非物质文化遗产传承人。
[3] 采访人：笔者，采访对象：李竹玲，采访时间：2017年8月15日上午，采访地点：耀州区李竹玲家会客室。

## 二、本土视域下的非物质文化遗产传承人培训班

近年来,秉着提高中国非物质文化遗产保护水平,增强传承活力,弘扬中华优秀传统文化的目的,原文化部提出了"中国非物质文化遗产传承人群研修研习计划",并将其视为工作的重点。为确保该计划实施,从中央到地方全面加以落实。计划以传统工艺传承人群为培训对象,委托相关高校对具有较高技艺水平的传统工艺传承人或资深从业者进行研修培训,推动跨界交流,提高其文化艺术修养、审美能力和创新能力。

中国的陶瓷烧制技艺分布广泛、窑口众多,因此各级政府对其非遗传承人培训给予高度重视。北京、河南、广东、江西以及山东等地陆续举办了层次不同的陶艺类"非遗传承人群研修班",而耀州瓷匠人们也受邀参加。对于培训的效果,参训的匠人们竟有着正反两面的看法。陈炉人高小军于2017年4月参加了由陕西师范大学举办的"中国非物质文化遗产传承人群研修研习培训计划泥塑艺术培训"。主办方邀请了省内知名非遗研究专家,专门讲解文化遗产保护的相关知识。通过这次培训,他初次接触到了非遗的概念与保护政策知识,弥补了之前的知识欠缺。笔者曾试探性问其对相关概念的理解,他不假思索地答道:"非物质文化遗产就是文化遗产保护,现在一些手艺要绝迹了,国家重视起来,我们也要加强传承。"[①]显而易见,他的理解虽然还很简单,但传承手艺的文化自觉种子已经开始生根、发芽。

培训班以省内泥塑与陶瓷行业的艺人为培训对象,主要讲解非遗保护理论、传统泥塑与陶瓷技法、传统图案设计以及颜色搭配等方面的知识,却刻意回避了现代雕塑技法。为何如此?高小军大致复述了当时授课老师们的话:"如果讲这些技法上的东西,到这来我都没办法给你讲。因为你本身个人有个人的方法,你学这个现代雕塑,就把你弄混了。"他还做了补充说明,认为无论何种非物质文化遗产传承人培训,主办方都不会教授太多的技法。归根结底在于参加培训的学员均为业内有一定影响力或是掌握较高技艺之人。因此老师们是没有资格对学员讲授技法的,只能偏重理论与案例教学以开阔学员眼界。在这样的情况下,老师们多鼓励学员们互相交流,以提交实物作品的形式作为结业考察。

对于当前一些培训班鼓励创新的现象,高小军直截了当地提出了自己的反对意见,担心学员们互相学习会使技艺被同化:

"老师现在上的这些课,我们心里也有些矛盾。跟你讲嘛,有时候我们互相学习,学着学着就学串了。你过于创新,就把非物质文化遗产那些东西弄没有了。哪些手法你可以创新?就好比造纸,我们拿锤子砸砸树皮,灌纸浆,用

---

① 采访人:笔者,采访对象:高小军,采访时间:2017年8月6日上午,采访地点:高家瓷坊会客厅。

的传统的方法。现在科学方法改得不做这些了，你说咋传承？连老师自己也觉得很矛盾。"①

为了进一步开阔眼界、提高技艺水平，李金平与高小斌还参加了A大学美术学院举办的第六期非物质文化遗产研修班。对于此次培训，两人均表达了深刻的担忧，直言"感觉不是很好"。据高小斌介绍，该期培训同时开办了漆器与青瓷两个研修班，但学员们的学习与生活被安排在一起。由于主办方采取了无差别的授课方式，导致实际的授课效果并不理想。授课教师向学员们灌输了"跨界意识"，即"把我们青瓷和漆器的元素揉在一块，陶瓷与漆器结合，陶瓷里面有漆器，漆器里面有陶瓷"。这种"跨界"课程的结果并不如人意：本没有交集的匠人们互相不理解对方行业的技艺，课程效果未达到主办方的预期。在与笔者的交谈过程中，高小斌强烈地质疑不同手工艺门类的"跨界"：

"这要是给陶瓷刷漆，烧不好的刷漆还行，烧好了刷就……陶瓷是既耐腐蚀又可以永久保存，而漆你刷得再好也是有保质期的。你看就是汉墓里挖出来的，它也不能长期保持，要放到恒温箱子里。你这样搞，让我们做陶瓷的学漆器，这简直是陶瓷界的一个耻辱。漆器的听不懂陶瓷，陶瓷听不懂漆器，感觉说的都是跟我们行业无关的。"

主办方还邀请了年轻教师与外国专家授课，以建筑、家具以及生活用具为例讲解艺术设计。其中有位二十余岁的年轻教师叙述了自己设计鞋子的经历：他在设计皮鞋时发现加工材料会产生毒素，因此找到袜子制造厂按照皮鞋样式设计出既是袜子又是鞋子的"船袜"。高小斌在观看实物后认为产品既硬度不够，也不防水，售价却高达2000余元，实际上是华而不实的失败品。而对于外国专家的课程，高小斌反而认定外国人与中国人的思维方式并不一样，难以起到启示性作用。他以手中的杯子举例，说明国外艺术设计理念指导中国陶艺的排斥性：外国的杯子杯柄从杯口连接至杯身或者杯底，中国的杯子则是从杯身中上部连接杯体，两者具有明显的不同。故而他认为主办方举办的专家授课脱离实际，并不符合陶瓷行业发展的需求。

除了课程内容与方法采取"一锅烩"，研修班未设置实践环节，也不开放陶瓷、漆艺实训教室让学员们练手。许多学员在课堂上形成了转瞬即逝的灵感，却难以及时付诸实践表达。而且课程时间与地点的安排方面亦有不足。他们没有固定的教室，只有在临上课前才会收到短信通知。教室与住宿的距离较远，因此经常出现学员迟到的现象。

总而言之，参训者肯定了课程主办方为保护和传承非遗所做的努力，开阔了艺术视野。但研修班过于强调"跨界"与"创新"，未能认识到各大工艺美术门类的不同，追求差异化授课，故而导致课程效果大打折扣。

---

① 采访人：笔者，采访对象：高小军，采访时间：2017年8月6日上午，采访地点：高家瓷坊会客厅。

李保平与姐姐也参加了在景德镇举行的非遗传承人研修培训。相对之前的培训而言，这次学习反而收获颇多。主办方景德镇陶瓷大学先将各窑口的匠人同行集中在一起，互相切磋之下开阔了他们的视野。由于该大学是中国知名的陶瓷业专业院校，培训经验丰富，因此课程设置较为合理。姐弟俩申报的造型培训班，培训内容既包括手塑、手拉坯、泥条盘塑等实用技能，又包括中国陶瓷史、景德镇发展史与各时期瓷器特点等理论课程。此外他们还被安排参观了当地的古窑场，深刻感受中国的陶瓷文化。同时开办的还有装饰班，主要课程为陶瓷绘画。上课之余，学员们在校内教师的技术指导下，有着充足时间于实训室参与制作实践。经过一段时间的培训，这些来自全国各地的学员加深了理论与实践的修养，同时收获了深厚的友谊。

　　中国的非遗传承人研修班不仅向学员教授技艺，非遗保护理念的正确灌输也是开班的目的之一。在这方面，景德镇陶瓷大学要比A大学美术学院贯彻得更好。李家姐弟在课堂上初步了解到非遗的定义与分类，接受了非遗保护的基础教育。"何为非物质文化遗产？"每个人的看法都各不相同。李保平认为：非遗不是具体可见的事物，做出来的杯子不是，看不见的技艺才是非遗。而技艺在哪里体现呢？应该是传统工具、传统手法做出来的产品，如果全是机器工业化生产，就脱离了非遗的本质。面对处于危机中的文化遗产与传承人，需要更多的关爱与保护。他的表述已经非常接近政策层面，说明培训确实有了一定的效果。但是他仍有一丝遗憾：主办方并没有对中国文化遗产保护方法做详尽的阐释，希望以后能够接受更多相关内容的教育。

　　值得关注的是，景德镇陶瓷大学不刻意聘请专家学者讲授"创新课"，而是鼓励学员们去陶溪川等地观摩匠人与大学生的陶瓷创意，并且随时对学员们的疑问做出回答。通过这种方式，主办方调动了学员们的积极性，使他们能结合自身知识体系去探索新技艺、新理念，起到了更好的教学效果。笔者调查时，李家姐弟对景德镇陶瓷大学的研修班给予了正面的评价，同时以亲身经历对比了两个培训班：

　　"A大学美院的培训感觉不是很好，有点搞形式。它把传承人放到大中专院校里，把陶瓷跟漆艺结合起来，哎呀……我还是感觉景德镇的非物质文化遗产培训比其他地方正宗一些！因为是瓷都，当地保留下来的传统手艺特别多，又背靠产业链，是个出名的大瓷区。我和我弟弟在那里还是学到了很多……当然了，我在A大上的课也多。任何事物都有优点，A大也是一样。虽然是青瓷班，但是以漆艺为主。国家给你出钱开开眼界，就是让看看漆艺怎么做的。景德镇那个也可以。实践课挺好的，就是理论课不咋的，毕竟只有那么点时间。我们还是感谢有机会去看看当地的发展，讲讲以前的事，熟悉思考下我们的陶瓷该怎么发展。"①

---

① 采访人：笔者，采访对象：李保平，采访时间：2017年8月16日上午，采访地点：李金平家。

通过传承人们的讲述，我们可以看到培训班培训理念不同，对传承人起到的作用就不同。如今传承人培训班仍在举办，在培训理念、培训内容、培训手段等方面较笔者采访时已做出了较大改进。

## 三、地方权力博弈背景下窑神祭与技艺展示的现代重塑

自20世纪初莫里斯·哈布瓦赫提出"集体记忆"起，记忆研究逐渐引起学者们的关注，发展成文化事项研究的重要取向。他将"集体记忆"定义为："一个特定社会群体之成员共享往事的过程和结果，保证集体记忆传承的条件是社会交往及群体意识需要提取该记忆的延续性。"① 他指出："我们保存着对自己生活的各个时期的记忆，这些记忆不停地再现；通过它们，就像通过一种连续的关系，我们的认同感得以终生长存。"② 而保罗·康纳顿基于功能主义视角认为："群体记忆的保存和传播会对社会产生重要的作用。"③ 集体记忆是特定群体对历史事实的看法，一旦时机成熟，记忆也会迸发改变社会的力量。国内学者景军的著作《神堂记忆》通过分析甘肃省大川村孔氏宗族孔子崇拜的产生、恢复与重建孔庙的经历等内容，展现当地人如何运用集体记忆重构社会关系的过程④，被认为是研究集体记忆的代表作与范本。

陈炉人也有关于窑神崇拜与祭祀的集体记忆。政治运动使记忆被尘封，然而当政治气氛缓和，地方精英们也试图重建窑神庙、再现窑神祭。他们的行动与希望振兴陶瓷产业、拓展旅游业的有关部门不谋而合。可是在实现目的的过程中出现了博弈，进而深刻影响了陶瓷业发展，展示了当地隐含的二元地方权力关系。

在传统社会里，国家权力并未对社会与信仰形成足够强大的掌控力，依托陈炉的大宗族达成税收、摊派、征丁等行政目标。新中国成立后，虽然行政范围是以原十一社为基础而划定，但是传统的宗族被分化、瓦解。人们集中于公有制陶瓷业生产中，宗族力量因失去了存在基础以致难以复兴。窑神崇拜与祭祀也在很长时间内以"封建迷信"的名义被压制，成为村民的集体记忆。非遗保护工作的兴起使耀州窑陶瓷烧制技艺入选国家级非遗项目名录，同样唤醒了陈炉人关于窑神崇拜与仪式的记忆。他们行动迅速，很快将祭仪申报成为省级非遗项目，获得了复兴的合法性。然而在此过程中，代表国家权力的政府部门却与地方知识分子们为窑神庙与祭仪的程序制订等问题产生激烈的争执，最终窑神祭在政府的主导之下与陶瓷产业发展捆绑，以"陶瓷文化旅游节"的名义呈现于世人面前，与技艺的传承产生出微妙的互生关系。

---

① 高萍：《社会记忆理论研究综述》，《西北民族大学学报（哲学社会科学版）》2011年第3期。
② 莫里斯·哈布瓦赫：《论集体记忆》，毕然、郭金华译，上海人民出版社，2002，第82页。
③ 李兴军：《集体记忆研究文献综述》，《上海教育科研》2009年第4期。
④ 景军：《神堂记忆——一个中国乡村的历史、记忆与道德》，福建教育出版社，2013，第6页。

陈炉窑神祭的复兴得益于非遗保护工作的兴起。新中国成立后，与社会主义经济制度同时建立的是国家自上而下的思想体系。陈炉窑神祭仍在举行，只是由于政治运动的频繁导致参与人数愈发减少，至1957年合作化运动时被彻底禁止。"文化大革命"期间，极左思想影响下的人们将西社窑神庙拆除，碑刻被随意弃置于路旁，建材被用来建造陈炉公社卫生院，同时村民被规训放弃了祭祀。

正如莫里斯·哈布瓦赫指出的："正像人们可以同时是许多不同群体的成员一样，对同一事实的记忆也可以被置于多个框架之中，而这些框架是不同的集体记忆的产物。"①同样的记忆，不同的群体对其态度与所采取的行动不同。对于普通人而言，窑神文化仅仅是在家门口、大槐树下向来访者闲聊的谈资。对于有文化、有地位的地方精英们而言，宣传并重现窑神文化，既是平复怀旧情绪的需要，更是促进陶瓷业发展的可利用的工具。而站在地方权力结构的角度，窑神文化则是一些部门应对旅游业发展的文化资本，能否有效运用很大程度上与政治导向挂钩。合作化运动之后，尽管窑神祭被严禁，但是关于过去的记忆却难以从陈炉人的头脑中抹去。待政治气氛缓和，地方知识分子率先发起恢复窑神祭的行动。"文化大革命"后期，时任市人民代表的陈炉陶瓷厂老工人郭述勤首提重修窑神庙。之后二十余年里，多名陈炉知识分子提议重修窑神庙、恢复窑神祭，但终被有关部门以"封建迷信"的名义驳回。

真正让窑神祭得以重现的契机来源于中国历史文化名镇的申报与非物质文化遗产保护工作的启动。除了延续近千年的陶瓷烧制技艺，陈炉还以"瓷片铺地""罐罐垒墙"的依山而建的建筑形式具备了较高的审美价值。在政府的支持下，继"耀州窑陶瓷烧制技艺"成为"国字号"后，陈炉镇也于2008年入选第四批"中国历史文化名镇（村）"。

非物质文化遗产项目与历史文化名镇的顺利申报恰逢其时，提振了地方知识分子们复兴窑神祭的信心，也使政府部门认识到蕴藏其中的旅游经济价值与填补集体活动缺失的效能。在申报两大名录项目的同时，镇政府希望将窑神祭申报为省级非物质文化遗产项目。于是在市文化部门的指导下，当地部门邀请地方知识分子协助撰写申报文本。此时国家非遗保护工作刚起步，窑神祭祀并无可供借鉴的成熟申报文本，加之信仰仪式类遗产题材的敏感性，使得窑神祭的申报材料内容简单且项目归类不清晰。然而窑神祭仍顺利地于2007年以"陈炉窑神庙春秋祭祀礼仪"的名义跻身陕西省第一批非物质文化遗产名录，纳入其中的"民俗"类子目录，从此成为国家保护的非物质文化遗产项目。

获得"非物质文化遗产"的头衔以及解决了窑神祭复兴合法性，使得以知识分子为核心的地方精英们振奋不已，也让地方政府决心力促窑神祭仪式的恢复。基于新中国成立后的特殊历史，与政府合作的地方精英多为有着一定文化

---

① 莫里斯·哈布瓦赫：《论集体记忆》，毕然、郭金华译，上海人民出版社，2002，第93页。

基础的陶瓷厂员工。令人意想不到的是，在接下来的几年里，地方精英们却不断地与部门管理者们进行着利益博弈。

## （一）遗产的重塑——国家力量与地方精英的博弈

"还俗于民"、尊重民众意志是非遗保护的重要前提，但是有学者认为："由于民间文化本身带有一些与官方正统文化不相融合的特征，各类民俗事项在被认可为非物质文化遗产并受到保护的过程中，往往会经过一个被改造、被包装甚至被重新打造的过程。"[①]换言之，现代语境下的民俗在经历遗产化过程时可能会被重塑，从而异于传统的样式。陈炉窑神祭即是如此。申报非遗项目的成功，本是促进经济文化发展的实用目的与重现原生陶瓷文化的怀旧情绪的暂时调和。之后关于仪式展演与窑神庙重建两大事件，深刻地体现了政府部门与地方精英们的复杂博弈，亦重塑着作为遗产项目的窑神祭祀。

### 1. 祭祀的首次举办事件

为促进地方传统文化的复兴，一些知识分子在2010年自发组建了"陈炉镇民俗协会"。协会致力于收集、整理历史与民俗资料，热衷组织各种民俗活动。成立后的第一要务，即协助举办次年9月的首届窑神祭庆典。排练之时，主办方并未采用民俗协会制订的流程方案，而是从红土镇另聘婚礼司仪主持。事实上该司仪对民间祭仪一窍不通，主办方只得又花重金从省电视台聘请了一名导演。该导演基于以往策划庆典的经验进行彩排，与传统仪式相去甚远，更是引起了各方不满。由于第二天窑神祭就要开始，陶瓷厂厂长亲访民俗协会会长、窑神祭省级传承人郑忠胜，请他出山主持。郑忠胜与几位会员按照记忆中的祭祀样式，迅速草拟了庆典方案并付诸实施。回顾当时的窘境，郑忠胜面露轻松之色，仿佛已经释然：

"厂长过来言说那个导演也不懂，现在镇长还等着你去主持哩！我开玩笑说导演都不懂，我还能干嘛？但说归说，后来我还就去了。他们彩排就在现在新修的窑神庙那儿，祭拜在高台的窑炉边，做的跟西社窑神祭没啥关系。我就问那导演来陈炉做策划，见过窑神庙和窑神祭吗？这祭窑神可是非物质文化遗产，我们要拿出以前老的历史给人看呢！他说参加过宝鸡炎帝的祭祀、河南新乡的祭祀什么的。我才不管你过去，既然你来到了陈炉，那说说窑神祭该怎么样进行？他答不出来。这样我就接棒，开始做司仪。

第二天是九点半开始，省上的宣传部、民政厅、文化厅，市上的军区、市政府，来的人很多。大家按过去老的样子上香叩拜鞠躬，三拜九叩完就是社火

---

[①] 王霄冰：《民俗文化的遗产化、本真性和传承主体问题——以浙江衢州"九华立春祭"为中心的考察》，《民俗研究》2012年第6期。

表演。那天民俗协会在下边有帮唱戏的还清唱，主要是给窑神爷凑热闹，造气氛。我记得当时还只有舜帝窑神牌位，写的'舜帝之神祖'。"①

虽然第一次窑神祭的举办充满了曲折，但是总算顺利完成了必要的程序。更为重要的是，新生的民俗协会获得了上级的关注，重新掌握了祭仪的解释权。在未来的日子里，它将发挥着巨大的作用。

### 2. 窑神庙的重建

窑神庙是承载陶瓷文化精神的物质场所。自窑神庙被拆后，重建的呼声就从未停止。亲历祭祀的宋振杰就认为："因为铜川的窑神是独特的，所以要振兴陶瓷和发扬民间文化就必须重建窑神庙。否则我们的陶瓷发展肯定就上不去……而政府修窑神庙，大概是为了旅游景区而设置的嘛。"②

首届窑神祭后不久，各方达成了重建窑神庙的共识。于是有关部门拟邀请上海某旅游规划设计院亲临陈炉，主持新窑神庙的设计。在新庙规划方案讨论会上，陈炉民俗协会对重建计划提出了反对意见。

尽管有较大的反对声，窑神庙仍于2016年下半年开始修建。据访谈对象介绍，对比最初建造方案，建成后的窑神庙有所改变。一方面是庙址与方井保持了一定的距离；另一方面庙门原是面山背谷修建，因村民反对而改建成现在的门向山谷、坐北朝南的方位。

### 3. 关于窑神庙的陈设与仪式规范化的讨论

2017年7月28日，在新窑神庙即将建成之际，陈炉古镇景区管理委员会邀请了民俗协会、瓷坊老板与陶瓷厂的负责人，专门讨论陈设布置与祭仪的规范化。会上，管委会副主任开门见山地介绍了修庙与集资塑像的时代背景，说明庙的建造费用将由市、镇两级政府支付。但因政策原因，塑神像所需的19万元只能另筹。如何才能在短时间内筹措到足够的资金？他提出政府将协助民俗协会，向本地人、游客以及曾在当地工作、生活过的人募捐集资。接着关于新庙的陈设装饰，各方又争论不休。民俗协会坚持强调既然窑神祭是非物质文化遗产，那么一切设置就应与旧庙完全一致，而这正是保护窑神祭的必要手段。其他人则认为当与时俱进，变通在所难免。譬如窑神是否该用铁链锁起来，双方僵持不下，争得面红耳赤。一方认为窑神是舜帝神灵而不是狗，锁起来是以前的习惯，为了表示尊重必须改。另一方认为这是陈炉的历史文化的象征，不应该改变。还有少数人为了缓和气氛，建议取中庸之道，锁链可以少些。又如庙名该叫"陈炉窑神庙"还是"窑神庙"，民俗协会的观点与其他人也有所不同。

---

① 采访人：笔者，采访对象：郑忠胜，采访时间：2017年4月8日下午，采访地点：郑忠胜家客厅。
② 采访人：笔者，采访对象：宋振杰，采访时间：2017年4月3日上午，采访地点：铜川市陈炉镇宋振杰家书房。

面对分歧，郑忠胜会长又递交了关于传统窑神祭的说明，希望以此说服主政方尽可能地保持祭仪原来的风貌。

经过两个多小时的讨论，大家终于达成了共识。一致同意新庙的陈设必须与老庙完全一致，也不分东、西窑神庙，统一称为"陈炉窑神庙"。仪式将由镇政府主持，邀请上级领导与社会知名人士参加。其过程力求还原传统面貌，并确定了以陈炉（含陈炉迁出）的瓷坊老板与陶瓷厂领导为祭祀主体，各村自乐班、社火队以及其他民俗团体辅助表演的组织形式。

仪式自带目的性，也是人们管窥社会关系的有效手段。维克多·特纳认为："仪式是表现社会关系的过程。"①而杜赞奇在批驳功能主义论者的"价值观点交互感应"观点时强调："象征符号之所以具有权威性，正是由于人们为控制这些象征和符号而不断互相争斗。"②也就是说，承载着象征符号的仪式能够体现社会关系中的政治隐喻。在传统社会里，陈炉人举行祭祀是出于促进行业发展的自发性朴素追求，而如今国家在场语境下的仪式会变成布迪厄所说的"文化资本"。通过祭祀的首次举办、窑神庙的重建以及窑神庙的陈设与仪式规范化讨论等标志性事件，我们可以看到各方巨大的理念与目标差异。尤其是以地方政府为代表的国家权力和以民俗协会为核心的地方精英们，围绕祭仪话语权反复出现博弈、妥协。两者的互动不断改造着早已成为"文化遗产"的祭祀，并最终定型为现代语境下的"传统文化"。

## （二）"陶瓷文化旅游节"的展演

2011年起，窑神祭已经在露天场地举行了六次，祭祀的内容大体一致。接下来的窑神祭仪式具备了正式、规范的展演脚本，仪式的会期、参与群体与祭祀内容均出现了新的变化。曾经窑户为主的封闭性祭祀主体，也逐渐转换为嘉宾与民众的二元祭祀体。地方知识精英总体处于弱势的执行者地位，但在核心仪式上仍以传统为依托实现了官民的隔离，保证了自己的不可替代性。

当地各级领导对祭仪是高度重视的。7月份的会议刚结束，木匠、石匠、砖瓦匠、塑像师等工匠迅速到场工作，各表演队也加紧排练剧目。同时民俗协会辛苦募集到一笔建设资金，由镇政府监督使用。基于民俗协会的指导，新庙内的装饰、碑文以及神像的材质、造型与摆放位置等陈设要素，均尽可能地做到与老人们记忆里的西社窑神庙一致。

2017年9月22日，村民们已将窑神庙布置完毕，各处被打扫一新。9月26

---

① 索端智：《信仰与仪式中的文化、权力和秩序——隆务河流域"六月勒如"仪式发微》，《青海民族学院学报（社会科学版）》2008年第1期。
② 杜赞奇：《文化、权力与国家：1900—1942年的华北农村》，王福明译，江苏人民出版社，2010，第2页。

日,即农历八月十五,冠名为"铜川市陈炉古镇第七届陶瓷文化旅游节"的窑神祭隆重开幕。窑神庙外的大广场上铺上了红地毯,气球、花篮、横幅和大灯笼随处可见。纷至沓来的游客、学者与村民将广场和戏台挤得水泄不通,神庙入口则被身穿制服的保安封锁。受邀嘉宾们被热情的礼仪小姐迎接入座,每个座位上都摆放着座位牌和装满热茶的耀州瓷杯。媒体也给予了关注,除了电视台、报纸到场采访报道外,几位新媒体工作人员还用手机进行同步网络直播。这样的场景布置与其他地方的庆典如出一辙。很快,一个国家在场影响下的、与传统窑神祭不同的祭祀过程呈现于世人面前。

上午10时,旅游节正式启动。在震耳欲聋的鞭炮声与锣鼓声中,主持人介绍了举办旅游节的目的,希望以旅游节为载体展现陈炉丰富的旅游资源与民俗文化,推动地方经济发展。同时,他还宣布窑神祭的举办时间正式定为秋季,会期的时间也被缩短为农历八月十四与十五两日。随后各级领导分别致辞,特邀嘉宾宣布旅游节启动并诚邀各界人士前来旅游。不远处,数十位身着对襟黄色服装、头包黄色头巾的锣鼓队员列队于新窑神庙前等待祭祀窑神仪式开始。最前面的四人手捧盛放花馍、羊头、猪头与活鸡的托盘,后面分别是两名手执大锣的锣手、十余位打着各色旌旗的旗手以及两组舞龙队。锣鼓队旁站立着由十八名私人瓷坊与陶瓷厂的负责人组成的敬香队列,他们身着统一制式的白色丝绸传统练功服,肩披写有"中国·陈炉"的黄色绸带,静静地等待着仪式的开始。周围则布满了来自立地坡、上店等地的民间社火队,队员们打扮各异,有说有笑。

11时,窑神祭开始。祭祀被划分为两处进行,一处为戒备森严的窑神庙,一处为庙后的马蹄窑。两地的祭祀人员也有所不同,受邀嘉宾负责发言、剪彩与在马蹄窑点火典礼,而民俗协会与陶瓷行业敬香队负责执行和参与窑神庙里的具体仪式程序。相比马蹄窑,窑神庙的祭祀人数更多、祭祀程序更为复杂。在主祭人会长的指示下,锣鼓队们进庙敬献祭品。接着会长手持文书宣读祭文。待宣读完毕,被认为最熟悉窑神祭仪的郑忠胜进入庙内,按照传统社会里窑户的参拜方式对窑神舜帝行祭拜礼,并对老子、雷公、山神、土地神、牛王与马王做了同样的祭拜。继会长之后台阶下的瓷坊与陶瓷厂人士也作为"现代窑户"的代表进庙参拜。他们按照计划书的指示,每三人一组参拜。参拜顺序以非物质文化遗产传承人的级别而定:先进庙的是省级传承人,接着是市级与区级传承人,而未定级的传承人被安排在最后。事实上,除了两位新加入的成员外,大多数人曾经参加过窑神祭并对每个动作都熟稔于心。等所有人参拜完毕,窑神庙的警戒才被解除,这时在庙外等候已久的群众也纷纷进庙祭拜。群众的祭拜方式简单得多,磕三个头即可。在作为另一处祭祀地的马蹄窑旁,各位特邀嘉宾则由民俗协会会员指导向窑炉内象征性地投柴。他们每人手执一根木条,从火盆里取火后扔进马蹄窑里,扔完后就可自由活动了。

除了嘉宾致辞与祭祀窑神以外,旅游节当日还有社火队与自乐班的表演活动、西安美术学院画家们的陈炉写生展以及陶瓷技艺大赛。当天下午举办的技艺大赛是主办方的另一重头戏。大赛设置在陈炉陶瓷厂工艺瓷车间的空地上，参赛人员被限定为陈炉人为主，比赛的项目分为拉坯、刻花与造型三项，各决出前三名。拉坯是陈炉人引以为傲的陶瓷制作技能，每年的拉坯比赛都能吸引众多行家观赛。这次也不例外，评委和观众将比赛现场围得水泄不通，而当陈炉人穆恒峰夺得冠军后更是引起了全场欢呼。第二天的上午，镇政府还举行了陈炉民间收藏鉴宝会，邀请到耀州窑博物馆馆长与知名耀州窑专家为陈炉村民免费鉴定所藏瓷器。尽管天气寒冷，伴有绵绵阴雨，村民们仍满怀热情地将自家所藏都取了出来，使专家与观者大开眼界。

陈炉窑神祭原本为陶瓷行业相伴生的行业习俗的一部分，由于其民众基础深厚，因此也就发展成为当地最具影响、最受欢迎的民间活动。但是在20世纪中国社会的巨大变革背景下，国家力量的强势介入迫使当地民众放弃了祭祀，将其封存在记忆里。得益于政治气氛的缓和与国家对文化事业的逐渐重视，陈炉耀州瓷因其知名度率先成为国家级非物质文化遗产，陈炉镇也入选了中国历史文化名镇，这让陈炉人重新燃起了恢复窑神祭的希望。幸运的是，窑神祭申报起步较早，入选省级非物质文化遗产名录也就比较顺利。

为了重现陈炉窑神祭，代表国家权力的地方政府与具有陶瓷工人与管理者身份的地方知识分子们合作采取了"先申报，后恢复"的策略。然而进入省级非物质文化遗产名录后双方才发现时隔五十余年再恢复窑神祭困难重重、分歧不少。由此围绕着仪式的展演与窑神庙的重建，目的各不相同的地方政府与精英们博弈不断，这使得窑神祭的仪式过程发生了一些根本性的变化，直接重塑了窑神祭。首先，它获得了"陶瓷文化旅游节"的冠名，将陶瓷技艺的传承与祭祀捆绑，迈出了从行业祭祀向公共遗产的重要一步。即使在"后疫情时代"，陈炉人每年都会举行一两次窑神祭，赋予了祭祀周期性。这一特性正是非遗的主要属性之一。其次，国家意志通过仪式得以彰显，使参与者每时每刻都感受到官方力量对仪式与陶瓷业的主导：会期的设置、主持者与参与者的选定、祭祀过程以及陶瓷技艺大赛都带着强烈的官方色彩，民间色彩被淡化。再次，窑神祭的仪式过程被人为地向陶瓷文化靠拢并有了展演脚本，农业社会里仪式的随意性变得微乎其微，取而代之是现代语境下的社会表演。参与人员的行为、服饰被提前安排，甚至嘉宾、祭拜人员、村民与游客等群体的活动区域也被严格划定，以便让祭祀能够有条不紊地展现于世人面前。

非物质文化遗产保护的兴起不仅推动窑神祭以遗产化的方式重塑，而且激发了地方精英们的文化自觉，给予了他们据理力争的合法性理由。也正因为地方精英们的坚持，窑神庙的重建与窑神祭的核心仪式一定程度上实现了向传统的回归，祭祀的本真性有所呈现。德国民俗学家海曼·鲍辛格在解释"民俗主义"时指出，民俗主义是那些引人注目的对民俗现象的运用和表达性的民俗表现，即"对过去的民俗的运用"。它是现代文化工业的副产品，表示了民俗的商品化以及民俗文化被第二手地经历的过程[1]。也就是说，相比较传统社会，现代语境下的被重塑的民俗功利性与表演性可能会更加强烈。基于陈炉窑神祭的调查，我们可以发现国家在场下的窑神祭正在经历从祈求生产顺利向推动技艺传承与旅游经济发展的目的转变，单一的祭仪被扩展为技艺大赛、书画展览、祭祀仪式、民俗表演等多个项目。与此同时，陶瓷从业人员、知识分子为代表的地方精英也在崛起，起到了事实上的传承主体的作用。他们所共有的集体记忆促使其努力通过恢复完整仪式来获得话语权，这无疑会帮助技艺与祭祀不至于在商业化的道路上走得太远，保证了遗产的本真性与有序传承，也为后来的研究者观察陈炉陶瓷文化发展与技艺的传承提供了新的视角。

## 小结

20世纪80年代以后，陈炉窑场所经历的风云变幻让笔者感慨万千。如今冷清的陈炉陶瓷厂曾有过那样轰轰烈烈的辉煌时刻，小而灵活的私人瓷坊也是几经周折发展而来。回首如烟往事，我们应该对这段历史做一个深入的总结。由于四十多年来的变化皆因陶瓷厂而起，因此当首先深刻探讨产生如此发展轨迹的原因。

陈炉陶瓷厂在步入巅峰期后逐渐衰落，实际上是内、外深层次因素作用的结果。内部因素是地域文化较为保守。陈炉人生长在生态状况较差的黄土高原，生存压力之下培养了吃苦耐劳、拼搏进取的可贵精神。在计划经济体制主导时期，全厂职工群策群力，产生了巨大的经济效益。然而当时盈利多得益于卖方市场下产量的扩大，红火的场面掩盖了技术升级的紧迫。到了市场竞争更为激烈的20世纪90年代，落下的技术旧账很快暴露出来。面对市场萎缩、待遇与市场脱节引发的人才流失、原材料的掣肘等诸多问题，陈炉人的保守偏安思维极大地制约了企业的发展：一是领导层因循守旧，缺乏创新思维，与消费者严重脱节；二是坚持传统的计划经济管理方式，仍将工人视为生产者，而不是共同成长的参与者与合伙人；三是管理科学的缺失，生产管理依靠"人治"，缺乏奖惩与问责机制；四是员工多从合作社时期的家庭作坊中吸收而来，文化与视野先天不足。他们既在技术上难以与时俱进，也易形成排他性小团体，分散了工厂的生产力量。陈炉窑场实在过于偏僻，传统文化的保守包袱也太重了。当沿海地区积极参与市场竞争之时，工厂仍墨守成规，难有进取之念。加之数百年间形成的宗族文化与血缘关系的影响，加重了转型的难度。

外部因素则是生产科技的日新月异与市场需求的剧烈变化。近几十年来，

---

[1] 杨利慧：《"民俗主义"概念的涵义、应用及其对当代中国民俗学建设的意义》，《民间文化论坛》2007年第1期。

陶瓷行业经历了一系列的更新换代。龙泉、德化、石湾与景德镇等地积极引进新技术，革新管理方式，产品附加值与市场份额逐渐提升，相应就严重挤压了陈炉传统瓷器的市场空间。加之市场供给逐渐多元化，消费者选择的余地大幅增加。他们在追求时尚新颖、功能多样、轻便实用的塑料、不锈钢产品时，不再视瓷器为日常必需品，而是艺术装饰品。两相对比之下，生产样式与纹样过于传统、产品质量较为粗糙的厂家，面对外部环境的剧烈变化时会反应失灵，在市场竞争中节节败退。虽然陶瓷厂曾进行过自救，但因内外因素的制约终致失败，至今一蹶不振。

显而易见，当地已形成了陶瓷厂与私有瓷坊两种不同的生产形式。前者是具有大而全特征的国有企业代表，后者则是小而精的民营企业代表。通过对历史的梳理，我们可以看到早在陈炉陶瓷厂的辉煌时期，就已经出现了零散的私人瓷坊。陈炉陶瓷厂陷入发展困局，更加速了手艺人的流失与私人瓷坊的发展。瓷坊的优势十分明显：投入少、机动灵活、具有一定的艺术创新精神。由于其体量较小，面对市场竞争时格外小心。除了产品紧贴时代与差异化，亦注重接班人的培养。其实黄堡的陶瓷企业也是脱胎于瓷坊，通过不断招商引资和吸收原陶瓷厂职工才形成了如今的规模。总体来看，私人瓷坊在培养传承人方面表现较好，将成为技艺传承的主要载体。

私人瓷坊是技艺传承的新形态。计划经济时期，陶瓷厂曾是技艺传承的核心基地。但在市场经济时代，基于血缘传承的个体瓷坊解放了生产力，对行业产生了巨大作用。一方面，血缘传承与生产效益直接挂钩，提升了生产者的积极性，使得生产效率大幅提高。由此产生了更大的经济效益，亦出现了新的产品种类。另一方面，血缘传承与业缘传承灵活搭配，承担起传承技艺的重任。笔者认为：当前对耀州瓷烧制技艺的保护与传承所取得的成绩，相当一部分来自个体瓷坊的贡献。

当前陈炉耀州瓷烧制技艺的传承仍面临着巨大的挑战。非物质文化遗产保护工作的开展，为技艺的传承提供了重大历史机遇。当前无论是资料的收集整理，还是传承人的确立与培养，抑或是技艺的发掘与创新，均取得了较为优异的成绩。然而传承后继无人、过于注重仿古、内外部恶性竞争、文化创意的缺失等新、老问题仍然困扰着人们。面对传承人评选、政府扶持与非遗传承人培训等事项，匠人们也各抒己见，指出其中的成绩与不足。对于如何举办窑神祭，他们更是据理力争，使本已消失的祭祀得以恢复。而窑神文化的传承，将有助于维护传统技艺的精神内核。

第七章

# 心艺物显：
# 陈炉窑陶瓷业振兴的反思

研究非物质文化遗产，仅仅记载与分析传承状况是不够的，容易陷入对过去的"伤春悲秋"之中。立足何处，传承何往？应是非遗保护必须聚焦的重要问题。也就是说，我们需要总结过去的经验与教训，积极推动遗产在现代语境下的实践。无论是具体的遗产事项阐释，还是抽象的保护理论探索，都围绕着此思路展开，以解决具体保护措施滞后的难题。而这正是研究所应体现的实际价值：发现问题、解决问题，助益于弘扬中华优秀传统文化。耀州瓷烧制技艺无论是技艺、历史与知名度，还是传承群体的数量，都具有强烈的地域标志性，它的发展状况及发展之道均能集中反映"立足何处，传承何往"这一重大问题。

社会各界已经在思考如何将技艺更好地传承下去。2015年12月18日，铜川市人民政府网站刊登了《铜川市陶瓷产业调研报告》，这是首份全面系统地分析行业发展状况的官方文件。报告在总结已取得成就的同时，也指出了发展所存在的六大主要问题：观念落伍、管理体制薄弱、投入不足、技术创新不够、人才匮乏以及宣传力度微弱。2017年3月9日，时任铜川市市长做了耀州瓷文化产业的发展报告，坦承现今耀州瓷文化产业的发展受制于思想、管控、技术、产业、人才与体制六大方面，必须厘清保护传承与利用发展的关系、弘扬耀瓷文化与发展陶瓷产业的关系、耀瓷发展定位与区域差异化发展的关系、科技创新与现代消费需求的关系以及政府企业协会在耀瓷产业发展中的关系等五大关系[①]。

虽然各界的观点表述有一定差异，但是他们的中心点是一致的：耀州瓷一定要解放思想、活态传承，从而顺应时代发展，在发展中求保护。实际上，耀州瓷发展只是传统手工艺生存状态的缩影，它的经验与教训理应为我们提供启示。而为实现这一目标，就应探索建立"心·艺·物"的传承整体观，全方位地促进活态传承。

## 第一节 "心·艺·物"——关于陈炉窑制瓷技艺传承及保护的反思

### 一、"心·艺·物"传承整体观是振兴传统陶艺的逻辑起点

中国人崇尚天人合一，讲求生产与自然有机结合，随岁时节令而为。千百年来，生活在农业社会中的陈炉人忠实地贯彻了这一理念，将一切都安排得井井有条。而陈炉的耀州窑陶瓷烧制技艺是一个差异性与一致性兼具的地方性知识系统，具有复杂的内在结构逻辑与类型模式。

---

① 铜川市政府办公室：《杨长亚在全市耀瓷文化产业发展座谈会上的讲话》，2017年3月17日。

耀州瓷烧制技艺在当地得以延续至今，依托于扎根在这片乡土文化之上的传承整体观。这个整体观由"心""艺"与"物"三者组成，因强大的文化生命力而自洽。正是它才能够使耀州瓷从"金元战乱"的浩劫中成功重生，继而推动陈炉成为后期中心窑场，铸就了多姿多彩的耀州民窑文化。而基于非物质文化遗产保护研究的角度，"心""艺""物"分别对应了三个要素：传承人、传承技艺以及技艺的表现形态。在建设文化强国的当下，该整体观也将成为振兴传统陶瓷类手工艺的逻辑起点。传承人是手工艺传承的本体，也是技艺的出发点。我们谈论遗产就要先把传承人置于特定的时代背景与文化语境中去。克利福德·格尔兹曾提出"系统生态学"，认为人、文化与环境之间构成了相互交错影响的网络关系。每一代传承人既是文化生态的产物，也反过来影响到生态环境与手工技艺。技艺是传承人的精神存在，为技艺、工制与匠意三项文化基因的综合。然而它十分脆弱，所蕴含的"光晕"不仅很容易受到机械化复制的影响，也会被传承人的现实生活变化所干扰。技艺的表现形态则由所用材料、表现内容与表现形式三部分构成，可细化为材料、色彩、造型、纹样与工具五项文化基因。换言之，"心·艺·物"传承整体观是传统手工艺文化基因体系的宏观表达，存在逐步递进的关系。我们保护好了传承人，也就维护了当地的生态环境与手工技艺；保护好了手工技艺，也就保护好了技艺的表现形态。因此笔者可以断言：该整体观不仅有助于我们保存手工艺文化基因，也可作为未来活态传承的依据，应是振兴传统陶瓷类手工艺的逻辑起点。

在前面的研究中，笔者也是按照这一思路予以谋篇布局，基于整体性观点，详细记述了陈炉窑场的历史变迁与技艺活态传承。这说明"心·艺·物"整体观能够帮助我们全面、准确地记录与分析陶瓷类传统手工艺的发展状态。

## 二、"心·艺·物"传承整体观的内涵

任何一项能够活态传承的非物质文化遗产，都经过历史的考验，具备维持自我生存的条件与实现自我创新的能力。实际上正是传承人、传承技艺与表现形态三大层次是相互影响的关系，奠定了遗产自我实现、功能自洽的基础。

"心"是文化传承的立足之本、生命之源。它是中国传统哲学所提倡的一个概念，与"人"相对。"心"既是物质上的表达，也是精神上的表达。物质的"心"指作为人体器官的心脏，它为人体提供了动力，是维持身体运行最重要的器官之一。精神的"心"即人类意识，是非物质文化传承的思维起点，象征着实践主体的身体与精神的交互融合。自古以来，中国人对"心"推崇备至，从而引申出三种含义：

一是强调人与万物即是一体，生产行为要顺应天时，以实现人与自然的和

谐。明代大儒王阳明就认为："盖天地万物原是一体，其发窍之最精处，是人心一点灵明。"以突出天、地与人这"三才"的一体关系。

二是强调有担当抱负的知识分子们应以心为念，树立高远的心气志向。孟子有云："尽其心者，知其性也……存其心，养其性，所以事天也。夭寿不贰，修身以俟之，所以立命也。"换言之，我们要充分运用心智去思考，涵养心性，同时使理想坚定不移才能安身立命。而北宋时期的哲学家张载在《横渠语录》中也提倡："为天地立心，为生民立命，为往圣继绝学，为万世开太平。"

三是中国传统文化熏陶下的士大夫们力求将"心"与思想境界联系在一起，呼吁人心向正，树立崇高的思想道德。如《礼记·大学》有言："欲正其心者，先诚其意……意诚而后心正，心正而后身修。"王阳明同样认为："盖心之本体本无不正，自其意念发动，而后有不正。故欲正其心者，必就其意念之所发而正之，凡其发一念而善也，好之真如好好色；发一念而恶也，恶之真如恶恶臭；则意无不诚，而心可正矣。"

而非物质文化遗产的传承首先要"以人为本"，立足于调动传承人的传承积极性。从"心"的角度出发，我们既要让传承人坚定传承信念，树立弘扬非物质文化遗产的高远志向；也要让他们坚守正道，不要让手里的遗产"变味儿"；更要注意保护和恢复承载技艺所依存的文化生态，尤其是与陶瓷行业相关的精神体系。在这一理念的指引下，耀州瓷烧制技艺的传承应采取三大策略：吸引更多的人加入，建立起合理的传承梯队；着力恢复当地的行业精神体系；提高文化自觉。

而"艺"是文化传承的实践路径。它一方面有着"才能、技能、技术"的含义。早在先秦时期，中国人即提倡"六艺"。当时，周王朝的官学子弟们必须学习礼、乐、射、御、书、数等六艺。《周礼》记载："（保氏）养国子以道，乃教之六艺：一曰五礼，二曰六乐，三曰五射，四曰五御，五曰六书，六曰九数。"先贤孟子极为重视农业，他称赞农祖后稷"树艺五谷……人之有道也"。因此，"树艺"也指农业技艺。现代意义上的"艺术"则通过身体的感知与行为去表达艺术家的思想，体现了人的能动性，既有技巧，也有美感的体现。

另一方面，"艺"还意为"准则、法度与文才"。苏辙在《请户部复三司诸案札子》写有："利权一分，用财无艺。"这句话里的"无艺"即是没有法度与原则。《北齐书·阳休之传》中有"其子辟疆，性疏脱无文艺"的语句，此处的"无文艺"也是指的缺乏文才。

由此可见，"艺"当是技艺与准则这两者的有力结合。传统手工艺自然也要注重"艺"：以法律法规与社会道德为准绳，坚持文化传统，谋求艺术化创新发展。由此，我们要鼓励匠人们将心中所想表达出来，这就需要：坚持传统美学，发展创意美学；禁止利用技艺造假。

"物"是文化传承的物质表现形式。汉语中的"物"主要有两层含义：环境或者物与人。中国人常说"物以类聚，人以群分"，以此形容同类的物聚在一起，同类的人相聚成群。大家借用的"物"，具有"事物、东西"的含义。范仲淹在《岳阳楼记》里的名句"不以物喜，不以己悲"中的"物"，包括了人所处的社会环境。

　　"物"在非遗保护研究中不可回避。因为它决定了技艺的表现形式，是技艺得以呈现的物质载体。非遗保护工作主要保护的是无形文化，但是材料、器皿、产品以及实践场所等具有实体形态的物质内容也需要兼顾。耀州瓷烧制技艺的传承与物质要素密不可分。首先，无论是黄堡还是陈炉，陶瓷技艺的传承与发展都严重依赖于材料的供应。我们现在已知：黄堡窑场衰落的一大重要原因即是原材料的枯竭，而陈炉能发展成为西北地区最大的窑场同样得益于其在原材料的数量、质量与种类等方面傲视群雄。其次，各个时代遗留的耀州瓷品对技艺的传承起了指示作用。匠人们需要反复参考手中的器物以修正自己的手艺，也利用它们做传授、指导之用。弟子们亦通过实物去猜测师傅们"只可意会不可言传"的秘密，弥补"口传心授"传承方式的不足。如今的耀州瓷复仿者们更是对古代器皿推崇备至。尤其是残存文物接续了失传已久的耀州青瓷烧制技艺，为匠人与专家学者们开展复仿试验提供了参照物，从而逐渐掌握了技艺的本质。再次，技巧则物美，技拙则物陋。耀州瓷技艺的审美价值必须通过产品得以体现，历代产品承载了历代技艺的价值。最后，生产工具与生产场所是陶瓷生产实践的物质核心，包含着一系列的物质文化遗产事项。从发生学角度分析，当一种技艺发生变迁之时，生产工具与生产场所首先会出现变化，推动更新换代。而在耀州瓷制作技艺的发展历程中，气窑、电窑、练泥机、石膏模具等新设备的引进直接导致了生产技艺的变化。如今的陈炉人似乎对新生产工具存在着接受与抗拒的矛盾心理。他们一方面试图引进新的设备，提升劳动生产率，一方面却又希望坚持古老的技艺，不愿全部机械化。所以当地就出现了现代与传统生产方式并存的状况。

## 第二节　对若干问题的探讨

### 一、树传承之心：传统技艺传承梯队建设与行业精神体系恢复

　　"心·艺·物"是一种文化的整体传承体系，将助推耀州瓷烧制技艺为代表的传统手工艺项目的传承与保护。笔者认为，保障耀州瓷技艺活态传承的首要任务就是要加强传承梯队建设，树立传承人的传承之心。同时继续恢复以窑神祭为核心的行业精神体系。

　　非物质文化遗产的保护毫无疑问当围绕传承主体而展开。非物质文化遗产

的传承主体，是指民间文化艺术的优秀传承人，即掌握着具有重大价值的民间文化技艺，并且具有最高水准的个人或群体。他们被称为"人类活财富""人类活珍宝"或"人间国宝"[①]。非物质文化遗产与具体可见的物质文化遗产不同，它是无形的，是活态的传承，只能依靠人类的行为才得以保存。我们常说的"人在艺在，人亡艺绝"指的就是掌握技艺的传承人去世时，却因没有将技艺很好地记录保存，或者传承技艺的弟子们没有培养起来，从而导致技艺失传的现象。宋、金两代辉煌一时的耀州青瓷技艺即是代表性案例，由于匠人去世或外逃，后来者学艺不精使得产品质量下滑愈发严重，最终湮灭于历史长河之中。

耀州瓷烧制技艺数百年的传承与发展证明了一个颠扑不破的道理：传承人才是非遗传承发展的核心力量，是他们决定了技艺的发展状况。笔者已经以丰富案例描述了陈炉窑场严重的传承人"青黄不接"现象：当前瓷坊与陶瓷厂的匠人们芳华渐逝，而本地微薄的待遇却使得年轻人不愿意入行就业。因此我们要保护耀州窑陶瓷烧制技艺这一国家级非物质文化遗产，就要保护好传承人，建设老、中、青三结合的传承梯队。保护主体首当其冲，将发挥主要力量。尤其是政府的正确主导，更有助于促进传承体系的健全与完善。笔者基于田野调查结果认为：从陈炉耀州瓷技艺的实际出发，需要重视以下四个方面：

第一，血缘传承与业缘传承并重。陈炉窑场自古以来以血缘传承为主，而"三行不乱，四户分立"生产模式保证了各宗族能各居其地，各就其业。曾经长辈们以"口传心授"与亲手指导的方式为后辈传授技艺，血缘关系保证了技艺基因的延续性。陶瓷厂成立后，一个个家庭作坊转变成了分隔式的集体车间，取而代之的是师徒相授的业缘传承。伴随着20世纪90年代陶瓷厂的衰落，业缘传承逐渐弱化，血缘传承体系却未建立完善。这一过程竟然持续了二十余年，严重影响了传承的有序性。

2015年后，在旅游业的带动下，窑场终于出现了新变化。之前各生产机构采取的是老师傅带徒弟的业缘传承形式，如今一些瓷坊主也意识到了从工人中培养传承人的难度。于是他们开始重视血缘传承，试图将子女培养成传承人，希望他们未来能够撑起家族的事业。虽然培养出来的年轻人很少，但是仍然能够为我们提供启示。

陈炉的新家族传承以李和平与袁双庆较为突出。为了培养出家族继承人，他俩在独生子身上倾注了大量心血。从原料采集，到陶瓷生产，再到包装销售，均给予全方位的指引。以李和平为例，因计划生育政策回家自建瓷坊后，培养传承人就成为压在心上的大石头。由于大女儿大专毕业后远赴汉中做了人民教师，而二女儿成为铜川城关街道办事处的协管员，因此他有意向儿子李莹灌输陶瓷文化。1989年出生的李莹，童年时已表现出对"玩泥巴"的兴趣浓

---

[①] 李荣启：《文化与艺术的多视角探索》，北京时代华文书局，2015，第82页。

厚。稍长后观摩父亲制作陶瓷，耳濡目染之下初通陶瓷制作技艺。

虽然李莹有着一定的技艺基础，但是长大后愈发向往着大山外边的世界，并不愿意将此作为终生职业。当时其父也认为陶瓷行业劳苦利薄，故而将读高中的李莹送到西安学习美术。然而他在高考时先因三分之差没有成为艺术生，阴差阳错之下调剂到海南的一所大专学校学习计算机。毕业后在石家庄工作了一年，却并不适应外地的环境。兜兜转转一大圈，于2012年又回到了陈炉。李和平对儿子的归来高度重视，希望借此将其培养成杰出的耀州瓷匠人。为了促其成才，父亲倾囊相授，也竭力更新设备，尽可能创造良好的生产条件。时过境迁，李和平老爷子回忆这段培养经历道："他（李莹）来后搞陶瓷，我拉坯他拉坯，我刻花他刻花，我烧窑他烧窑。我出去有陶瓷会议也让他参加，把他领上。这样他才逐步有了新的传承意识。但是呢，很长时间还是勉强的爱。"①

当李莹回到家中时，放眼四周除了烧瓷的气窑，其余均是传统的自制工具。为了让他快速上手，李和平淘汰了手工制瓷旧设备，购置了现代化的破碎机、球磨机、除铁器、练泥机、拉坯机和高速碾磨机等各式机器。用他的话而言就是"所有的设备都备齐了"。不仅配置设备，李和平还改造生产车间，建立了陶艺室。

之后两年多时间里，李莹断断续续在家学习陶瓷技艺，有时还悄悄出去打工。2015年娶妻生子后，才逐渐静下心来，留在了陈炉。他决心跟随父亲认真学习，将技艺原原本本地学到手。为此李莹结合自己的美术基础，买书自学素描。同时悉心观察其父工作，闲暇之余就上手制作。两年过去，他的刻花和手拉坯都具有了一定基础，可以出师了。2017年，李和平为其成功申报了市级非遗传承人，成为铜川市陶瓷界年龄最小的传承人。对于儿子的成长，李和平看在眼里，骄傲在心里。他逢人便夸，说得最多的一句话就是："儿子把事传承下来我就放心了，心满意足了。"当笔者回访时，李莹已成长为父亲和一家之主，承担着李家瓷坊发展的重任。

袁明是另一位正在成长的年轻匠人。他生于1992年1月，是双庆瓷坊老板袁双庆的独子。虽然袁家世代以陶瓷为生，但是袁爸爸曾因陶瓷业工资微薄而并不愿意儿子重走老路。袁明也从小目睹父母的辛劳，因此去了西安某大专攻读电子商务专业。在西安的读书生涯培养了他的市场销售能力，而期间清华大学的实习经历，更让其对物流业的经营模式了如指掌。毕业后他在外闯荡了几年，同样因工作不理想而回到了陈炉，跟随父亲学习陶瓷技艺。袁双庆先是安排儿子去铜川市陶瓷研究所了解陶瓷技艺与试验设备，一年后又送至陈炉的紫砂陶瓷厂学习。聪明的袁明在宜兴籍师傅的指导下很快熟悉了紫砂陶行业的运

---

① 采访人：笔者，采访对象：李和平，采访时间：2017年8月15日晚上，采访地点：李和平家客厅。

作规律，后又亲赴宜兴的紫砂大厂深入了解行业发展状况。如今他已回到瓷坊，跟随父亲学习技艺。通过父亲的帮助，袁明的技艺进步较快，已经达到独立制作倒流壶的程度。甚至在双庆瓷坊的摊位上，已经出现了袁明的作品，受到游客的喜爱。2018年后，他逐渐向非遗主播转型，为观唐、唐宋以及私人瓷坊在线宣传、销售。"后疫情"时代在线直播产业发展迅速，袁明与导游吴欢喜抓住了机会，成长为一名优秀的网络主播。在"异口'铜'声 魅力推荐"2021铜川市网络直播大赛上，两人分别获得直播带货与短视频创作第一名。"非遗+直播"正成为陈炉耀州瓷品牌传播的新业态。

由于疫情管控、物流受阻等原因，陈炉的陶瓷生产与旅游经济受到严重影响。于是一些匠人搬离了当地，去产业更为集中、交通更为便利的地方谋生。袁双庆、袁明父子被迫搬离陈炉，将生产基地设在交通便利的王家砭。然而袁宝成、袁浩父子等的少数匠人反其道而行之，回到家乡另起炉灶。袁浩（图7-1）喜欢陈炉轻松、熟悉的家乡氛围，遂辞掉黄堡的工作与其父开办瓷坊。他们主要生产青瓷和黑瓷，兼做其他瓷器。截至笔者调查时，袁浩已被评为市级非遗传承人。然而因疫情反复，瓷坊的生意并不乐观。

图7-1 回到陈炉的袁浩

除了前面三家瓷坊，作为陈炉的产业明星，王家瓷坊的创办人王战军也有培养继承人的想法。笔者2017年在陈炉调查时，他的长子正读高中，而小女儿还在读小学五年级。也许是因为高中阶段学习紧张，儿子较为沉默，不愿与不熟悉的人做过多的交流。而女儿十分活泼可爱，与笔者相处融洽。对于两个孩子的不同性格，王战军心知肚明。他同样希望兄妹俩未来都能继承家业：哥哥成为坚守传统手艺的陶瓷传承人，妹妹能够发扬外向的性格特点，负责瓷坊的销售与管理工作。如今其子已入大学，女儿正在长大，但是他俩是否愿意接班呢？只有时间才能揭晓答案了。

在未来活态传承时，就应针对陶瓷厂重业缘、私人瓷坊重血缘的特点，建立两者兼容的传承方式。传承人从具有血缘关系的后辈中选择有天赋、有决心之人，既亲力亲为授业，又乐于鼓励其向其他传承人学习，鼓励多元发展以适应现代社会的要求。

第二，完善传承人选拔、认定与扶持机制。原文化部于2007年公布《第一批国家级非物质文化遗产项目代表性传承人名单》后，又出台了《国家级非物质文化遗产项目代表性传承人认定与管理暂行办法》。《办法》对申请或被推荐成为传承人的条件、程序、扶持政策以及传承人的义务等内容，做了详细的规范。省、市、县三级文化部门以此为基础，拟定地方选拔各级传承人方案，选拔并扶持了一批传承人。在实际的选拔工作中，有些地方深得民心，有些则因未考虑周全致使落选者颇有微辞。耀州瓷烧制技艺传承人的选拔与扶持过程中即出现了问题：一些匠人认为评选工作不清晰透明，政府对非物质文化遗产的扶持力度也仍然不够。究其根源在于当地相关部门未能落实传承人的选拔政策，亦未能在选拔时向竞选者及时、全面地告知，致使一些匠人不熟悉选拔机制，错过申报。加之某些基层文化干部没有领悟相关政策，以资历、辈分、备选人与自己关系的亲疏远近作为评价标准来确定申报人员，由此导致一些自认技艺精湛、愿意担起传承重担的后辈积愤难平。如不及时纠正，显然对凝聚人心、建设科学合理的传承人队伍是不利的。

在没有传承人认定制度的时代，陈炉的技艺传承依赖的是匠人们的将心比心、通力合作。如今为获得传承人称号与政策扶持，匠人们心生嫌隙，抱怨颇多。这将不能有效地调动传承者的积极性，妨碍大家同心协力传承技艺。

为了更好地解决传承人评选中出现的问题，笔者认为文化主管部门首先要做好宣传工作。其次要按照公认的选拔标准行事，做到选拔公开透明。耀州瓷技艺的传承人评选的宣传工作应按照评选前、评选中与评选后三个步骤进行。主管部门选评传承人前，应广泛宣传国家的传承人保护政策与评选机制，力求及时、准确地向匠人传达。评选时，所有相关项目的从业人员都应被告知评选时间、评选项目、评选标准、参评人员等具体内容，允许提出自荐与异议，以保证评选的公正透明。主管部门在评选后要及时将结果公之于众，接受大家的审核。

而对于一些受访人所提到的扶持力度不足的问题，政府应予以重视，加大扶持的力度。效果最明显的措施首选资金扶持。众多受访者向笔者表示，对于资金扶持的需求极为迫切。因此对有发展潜力、有志传承耀州瓷技艺的匠人给予资金帮助与奖励就势在必行。政府可设立传统陶瓷行业专项资金，对新入行的工人给予补贴以消除工资待遇的后顾之忧。通过扶持，员工们更好地将精力集中于技艺学习，渡过成为熟手之前的待遇瓶颈期。这既一定程度上降低了工人的离职率，又能使他们安心工作，成长为传承人。除了资金扶持，还可基于国家政策，通过各种表彰、命名等行政手段，调动传承人的积极性。亦可以通过减免税收等方式，增强非物质文化遗产传承人的市场竞争力，通过政府帮助传承人注册商标、办理专利等方式，彻底解决非遗传承人的后顾之忧①。

第三，发展教育传承。笔者认为，整个铜川市耀州瓷的教育传承实质上是很薄弱的。尤其是陈炉地区的传承，并没有大专院校介入其中。其根源在于陶瓷厂辉煌的时代里，产销两旺的市场环境导致人们不重视院校与科研机构的参与，仅有个别大专院校的毕业生为求生计在此就业。最出名者当属在陈炉工作多年的西北轻工业学院毕业的大学生王芬，但仅此而已。教育传承是非遗传承的重要辅助手段，但是长久以来陈炉似乎被外界的高校与科研院所遗忘，相关科研成果颇少，更遑论加强合作共谋技艺的活态传承了。

随着陈炉古镇旅游开发工作的逐步推进，以及得益于私家瓷坊和陶瓷工厂齐头并进的新态势，这一孤寂的窑场终于引起了教育界的注意。无论是基础教育，还是高等教育，抑或是科研院所，愈发将其视为实现陶冶情操、研究历史等多种目的的重要手段。中小学多以夏令营、研习班的形式，组织学生到古镇采风、体验陶艺。陕西科技大学与西安建筑科技大学等院校则以科学研究方式，对陈炉的陶业历史、发展状况、发展前景等进行多方位的调研。总体而言，它们仍然缺乏对科学研究、人员培训与文化创意等技艺传承相关领域的足够支持。既没有将耀州瓷技艺引入课堂，也没有派出师资与学员向匠人们学习技艺。

耀州瓷技艺教育传承的短板必须补上。当前愿意并着手培养技艺传承人的教育机构，最亲近者当属铜川市职业技术学院。据学院教务处赵老师介绍，陶瓷艺术曾经并不是学院的重点教学科目，但是随着陈炉古镇名气提升以及耀州瓷行业的发展，年轻传承人的培养引起了校领导的高度重视。最近几年，学院在文化传承与创意方面取得了一定的成绩。较为重大的举措包括：建筑装饰专业的师生多次到访陈炉，与匠人们合作设计陶艺产品。在西安举办的某次"互联网创新创业大赛"上，建工系同学提交的耀州窑文化传承项目作品获得了三等奖。

学院从长远出发，积极申报"陶瓷设计与工艺专业"，向省、市教育主管部门提交申报方案，已于2018年底获批。陶艺专业成立后，以陈炉和黄堡为主要培训基地，每年可培养100名以上具有大专学历的耀州瓷从业人员。学院还与陕西科技大学、泉州工艺美术学院签订了合作办学协议，利用对方单位的国家艺术基金项目合作培养耀州瓷技艺方面的年轻传承人，推动从业人员整体文化素质的提高。

第四，借助窑神祭祀培养敬业意识。历史上陈炉窑场没有明显的行会组织，却不代表着陶人及从业者没有敬业意识。祭祀将陶人们聚集在一起，既以酬神赛会的方式表达自己对行业的看法，也相互切磋技艺，共同提高。窑神祭从精神上约束了陶工的行为。如有人违反行业制度，损害同行利益，将在心理

---

① 苑利、顾军：《非物质文化遗产学》，高等教育出版社，2009，第74—75页。

上背负沉重的包袱。因此大家各就其业,很少出现破坏行业发展的行为。一旦当事人受到大家的谴责,是不敢去窑神庙祭拜的。人品好、技艺佳的人深受大家的欢迎,他的大名会于窑神祭时被口口相传,自己也会感到脸上有光。这进一步激励了陶人们刻苦生产、认真经营的热情,团结一致促进行业发展。

当前恢复窑神祭的目的之一即是为了团结和鼓励行业人员。整个铜川市从事陶瓷行业的人员不少,其中陈炉窑场的匠人们被公认为技艺最卓越的群体。因此窑神祭的主持和祭祀嘉宾都是有名望、技艺精湛的陶瓷匠人。祭祀窑神时,技艺越高超、声望越大、人品公认越好的人站位越靠前,有时非遗传承人的级别也能影响到排位。故而祭祀、排位对匠人们有着强烈的吸引力。总之,恢复后的窑神祭正在重塑匠人们的敬畏与进取之心,增强了维护行业发展的责任感。

## 二、树传承之心:助燃文化自觉之火

自鸦片战争以来,中国人在现代化道路上奋斗不止。但是当人们回望走过的路,会发现传统社会中的一些优秀文化元素被抹去,并为后来的发展埋下了严重隐患。费孝通认为面对经济全球化,为解决发展中出现的问题,必须妥善消除本土文化与异域文化之间的矛盾,实现文化间的对话。为达至心目中的"美美与共,天下大同"的境界,他提出了"文化自觉",以促进文化的传承。

什么是"文化自觉"?费老认为它是指生活在一定文化中的人对其文化有"自知之明",明白它的来历、特色和发展的趋向。"文化自觉"不带任何"文化回归"的意思,不是要"复旧",同时也不主张"全盘西化"或"全盘他化"。我们只有在认识自己的文化,理解所接触到的多种文化的基础上,才有条件在这个正在形成中的多元文化的世界里确立自己的位置,然后经过自主的适应,和其他文化一起,取长补短,建立一个共同认可的基本秩序和一套各种文化能和平共处、各取所长、联手发展的共处守则[①]。简而言之,文化持有人必须对自己的文化有自知之明,能够清醒地认识其发展历程与发展方向,尊重但不盲目崇拜他者的文化。对于传统手工艺的发展而言,"文化自觉"观念指明了方向:既坚持文化自信与文化独立自主,也要合理吸收他者文化。

技艺何往?是耀州瓷烧制技艺传承必须考虑的问题。我们当基于当地人的观点,明晰哪些地方性文化要素需要坚持,而外界哪些技艺与理念可学习吸收。保护手段的实施与保护理念的唤醒,就如同"输血"与"造血"的关系。技艺的传承不仅需要保护主体通过各种手段进行"输血"扶持,更需要了解技艺持有者对传承的看法,才能够有助于助燃文化自觉之火,达到"造血"的目

---

① 费孝通:《文化与文化自觉》,群言出版社,2016,第195页。

的。耀州瓷技艺在当代的发展历程引发了一些陈炉人对如何保持文化独立性、促进技艺良性发展的反思。他们从工匠精神的弘扬、制作技艺与产品类型的选择以及民艺路线的设想三个方面提出的观点,恰恰证明了匠人们也有着自己的独到思考,具有文化传承的高度自觉性。

工匠精神的大力弘扬,是助燃文化自觉之火的基础。2016年第十二届全国人民代表大会第四次会议《政府工作报告》指出:要鼓励企业开展个性化定制、柔性化生产,培育精益求精的工匠精神,增品种、提品质、创品牌。很快《人民日报》发文,就工匠精神的内涵与弘扬的议题专门邀请六位具有工匠精神的年轻嘉宾探讨。他们将其概括为:精益求精、爱岗敬业、持续专注与守正创新[1]。

关于工匠精神的讨论如火如荼,也影响到陈炉的工匠们。他们尝试从传承技艺的角度提出自己的阐释。袁双庆认为,工匠精神应该体现为敬业精神和对行业的热爱,不怕苦不怕累,能坚持从事这个行业。除此之外,还要互帮互助、互相切磋以提升自己对技艺的悟性,保持不断探索新事物的热情。他解释道:

"工匠精神就是有我们自己的责任。工匠其实不是普通的学徒,过去在我们这儿的匠,是师傅。拉坯有拉坯的匠人,烧窑有烧窑的匠人。他在行业能称为匠,就是掌握了行业里面技术的一个制高点。匠只能代表个人技艺的高度,而现在你肩负着一行的传承重任。只有弘扬工匠精神,热爱他的职业,才能将耀州瓷传承下去。"[2]

作为年轻的专职陶瓷匠人,李莹同意传承技艺的前提是树立工匠精神。在他看来,匠人之所以能够将技艺从头到尾传承下去,凭的就是工匠精神。而在当前传承人流失、年轻人不愿继承耀州瓷制作技艺的紧迫时刻,自己更应该肩负起传承责任,使技艺能够永远传承下去[3]。

制作技艺与产品类型的精心选择:耀州瓷活态传承至今,自有独到的制作方法,并没有完全照搬他者的文化。改革开放后,陈炉人外出交流的机会越来越多。匠人们在与同行打交道的过程中,同样经历了对外界事物盲从、质疑到扬弃的心理变化过程。交流初期,他们产生了巨大的文化震惊,认为其他窑口无论器具还是技艺,都具有优越性。因此在20世纪80、90年代,陈炉人引入了不少外界的制作方法,希冀对本地的技艺进行改造。譬如宜兴紫砂制作技艺与本土材料的结合以及拉坯手法方面的变革。

---

[1] 刘维涛:《让工匠精神涵养时代气质——弘扬工匠精神大家谈》,《人民日报》2016年6月21日,第020版。
[2] 采访人:笔者,采访对象:袁双庆,采访时间:2017年8月6日,采访地点:双庆瓷坊袁双庆家。
[3] 采访人:笔者,采访对象:李莹,采访时间:2017年8月16日晚上,采访地点:李和平家客厅。

进入21世纪,以中国文化遗产保护工程的稳步实施为标志,全社会兴起了爱护文化遗产、传承文化遗产的风潮。这一风潮也影响了陈炉人。参评非物质文化遗产、传承人等项目,使得他们停下迷茫的脚步,重新审视祖辈们传承下来的技艺,评估手中的遗产。如今多数耀州瓷匠人认识到:作为著名的陶瓷大系,耀州瓷应该被完整地传承下去,而不能轻易地被外界改造。所以尽管采用了一些现代机械化的生产工艺,原生的传统技艺却仍在当地顽强地生存着。

"中国非物质文化遗产传承人群研习研修班"的举办为匠人们熟悉各个窑口的技艺提供了机会。他们通过比较,反而认清了陈炉耀州瓷技艺的优越性,坚信祖传的核心技艺是不可改变的。李金平、李保平等人参加在景德镇的培训后,发觉当地的陶瓷产品优雅美观,旅游产业蒸蒸日上,但技艺并不适合自己。他们认为,景德镇的方法分工严密,制作过于精细。每一道工序耗费了匠人大量的时间与精力,也许一个匠人的一生都会被某道工序所捆绑。而陈炉耀州瓷以粗瓷见长,匠人基本能掌握全套工序。如果完全照搬景德镇的分工方法与制作工序,则可能会让匠人感到压抑与窒息。李氏兄弟观摩了景德镇的拉坯手法后,发现其尽管适合拉大件且手纹优美,但是耀州瓷不应该使用这些手法,而自家独特的瓮窑手法更有必要传承下去。因此他们希望既吸取景德镇瓷器取材精细的特点(图7-2),在艺术风格上也要保持陈炉瓷粗犷随意的特性。对此李保平对笔者说:

"他们吃苦耐劳的精神值得我学习。南方人很细腻的,我们北方人做得太粗了。于是我去过后坚定了信念,要粗瓷细作。有人说陈炉碗有这么大个疙瘩,我们就要说'粗瓷嘛,就这样'。大部分人认为粗瓷工艺都是粗的,所以我觉得风格可以粗,但是做工一定要细。我们这其实是泥料受限,修完了上面还有一片片的泥片贴着,这是不应该有的。我经常在古代耀州瓷片里发现陶工尽量做得很薄,做工很细,碗口也很厚实,底还都有装饰。线条或者倒棱也不

图7-2 景德镇的陶瓷技艺高度发达,"七十二道工序"闻名于世

划手,这都是细节。过去细,甚至解放前都是做工很细,薄胎的。我们这个和他们是要有区别的,细瓷不能学他们的,我们做工要细,干活仔细,风格却要粗。景德镇瓷器上的鸡毛一根根都能画出来,我们这就是一笔带过,这是我们陈炉的特点。"[①]

民艺路线的大胆探索:李金平在外打拼多年,针对陈炉手工制瓷的发展方向思索许久。他提出可以日本民艺运动路线为参考,基于陈炉瓷的地方特色,提升产品的现代感,以符合现代人的生活与审美需要。他认为非物质文化遗产的传承不是简单复制,而要有现代创新,从而为产业化服务,对国计民生有利。日本、德国等国的民艺品之所以闻名世界,全依赖于工匠精神与现代化元素的体现。因此,耀州瓷的发展应实现从制造向创造的转变,需要工匠与创意人员共同去打造耀州瓷的品牌,以民艺创意的思路来体现产品的生活美学。关注提升产品的附加值,而不是仅由匠人在家闭门造车。他认为只有如此,陈炉耀州瓷的发展道路才会越走越宽。

自柳宗悦于20世纪初于日本发起"民艺运动",至今延绵不绝。参与者试图从民间发现手工艺的美,并在现代社会里发扬光大。在这个注重经济效益的时代,铜川市的耀州瓷行业实际已形成了刻意强调机器生产的功利主义氛围。哪家企业设备先进,经营规模突出,就会获得更多的资本投入和政策扶持。而陈炉传统的陶瓷技艺,因对手工(半手工)生产的坚持,出现了一定程度的衰败迹象。为了维持生存,于是用途"可疑"的仿古瓷、质量堪忧的劣质瓷、千篇一律的机器复制瓷出现在瓷坊、街市与店铺中。因此笔者在2017年调查时曾悲观地认为:如何依靠此路线,使技艺与器物获得新的生命力,匠人们其实并不明晰。

幸运的是,当时还是有李金平、李保平这样清醒的匠人,几经探索后将发展目光置于"民艺路线"上。而当笔者五年后再回到陈炉时,已经发现本土艺术出现新面貌。最具代表性的是"小罐茶具"(图7-3、彩插7-1)与"柿饼罐"(彩插7-2),为民众自发性民艺创作的典型。

陈炉匣钵曾在陶瓷生产中发挥了巨大作用,但由于技术进步使得其在很长时间内被闲置,成为路边的装饰物。因此如何进一步提升匣钵的附加值,打造成"爆款"旅游产品,这成为一些匠人思考的方向。2021年10月,李竹玲的弟弟李钟楼看着闲置的匣钵,突发奇想,想借鉴其原料制作茶具。于是他来到郭家砖厂,与老板商量研制小罐茶壶。恰好受到政策、成本、销量等因素影响,郭老板正寻求从砖厂向瓷坊的转型。于是两人一拍即合,经过反复设计与烧制,形成炉灶加茶壶的组合形式。而且两人为了追求美感,将炉灶造型由纯面改成了圆形,象征着陈炉的老马蹄窑。茶壶单柄、短口、大腹,既能保证容

---

[①] 采访人:笔者,采访对象:李保平,采访时间:2017年8月9日晚上,采访地点:李金平家客厅。

图7-3 小罐茶具与可供煮食的配料

量,又符合人体工学。对于这一新产品,郭老板很是满意,认为有圆弧感与舒服感。产品浑然天成,质朴大方。所泡之物并不是茶叶,而是桂圆、红枣、枸杞等干果以及菊花、玫瑰等花朵,添加冰糖以提升口感。不到半年时间,陈炉大多数瓷坊、饭店都用上了新产品,可见当地人对新产品的认同。

柿饼罐也是当地民艺的产物。受到富平人装柿饼的启发,郭老板利用陈炉泥施以黑釉制作了柿饼罐。罐盖上翘,纹路清晰典雅,直径刚好与柿饼相合。当有人建议在上面加文字时,他坚持自己的审美,以"有局限性"拒绝了建议。每当霜降上冻之前,柿饼罐就必须做好。这是因为霜降后农民会采摘柿子,削皮后晾干放进罐子里储藏。除了装柿饼,还可做茶叶罐。罐子透气且化学性质稳定,填补了陈炉没有茶叶罐的空白。

我们观赏着一件件陈炉古耀州瓷,惊讶于其随物自然赋形,置功能于日用。匠人将材料、技术、功能的民众性与自然性发挥到了极致,是一种情感上的自我解放。这种无做作的无心之美,深深地影响到了一代代的陈炉人。若欲在当前仿古化、劣质化与机械化的制约下走出新路,应重视本土材料的自然肌理,呈现地域与民众风格的历史文脉,释放匠人的质朴工艺气质,实现功能性与审美性有机结合,才可使器物融于现代生活。因此近代"兰花花瓷"以及现代"小罐茶壶"与"柿饼罐",堪称民众自我生发、适应时代的民艺力量典范。

## 三、扬传承之艺:禁止仿古瓷造假与实现梯度开发

### (一)禁止仿古瓷造假

仿古本身并无过错,相反我们还应当给予鼓励与支持。因为这代表着现代人正在恢复和继承古老的技艺,对于非遗保护而言尤为重要。通过仿古,匠人

们从原材料选择、生产工具使用、工艺流程等多个方面无限接近古人的制作技艺，为我们认识古代的工艺水平提供了宝贵的机会。尤其是耀州青瓷在陈炉得以恢复，将技艺发展提升至新的历史高度，为世人展现了宋代耀州瓷制作的最高水平。通过仿制各个时期的耀瓷，陈炉陶瓷厂与诸瓷坊积累了丰富的经验，创造了可观的财富。故而恢复古代技艺，仿制古代器具是文化传承的重要手段，深刻体现了非遗的历史认识价值。

然而我们同样反对利用仿古技艺去造假牟利。由于耀州瓷仿古造假的隐蔽性，笔者并没有亲眼见到造假贩假的过程。但被采访人们的口述，证明确有其事。造假违背了非遗造福人类的宗旨，是对仿古技艺健康发展的戕害。我国的瓷器艺术品市场起步晚、发展迅速且时间短，导致相关从业人员的法律意识淡薄而监管机制并不完善。当前恰好处在市场发育阶段，消费者的需求过于旺盛，产品供不应求，就为仿古造假提供了市场，也为行业发展埋下了隐患。品相好的耀州古瓷器稀少，价格高不可攀，反观造假成本小，收益大，客商就会铤而走险。单海兰、徐劼在深入研究当代耀州瓷器的投资状况后指出：市场上的珍品以及真品不多，瓷器造假情况非常严重，致使收藏古瓷的难度和风险都极大。古瓷收藏起点高，投入大，想靠收藏古瓷赚钱是极不容易的①。

耀州瓷仿古本应造福行业，满足消费者的审美需求。但为牟利而进行的仿古造假，却正在损害着耀州瓷的名声。这一现象早已引起了有识之士的警惕。耀州瓷仿古于20世纪90年代初期首先产生于陈炉，从业者也多集中于当地，之后扩散到整个铜川市。2000年前后，禚振西和杜文对耀州瓷仿古艺做了调查，将仿古耀州瓷定义为"后仿耀瓷"。之后她基于调查结果，写道：

"就笔者所知，仿耀瓷的高手有：崔家、高家、关家、大李和二李，略后者有黄家、孙家等。这些高手均有不同的高仿产品问世，他们的某些高仿耀瓷复制品，与真品相比相似点比较多，往往被一些国内外收藏者和文博单位当作真品收藏，足见其仿制之成功。此一时期的仿制品以宋代产品最多，金代和五代的次之，唐代和元代的比较少。仿制的瓷釉品种，以青瓷最多，亦有黑釉、酱釉、黑釉酱斑、月白釉、茶叶沫釉、白釉黑彩等诸多品种。所仿的器物种类、造型、装饰手法、纹样图案均大大增加。这些后仿高手为使其仿品逼真，往往在遗址上捡或到西安古玩市场上去买地下出土的实物标本，以之为样本加以仿烧。而且他们特别注意底足的表现，力求将底足修削得与原物相仿。"②

为了让更多的人认识到仿古瓷造假的危害，如今耀州窑博物馆特别设置了识别展厅，以实物对比与文字讲解的方式向观众灌输鉴别造假方法。陈炉的知

---

① 单海兰、徐劼：《耀州窑瓷》，陕西人民美术出版社，2008，第88页。
② 禚振西、杜文著：《耀州窑瓷鉴定与鉴赏》，江西美术出版社，2000，第122-123页。

情人也担忧行业发展,多次向笔者透露行业内情。为促进耀州瓷仿古市场的健康发展,不仅依赖从业人员的自我约束,还要监管部门严格执法,才能杜绝这一乱象。

## (二)实现陈炉耀州瓷的梯度开发

创新是企业与社会获得竞争力的主要来源,是保持不断进步、实现资源优化配置的重要手段。

何谓"创新"?美国经济学家约瑟夫·熊彼特在1912年出版的《经济发展理论》首次对其做了定义。他认为:"'创新'是指一种生产函数的转移,或是生产要素和生产条件的一种重新组合并引入生产体系使其技术体系发生变革,以获得企业利润或潜在的超额利润的过程。"[1]同时解释了其在企业生产与发展中所起的作用:"引入一种新产品;引入一种新的生产方法;开辟一个新的市场;获得原材料或半成品的一种新的供应来源;实现一种新的组织形式。"[2]

当前的市场经济更强调创新意识,只有不断创新才能在竞争中占据有利地位。对于企业更是如此。在市场优胜劣汰的作用下,无法创新或者创新力度不强的企业都将面临淘汰出局的结局。而从非遗保护的角度出发,遗产是不断自我更新、不断流变的动态过程,活态流变性构成了它的主要特征。因此,我们鼓励对非遗进行创新,以使其在现代环境下获得新的生命力。但是首先需要注意的是:非遗传承人与专职创意人对待创新的态度应有所不同。传承人的本职工作是将掌握的技艺原原本本地传承下去,保证作为中华优秀传统文化的遗产不因后继无人而失传。其次,非遗和普通的文化事项不同。它是历史的产物,其最大价值就是历史认识价值。在非遗急速消亡的今天,越原汁原味的非物质文化遗产保存的文化基因就越多。这既对我们梳理自己的历史脉络越有价值,也对创造新文化、新艺术与新技术发挥着重要作用。如果随意改变,我们不仅会失去一面面反映历史的镜子,在文化复兴的过程中,终将失去借鉴的范本和资源。所以,非遗文化基因的保存是十分重要的。

然而"保护"和"创新"本是一对矛盾。如果我们只沉迷于原汁原味,非物质文化遗产就不会发展;只强调创新,则可能偏离传承规律。非遗传承人当然可以创新,展现自己的创意。但是这并不是他们的本职工作,并且必须向外界表明创意产品并不是原来的非物质文化遗产。因此大力培育专职从事创意工作的人员,才是解决非遗创新难题的关键。

---

[1] 何丰:《制度变迁中的企业创新研究》,上海大学出版社,2004,第16页。
[2] 史兆荣、王成杰、陈学云、韩楠:《管理学原理与实务》,清华大学出版社,2016,第307页。

笔者通过调查，认为当前陈炉耀州瓷的创新途径还是不甚明朗的。虽然袁双庆的"创意提升受制于生产材料"之看法有待商榷①，但是生产材料确实一定程度上影响了制作手感、烧成程序等关键性内容。由于历史因素，各家瓷坊所得的配方不同，导致陈炉耀州瓷的产品类型屈指可数。生产工艺上，如今多数匠人们沉醉于仿古，加之老一辈匠人文化水平不高，而年轻一辈匠人还未形成规模，因此整体创意水平欠佳。

特殊的案例须有特殊的解决之道。陈炉耀州瓷提高附加值就应该加强文化创意研究，欲实现这一目标就需要专业的文化创意人员参与，从而突破生产材料、生产工艺与产品类型的局限。

如何让工艺美术类遗产在保证文化基因完整性的基础上实现文化创意，是学界给予高度关注的议题。其中"生产性保护"方式已成为各方共识。官方对其的定义是："以保持非物质文化遗产的真实性、整体性和传承性为核心，以有效传承非物质文化遗产技艺为前提，借助生产、流通、销售等手段，将非物质文化遗产及其资源转化为文化产品。"苑利先生基于非遗保护的立场，在对生产性保护方式进行深入研究后，进一步提出了"梯度开发"的思路。所谓梯度开发，包含了五个层次的开发：一度开发，是指按照产品原有的样子进行的原汁原味的复制过程；二度开发，是指在使用原料不变的情况下，根据旅游以及现代审美需求对产品体量所实施的变量开发；三度开发，是指在保留物件原有形态的基础上，对产品实施的质（材质）与量（体积）的同步改造；四度开发，是指根据"去粗取精"原则，在保留原物精华部分的基础上，对原物品所实施的选择性开发；五度开发，是对文化遗产所进行的更深程度的开发②。

这一思路为陈炉耀州瓷的文化创意提供了启示。陈炉耀州瓷传承至今，为当代人留下了丰厚而宝贵的物质与非物质文化遗产资源，这为文化创意人员的加入提供了难得的机会。当然实行耀州瓷的创意存在两个必要前提：一是除高度机密的配方外，更多的配方能够公布于社会，以便为文化创意的发展提供机会；二是传承人与文化创意人员实现密切合作。传承人为文化创意人员提供技艺指导，而后者反过来向前者汲取知识。这种合作却又保有一定的独立性。传承人不将过多精力投向文化创意，文化创意人员不影响传承人的活态传承，从而为非遗的真实性传承构筑"隔离墙"。明确传承人与文化创意人员的职责后，就可以对耀州瓷进行梯度开发了。

### 1. 耀州瓷的浅开发

浅开发是耀州瓷技艺最基本的开发模式。该模式遵循传统的制作技艺，在保存技艺原真性的情况下，通过众人集体合作以追求数量上的提高，求得市场

---

① 笔者认为，该观点类似于曾经的"环境决定论"，有其不全面性。
② 苑利、顾军：《非物质文化遗产学》，高等教育出版社，2009，第142页。

占有率。这种开发模式在陈炉已经出现。以王家瓷坊为代表的一些瓷坊正以传统技艺为基础,大批量地生产"兰花花瓷"。这让其在机械化生产浪潮的冲击下搏杀而出,在市场夹缝中赢得一席之地。

### 2. 耀州瓷的次级变量开发

耀州瓷的次级变量开发指在保证传统手工工艺与审美的基础上,对耀州瓷重新设计,调整大小。该级别开发的小型产品能够快速制成,而大型产品的制作可能需要耗费匠人大量的心血与时间。王家瓷坊的"兰花花大碗"即是耀州瓷次级变量开发的代表作,匠人们将青花瓷碗这一最具地域特色的瓷器做了夸张化放大。其高约1米,碗口直径约为1.5米,碗内外绘上牡丹、荷花等传统吉祥图案,以巨大的尺寸对观者造成强烈的视觉冲击。这一产品如今已成为瓷坊的拳头产品,而工作中的匠人们经常被游客围观(图7-4)。他们在"长枪短炮"的"围观"下仿佛成为大明星,经常出现在报纸期刊封面、网络媒体与微信朋友圈。据当地人介绍,未来陈炉耀州瓷博物馆彻底建成后,一只规格更大的"兰花花大碗"将作为"LOGO"树立于大院子中央。

图7-4 深受游客喜爱的"兰花花大碗"

### 3. 耀州瓷的中级开发

中级开发较为常见。耀州瓷生产材料的创意升华即发生在这一梯度,初步突破了生产工艺与产品类型的局限。文化创意者可就耀州瓷的质与量进行改造,大胆选用合适的生产材料以提升产品的质感。从而降低生产成本,延长产品使用寿命,并为新工艺的诞生提供可能性。就陶瓷材料而言,随着人类生产力进步与科学技术的不断发展,现代陶瓷材料正在迅速推陈出新,出现了众多人工合成与提纯的材料,获取范围扩展至全部无机非金属材料[1]。从性能与用

---

[1] 王建民:《机械工程材料》,清华大学出版社,2016,第213页。

途角度分类，陶瓷可分为结构陶瓷与功能陶瓷。前者具有高强度（耐高温和低温）、高韧度与高硬度的特点，后者具有绝缘性、铁电性等特点。新型材料为耀州瓷的创新提供了更多的选择，与传统材料搭配，可谓相得益彰。

**4．耀州瓷的深层次开发**

此级开发力度比前三级更大，以"去粗取精"的原则对传统耀州瓷的艺术元素精心提取，艺术化加工。这应是陈炉耀州瓷创意发展的主要方向。

耀州瓷的艺术价值引起了现代艺术人士的注意。他们尝试提取其中某些元素进行艺术化加工，制作更为贴近当代审美，又具有实用价值的文创产品。虽然当前这类产品并不多，但是仍不乏独具匠心之作。较为突出的是铜川市职业技术学院年轻教师张媛的设计作品，她基于中国传统家具的镶嵌工艺，将特别烧制的耀州青瓷片镶嵌于屏风、木门等家居用品上。因为她在本科时的专业为环境艺术，所以对室内外的装饰具有专业设计知识和一定的艺术敏感性。中国镶嵌工艺种类丰富，手法多样。尤其是明清时期的传统家具镶嵌工艺种类丰富、精美绝伦。装饰手法均得益于得天独厚的地域条件，如山西的嵌螺钿工艺、江西的嵌瓷板工艺、山东潍坊的嵌金银丝工艺等。因此她在陈炉考察时突然意识到在明清家具中所用镶嵌材料多为金属、玳瑁，而陶瓷镶嵌稀少。尤其是带有精致纹路的小块陶瓷镶嵌更是罕见。那么是否能将陶瓷与镶嵌技艺相结合，以此生产出新的文创产品？自从陈炉归来后，这一想法一直萦绕在她的心头。

另外现代室内仿古木门所采用的装饰技艺大致属于镂雕、浮雕，镶嵌工艺很难见到。故而她认为可提炼传统耀州瓷装饰元素，利用新的方式与实木雕花中式木门元素相结合。从而体现青瓷传统元素古典的装饰意蕴，达到更加优雅的艺术效果。实现提高耀州瓷产品的附加值，并使传统耀州瓷技艺走进现代人生活的目的。

经过多次实地考察，确定创新方向之后，张媛还咨询了攻读硕士期间的导师。导师认为此方案可行，但采用的风格与技艺必须来自中国传统装饰文化与工艺。然而就在她尝试绘制设计手稿时，却发现了难以克服的困难：耀州青瓷材料存在着明显的物理收缩现象，会使得烧制后的瓷片纹样与大小出现变形。有些成品不一定能够完美地镶嵌于木料之上，只能折断后再拼接。故而要做出达到期望值的作品，耀州青瓷的收缩特性是首先要考虑的。她必须在专业计算得出的科学数据基础上，预先绘制纹样与外形。

经过一段时间的紧张工作，张媛设计出了首批样品的图纸。她为了节省时间，迫不及待地与资深木工、陶瓷匠人袁双庆合作，同步生产中式木门和陶瓷镶片。幸运的是，烧制出的瓷片刚好能够嵌于木门上，误差仅为一至两毫米。耀州青瓷的色调与原木的本色融合在一起，表现出了张媛心目中纯朴、原始的艺术风格。她对成品的艺术效果进行反复评估后，认为该文创产品具有四大优势：首先，从实木与陶瓷搭配的效果分析，很好地保留了天然材质的质感特性。其次，原木的仿古门扇与青瓷的艺术特性都具备极强的传统艺术特征。中式门扇中常见的纹饰类型与耀州青瓷中的纹饰类型融合度颇高，都是从传统文化中提炼出来的具有吉祥寓意的象征性纹样。再次，中式门扇与青瓷的装饰工艺带有手工雕刻技艺的痕迹，是具有丰富质感的传统装饰手法。最后，从色彩来看，木门的原始色泽自然淳朴，与青瓷精比琢玉的清透效果相结合，产生了清逸淡雅的装饰色彩。

基于这四大优势，张媛的作品获得了成功。满满的"中国风"较好地体现了如今现代装饰艺术发展趋势中的一个重要方向——现代设计向传统风格的回归。

创意者张媛与瓷坊传人合作生产的产品（图7-5）一经推出，受到消费者的热烈欢迎。尤其是来自会所、会议室、宾馆等场所的采购占据了很大比例。于是在后续的生产过程中，她希望不断地进行调整，设计出更多元的耀州青瓷创意产品。未来她将尝试将青瓷片像马赛克一样拼接，使装饰效果更流畅大气，更好地与木器融为一体。同时贴合现代人的审美，实现现代化装饰风格的多元化搭配。

如今，随着匠人们精品意识的提升，这一层次的耀州窑产品如雨后春笋般，愈来愈常见了（图7-6至图7-8、彩插7-3）。

图7-5 张媛设计的耀州瓷创意产品

图7-6 李金平等人研制的新型黑釉产品

图7-7 结合地方剪纸文化衍生的陶瓷产品

图7-8 陈炉本土匠人制作的销售用"饕餮"纹耀州青瓷碗

### 5. 耀州瓷的变体开发

苑利曾以钧瓷为例，言明五度开发的内涵："通常人们只知道钧瓷之美，但很少有人知道出窑后钧瓷开片之声更美。但这种清脆悦耳的开片声，并不是每个人都有机会欣赏到的。这时就可以将出窑后的钧瓷开片之声录制下来，作为人类的'天籁之声'推向市场，从而实现对文化遗产的多层次开发。"[①]此梯度将突破生产工艺与产品类型的桎梏，演变成影视动漫产品或者是体验式的悠闲旅游活动。

在陈炉，一些游客会在参观之余体验陶艺。对他们而言，陶艺比陶瓷产品本身更有吸引力，充分享受了体验的乐趣。此时耀州瓷技艺已经成为虚拟的"商品"，游客们也通过体验提高了对陈炉文化的认识。尤其是寒暑假、双休日与黄金周期间，瓷坊和陶艺吧还会迎来大量户外体验营的学生。这些体验者为陈炉的陶艺吧提供了生存机会（图7-9、图7-10）。

图7-9 笔者的好朋友、大学教师朱宇，曾经在陈炉花费了很长时间拍摄纪录片

图7-10 陈列在崔家瓷坊的"非遗进校园"学生作品

耀州瓷技艺传承千年，难能可贵。为了更好地接触与宣传耀州瓷，高等院校、科研机构与影视公司纷至沓来，拍摄照片、纪录片与影视剧。笔者在陈炉调查时就曾跟随西安建筑科技大学的几位老师走访手艺人，协助他们拍摄纪录片《陈炉古镇》。纪录片播出后，更多人了解了这一传奇窑场。而在2014年，某影视公司甚至专门聘请明星，驻扎摄制名为《陈炉古镇》的电视连续剧。该电视剧展现了民国时期陈炉"东三社"与"西八社"的历史变迁以及优秀瓷人的成长经历，并对陈炉耀州瓷技艺给予了高度关注。为了表现陈炉匠人们的奉献精神，编剧还虚构了一个匠人的女儿以身投火，从而让失传已久的耀州青瓷

---

① 苑利、顾军:《非物质文化遗产学》，高等教育出版社，2009，第143页。

重回人间的故事。

总之在第五梯度开发时，技艺已不是为了生产而存在，而是直接服务于以影视业和体验式旅游业为代表的第三产业了。

## 四、用传承之物：陈炉耀州瓷博物馆与工业遗产的建设

### （一）以博物馆为载体保护物质与非物质文化遗产

物质文化遗产与非物质文化遗产是相互依存的。无论是文物还是近现代手工产品，都是手工技艺的杰作。展示与宣传物质文化遗产实物，是保存民族技艺、传承和发扬中华优秀传统文化的重要途径，其中博物馆应成为实现这一目标的重要阵地。随着我国社会经济的飞跃式发展，国内的博物馆遍地开花。但是传统的博物馆较为重视物品的展陈，忽视对有形物品背后的无形文化的有效表现。幸运的是，一些有识之士与展示机构已经注意到该环节的缺失，在博物馆（展览馆）特别增加了非遗的展示，以突破常规静态展示的局限性。

譬如对比"贵州省博物馆"与"贵州省非物质文化遗产博览馆"这两座重视展现少数民族文化的博物馆，笔者发现前者展陈的综合性突出，涵盖各个世居民族历史时期的文物。展览方式上，以实物的静态展陈为主，多媒体展示为辅。多媒体的展陈包括4D影院、青少年数字体验馆等设施，展示内容较为丰富。而后者建立于2015年，更为重视集中展现当前贵州各少数民族的非遗事项。既然冠名"非物质文化遗产博览馆"，非遗的全方位展示必然是重中之重。为更好地展现"多彩贵州"特色，管理机构将多媒体展示提升至更突出地位，利用数字互动、动漫视频、纪录片播放等数字化方式实现与观众的互动。值得注意的是，展览馆颇具创意地将技艺与观众的互动有机结合，安排常驻或流动的传承人进行展演互动，以便加深观众对地域文化的理解，提升保护文化遗产的自觉意识。例如台江县施洞村国家级非遗传承人吴水根的女儿即常驻博览馆，以传统手工方式打制苗族银饰。这既能赚取收入，也向观众全方位地展示了闻名遐迩的苗族银饰制作技艺。同时苗族蜡染技艺、古法造纸技艺、侗族大歌演唱等诸多非遗事项也都由传承人亲自演示，并允许观众咨询和参与制作。作为非遗领域的专业展示机构，贵州省非物质文化遗产博览馆充分实现了静物展陈、多媒体展陈以及传承事项与观众的体验互动三结合。无疑是以博览馆为载体，展示非遗的杰出参考案例。

除了官方展馆，民间自办的非遗展览馆也如雨后春笋般发展起来。以宁波地区为例，自1997年慈溪市诞生首家民间非遗博物馆，当地已有四十余家民间非物质文化遗产博物馆（展览馆）。大部分博物馆都是由非遗传承人所创办，采取了前店后厂的方式。譬如竹根雕艺人张德和创办的宁波德和根艺美术馆，一楼和二楼是作品展厅，楼顶天台为材料储存处与创作场所。经过多年发展，美术馆既有本人的展品，还有四十余位象山根雕艺人的作品，俨然成为中国最

大的根雕艺术博物馆。游客在支付门票之后既能够观赏展品，还能观摩竹雕匠人们的现场制作，甚至获得允许之后上手试刻。这是私人自办博物馆保护技艺的好范本，可对陈炉耀州瓷技艺的小型化展陈提供借鉴。

无论是官方展馆还是民间展馆，为了体现非物质文化遗产的无形特性，都不约而同地采取了实物展陈、技艺展现与互动体验三结合的方式。陈炉窑场当然可以吸收已有先进经验。笔者认为，尽管陈炉的瓷坊众多，但是有意识将其做成耀州瓷技艺展览点的仅有王家瓷坊一家。瓷坊采取了类似德和根艺美术馆的前店后厂方式，向参观者展示传统的耀州瓷制作工艺。陈炉每家瓷坊都有独特技艺和产品特征，那么是否能将这些文化元素作为展示对象，建立家庭式的民间耀州瓷技艺展览馆呢？目前来看，要实现这一目标最大的阻碍就是瓷坊主们开放意识的缺乏。相比王家瓷坊的热情，一些瓷坊经营者并不愿意外界过多地干扰生产生活，对外展示的尺度仅限于顾客的陶艺体验活动。他们将陶艺作为谋生手段，当顾客到来时只会手把手地做示范，其余时间并没有主动展示的意愿。甚至个别瓷坊常年闭门谢客，不愿接待游客。这就解释了游客们为何首选参观王家瓷坊，使得瓷坊门庭若市、产销两旺，而其他瓷坊相对冷清、销售不旺的原因。至于陈炉陶瓷厂，有着更大的生产面积，同样存在着建设成生产性保护示范基地的极大可能性。

非物质文化遗产并不是孤芳自赏的小家碧玉，而应该成长为怀抱琵琶、抛去面纱见世人的大家闺秀。贵州与宁波的非遗博物馆为陈炉提供了很好的参考案例。只有胸怀开放心态，将技艺传承与外部世界结合，才是实现活态传承的一大有效途径。面对发展困局，当以瓷坊为载体建立家庭耀瓷博物（展览）馆，以展览促销售，以销售促生存，才能响应国家的生产性保护的号召。

值得庆幸的是，陈炉镇政府正着手将陈炉文物管理所扩建成陈炉耀州瓷博物馆。笔者认为，陈炉耀州瓷博物馆应与黄堡镇的耀州窑博物馆的实物静态展陈方式有所区别。可考虑吸收以贵州省非物质文化遗产博览馆为代表的专业展馆的先进经验，着重设置数字互动、动漫视频、纪录片播放等多种方式，加强多媒体展陈、匠人与观众之间的互动体验。最终让博物馆成为技艺展演的场所，吸引更多的人关注陈炉耀州瓷的发展。

生态博物馆的建设理念已经深刻地影响了陈炉人。陈炉镇景区管理委员会正着手尝试整体性保护，并拟定了《陈炉古镇生态博物馆保护利用规划》，向上级申报成立陈炉古镇生态博物馆。虽然笔者千方百计向管委会征求规划方案无果，但是仍可从公开文件中管窥蛛丝马迹。据印台区政府关于生态博物馆建设的文件介绍："在景区开发与保护方面，我们始终坚持'保护原始风貌、彰显文化特色，保护文化遗产、守住文化根脉'的原则，对景区规划范围内不可移动文物、古建筑进行修整、保护，委托专业机构对其保护进行设计，实施文化遗址保护工程，恢复景区道路古名称。"因此，未来陈炉窑场生态博物馆的建设，也可能成为研究陈炉耀州瓷活态传承展示的重点方向。

## （二）工业遗产与旅游相结合

结合旅游开发的大背景，利用古镇遗存与陶瓷工业遗址发展旅游，让物质文化遗产"活起来"，也是陈炉耀州瓷活态传承的路径之一。

工业遗产即工业文明的遗存，具有历史的、科技的、社会的、建筑的价值。这些遗存包括建筑、机械、车间、工厂、选矿和冶炼的矿场和矿区、货栈仓库，能源生产、输送和利用的场所，运输及基础设施，以及与工业相关的社会活动场所，如住宅和教育设施等。它印证了人类在工业发展中所走过的路。作为国际公认的工业遗产代表性公约，《下塔吉尔宪章》对工业遗产的价值做了认定："工业遗产是工业活动的见证，这些活动一直对后世产生着深远的影响。保护工业遗产的动机在于这些历史证据的普遍价值……（它）作为普通人们生活记录的一部分，并提供了重要的可识别性感受，因而具有社会价值……也可能因其建筑设计和规划方面的品质而具有重要的美学价值……特殊生产过程的残存、遗址的类型或景观，由此产生的稀缺性增加了其特别的价值，应当被慎重地评价。"

随后，国际古迹遗址理事会（ICOMOS）于2011年出台的《都柏林原则》对工业遗址的表述做了深化与提升，更为重视从整体性角度发掘工业遗产的价值，重视物质文化与精神文化的结合。相比《下塔吉尔宪章》，被工业遗产保护所忽视的环境与非物质文化遗产等问题在《都柏林原则》中得到加强。它还认可了活态保护对于完整性原则的意义，认为其不仅能够保护物质遗存与环境，还能够使非物质文化遗产得以传承[1]。

《台北亚洲工业遗产宣言》进一步对工业遗产与非物质文化遗产的关系做了详述，其中第七条指出："'在保存亚洲地区工业遗产时，也应适度保存操作技术'……'与工业遗产及当地居民关系密切的无形文化遗产也必须被视为整体保护的一部分。'"[2]换言之，人类在工业实践中产生的技能、社会组织等非遗元素也是工业遗产保护的重要组成部分，具有同等重要的地位。此外，它对工业遗产地的居民给予了更多的人文关怀，强调"未来的再利用与永继发展应与当地居民谘商。当地居民为保存维护经营管理的一分子"。而这恰好呼应了《保护非物质文化遗产公约》的呼吁："应努力确保创造、延续和传承这种遗产的社区、群体，有时是个人的最大限度地参与，并吸收他们积极地参与有关的管理。"

工业遗产保护运动是国际间合作的又一重要举措。发展至今，已经形成了工业遗产与非物质文化遗产并重保护的局面，并愈发重视调动作为遗产代言人

---

[1] 季宏：《〈下塔吉尔宪章〉之后国际工业遗产保护理念的嬗变——以〈都柏林原则〉与〈台北亚洲工业遗产宣言〉为例》，《新建筑》2017年第5期。

[2] 姜波：《〈台北亚洲工业遗产宣言〉解读》，《文化月刊》2013年03期。

的当地人的积极性。中国政府高度重视工业遗产的保护和利用，于2018年1月27日公布了《中国工业遗产保护名录（第一批）名单》。在此之前，国内一些地区已经开始对工业遗产进行再利用，以期重新焕发活力。例如北京798艺术区，原为北京市的老电子工业园，自2002年起被陆续改建为艺术区。艺术区成名之后，各地均有模仿之作，通过改造工业建筑遗产以发展旅游产业。但是大多数改造后的工业遗产，所体现的功能大同小异。主要利用建筑遗迹吸引艺术家入驻，以便一方面获取租金，另一方面借此发展旅游业。这些工业遗产实际上已经脱离了原来的工业要素，成为各类艺术家们各显神通的场所。游客们很难欣赏到遗产丰富的无形文化，取而代之的是艺术家们的"艺术创作"。

作为传承至今的手工业与轻工业遗存高度密集的区域，陈炉完全能够以工业遗产保护的标准建立工业遗产的保护与利用体系。重点对以陈炉陶瓷厂为核心、周边瓷坊为重要组成部分的地域实行保护。进而实现以旅游作为驱动力，盘活濒临死亡的陶瓷厂。

伴随着市场竞争的加剧，陈炉陶瓷厂日渐式微。诸多车间或者被废弃，或者被低价租赁。笔者在空空荡荡的加工车间里，望着曾经熙熙攘攘的工会俱乐部，不断思考着陶瓷厂的涅槃之路。着眼点放在如何改造和利用现有资源，激活其审美与实用价值。陈炉陶瓷厂是计划经济产物，具有重要的历史、科技以及建筑艺术的价值。从历史价值看，它集中反映了这一窑场从松散型民间生产走向集约型集体生产、从血缘传承转为业缘传承的过程，充分展现了耀州瓷活态传承的宏大叙事。从科技价值来看，它曾是耀州瓷最高科技的拥有者，凝聚了数代瓷人的科技结晶。即使到了今天，仍保有一定的科技实力。从建筑价值来看，陶瓷厂很好地将包豪斯式工业建筑风格与传统陕北窑洞式民居建筑融合在一起，实现了集体生产与民俗生活的有机呈现。当人们到达陈炉后，映入眼帘的是密密麻麻的窑洞民居。而在窑场的最中心，是挺拔的陶瓷厂厂部大楼。虽然大楼比周边建筑高，但由于色调为土黄色，并不显得突兀。造型与色彩展示了陶瓷厂建筑群在视觉上的理性隐喻，体现了工业建筑的艺术性。现在蓬勃发展的民俗旅游为遗产的再利用创造了使三大价值得到展现的机会。随着时代变迁，陶瓷厂的产业衰落似乎已不可避免，因此我们更要思考如何以文化旅游的方式保存住宝贵的历史记忆。

为了积累工业遗产保护与利用的实践经验，铜川市有关部门与西安建筑科技大学在耀州区合作建造了陈炉印象广场。策划者们借此将陈炉的工业与民俗建筑元素组合再创造。陈炉印象广场理应视为陈炉工业遗产元素保护与利用的序曲，也是政府、投资方与当地民众三方诉求的平衡。作为陈炉窑场工业遗产运用的先行试验，策划者在设计过程中颇费心思。他们充分借用罐罐垒墙、瓷砖铺路等文化元素，通过选用鲜明地方特色的陈炉砖铺设，就地取材，就地应用，传承了厚重的城市文化，体现了传统工艺的延续性，营造出亮丽的城市风景。同时，融入海绵城市建设理念，使用透气性强的陈炉瓷砖，使广场具备雨水吸纳、蓄滞和缓释作用，积极探索海绵城市建设新路径[①]。作为专业的建筑设计院校，西安建筑科技大学以现代设计理念对陈炉工业元素做了提升，为以后工业遗产的利用积累了宝贵经验。鉴于陈炉印象广场在工业建筑领域的创新性探索，其在由中国建筑学会建筑师分会主办、《室内设计师》杂志社与《装饰》杂志社承办的第五届"'中国营造'2015全国环境艺术设计双年展"上荣获公共艺术创作奖，极大地鼓舞了策划者的士气。

在未来的发展中，陈炉地区的工业遗产保护与利用应坚持开放性保护原则。首先划定以陶瓷厂为中心、周边民居为组成部分的保护范围，以便与陈炉镇生态博物馆建设统一起来。其次立足于保存建筑结构、生产技艺与历史印记，灵活采取参观与体验方式，使游客熟悉陈炉"千年炉火不灭"的发展历程。基于此思路，笔者认为陶瓷厂可以建设成为耀州陶瓷业的展示馆，着力展示陈炉耀州瓷的巨大价值。其中厂部大楼为实物与技艺展厅，展示陈炉耀州瓷为题材的历史、藏品、技艺、文创产品，让游客在体验中知晓耀州瓷的发展历程。陶瓷厂展览馆应与传统博物馆不同，重在展示无形文化，注重互动式的体验。也就是说，多媒体展陈与手工技艺的展示将是实物展陈的补充。如今一些窑洞型车间与周边闲置民居已被私人承包，主打陶家餐饮农家乐。在未来的发展中，可以继续扩展服务行业，以陶家餐、民俗展演等方式吸引到更多游客。门票、餐饮、住宿等多种营收方式有效配合，为文化遗产的保护提供强力的资金支持。

## 小结

陈炉耀州瓷技艺与其他众多非遗事项一样，在日趋加剧的变化时代面临着承与传的困境。通过对现状的分析与反思，笔者提出了"心·艺·物"传承整体观。这一观点力求说明以下几个问题：

其一，"心·艺·物"是一个依次影响的递进系统。常言道："人在艺在，人亡艺绝。"技艺传承的基础是活生生的传承人。目前陈炉窑场传承困局主要源于匠人们的传承意识薄弱，传承梯队建设乏力。因此首先通过鼓励血缘与业缘传承，完善传承人选拔、认定与扶持机制，发展教育传承以及借助窑神祭祀培养敬业意识等多种手段，提振现有与潜在传承人的传承之心，保证他们能够建立文化自觉。其次，在此基础上进一步树立传承人的责任意识，使他们意识到仿古瓷行业存在的法律禁区。同时进行产品的梯度开发，以扬传承之艺。再次，依托博物馆与工业遗产建设，将从古至今的器物与遗迹加以保护与利用，以此作为对传承人贡献的肯定。

---

① 铜川市人民政府：《去陈炉印象广场逛逛 人家设计得了"中国营造"公共艺术创作奖》，2015年11月7日。

其二，中国的非物质文化遗产保护工程，为陈炉耀州瓷的保护与传承提供了新的视野。由于历史原因，该技艺始终处于传承难以为继的状态。故而如何稳固传承者的传承意志，增强他们的自信心就成为首要工作。未来有关部门仍将致力于通过各种手段加强传承梯队建设，打消传承人的后顾之忧。同时利用庙会祭祀这一传统文化，树立他们的敬畏之心，提升队伍的凝聚力与进取心。

其三，树传承之心，当培养他们文化自觉的长远眼光，形成强力的自我"造血"功能。以弘扬工匠精神、精选制作技艺与产品类型以及大胆探索体现自身特色的民艺路线等方式，使他们审视祖先的遗产，坚定文化自信。值得一提的是：相对于2017年的起步期，如今的"中国非遗传承人群研习研修班"已经发生了巨大变化。培训一定程度上改变了"一锅炖"的方式。一方面，通过采取按项目类别招生和整建制招生两种方式，让传承人认知自身遗产的价值。另一方面，在教学上强调了问题导向，要求参与院校积极开展前期调查和研究，深入了解项目传承情况和传承人群的实际需求。再结合院校资源特色，有针对性地设计教学课程[①]。这些变化将对传承人产生更积极的影响。

其四，通过案例，我们已经知道仿古现象本无对错。但若以造假为目的，既违反了传承人应有的操守，也可能触犯了法律。更令人忧虑的是：仿古物的文化形式严重束缚了匠人主观创造力的发挥，创造文化和吸收文化的能力愈发衰竭。因此降低匠人们对仿古瓷的成瘾性依赖，同时禁止造假用途，才是发扬耀州瓷技艺的重要前提。减少过度的依赖与模仿，能有效防止技艺的异化，使匠人的心灵与身体获得解放。梯度开发则为更好地进行技术创新，以提升产品经济附加值提供了实操路径。目前张媛、李氏兄弟以及当地的文创艺人们已有了突破现状意识并且产生了一定成果，但是就规模效益、社会影响力以及创意度而言还需要长期的积累。

其五，物质文化遗产与非物质文化遗产的关系类似于手掌的正反两面，缺一不可。前者既是后者的产生基础，也是结果与表现。故而若保护非物质文化遗产，应秉持整体性保护原则，将物质文化遗产也纳入保护对象。受到文化遗产保护思潮的影响，陈炉窑场的主管部门的整体保护意识逐渐增强。其通过建立陈炉耀州瓷博物馆、生态博物馆的方式，以对遗址进行保护。对于建馆静态保护，国内外已有不少案例可供参考。然而我们分析相关规划后可以发现，当前部门侧重于对文物古迹的保护，而较少关注与技艺紧密依存的生活民居、生产工具、生产场所、文化场所，这固然是受到了旧有文物保护"静物"思维的影响。因此应当兼顾与技艺传承密切相关的生活环境，以助力技艺的活态传承。同时由于陈炉地区深厚的陶瓷工业史，具备保护工业遗产、发展遗产旅游的巨大潜力。

---

① 王晨阳：《以实践探索非遗教育与学科建设之路——从中国非遗传承人群研修研习培训计划说起》，《民俗研究》2021年第4期。

# 结语

  本书的立足点是陈炉耀州瓷烧制技艺的"活态传承"。研究数百年来技艺的传承，可谓是一种"宏大叙事"。对文化事项的民族志描写放置于首要位置，理论分析也许会有不足，这使我至今惶恐纠结。但从成果上看，选题明确指向了"问题"，对于非遗的活态传承，具有重要的指导意义。

  为了更好地展示耀州瓷烧制技艺的传承状态，笔者实行了"传统社会"与"现代社会"的时间切割，着重展现晚清、民国以及新中国成立后的技艺传承。操作层面上，一方面关注陈炉人的生活世界与生产实践。对存续环境、发展脉络、产品特征、传承内容与传承现状等内容进行历史梳理与民族志深描，以此展现不同时期技艺活态传承的助力因素与实践逻辑。鉴于笔者并未经历诸多历史事件，加之外来者的身份导致并不能长期居于陈炉，因此想要重构传统社会里窑场的整体风貌实属力所不逮。故而只能先对个案进行微观深描，然后将众个案串联，勾勒出窑场里技艺传承的背景与历程。另一方面对于技艺的当代变迁，则带着发现问题、解决问题的意识，立足于社会经济的发展史、当地人的口述以及田野调查，寻找出制约行业发展与技艺传承的不利因素，设计了一种较为适用的、体系化的解决策略。

  综观陈炉耀州瓷烧制技艺的发展史，在此需要回答两个问题：技艺是否被继承下来？继承了哪些内容？对于第一个问题，当然是技艺被原汁原味地传承至今，还未达到"艺绝人亡"的状态。不可否认的是，由于陶瓷行业的不景气、学艺时间长等原因制约，陈炉窑场还是出现了传承人群数量萎缩、传承人年龄增大而年轻人远离传统行业的"青黄不接"的局面。除此之外，机械复制生产的高效率压缩了传统制作技艺的生存空间，值得警惕。第二个问题体现为三点：第一，从器物角度出发，陈炉的产品集合了各个历史时期耀州瓷的艺术风格，匠人们也掌握了绝大多数的相关产品制作技艺。不仅可制作金代以后本土原生器物，还可仿制黄堡、上店等地已经失传的耀州瓷器物。在釉色、胎色、装饰与器型上做到了基本一致，达到了以假乱真的程度。第二，陈炉窑场的匠人们保存和发展了耀州瓷的制作材料、制作工具与制作技艺，并依靠非遗保护工作对技艺的流程进行了详细记录。陈炉的制作技艺创烧至今，并无较大的变化。需要强调的是，活态传承的耀州窑口仅为陈炉窑场，因此陈炉瓷有资格成为耀州瓷后期的代表。何况考古发掘的耀州瓷遗物，在陈炉均有实物可供参考。而运用陈炉本土的原料、工具与方法，还能逆向还原各类古耀州瓷。第三，陈炉窑场的耀州瓷技艺已传布至铜川各地，为更广泛传承做出了贡献。近年来，黄堡镇、王家河、玉华宫等地新生产基地能够不断出现，完全得益于陈炉耀州瓷的薪火相传。这算是更高层次的活态传承。值得注意的是，如今个别匠人试图否定陈炉窑与耀州窑的关系，认为其是自我生发的窑场。基于陈炉瓷的文化基因表征，这种观点完全是站不住脚的。

笔者通过个案深描与理论剖析的基础，还发现耀州瓷技艺在传统社会里的活态传承，得益于乡村自治秩序的稳定。然而进入20世纪中叶，随着地方文化与权力结构被解构，手工艺逐渐脱离当地人的生活世界，成为现代化进程下公有制经济的组成部分。如今技艺正摆脱计划经济制约的脚步逐渐加速，呈现出两种发展方向：高度的商品化与向传统的回归。鉴于手工技艺活态传承的基本特征，让其自我调适以顺应现代化的发展，也许是解决目前传承困局的有效举措。故而在本书的结尾，笔者将对陈炉窑场耀州瓷烧制技艺的活态传承状况做如下五个方面的总结：

第一，在传统社会中，文化生态环境是决定陈炉手工艺产生与传承的基础。自然资源提供了宝贵的生产原料，而地理环境为技艺圈定了传承范围。人文环境也借助政治、经济与文化三要素助其奠定耀州窑后期中心窑场的地位。具体体现为：政治因素逐渐挤压了其他窑场的生存空间，经济因素迫使众窑场实现产品特征的转型，文化因素则塑造了陶瓷文化。

自给自足的小农经济与闭塞的生活环境塑造了陈炉人乐观开朗的性格。人际交往亦被限定于狭小的"熟人"社会里。这无形中形成了半封闭的场域，本土文化较少受到场外文化的影响。技艺与当地人的生活链接，生成各种"合乎逻辑"的习惯。这些习惯表现为生产习俗与生活习俗，不仅是基于生产实践中创造与积淀的产物，也是日常生活中的实践范式。

包括窑神崇拜、东西分社以及行业互补等陶瓷业相关内容，均为文化生态环境的产物。尤其是前两者，从心理、行为与地方权力结构三个方面参与了陈炉窑场传承场域的构建。窑神崇拜树立了劳动者对生产的敬畏意识，坚定了他们的传承信念，祭祀则是他们对生产信念进行回报的集体实践。"社"与宗族是耀州瓷生产实践与分工的产物。作为生产分工直接体现的"行"与"户"夹杂于其中，参与形成地方权力结构与社民的地域共同体意识，并引发了激烈的地方话语权之争。生活习俗则多以陶瓷业相关的民俗文化形式呈现。这些文化要素成为地方传统文化的重要构成，一方面不断维持传承场域的动态平衡，另一方面在娱乐资源匮乏的年代调剂劳动者的生活。

第二，传统手工艺的活态传承，传的是文化基因。陈炉耀州瓷文化基因共分九类，分别蕴藏在对文化生态环境的适应与利用、各时代耀州瓷器的艺术特征、传统手工技艺形态、传承方式、社会组织以及民间信仰等多种地方性知识之中。研究手工艺的活态传承，必须先整理和分析它背后的地方性知识，再提取其中的文化基因。

我们应该认识到：一项技艺的活态传承，传的就是原生的文化基因。如果技艺在传承过程中文化基因丢失或者变异越多，它所承载的地方性知识与历史文化信息就越少，也就越远离活态传承。但就文化基因从历史的纵向坐标观察，变迁是传统手工艺的必然过程。外在环境变化会导致文化基因变异。因此如何在确保原有基因不变的前提下，让非遗走进当下生活，是从未间断的话题[①]。而通过资源调查整理文化基因，就可以在继承与创新之间建立立足点。故而在现代化语境下，梳理陈炉耀州瓷技艺的资源传承体系，既有助于制定耀州瓷技艺的抢救性保护措施，也为文艺创新、工艺振兴提供基本素材，亦可防止技艺偏离传承规律和过度产业化。

第三，进入现代社会后，权力是影响传统手工技艺的一大决定性因素。国家政治不断改造地方权力结构与经济基础，从而重构了传承环境。新中国成立后陈炉窑场的发展史即是这一历史过程的缩影。首先，国家在场使得窑场的行业组织、地方权力结构与民间信仰寿终正寝，与技艺传承紧密相连的传统场域消亡，取而代之的是通过行政命令、以半强制形式组建的合作社与陶瓷厂，形成现代国家语境下的传承新场域。其次，陈炉耀州瓷烧制技艺的大部分文化基因被改造。这包括了制作原料、工作场所、制作工具、制作工艺流程以及产品的类型与特征。传承场域的变化亦使技艺的传承方式发生变化，基于行业关系的业缘传承成为主要的传承方式，培养出众多杰出的工匠。再次，"国家所有"及"集体所有"制度决定产品的销售方式，体现了强烈的、影响至今的计划经济特征。

国家在场通过大规模的改造，以实现陶瓷业社会化大生产的目的。这既让陈炉窑场的发展达到了历史最高峰，与任何时期相比毫不逊色，却也为市场经济时代的困局埋下了伏笔。

第四，改革开放后，耀州瓷烧制技艺向传统回归。但是随着管理的失误以及市场竞争的白热化，陈炉陶瓷厂陷入严重的困境。危机之下却蕴藏着生机。计划经济掌控力的衰退不仅为个体瓷坊的崛起创造了机会，还为制作技艺的外流与竞争对手的发展壮大提供了条件。非物质文化遗产保护工作的影响亦愈发重要，让国家在场得以再度介入技艺的传承。有关部门通过评选各级传承人、举办传承人培训班、恢复窑神祭以及技艺比赛等方式，力求实行对非遗的全面保护。其产生了两方面的结果：既极大地促进了技艺的传承，也因操作上的不合理之处引发了当地人的质疑。因此能否处理好国家在场、制作技艺的传承以及传承人利益三者的关系，将会很大程度上影响耀州瓷技艺未来的发展走向。

第五，当前需坚持立足"心·艺·物"的文化传承整体观。应抓住古镇整

---

[①] 苑利：《把"现产"当"遗产"：会不会使中国的非遗保护走上不归路？》，《原生态民族文化学刊》2020年第2期。

体保护与旅游发展的契机，重构技艺传承场域，以实现技艺传承实践生活逻辑的回归。在现代社会里，地方的权力文化网络被改编，传统文化成为"文化资本"。如何利用好陶瓷文化造福地方经济发展，使技艺从个体传承转变为社区传承，并让社区产生文化自觉，承担起传承重任，将是值得关注的问题。笔者认为：耀州瓷技艺应与地方社会经济发展新机遇相结合，恢复技艺的"生活属性"。重回人们的生活世界，才能实现现代转型，进而发挥出最大的价值，获得新的生机。因此当立足文化传承整体观，以非遗保护工作为指导，让更多人参与到技艺的传承，不断地从生活中汲取传承的动力。只有这样，我们才能将传承千年的宝贵技艺放心地交给子孙后代，交给下一个"千年"。

原文化和旅游部副部长项兆伦曾说："见人见物见生活。"文化的活态传承过去如是，现在仍是，将来亦是。

# 参考文献

## 1. 专著类

[1] 陈万里：《中国青瓷史略》，上海人民出版社，1956年版。

[2] 陕西省博物馆：《耀瓷图录》，中国古典艺术出版社，1957年版。

[3] 陕西省考古研究所：《陕西铜川耀州窑》，科学出版社，1965年版。

[4] 中国社会科学院考古研究所：《新中国的考古发现与研究》，文物出版社，1984年版。

[5] 汪庆亚：《中国陶瓷全集第10卷（元上）》，上海人民美术出版社，2000年版。

[6] 陕西省考古研究所：《唐代黄堡窑址》，文物出版社，1992年版。

[7] 刘遵义、贾琪：《耀州窑》，陕西旅游出版社，1992年版。

[8] 陕西省考古研究所：《五代黄堡窑址》，文物出版社，1997年版。

[9] 陕西省考古研究所、耀州窑博物馆：《宋代耀州窑址》，文物出版社，1998年版。

[10] 王芬：《耀州窑陶瓷》，陕西科学技术出版社，2000年版。

[11] 刘涛：《辽金纪年瓷器》，文物出版社，2004年版。

[12] 耀州窑博物馆：《中国耀州窑国际学术讨论会文集》，三秦出版社，2005年版。

[13] 杭州历史博物馆：《翠色琢玉梅青：越窑、耀州窑、龙泉窑青瓷文化对比研究》，中国美术学院出版社，2007年版。

[14] 张柏：《中国出土瓷器全集》，科学出版社，2008年版。

[15] 单海兰、徐劼：《耀州窑瓷》，陕西美术出版社，2008年版。

[16] 黄风升：《耀州窑·丰盛的陈炉窑》，世界图书出版社，2012年版。

[17] 李彦君：《柴窑与耀州窑》，中国书店，2012年版。

[18] 陕西历史博物馆：《金锡璆琳：蓝田吕氏家族墓出土文物》，三秦出版社，2013年版。

[19] 国学整理社：《诸子集成》，中华书局，1954年版。

[20] 李民、王健：《尚书译注》，四川人民出版社，1982年版。

[21] 司马迁：《史记》，上海古籍出版社，1997年版。

[22] 葛洪：《西京杂记》，三秦出版社，2006年版。

[23] 屈原：《楚辞》，中华书局，2010年版。

[24] 姚汝能：《安禄山事迹》，上海古籍出版社，1983年版。

[25] 刘昫等：《旧唐书》，中华书局，1975年版。

[26] 欧阳修等：《新唐书》，中华书局，1975年版。

［27］杨衒之：《洛阳伽蓝记》，中华书局，1963年版。

［28］张彦远：《历代名画记》，江苏美术出版社，2007年版。

［29］李诫：《营造法式》，中国书店，2006年版。

［30］陆游：《老学庵笔记》，中华书局，1979年版。

［31］李焘：《续资治通鉴长编》，中华书局，1992年版。

［32］王存：《元丰九域志》，中华书局，2005年版。

［33］俞剑华：《宣和画谱》，江苏美术出版社，2007年版。

［34］徐松等：《宋会要辑稿》，中华书局，1981年版。

［35］彭定：《全唐诗》，中华书局，1960年版。

［36］于安澜：《画论丛刊》，人民美术出版社，1962年版。

［37］吴镇烽：《陕西地理沿革》，陕西人民出版社，1981年版。

［38］王树村：《中国民间画诀》，上海人民美术出版社，1982年版。

［39］郑学檬等：《简明中国经济通史》，黑龙江人民出版社，1984年版。

［40］田自秉：《中国工艺美术史》，东方出版中心，1985年版。

［41］吴山：《中国工艺美术大辞典》，江苏美术出版社，1989年版。

［42］中央美术学院美术史系中国美术史教研室：《中国美术简史》，高等教育出版社，1990年版。

［43］《中国大百科全书》总编辑委员会：《中国大百科全书·美术》，中国大百科全书出版社，1990年版。

［44］《中国大百科全书总编辑委员会》：《中国大百科全书·文物·博物馆》，中国大百科全书出版社，1992年版。

［45］杭间：《中国工艺美学思想史》，北岳文艺出版社，1994年版。

［46］张道一：《艺术学研究》，江苏美术出版社，1996年版。

［47］杨泓、孙机：《寻常的精致》，辽宁教育出版社，1996年版。

［48］孙机：《中国圣火——中国古文物与东西文化交流中的若干问题》，辽宁教育出版社，1996年版。

［49］冯先铭：《中国古陶瓷图典》，文物出版社，1998年版。

［50］季如迅：《中国手工业简史》，当代中国出版社，1998年版。

［51］李泽厚：《美学三书》，天津社会科学院出版社，2003年版。

［52］王子云：《中国雕塑艺术史》，岳麓书社，2005年版。

［53］张全明：《中国历史地理学导论》，华中师范大学出版社，2006年版。

［54］蔡凤书、宋百川：《考古学通论》，山东大学出版社，1988年版。

［55］冯恩学：《田野考古学》，吉林大学出版社，1993年版。

［56］向云驹：《非物质文化遗产学博士课程录》，中华书局，2013年版。

［57］苑利、顾军：《非物质文化遗产保护干部必读》，社会科学文献出版社，2013年版。

［58］夏挽群、程健君：《薪火——河南省民间文化杰出传承人传略》，中原农民出版社，2010年版。

［59］彭兆荣：《文化遗产学十讲》，云南教育出版社，2012年版。

［60］高小康：《都市发展与非物质文化遗产传承》，北京大学出版社，2009年版。

［61］朱希祥、李晓华：《中国文艺民俗审美》，上海文化出版社，2008年版。

［62］万辅彬、韦丹芳、孟振兴：《人类学视野下的传统工艺》，人民出版社，2011年版。

［63］郭艳君：《历史与人的生成——马克思历史观人学阐述》，社会科学文献出版社，2005年版。

［64］刘敬鲁：《海尔格尔人学思想研究》，人民大学出版社，2012年版。

［65］陆扬、王毅：《文化研究导论》，复旦大学出版社，2007年版。

［66］张世英：《哲学导论》，北京大学出版社，2006年版。

［67］赵家祥、聂锦芳、张立波：《马克思主义哲学教程》，北京大学出版社，2005年版。

［68］王前：《道技之间——中国文化背景下的技术哲学》，人民出版社，2009年版。

［69］许之衡：《饮流斋说瓷》，中华书局，2012年版。

［70］方李莉：《景德镇民窑》，人民美术出版社，2002年版。

［71］北京艺术博物馆：《中国古瓷窑大系·中国耀州窑》，中国华侨出版社，2014年版。

［72］葛剑雄、吴松弟、曹树基：《中国移民史》，福建人民出版社，1997年版。

［73］孟凡行：《器具：技艺与日常生活——贵州六枝梭戛苗族文化研究》，中国文联出版社，2015年版。

［74］司马云杰：《文化社会学》，中国社会科学出版社，2001年版。

## 2．论文类

［1］陈万里：《我对耀瓷的初步认识》，《文物参考资料》1955年第4期。

［2］商剑青：《耀窑摭遗》，《文物参考资料》1955年第4期。

［3］冯先铭：《略谈北方青瓷》，《故宫博物院院刊》1958年第1期。

［4］陕西考古所泾水队：《陕西铜川宋代窑址》，《考古》1959年第12期。

［5］陈万里、冯先铭：《故宫博物院十年来对古窑址的调查》，《故宫博物院院刊》1960年第2期。

［6］王家广：《耀州瓷、窑分析研究》，《考古》1962年第6期。

［7］陈万里：《中国历代烧制瓷器的成就与特点》，《文物》1963年第6期。

［8］陈万里：《中国瓷器史上存在着的问题》，《文物》1963年第6期。

［9］冯先铭：《河南临汝县宋代汝窑遗址调查》，《文物》1964年第8期。

［10］冯先铭：《新中国陶瓷考古的主要收获》，《文物》1965年第9期。

［11］赵光林、张宁：《金代瓷器的初步探索》，《考古》1975年第5期。

［12］冯永谦：《叶茂台辽墓出土的陶瓷器》，《文物》1975年第12期。

［13］卢建国：《耀瓷装饰艺术》，《考古与文物》1980年第1期。

［14］冯先铭：《三十年来我国陶瓷考古的收获》，《文物》1980年第1期。

［15］卢建国：《陕西新发现两处古瓷窑遗址》，《文物》1980年第1期。

［16］禚振西、卢建国：《耀州窑遗址调查发掘新收获——兼谈对耀州窑的几点新认

识》,《考古与文物》1980年第3期。

[17] 游恩溥、周道森、高力明:《陕西耀州窑、河北定窑窑具与装烧方法的研究》,《陕西科技大学学报》1982年第7期。

[18] 傅振伦:《跋宋德应侯庙碑记两通》,《文献》1983年第15辑。

[19] 禚振西:《黑釉耀瓷》,《景德镇陶瓷》1983年第1辑。

[20] 叶喆民:《窑神碑"柏林"问题考释》,《景德镇陶瓷》1983年第1辑。

[21] 郭演仪:《宋代汝、耀州窑青瓷的研究》,《硅酸盐学报》1984年第2期。

[22] 王明皋:《耀县发现的耀州窑遗址》,《文博》1984年第3期。

[23] 许俊臣:《甘肃华池县发现一批宋瓷》,《文物》1984年第3期。

[24] 杨东晨:《宋代耀州窑》,《陕西师范大学学报(哲学社会科学版)》1984年第4期。

[25] 杨东晨:《论耀州窑的历史地位》,《中国陶瓷》1985年第1期。

[26] 杨东晨:《耀州窑的研究与新发现》,《河北陶瓷》1985年第2期。

[27] 杨东晨:《再论耀州瓷始于晋代》,《河北陶瓷》1986年第1期。

[28] 陈孟东:《榆林地区馆藏一批宋、金、元瓷器》,《文博》1986年第1期。

[29] 樊维岳:《蓝田出土的一批古代瓷器》,《文博》1986年第1期。

[30] 梁管登:《对耀州窑发展史的几点看法——与杨东晨同志商榷》,《河北陶瓷》1986年第3期。

[31] 陕西省考古研究所铜川工作站:《耀州窑作坊与窑炉遗址发掘简报》,《考古与文物》1987年第1期。

[32] 禚振西:《耀州窑遗址陶瓷的新发现》,《考古与文物》1987年第1期。

[33] 杜葆仁:《〈宋耀州太守阎公奏封德应侯之碑〉读后记》,《考古与文物》1987年第2期。

[34] 杜葆仁:《耀州窑的窑炉和烧成技术》,《考古与文物》1987年第2期。

[35] 禚振西:《铜川黄堡发现唐三彩作坊和窑炉》,《文物》1987年第3期。

[36] 韦仁义:《广西宋代青绿釉瓷及其与耀州窑的关系》,《中国古陶瓷研究》1987年第1期。

[37] 李辉柄:《耀州窑及其有关问题》,《中国古陶瓷研究》1987年第1期。

[38] 杨静荣、李毅华:《窑神庙碑记综考》,《中国古陶瓷研究》1987年第1期。

[39] 罗雨林:《巧夺天工的耀瓷艺术》,《中国文物世界》1988年第1期。

[40] 王长启:《金元时期的耀州瓷器》,《文博》1988年第2期。

[41] 薛东星:《陕西铜川陈炉镇发现元代窖藏》,《考古》1988年第8期。

[42] 薛东星:《陕西铜川黄堡耀州窑遗址发现五代"官"款青瓷》,《考古》1989年第1期。

[43] 王仓西:《扶风法门寺出土宋代耀瓷》,《文博》1989年第3期。

[44] 杨东晨:《明清铜川耀州窑初探》,《河北陶瓷》1990年第3期。

[45] 杜葆仁等:《唐耀州窑青瓷与黑釉瓷》,《中国陶瓷》1990年第4期。

[46] 刘中夏:《耀州窑遗址黏土及其古瓷的初步研究》,《文物保护与考古科学》1990年第1期。

[47] 李辉柄:《北方瓷器发展的几个问题》,《故宫博物院院刊》1991年第1期。

［48］王莉英：《宋瓷的装饰艺术》，《故宫博物院院刊》1991年第3期。

［49］王勤金：《扬州出土的唐宋青瓷》，《江西文物》1991年第4期。

［50］杨东晨：《论金元时代的耀州窑》，《河北陶瓷》1991年第5期。

［51］杨德安：《甘肃省博物馆藏耀州窑青釉瓷器》，《文物》1993年第12期。

［52］刘涛：《柴窑刍议》，《景德镇陶瓷》1994年第2期。

［53］庄文彬：《四川遂宁金鱼村南宋窖藏》，《文物》1994年第4期。

［54］王小蒙：《试论唐代黄堡白瓷的发展——从黄堡白瓷与河南唐白瓷的比较中说起》，《考古与文物》1994年第4期。

［55］陈华莎：《耀州窑青瓷辨识》，《收藏家》1994年第6期。

［56］刘志国：《耀州窑的鉴定与鉴赏》，《陶瓷研究》1995年第2期。

［57］王兰芳：《耀州窑遗址新发现的五代陶范——兼谈对五代耀州窑的几点认识》，《考古与文物》1995年第3期。

［58］周晓陆：《秘色瓷、耀瓷和汝瓷——思考与手记》，《文博》1995年第6期。

［59］周晓陆：《由"秘色瓷"论及柴、汝窑》，《西北大学学报（哲学社会科学版）》1996年第2期。

［60］刘兰华：《唐宋以来宫廷用瓷的来源与烧造》，《中原文物》1996年第2期。

［61］禚振西：《略谈唐宋金时期耀州窑的黑瓷茶具》，《福建文博》1996年第2期。

［62］梁宝鎏：《借助对应分析方法研究耀州古瓷的演变规律》，《硅酸盐学报》1997年第1期。

［63］仵录林：《耀州窑与陕西宋代文化》，《中国陶瓷》1997年第1期。

［64］冯先铭：《耀州窑瓷器及其仿品》，《收藏家》1997年第3期。

［65］杜文：《黄堡出土唐三彩年代的探讨》，《文博》1997年第5期。

［66］仵录林：《三铜公路工程中耀州窑陶瓷的新发现》，《考古与文物》1997年第6期。

［67］徐巍：《耀州窑的艺术特色》，《故宫博物院院刊》1998年第1期。

［68］刘子健：《论耀州窑古陶瓷的造型与装烧设计》，《西北轻工业学院学报》1998年第2期。

［69］仵录林：《从出土窑炉看耀州窑元代陶瓷生产》，《文博》1998年第2期。

［70］陈润民：《清宫藏宋代耀州窑瓷器》，《收藏家》1998年第3期。

［71］郎惠云：《从成份分析探讨唐三彩的传播与流通》，《考古》1998年第7期。

［72］石兴邦：《耀州窑发掘研究的典型模式》，《文博》1998年第8期。

［73］邢福来：《陕西耀州窑遗址新出土的宋代瓷器》，《收藏家》1999年第2期。

［74］彭善国：《略论五代宋金耀瓷的流布》，《中原文物》2000年第1期。

［75］文辉：《耀窑素胎黑彩瓷的装饰艺术》，《文博》2000年第2期。

［76］陈才煌：《论耀州窑古陶瓷的造型与装饰设计》，《中国陶瓷工业》2001年第1期。

［77］罗宏才：《彬县发现百余件耀瓷窖藏》，《文博》2001年第2期。

［78］马琴丽：《陕西三原县西秦砖窑出土一批耀州窑瓷器》，《考古与文物》2001年第5期。

［79］薛东星：《耀州窑唐三彩》，《文博》2002年2期。

[80] 陈建平:《柴窑不在耀州窑》,《收藏家》2002年第5期。

[81] 李国霞:《古耀州瓷胎起源的模糊聚类分析》,《科学通讯》2002年第23期。

[82] 杜文:《北宋耀州窑青瓷花插辨识》,《收藏界》2003年第9期。

[83] 陈润民:《谈茶叶末釉瓷器》,《故宫博物院院刊》2004年第1期。

[84] 赵维娟等:《用指纹元素散步分析研究古耀州瓷胎的起源》,《原子核物理评论》2004年第3期。

[85] 齐扬等:《耀州窑宋代青瓷及现代仿瓷的初步分析研究》,《文物保护与考古科学》2005年第1期。

[86] 冯松林:《不同窑口古代青瓷产地特征的中子活化分析》,《原子核物理评论》2005年1期。

[87] 卜琳:《从耀州窑童子蹴鞠纹瓷看宋代足球》,《考古与文物》2005年第3期。

[88] 杜文:《金代耀州窑陶瓷文献新读》,《收藏家》2006年第9期。

[89] 王育玲:《甘肃省博物馆藏耀州窑陶瓷精品》,《收藏家》2006年第10期。

[90] 李裕民:《宋耀州窑德应侯碑考》,《三秦文史》2007年第1期。

[91] 杜文:《五代冯晖墓出土耀州窑青瓷及其断代价值》,《收藏界》2007年第2期。

[92] 杜文:《唐代黄堡窑的黑釉瓷及其创新品种》,《文博》2007年第2期。

[93] 杜文:《对〈老学庵笔记〉记载耀州青瓷的新思考》,《文博》2007年第6期。

[94] 禚振西:《陈炉耀州窑的烧瓷历史与艺术特色》,《收藏》2007年第7期。

[95] 凌雪:《耀州窑青瓷的能量色散X射线荧光光谱分析》,《西北大学学报(自然科学版)》2008年第1期。

[96] 凌雪:《耀州窑青瓷白色中间层和化妆土的EDXRF光谱分析》,《文物保护与考古科学》2008年第1期。

[97] 伍秋鹏:《浅议四川古陶瓷中的耀州窑因素》,《收藏界》2008年第2期。

[98] 欧阳昱伶:《简论中国古代民间陶瓷》,《中国陶瓷》2008年第3期。

[99] 凌雪:《耀州窑青瓷白色中间层和化妆土的微观结构》,《武汉大学学报(理学版)》2008年第4期。

[100] 禚振西:《北方青瓷的代表青釉耀瓷的考古发现与鉴定》,《收藏》2008年第9期。

[101] 易立:《试论五代宋初耀州青瓷的类型与分期——以墓葬、塔基出土物为中心》,《考古与文物》2009年第2期。

[102] 王静:《耀州窑青瓷划花艺术赏析》,《收藏界》2009年第2期。

[103] 杨建军:《耀州窑天青釉瓷与景德镇窑青白瓷的比较》,《中国陶瓷工业》2009年第4期。

[104] 王小蒙:《耀州窑青瓷的美学理念及风格变迁》,《四川文物》2009年第5期。

[105] 杜文:《药王·道童·雨师——宋耀州窑雨师赤松子瓷料考辨》,《收藏家》2009年第5期。

[106] 王冬华:《西安出土的金元时期耀州窑青瓷》,《收藏界》2009年第8期。

[107] 黄风升:《耀州窑宫廷瓷赏析》,《收藏界》2009年第10期。

［108］彭善国：《试述东北地区出土的金代瓷器》，《北方文物》2010年第1期。

［109］禚振西：《陈炉耀州窑的青花瓷》，《收藏界》2010年第2期。

［110］朱铁权：《宋代西村窑和耀州窑青瓷胎釉化学组成特征》，《岩矿测试》2010年第3期。

［111］刘毅：《陶瓷业窑神再研究》，《文物》2010年第6期。

［112］禚振西：《耀州窑——窑火不熄的千年窑场》，《收藏》2010年第7期。

［113］张蕴、刘思哲：《陕西蓝田县五里头北宋吕氏家族墓地》，《考古》2010年第8期。

［114］邓坤：《简述耀州瓷的绘画装饰艺术》，《中国陶瓷》2011年第11期。

［115］张红星：《内蒙古地区出土的耀州窑青瓷》，《收藏》2011年第12期。

［116］刘谦：《耀州窑黄堡窑场的产生与发展简析》，《中国陶瓷工业》2012年第2期。

［117］沈浩注：《环县窖藏出土的宋耀州窑青瓷》，《收藏》2012年第2期。

［118］刘谦：《耀州窑装饰纹样的构图特征》，《陶瓷学报》2012年第4期。

［119］孙晓峰：《新入藏宋耀州窑青瓷珍赏》，《收藏》2012年第5期。

［120］禚振西：《黑釉耀瓷的装饰艺术》，《收藏》2012年第13期。

［121］汪东：《巧如范金 精比琢玉——宋代耀州窑陶瓷造型与装饰研究》，《池州学院学报》2013年第1期。

［122］赵亚利：《耀州窑白地黑花瓷的装饰艺术》，《文物世界》2013年第2期。

［123］王小蒙：《唐耀州窑素胎黑彩瓷的工艺特点及其渊源、影响》，《考古与文物》2013年第3期。

［124］刘训立：《浅谈宋代耀州窑青瓷刻花装饰的美学特征》，《陶瓷科学与艺术》2013年第4期。

［125］禚振西：《陆羽〈茶经〉与耀州窑之煎茶器具（上）》，《收藏界》2014年第1期。

## 3．报纸类

［1］禚振西、薛东星：《陈炉地区古窑遗址考古调查的发现与收获》，《铜川日报》2006年01月10日，第003版。

［2］薛东星：《耀州窑陈炉地区窑址的考古调查与研究》，《铜川日报》2006年06月13日，第003版。

［3］陆明华：《陕西出土耀州窑青瓷考察记》，《中国文物报》2010年8月4日，第005版。

［4］钱冶：《探寻柴窑之旅——五代耀州窑天青釉瓷考察散记》，《中国文物报》2014年6月4日，第006版。

# 后记

本书是在笔者博士论文的基础上修改而来。既然是修改，原稿的学术理念、论文框架、研究结论等便难有大变动。可即便如此，仍反复调整内容和加强理论阐述，以适应不断变化的传承局面，最终以《非遗学视域下的陈炉耀州窑研究》为名呈现在读者面前。

承蒙苑利先生不弃，我得以从偏远的黔南民族地区来到位于首都的中国艺术研究院。能够在艺术的最高殿堂里追逐博士梦想，并且完成这本专著，实乃三生有幸。本书自2016年10月启动，2018年5月完成初稿、送交参加毕业答辩。毕业后本想补充调查后尽快出版，但因高校工作繁忙，加之疫情因素，延宕至今方与大家见面。

非物质文化遗产保护研究以田野调查为根本。文化事项的存续规律、传承人的生活与生产方式以及田野地社会经济发展状况等内容只能通过调查获得。虽然田野调查是我在读博前就付出很多精力去培养的技能，但为完成本书却不得不提高要求，既要讲求田野调查的深度，也要对调查文本做深刻的分析，以便发现问题、解决问题。因此我立足于田野点，深入当地人的生活世界，对技艺的传承状况做条分缕析的认证。同时穿梭于田野与文本之间，对各类非遗进行反复调查、假设与论证，并在此基础上强化写作技能。为了获得充足的资料，我在陈炉镇累计调查时长逾八个月，顶酷暑，战严寒，不但遇到了各类田野调查的困难，还经历了情感、学业等多方面的挫折。田野调查后又集中精力撰写文本，生怕因延期毕业而增加在京时的经济压力。"宝剑锋从磨砺出，梅花香自苦寒来。"经历了艰苦准备，如今终于付梓，备感欣慰。尽管其作为充数之作，仍需要更高的提升，自己也觉得不够满意。但是回望走过的每一步路，踏实感与自豪感油然而生，也对帮助过我的人们充满了无限的感恩之情。

导师苑利先生不忌我顽劣愚鲁，将我纳为弟子，授我为学之方，传我调研之法，教我处世之道，让我尤为感激。我和师弟师妹们多次去老师家拜访求教，他都不辞辛劳，竭心尽力给予帮助。老师和师母顾军先生看到我们到来，都会取出各种茶点招待，大家像一家人一样围坐在一起，探讨学问。而到吃饭时间，姥姥还会给我们下饺子、做炸酱面，师生其乐融融。尤其在撰写阶段，无论是选题、写作还是调研、修改，一字一句都凝聚着老师的心血。三年学习生涯，离不开苑老师的关心与指导。工作后再到老师家，仍然感到浓浓的师生之谊。对他的感恩之情铭记在心，时时回味，刻刻温暖。

  远在武汉的硕导柏贵喜先生，也始终牵挂我的研究进展。每次通电话，他都加以询问。得益于他的指点，我解决了不少调查难题。近年来还托老师的福，参与了一些课题，为我的事业发展助益良多。

  这一段难以忘怀的写作经历，是中国艺术研究院赋予我的历史机遇。我还受益于院里老师们的教诲。方李莉研究员、王列生研究员、田青研究员、刘梦溪研究员、孙伟科研究员、李心峰研究员等先生都以他们深厚的学术涵养、严谨的治学态度影响着我。开题与答辩时，刘晔原教授、林继富教授、王杰文教授、刘托研究员、李宏复研究员、李红梅教授与侯样祥研究员都不吝赐教，提出了宝贵、中肯的意见，助我修改了本书中的诸多疏漏与错误之处，在此表示由衷的感谢。除此之外，感谢师妹王琼珊、侯林英与师弟何明的帮助，为分身乏术的我解决了很多困难。

  同时要感谢田野调查时给予帮助的铜川市工信局、铜川市文化广电局、铜川市档案局、耀州窑博物馆、陈炉古镇管理委员会、黄堡工业园管委会、铜川市群众艺术馆、陈炉陶瓷厂等单位；感谢租住时提供帮助的袁国泰一家，调查对象李和平父子、李金平一家、王家瓷坊、李家瓷坊、郭家砖厂、关耀武老师、袁双庆一家、袁宝成一家、崔涛老师、郭孝明老人、曹金刚老师、宋振杰老师、段启荣老师、郑忠胜老师等各位朋友；感谢禚振西老师、孟树锋老师、刘莹师姐、张媛老师以及铜川市文化广电局李小林科长，正是由于你们的慷慨支持，我才能顺利完成本书写作，也让我在田野里不至于太过孤独。还要感谢写作时所涉及资料的各位作者，你们的成果为研究提供了理论支撑，丰富了文章内容。

  在读博期间，有赵宁、王秀梅、陆文东、邱明瑜、谢一菡、张雄、杨红、周奇、郭苪、徐晓、张金晖、梁颖、任丽娜、王添艺、乐思芸、庄丹华等师门兄弟姐妹，以及江锦世、耿炜、方小济、卿清、秦兴华、慕星、李凡、王可、楚建德、李丹丹等同届同学相伴，使我求学之路苦中有乐、其乐融融，相处的分分秒秒也会是未来能够回味的甜蜜。感谢艺术学系王文馨老师、石中祺老师在校期间对我的关怀。硕士师门李技文、姚磊、赵玉燕、区锦联与中国艺术研究院杨慧子博士、马明凯博士、王兵兵博士，中央民族大学李晓城博士、谢红萍博士、许龙飞博士，也常在论文写作时与我切磋，为我消乏解闷，并为田野调查与论文的成型付出了努力。

  最后，特别感谢我的母亲，母爱支撑起我的学习，是我稳定的"大后方"。如果没有她在生活上为我免除后顾之忧，我是断无按时毕业的可能。同时感谢我的妻子石旭，既为我的论文修改以及相关课题申报付出了太多心力，也不断提醒我注意论文时效，争取早日出版。她们的言行深刻体现了中国女人柔韧、持家与智慧的优秀品质。

  光阴荏苒，白驹过隙，攻读博士阶段我毫不松懈。前路漫漫，任重道远，重返工作岗位后我仍怀着饱满的热情做好学术科研、做好学生教学，完成了从普通学生到优秀教师的转换。希望通过这本专著的学术锻炼，在未来的日子里我的学术水平更加精进。

  这是我的致谢，致谢这些年遇到的你与他。

张　池

2022年12月于老板山

# 附录

# 访谈提纲[①]

## 一、传承人篇

### 第一部分　项目与艺人简介

以洗练的笔触简要介绍出该艺人的基本情况、传承脉络、特点、业界地位等基本情况。300字/人左右。

### 第二部分　该手工艺项目的发展史

时间/地点/口述人/采访人/录音整理人

【田野手记】用写日记的方式，简约而又不失随意地记录下此次采访中自己的所见、所闻、所感。重点描述采访目的（采访的主要内容）、采访过程、采访环境、采访对象。通过现场感的营造，把读者引导到采访环境中来，让读者与你一道感受传统艺术的魅力。400~800字左右。

重点让传承人讲述该手艺历史上在当地的生产流传情况，以及该手艺产生、发展的文化背景。

1. 什么时候产生的？产生的背景是什么？该手艺与当地人的日常生活有什么联系？
2. 陈炉窑的发展历程（产生、发展、兴盛、衰落、复兴等划出大致的时间段）？兴盛时有多少家作坊？有多少种不同做法（流派），地理分布上有什么规律？（如果其他县市也有）陈炉窑陶瓷与其他地方的陶瓷有啥异同？
3. 各个时期的风格和特点是什么？为什么？
4. 以前都销售给谁？谁是这一消费的主体？现在呢？（如解放前后、"文革"、八项规定前后等重要节点）销售的目的是什么？
5. 主要销售方式是什么？怎样零售？怎样批发？销售所用道具和交通工具是什么？销售时衣食住行有何特点？产品的销售与庙会、节庆、外地小商贩

---

[①] 本访谈提纲参考苑利著《非物质文化遗产保护干部必读》中的访谈提纲而拟定。

的批发或其他人文事项有什么关系？是否形成品牌？

  6. 以前谁来做过陶瓷的采访，采访的内容？采访者对陈炉窑陶瓷的起源得出何种结论，你认为怎么样？采访者和你发生过什么故事？有无证明历史的书籍、实物和影像资料等？

  7. 陈炉窑陶瓷以前的绰号？指的什么意思？

  8. 陈炉窑陶瓷以前和现在的功能。

  【小结】总结归纳采访内容，300字左右。

## 第三部分 艺人的学徒生涯

时间/地点/口述人/采访人/录音整理人

【田野手记】用写日记的方式，简约而又不失随意地记录下此次采访中自己的所见、所闻、所感。重点叙述采访目的（采访的主要内容）、采访过程、采访环境、采访对象。通过现场感的营造，把读者引导到采访环境中来，让读者与你一道感受传统艺术的魅力。400～800字左右。

  1. 先从你小时候的生活环境讲起吧。记得小时候的生活环境和自然环境是个什么样吗？村名来历和村庄布局怎么样？有哪些家族，从哪里迁移来的？周围的邻里、亲戚都是干什么的？你从小喜欢干什么？讲讲有趣的童年。从什么时候，是什么原因开始对该技艺发生兴趣？

  2. 讲讲你的人生经历（含年龄和工作）。从什么时候、在哪里开始了自己的学徒生涯？为什么会选择这份职业（是为单纯的谋生还是有家传，或是有兴趣偏好）？是脱产学艺，还是业余？除了做陶瓷，还从事什么工作？讲出传承人的故事。

  3. 师傅是谁？哪里人？是怎么选择上这位师傅的？是否有亲戚关系或别的什么关系？当时你身边的人是怎样评价他的？师傅选徒弟一般都有什么要求？他是怎么看你的？当时选徒弟的标准是什么？是否需要交学费？算到传承人这代，他应该是第几代传人？详细地写出传承谱系（各代传承人的姓名、年龄、民族、文化程度、宗教信仰等）。有无世传匾额/旗幡/印章/徽记或其他物件？获得过何种称号？

  4. 以前拜师有什么仪式，有何禁忌？聊聊陶瓷行业的传统（祖师爷的故事，祭祖的故事，解决内部纠纷的办法。具体问题有：该行业是否有祖师信仰？是否有祖师塑像、画像、庙堂？是否有祭祀祖师的仪式？祭祖师的时间、地点、祭品、参加者、组织者？请详细描述仪式的整个过程）。你拜师有什么讲究，有什么特点？有什么仪式或有趣的故事吗？如果没有，听说过的也行。

  5. 哪些人可以学习该技艺？哪些人不可以学习该技艺？有无传承上的性别禁忌与文化禁忌？入行的规矩是怎么知道的？艺德是怎么培养的？

6. 师傅的情况（师傅的家族情况，是否有家族传承？你师傅与师爷的故事，你与师傅的故事，师傅家族的故事，附加老照片）。

7. 有无专业院校进修或讲学经历？在专业院校学习何种专业技艺？是谁介绍去的？对这些经历有何看法（后面继续加深）？有无在专业院校和研究机关工作的亲戚或朋友？他们是否对传承人给予过指导或者表达看法？

8. 学徒的一般规律是什么？从什么东西开始学起（重点介绍选料、设计、制坯、小装饰设置、粉洗和画图等环节的技巧）？学每一个流程需要多长时间？总共学下来需要多长时间？其间发生过什么故事？讲讲作坊环境布置的特点与规律，该行业对环境有什么特殊要求？

9. 当时师傅是怎么教你们的？手把手，还是师兄带师弟？是否有特定的口诀和技巧？

10. 有无对其他人保密的独门绝活？这种独门绝活你是如何学到的？为何对其他人保密？

11. 徒弟之间有什么分工？为什么这么分工？讲讲师兄弟之间的故事（附加老照片）。有无技术竞赛形式？传承人在竞赛中取得的成绩如何（附加老照片）？

12. 技艺成熟的标志是什么？出师或技艺学成时是否举行相关仪式？仪式过程如何（附加老照片）？

13. 讲讲自己的成名经历以及各个时期的代表作（附加老照片）。

14. 有哪些关于该手艺的传说、故事（个人经历故事）、口诀、歌谣、谚语？

15. 相关传说、故事、口诀、歌谣、谚语是何人、何地、何时告诉你的？或是何时、何地从书上看到的？是自己有意识地找来看的，还是偶然看到的？

16. 关于行会的采访。该行业有没有相关的行业组织？会首是如何选出来的？传承人或其亲属/师傅是否担任过这类职务？一个行会大约有多少人？大家是如何分工的？行会都能解决哪些问题？如果没入会会怎么样？如果没有类似经历，也可以说说师傅们口中的行会故事。

17. 行会成立多少年了？有何行规？有何禁忌？如果违反了这些行规或禁忌会造成什么后果？有何惩罚措施？师傅们是怎么说的？

18. 该行业是怎样看待竞争的？如何竞争和调解？

19. 当地是否有与该种手艺相关的定期活动，如特殊节日、仪式？在这些节日、仪式中是否也请戏班子？在这种场合演出的剧目是否具有选择性？与往常的演出有何不同？都演什么戏？不能演什么戏？为什么？

20. 目前是否有徒弟或助手？有几个？是否为直系亲属或亲戚？选徒的要求是什么？是否传女？

21. 当前传承面临的问题是什么？

## 第四部分 传统工艺

时间/地点/口述人/采访人/录音整理人

**【田野手记】** 用写日记的方式,紧凑又不失随意地记录下此次采访中自己的所见、所闻、所感。重点叙述采访目的(采访的主要内容)、采访过程、采访环境、采访对象。通过现场感的营造,把读者引导到采访环境中来,让读者与你一道感受传统艺术的魅力。400~800字。

**【选料篇】** 所有传统手工技艺的第一步,通常都是选料。重点探讨选料的时间、地点,选料的原则。如选料需要注意哪些问题?有哪些讲究?是否需要相关仪式(附加照片)?具体内容包括:

1. 材料名称、俗称及分类?
2. 材料的成分、材质?
3. 材料规格及等级?原因何在?
4. 除主材料外,还有什么辅助材料?
5. 材料产地?(泥土、釉料等材料取点)
6. 是否存在材料短缺、枯竭的情况,受季节什么影响?
7. 若传统材料受限,是否有替代材料?
8. 在制作之前,需对材料进行哪些加工处理?(釉料瓷料的选择和运用,筛土流程)
9. 衡量材料好坏的具体方法和标准?
10. 有无使材料提高档次的办法?有无特别诀窍?(棉花等材料的混合,原因)
11. 所需材料的成本以及取材工具?
12. 材料通常如何保存?(加水、遮盖技巧等)
13. 启用材料时有无相关仪式?
14. 材料的使用有无特殊禁忌?
15. 其他与材料相关需要说明的内容。

**【流程篇】**
1. 该工艺共有多少道工艺流程?(包括模具,穿插每一步的材料)
2. 详细说明每道流程使用的工具?(分步骤提问工具)

①制作工具名称、俗称?
②工具材质?
③工具尺寸?
④工具构造?
⑤工具的工作原理、机制、动力?
⑥每项工具的用途?
⑦每项工具的使用方法?

⑧工具是否需要特殊的材料制成？
⑨制作工具的材料是否存在短缺、枯竭现象？
⑩工具是否需要特殊的人员制造？是否有较高要求？
⑪工具成本？
⑫是否需要特殊的护理与保存？应注意什么？
⑬使用工具的技术要求、操作要领、法式、艺诀？
⑭工具的使用有无仪式、禁忌？
⑮如果艺人知道，请他重点谈谈历史上使用的传统工具是什么样的，今昔工具有什么变化（附加照片）。

3. 各道工艺流程有什么讲究？难点、重点是什么？

4. 每道工艺流程需要多长时间？有没有节气、环境、气候等方面的限制？尺寸规格有何限制？参与者有没有性别上、属相上的限制？民间有什么说法？师傅当时是怎么传的？

5. 制作流程与人文环境有什么关系？这些工艺流程的安排与庙会、年节有什么关系（如季节的原因）？操作之前是否需要举行相关仪式？如果传承人没有经历过，也可以让他回忆一下师傅是怎样说的（历史老照片）。

6. 制作过程与自然环境有什么关系（工艺流程的安排与季节、干湿度、温度有什么关系）？

7. 在工艺流程上，该艺人的独特技艺和工序是什么？这样做有什么好处？

8. 着色有何讲究？

9. 陶瓷的大小不同是否会导致技艺不同？

10. 说明哪些材料（工序）已经变更，这些变动与以前比较有何特点？哪些你认为不能变动，哪些可以？这些变动会产生什么效果（含受众群体的变动）？

11. （如果有模具）模具和材料的保养方法说明，新旧模具的使用倾向和传承？

## 第五部分　表现题材

时间/地点/口述人/采访人/录音整理人

【田野手记】用写日记的方式，紧凑而又不失随意地记录下此次采访中自己的所见、所闻、所感。重点叙述采访目的（采访的主要内容）、采访过程、采访环境、采访对象。通过现场感的营造，把读者引导到采访环境中来，让读者与你一道感受传统艺术的魅力。400~800字。

重点讲述传承人的创作题材。

1. 陶瓷创作题材有无传统定式？与其他艺人相比，你喜欢表现什么主题

（人物、花鸟等等）？表现的主题可分为多少类？这些主题哪些是现代的？

2. 每一类又反映哪些内容？体现了什么样的含义（有无谐音）？涉及戏剧人物的喜欢做哪些剧目中的戏曲人物？涉及动物的喜欢做哪些？涉及神仙的喜欢做哪些？（是否有开光等仪式）为什么？现在有哪些新出现的题材？

3. 为什么会强调这些内容？历史上是否有这样的传统？是跟谁学来的？师傅当时是怎样传、怎样教、怎样说的？这些作品反映了怎样的传统观念和审美？这些表现主题和其他艺人所做的作品有什么不同？与其他工艺美术作品（剪纸、布艺、青铜器等）和其他地域的陶瓷有什么异同？

4. 是否有吉祥数字？陶瓷色彩的选择有什么要求？这个选择和当地文化有什么关系（过会、秦腔、社火等）？图案构成和形象塑造有什么程式化的规则吗？

5. 让传承人讲讲其作品内容与当地传统的关系，与市场需求的关系，与时代审美变化的关系，与当地的生态环境的关系。譬如说是否与自然地形地貌、农牧业生产活动有关？不同内容的创作和季节、庙会有什么关系？

6. 传承人所强调的是学好传统的东西，还是喜欢对传统加以改造创新？为什么要改造创新？在什么地方创新？是自己觉得有必要改，还是别人督促自己改？改编到什么程度？老艺人、师傅们是什么态度？下面的师兄弟或学生是什么态度？

7. 如果有时间，可以讲讲当地的传说故事吗？

【小结】总结归纳采访内容，300字左右。

## 第六部分　艺术技巧

时间/地点/口述人/采访人/录音整理人

【田野手记】用写日记的方式，简约而又不失随意地记录下此次采访中自己的所见、所闻、所感。重点叙述采访目的（采访的主要内容）、采访过程、采访环境、采访对象。通过现场感的营造，把读者引导到采访环境中来，让读者与你一道感受传统艺术的魅力。400~800字左右。

1. 该技艺有多少种技法（表现方法）？该手艺有什么独特的技法？如果有，每一"法"都要有详细说明（对称、脱模、装饰纹样绘画）。

2. 每种技法都在表现什么样的主题时使用？会达到怎样的效果？

3. 你能够使用其中的多少种？

4. 该工艺的生产是否有季节性、规律性？生产旺季是几月，为什么？

5. 备料、制作、生产的时间有无特殊要求？

6. 其他与技巧相关、需说明的内容。

【小结】总结归纳采访内容，300字左右。

## 第七部分　大师谈艺

时间/地点/口述人/采访人/录音整理人

【田野手记】用写日记的方式，简约而又不失随意地记录下此次采访中自己的所见、所闻、所感。重点叙述采访目的（采访的主要内容）、采访过程、采访环境、采访对象。通过现场感的营造，把读者引导到采访环境中来，让读者与你一道感受传统艺术的魅力。400~800字左右。

1. 历史上有哪些精品？当代创作中有哪些精品？历史上的精品与当代的精品有何不同？鉴赏精品的要领是什么？

2. 评价该类工艺品水平高低的标准是什么？

①使用原料。用的是什么料？好料的标准是什么？如何才能得到好料？真料与假料的鉴别方法是什么？使用假料的后果是什么？

②内容创意。您通常喜欢什么主题？这些主题的文化内涵是什么？为什么喜欢这样的主题？是市场需求，还是师承传统，还是与自己的经历有关？

③工艺技法。用什么手法去表现才会表现得更好？好坏的差别在哪？

3. 你认为你的风格特点是什么？这种风格是怎么形成的？是师传还是独创？与其他流派的区别在什么地方（附对比性照片）？

4. 你的艺术创作与生活和当地文化有什么关系？

5. 你都借鉴过什么其他艺术形式？是怎样借鉴的？

6. 你的艺术风格是如何形成的？什么时候形成的？

7. 你有没有进入专业院校接受美术、陶瓷等方面的培训？如果有，是谁来培训的，内容是什么？你感觉如何？培训对你的创作有什么影响？你以后会自己或者让徒弟再去参加培训吗？

8. 你这里解决了多少劳动力就业？年生产产品数量、年收入大约多少？员工工资多少？在提高当地收入增加员工工资方面发挥了哪些作用？

9. 谈一谈近年来当地旅游业发展对你从事的传统手工艺项目的影响（保护、销售等方面，包括郑西高铁开通等交通的改善因素）。

10. 国家和地方政府对陈炉窑陶瓷出台了哪些政策？你受益了吗？你有什么意见和建议？

【小结】总结归纳采访内容，300字左右。

## 第八部分　国宝大家谈

时间/地点/口述人/采访人/录音整理人

【田野手记】用写日记的方式，简约而又不失随意地记录下此次采访中自己的所见、所闻、所感。重点叙述采访目的（采访的主要内容）、采访过程、采访环境、采访对象。通过现场感的营造，把读者引导到采访环境中来，让读者与你一道感受传统艺术的魅力。400~800字左右。

　　这一部分作为全书的拓展部分。可采访传承人的师傅、弟子、师兄弟、家人、粉丝、相关学者等与项目相关的人。帮助读者从不同的角度了解大师和他的艺术。切记不要写成鉴定书式的溢美之词。

　　1. 大师日常生活有什么习惯？有什么兴趣爱好？有什么性格特点？
　　2. 讲讲大师的生平和从艺的趣事。
　　3. 大师是如何带徒的？弟子们谈谈学艺的感受。
　　4. 对这项遗产在民族工艺美术界的地位和未来发展谈谈自己的看法。
　　5. 大师如何理解"工匠精神"和"生产性保护"。

【小结】总结归纳采访内容，300字左右。

## 二、单位部门篇

### 第一部分

　　摸清陈炉窑陶瓷基本情况和问题。包括种类、地域分布、民族分布、存续现状、生产方式、销售形式、适应市场的设计等。采集单位部门制作的照片、书籍、视频等。

　　1. 本区域有哪些类别的传统手工艺（如编织、雕刻、刺绣等）？它们集中分布在哪些地方？而陈炉窑陶瓷分布在哪些区域？
　　2. 该手工艺在你们当地是什么时候产生的？产生的背景是什么？该手工艺与当地人的日常生活及民俗有什么联系？
　　3. 陈炉窑陶瓷生产主体是哪些民族、农村或当地的哪些群体？
　　4. 当前本区域陶瓷的生存状况是怎样的？生产上的问题有哪些？产生问题的主要原因是什么？
　　5. 你所了解的陈炉窑陶瓷生产方式有哪些（如纯手工、半机械化生产、机械化生产等）？
　　6. 你了解的陈炉窑陶瓷主要的客户群体及销售区域。它们的销售途径有哪些？销售方面的问题有哪些？原因何在？你认为对于产品的销售途径哪些方面需要改进？
　　7. 目前，你所了解的陶瓷是否符合市场的要求？你认为是否需要按照市场要求加以改进？
　　8. 产品销售是否已应用互联网，如何应用，存在的问题？
　　9. 是否形成了独特的品牌，品牌的影响力如何？
　　10. 陶瓷的设计情况，与院校、艺术家或其他人士的接触情况如何？设计中如何处理与传统的关系，如何解决知识产权问题（如地理标志、商标）？
　　11. 本地区陶瓷生产和销售方面的具体建议。

12. 本地区为推动陶瓷发展出台了哪些政策，这些政策取得的成效？

## 第二部分

调查陈炉窑陶瓷及其技艺培训基地、传习所发展、培训情况，培训人员从事手工艺情况，利用财政资金开展培训情况，职业院校专业发展情况，陶瓷进校园情况等。分析存在的问题。

1. 本区域陶瓷培训场所的类型（传习所、传承基地、职业学校、承担文化部非遗培训班等），各类培训场所数量、培训历史。

2. 本区域陶瓷分类别培训的学员来源、人数及其基本结构（年龄、学历、性别等）。

3. 培训的项目类别、内容、课程设置、基本理念、学制、方式等情况。

4. 培训效果，学员结业后就业去向情况（典型案例与统计数据）。

5. 你所在地的陶瓷是如何走进校园的？与中小学及当地高校有哪些联系？谈一谈当地相关学校承接陶瓷手工艺培训的情况。

6. 你如何看待陶瓷"非遗进校园"活动？

7. 本区域制定的培训政策与措施及培训机构管理制度有哪些？培训存在的问题？对国家和上级部门在政策和其他方面的建议有哪些？

彩插1-1　被誉为"耀瓷之母"的禚振西

彩插1-2　陈炉地区地表裸露的煤岩

彩插1-3 曾经的耙泥池

彩插1-4 陈炉窑场的地形（来源：朱宇、林鑫）

彩插1-5 陈炉古镇整体照(来源:朱宇、林鑫)

彩插1-6 陈炉古镇鸟瞰图(来源:朱宇、林鑫)

彩插1-7　上店村全景（来源：朱宇、林鑫）

彩插1-8　立地坡全景

彩插1-9　位于黄堡灯泡厂的宋代耀州瓷遗址

彩插2-1　珍藏于陕西历史博物馆的宋代青釉提梁倒注壶（即倒流壶）

彩插2-2　金代姜黄釉印花缠枝莲纹盘（黄堡窑址出土）　　彩插2-3　元代姜黄釉印花菊纹盏（立地坡窑场）

彩插2-4　明代琉璃板瓦与瓦当

彩插2-5　清代黑釉瓷　　彩插2-6　民国时瓷器　　彩插2-7　"民国二十三年"款青花帽盒

彩插2-8　陈炉陶瓷厂所藏20世纪50年代的白釉青花坛

彩插3-1　陈炉东山坩土矿区

彩插3-2　笔者与王战军等人进山探釉

彩插3-3　林场村釉料洞

彩插3-4 高老与林场村釉料洞里的釉料矿

彩插3-5 陈炉传统的转轮拉坯方式

彩插3-6　王家瓷坊的孟武成师傅正紧靠"泥墩台"拉坯

彩插3-7　正在彩绘画坯的童胜利师傅

彩插3-8　王家瓷坊工人所用修坯工具

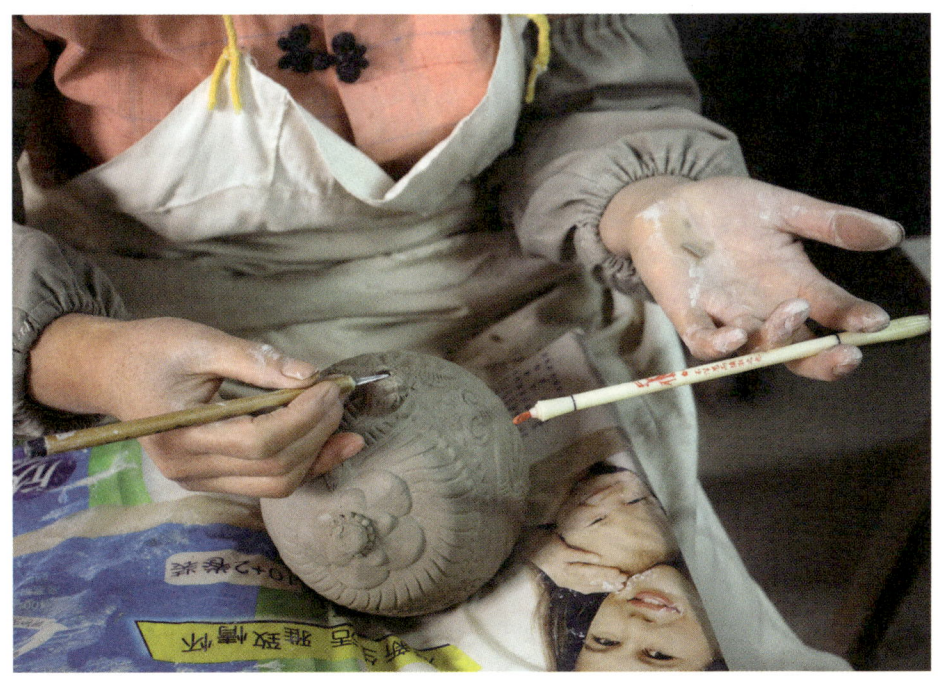

彩插3-9　正在为倒流壶刻花的陶瓷厂师傅

彩插3-10　陈炉传统匣钵

彩插3-11　马蹄窑内备烧的匣钵

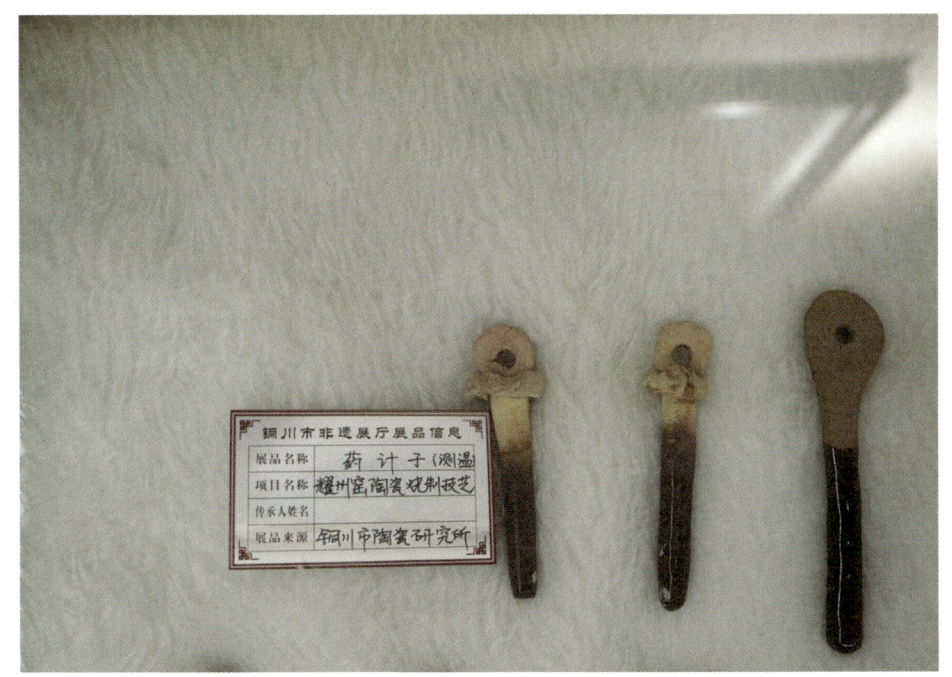

彩插3-12　耀州窑药计子

彩插3-13　陈列在耀州窑博物馆里的宋代石碾

彩插3-14　铜川市陶瓷研究所复原的传统耙池

彩插3-15　揉泥工序（搓泥条）

彩插3-16　修坯工作

彩插3-17　铜川市陶瓷研究所里的马蹄窑

彩插3-18　放置后的药计子

彩插3-19　烧制时的窑炉内部

彩插3-20　烧窑中的马蹄窑

彩插4-1　国家级非物质文化遗产传承人孟树锋（来源："五世陶人孟樹鋒"微博）

彩插4-2　耀州青瓷八件系列作品（崔鹏作品）

彩插4-3　耀州瓷刻花盘口纹瓶（李竹玲作品）

彩插5-1　曾经马队运输所用的掩子

彩插5-2 清凉寺旧址上建立的陈炉小学（来源：宋振杰）

彩插5-3 陈炉小学（原同官县第二高级小学）老照片（来源：宋振杰）

彩插5-4　东社窑神庙遗址

彩插5-5　东社窑神庙遗址

彩插5-6　宋振杰与郭孝明两位老人勘察西社窑神庙遗址

彩插5-7　西社窑神庙遗址

彩插5-8　西社窑神庙戏台遗址

彩插6-1　20世纪80年代陈炉陶瓷厂晒坯场（来源：宋振杰）

彩插6-2　美轮美奂的黄堡产耀州青瓷器

彩插6-3　韩美林在陈炉制作的黑釉瓷

彩插7-1　陈炉的小罐茶具

彩插7-2　柿饼罐

彩插7-3　李金平家族新研制的黑釉产品，表面光亮照人，手感十分优秀